AF612847

MIENTRAS TODO TRANSCURRE

MIENTRAS TODO TRANSCURRE

Lola Martínez Lorenzo

Primera edición: julio de 2021
© Copyright de la obra: Lola Martínez Lorenzo
© Copyright de la edición: Angels Fortune Editions
Código ISBN: 978-84-123754-4-2
Código ISBN digital: 978-84-123754-5-9
Depósito legal: B-8425-2021
Ilustración portada: Lola Martínez Lorenzo
Corrección: Teresa Ponce
Maquetación: Celia Valero
Edición a cargo de Mª Isabel Montes Ramírez
©Angels Fortune Editions
www.angelsfortuneditions.com

A la vida, que no siempre es justa

ÍNDICE

PRÓLOGO

No eran los personajes más relevantes, como tales, de esta historia, pero sí imprescindibles. Su misión, determinante para sacar a las almas de su deambular penoso. Concluida, se fundió como la niebla dando paso a un amor primitivo, de esos a primera vista. El destino había unido a Águeda y Víctor después de vivir por separado una extraordinaria experiencia, en unos momentos cuando la vida brotaba con ilusiones de juventud. Lo que en un principio no empañó el arrebato de su pasión, apareció pronto minando el temple del inmaduro Víctor. Ahora, transcurrido el tiempo de semblanzas, tenían la ocasión de reconducir sus vidas.

PRIMERA PARTE

I

Klaus y la angustia

Tras la ventana, frente al descuidado jardín que le separaba del mundo, Klaus permanecía impasible presa de su obsesiva inquietud.

Instalado en su vaga esperanza, aceptaba con poca sumisión la inexistente posibilidad de huir de aquella población alemana, en plena guerra que le era ajena. Un enérgico gemido desde el dormitorio lo sacó del enajenamiento, volvió a escudriñar las manidas hojas del calendario del año 1941, casi un año sin renovar, donde ya no cabían anotaciones inútiles, antes de entrar con desgana en la habitación donde Anna permanecía en la cama como siempre; como desde hacía un año por estas fechas, a raíz del trágico suceso cuyas graves secuelas la retenían encamada y presa de una depresión permanente. Anna ya no podía cobijarse en aquella quimera. Frustrado el embarazo, enferma y hundida anímicamente, su intención de atarle para siempre había fracasado. Ya no existía el compromiso que pudiera retenerle a pesar de las crudas circunstancias que latían afuera y que parecía ignorar al resguardo de aquella casa a la que solo llegaban los ruidos de los bombardeos y de las sirenas. Por retenerle, Anna se había hecho el firme propósito de no levantarse jamás, pero la infección derivó en complicaciones graves y sus maquinaciones cobraron una fuerza real. Klaus vagaba por aquella casa como un muerto, convencido de que Anna era capaz de todo por conseguir sus fines. No podría liberarse de toda la angustia que arrastraba desde que supo que la documentación, que ella misma le había conseguido y que le permitiría moverse sin ser detenido por su condición de judío, la guardaba Ángela, la única hermana de Anna, en su casa.

Klaus, plantado como un pasmarote frente a los turbios cristales, cobijado de los peligros, hacía y deshacía planes absurdos que caducaban como el día, sin más horizonte que la pared del jardín.

La resistencia era la venganza de Anna. Solo le quedaba ese placer, verle preso a su merced. Retenerle sería ya el único objetivo de su vida. Desde esa cama como una tumba, cada vez más apelmazada; perseverando en la perenne obstinación y el aguante más acérrimo, controlaba sus movimientos.

Sobre la mesa del regio despacho, una carta iniciada; una misiva para cuando estuviera muerta. La impaciencia empujaba a Klaus a llevarla a término como si de ello dependiera el plazo vital, pero ella permanecía viva a pesar de las complicaciones. Cada mañana un ronquido asemejado a una protesta anunciaba otra jornada de hastío. Los lamentos y amenazas de Anna, otro día, volvían a hacer trizas la esperanza de cambio. Su obstinada persistencia tenía más fuerza que todo el cansancio y tedio que él arrastraba.

Después de haber puesto en orden las cuentas de la familia, Klaus usaba el despacho a hurtadillas gracias a que la cerradura estaba rota; era una forma de conservar un ápice de su maltrecha dignidad. El mobiliario decía mucho de la clase perfeccionista y fría del hombre que lo había usado en otro tiempo. Detalles como la esvástica dentro de un círculo blanco sobre fondo rojo, y un principio nazi, enmarcado sobre la mesa. En el otro extremo dos fotografías del Führer. En una de ellas, en la que aparecía con el brazo extendido al frente, una frase manuscrita: «Vino a salvar al pueblo del mal»; en la otra se le veía en la tribuna en pleno discurso en olor de multitudes. Otras en las que el general aparecía marcial y en actitud grave o en compañía de otros militares de su rango ocupaban uno de los estantes de la librería, donde los libros más pequeños permitían su ubicación. En ese espacio al que solo él tenía derecho, ni una foto de temática familiar; como si el mundo del general se redujera a su pasión por Hitler y dedicación absoluta al régimen. Un espacio que siempre fue prohibido a su esposa y sus hijas, y que a su muerte Ángela se encargó de preservar.

Sobre la cama, cubierta tan solo por aquel camisón, arrugado y pardo, húmedo por el sudor, Anna ofrecía un aspecto de abandono y desgana. Klaus no quiso acercarse —ni siquiera hizo un esfuerzo como gesto de compasión— más allá del marco de la puerta. ¿Cómo podría yacer con aquel desecho de mujer? Esa sensación de asco pudo más que cualquier propósito que Klaus hubiera podido hacerse y que ya no era capaz de mantener. Ella, sin claudicar en su empeño de someterle, reclamaba a cada momento su presencia pidiéndole que se tumbara a su lado. Imperativamente al principio; sucumbiendo tras desfallecer ante su propia indefensión, lo pedía con más ponderación después. Él esquivaba siempre que podía su caprichoso requerimiento, seguro de que, si cedía a su exigencia, después vendrían sus asquerosas caricias que ya no toleraba, como tampoco su fétido aliento insufrible.

Toda la aspiración de Anna era obtener de Klaus cariño y atenciones; aunque le sentía cada día más distante, no valoraba la alternativa de echarle. Aquel hombre inconveniente con el que se tropezó por casualidad y al que no se resignaba a perder significó materializar la ilusión de tener un hombre en su vida. No sabía si aún seguía amándole, si alguna vez lo había amado, pero eso ya no era relevante.

Klaus se sentía preso del cerco insoportable que conformaban aquellas paredes habitadas únicamente por la desidia de unas vidas condenadas a la amargura de una resistencia vacía. Que ella hubiera ocultado su origen judío y le protegiera no podía darle un derecho vitalicio sobre su persona, pensaba desesperado. Pero así era y seguiría siendo mientras tuviera fuerzas para arañar a la vida ganando días a la muerte. Los únicos y mezquinos intereses de Anna se limitaban a conseguir su sometimiento bajo el control férreo de Ángela, su hermana.

La vida de Klaus antes de que su mundo se redujera a aquellas paredes la presidía el olvido. Ni siquiera guardaba en sus recuerdos una voz ni una sonrisa, ni un olor, ni un mal sentimiento. Nada era su pasado, borrado desde el día del accidente en la librería. Nada seguía siendo su vida instalado en un presente que soportaba como una condena en el más absoluto hastío. Aun así, debía agradecer a las dos hermanas el cobijo que le aislaba del peligro, de cuya magnitud ni siquiera era consciente. Antes de los incidentes Klaus, un hombre tranquilo sin mucha ambición, llevaba las cuentas de dos negocios de alimentación que funcionaban muy bien, hasta que una mañana se sorprendió con una pintada en uno de los establecimientos en la que ponía «no compren aquí, son judíos». Ya se habían dado altercados, pero le puso en guardia que despidieran a su hermano, maestro en una escuela pública donde era muy apreciado. Después vinieron las detenciones de amigos. No había esperado a que llegaran a su casa cuando entraron los soldados en su edificio pidiendo la documentación a los vecinos. No tenía que velar por nadie, nada le ataba. Un impulso le animó. Salió por la ventana y empezó a correr.

Mientras intentaba librarse del sentimiento de culpa que a veces atenazaba su conciencia, Klaus permanecía erguido ante la ventana que le separaba y protegía del ceniciento y agitado mundo que discurría tras el muro del arruinado jardín. Un resplandor que rompió la oscuridad le alertó. ¿Qué era esa figura tan próxima? ¿Se estaría volviendo loco entre aquellas paredes? Aquella sombra recortada por la luz de la luna, poblando el jardín despoblado, caminaba impenitente en círculo; se detuvo y enfiló en línea recta hacia la ventana. El aterrador rostro, rozando el cristal al otro lado, tenía ese toque frío, esa mirada inquisidora y escalofriante que solo la muerte es capaz de otorgar. Klaus dio un paso atrás y se abrazó a sí mismo tratando de atajar al corazón y los deseos irrefrenables de gritar. La sombra desapareció entre las brumas; el jardín volvía a convertirse en un espacio de tinieblas donde se detenía la vida.

—Klaus, ¿no duermes? ¡Ven! —gritó Anna desde su cama, que era su presidio, como aquella sala de rincones oscuros lo era para él—. ¡Klaus, contesta! Sé que estás despierto. ¿Por qué no duermes? —Klaus se había tapado los oídos como gesto de liberación inútil ante las reiteradas llamadas de Anna.

Todo volvía a ser lo mismo. Aquella aparición escalofriante no consiguió alterar la monotonía. Todo seguía detenido, amarrado a un destino descarnadamente cierto.

—¡Porque te sueño! —respondió con sorna y asco, ante la expiación a que era sometido.

Se arrepintió de inmediato; el hastío de Anna debía ser tanto o más que el suyo propio, reconoció. Un sentimiento de indulgencia le despertó una sensación de culpabilidad. Recapacitó y consideró que un poco de caridad por su parte no estaría de más. Empezaba a vencerle aquella maldita situación insoportable. «¡¿Por qué no se muere?!», pensó casi en voz alta.

Confuso por la presencia al otro lado de la ventana, Klaus sucumbió a la llamada de Anna y no solo por caridad. Volvió a sentir algo que nada tenía que ver con la compasión. Ni él mismo entendía aquellos brotes de ternura inexplicables que creía soterrados. Cuando la conveniencia era más fuerte que la inapetencia, surgían como un sentimiento marchito que hacía soportable el momento. La cordura todavía le permitía aquellos gestos; la percepción de gratitud era su autodefensa, le ayudaba a sobrellevar las insufribles situaciones.

—Ya no hace falta, me he orinado en el suelo, ¡maldito! —dijo Anna con ira, para acabar sucumbiendo en un llanto apático—. Mi hermana tiene razón, ¿para qué te necesito?

Esto último lo dijo con un tono de claudicación, como vencida, despertando en Klaus un sentimiento de lástima que le hacía odiarse aún más. Pero inmediatamente recomponía su actitud soberbia que no le permitía bajar la guardia y continuaba insultándole furiosa.

—No te preocupes, Anna. Lo limpiaré, lo limpiaré ahora mismo —dijo intentando buscar su mirada para mostrarle una ternura sincera tan surrealista como el patético momento.

—Tengo frío. No puedo dormir. Me siento muy sola, ¿por qué no me acompañas?

Su tono imperativo había desaparecido. Mostraba una vulnerabilidad inusual; aunque siempre imperó la dura e impertérrita naturaleza cerril, ahora flaqueaba. Imploraba compasión, gesto impropio en ella. Había aprendido desde niña a controlar sus sentimientos, sus debilidades. Desde la más tierna infancia tuvo un buen preceptor, su padre; después, su hermana Ángela, tres años mayor, avezada en la misma doctrina, más fría e implacable. Impermeable a sentimientos inapropiados, nunca se dejó llevar por la compasión ni anidó en ella la ternura ni otro tipo de afecto que no fuese el estrictamente conveniente.

—Espera un poco, en unos minutos vuelvo —contestó Klaus con evidente poco interés por complacerla, con la esperanza de encontrarla después dormida.

Desapareció el llanto de forma tajante y su rostro contrariado se tornó severo y frío. Anna no podía permitirse claudicar ante las pasiones; no podía caer y abandonarse a sus propias miserias. Sus gestos, cada vez más duros, iban cobrando fuerza conforme su cólera aumentaba, dejando atrás unos momentos de debilidad en los que no se podía permitir caer. No existía tal proceder en el dogma de conducta que su padre les inculcó como la más ortodoxa de las actitudes ante la vida. Un militar de carrera ascendente desde el nombramiento del nuevo canciller; consecuente con su cargo en aquella Alemania que hervía, secundando y apoyando la incipiente monstruosidad que empezaba a perfilarse, hasta que la muerte repentina le sorprendió.

La ternura, la dulzura de su madre, nunca les llegó. No tuvo ocasión para hacerse un hueco entre los firmes fundamentos inquisitorios; no cabían los sentimentalismos en esa casa donde todo fue metódico, donde imperaba rigurosamente la marcialidad y la disciplina. La madre, una mujer sana cuya alegría natural se fue apagando, murió joven dejando el campo libre. Aquellas niñas crecieron sin el más mínimo accidente que enturbiara el propósito del severo y soberbio general, su padre. Se educaron bajo férreos y estrictos métodos donde no cabía la tolerancia ni condescendencia alguna fuera de las más rectas y precisas reglas de conducta intachable, tan necesaria —como a menudo repetía el general— para conducirse por la vida con derecho a respeto. El más mínimo gesto de feminidad, él lo convertía en frivolidad y escándalo.

—Estás impaciente por verme muerta, ¿verdad? Pero antes claudicarás tú —le dijo Anna inclinada sobre el lateral de la cama, vomitándole una retahíla de frases hirientes mientras, como un perro a cuatro patas, Klaus limpiaba los orines que su falta de oportuno auxilio precipitó.

Klaus, sumiso, habiéndosele despertado cierto sentimiento de culpa, miró tímidamente hacia arriba con recelo temiendo encontrar su colérica mirada que no podría sostener. Solo acertó a murmurar con recato:

—Lo siento, Anna, sabes que...

Sin dejarle terminar la frase, la extenuada mujer gruñó con apatía y se dejó caer en el centro del lecho húmedo, agotada, que no vencida, emitiendo un resoplido. Klaus, que hubiese deseado que le tragase la tierra antes que tener que soportar de nuevo los reproches de su mirada, salió en silencio buscando la liberación de la sala, su cárcel.

A la mañana siguiente Klaus acudió servil con el frugal desayuno. Otra vez obtuvo su perdón. Otra vez la extraña indulgencia casual de Anna le favorecía. De nuevo sería condescendiente y ocultaría a su hermana sus faltas. Aún alimentaba su ilusión y temía que Ángela le echara aprovechando la más mínima queja.

¿Para qué sustentar aquella presencia fútil que solo reportaba gastos?, argumentaba Ángela deseando deshacerse de aquel parásito. En vano todos los intentos de disuadir a su hermana de su acérrimo empeño de protección. Anna se aferraba a la única ilusión y le defendía ante ella; aún albergaba esperanzas.

Cada día, a las cinco y diez en punto de la tarde, Ángela acudía con su infalible puntualidad. El objetivo de su regular visita, además de recoger la ropa sucia de Anna, de la que ella se ocupaba, era comprobar si todo iba bien; si él seguía atento y pendiente a los requerimientos de su hermana, que se pudría en aquella cama sin ánimo alguno para salir de la rutina insoportable a la que se había aferrado como único asidero, soportando la vida. No era su salud la preocupación primordial de Ángela; se trataba de estar a la altura de un proceder correcto lo que la movía, pensaba Klaus, convencido de que solo atendía escrupulosamente una misión de espionaje: corroborar que un día más él estaba pendiente, como un guardián, estoicamente atento a sus necesidades y caprichos. Ángela, depositaria de su documentación falsa, solo se la devolvería el día que su hermana lo autorizara y ella misma lo estimase conveniente —o sea, nunca, pensaba Klaus, desesperado—. Tras los exactos quince minutos de rigor, Ángela salía de nuevo por la puerta del dormitorio taconeando los once exactos pasos de siempre, ni uno más ni uno menos, hasta la sala donde él permanecía atento a la improbable novedad. Como todos los días, hacía una leve pausa a modo de despedida con la misma frialdad, con el mismo escueto saludo de todas las tardes, y se marchaba sin esperar respuesta ni comentario alguno por parte de Klaus. Como cada día, hasta el siguiente, que volvería de nuevo con su agria presencia y su aspecto rígido y arisco; su pétrea mirada despectiva; su actitud de insoportable altivez y desprecio que no se molestaba en disimular; sin la más mínima conmiseración ante la desesperada situación de Klaus.

Ángela tenía una bonita figura que sabía lucir a pesar de la sobriedad en el atuendo. Su rostro anguloso, donde prevalecía la marcada barbilla, no dejaba protagonismo a sus duros ojos hostiles, al contrario que en su hermana. Aunque no destacaban demasiado, los ojos de Anna eran despiertos y vivaces; en ocasiones irradiaban cierta calidez, que, como un gesto equívoco, controlaba haciéndola desaparecer como si se tratara de un desliz al que no debía sucumbir.

Al principio, las visitas o inspecciones de cada tarde fueron un entretenimiento esperado para Klaus; se rompía la monotonía de todas las horas de encierro. Pronto aquel extraordinario movimiento engrosó la lista de los movimientos habituales que sin el menor estímulo ni esperanza motivaran sus días; un momento rutinario dentro del soporífero tedio interminable de cada jornada.

Ángela colocó bolas desinfectantes por los rincones del dormitorio. Cuando lo hizo en la sala donde Klaus dormía, comía, soñaba, lloraba —últimamente, mucho—, él permaneció sentado, impasible, con la cara entre las manos saboreando la novedad del movimiento. Ella le miraba cada vez que colocaba una, con actitud recriminatoria, tal vez reprochándole la falta de higiene que imperaba en la casa. Al marcharse, esta vez no fueron los once ininterrumpidos pasos que, como siempre, él esperaba adormecido por la musicalidad del usual compás. Esa tarde Ángela volvió sobre sus pasos y dijo algo a su hermana que él escuchó, pero no logró entender. No tuvo lugar la escueta despedida, tal vez para recuperar aquellos instantes, pensó Klaus con desconsuelo ante el desdén. No despertaba ni un atisbo de consideración en ella. Aunque falsa, la mínima atención era necesaria para no sumirle en la más absoluta humillación. Ángela siempre le odió. Tan solo le soportaba por respeto a la memoria de su padre, al que había prometido que no permitiría que su hermana pequeña, la más débil, se hundiera nunca en las tentaciones y miserias del desorden.

Klaus se había convertido en un parásito, así le consideraba Ángela desde hacía tiempo. Al principio, cuando se hubo instalado en la casa, las ayudó con los documentos que su padre había dejado sin resolver debido a su muerte inesperada. Klaus, que no recordaba nada de su vida anterior, demostró ser un buen gestor. Tal vez fuese contable, se le daban bien las cuentas y las gestiones administrativas; se desenvolvía perfectamente entre aquellos papeles que para las hermanas eran como un puzle. Solucionó en la sombra todos los asuntos de arrendamientos y otras gestiones pendientes dejándoles todo claro y resuelto. Ángela no consiguió convencer a su hermana para echarle. El exterior se recrudecía para los judíos y ocultarle era la forma de agradecerle su trabajo, argumentaba Anna conformándola con plazos que encubrían sus razones.

El sonido estridente del portazo de Ángela, al que Klaus nunca se acostumbraría, volvió a recordarle su condición de reo, reafirmándole en su tortuosa y doliente existencia. Sin otro entretenimiento, Klaus volvió a caer en el vicio de imaginar lo que sucedía tras la ventana. Más allá del abandonado y sombrío jardín, amenazaba con desmoronarse un edificio ruinoso perjudicado por los bombardeos, del que solo podía vislumbrarse la parte más dañada, cuyos escombros casi rozaban la balaustrada. A escasos dos pasos de esta, mostraba un abandono sin disculpa el pequeño promontorio de tierra torpemente aglutinada, bajo el que, a pocos centímetros del suelo, cubiertos de hojas y soledad, reposaban los restos del malogrado feto. Tan solo un difuso círculo de piedras colocadas arbitrariamente, con el propósito de perfeccionarlo después y que siempre fue aplazando, diferenciaba torpemente el lugar exacto donde enterró, la noche aciaga en medio de la confusión, aquel bulto que realmente le importaba muy poco y del que solo deseaba deshacerse. Empujado por el apremio y la estupefacción, había depositado aquellos restos sin un gesto de aflicción. ¿Cómo hubiese sido el curso de su propia vida de haber sobrevivido? Klaus se hacía estas conjeturas sin sentimiento alguno. Instalado en la desidia y tedio más absolutos, la fuerza de la costumbre acabó por normalizar lo que en un momento determinado había dejado para ultimar más adelante. El olor de la podredumbre había hecho saltar la valla a un perro hambriento que husmeó el trozo de tierra removido. Antes de descubrir el escaso bocado, Klaus tuvo el arrojo de espantarlo y reforzar el débil promontorio. Cada día, desde la ventana, miraba aquel rincón sombrío y los pesimismos acuciaban con más fuerza su mente confusa. Le costaba admitir que fuese un ser humano, su propio hijo —ni siquiera hubo reparado en aquellos momentos si era niño o niña; otro de los motivos de recriminación de Anna—, lo que se guarecía inerte bajo una fina capa de tierra a escasos centímetros del suelo. Con el tiempo le vendría bien considerarlo así; tendría algo serio, tangible, que custodiar; un punto cierto donde posar la vista, sin que despertara en él sentimiento fraternal alguno. El abandono de aquel rinconcito funesto desprovisto de inscripción alguna apenas removía su acomodada desazón.

Sin ser consciente de la dimensión que habían tomado los acontecimientos, no era valorado el acomodo que le separaba del peligro en aquella casa protegida de toda incursión. Liberarse, salir del confinamiento amparado por la seguridad de la nueva identidad, ocupaba su mente.

La vida no le esperaba, pero Klaus reptaba tras ella como un moribundo intentando arañar al tiempo. Aunque fuera cargado de sombras y de miedos, necesitaba dar sentido a sus días. A veces la conciencia le martilleaba ante el descarado desdén que mostraba hacia Anna. ¿Qué me cuesta ser un poco amable?, pensaba, a pesar de los insultos a los que últimamente encontraba justificación y del evidente desprecio reiterado que le profesaba Ángela.

—Anna, ¿estás despierta? ¿Quieres que hablemos? —dijo entrando en la habitación con actitud y voluntad conciliadora.

Anna lo miró con menosprecio. Su mirada era afilada, recelosa, aunque podría adivinarse un trasfondo de súplica que cada vez disimulaba menos. Sin apartar los ojos de la intranquila expectación que mostraba Klaus, rasgó su camisón por el escote dejando ver dos senos secos en reposo. Él la miró con desconcierto unos segundos, después fue directo hacia la cómoda para buscar otro camisón. Estos gestos, cuando menos, descorteses, exasperaban aún más el ánimo de Anna, que se retorcía literalmente en aquella cama a la que no dejaba de invitarle noche tras noche, apelando tristemente a un deseo ilusorio como único recurso para paliar el hastío al que ambos estaban sometidos.

Klaus intentaba recordar, pero cuando las imágenes someras y escurridizas acudían a su mente, con la misma facilidad y premura se esfumaban para siempre en el limbo de las cosas que no existen. Le asaltaba a menudo la imagen de aquella silueta fantasmal a través de la ventana. La imagen de aquel hombre con la cabeza partida por el golpe que él mismo le había propinado aunque no lo recordara, mirándole fijamente desde el otro lado del cristal.

Un instinto le llevó a revisar aquellos extraños papeles que guardaba como una incógnita de su pasado. Ello le hizo recordar aquel rostro, aquella mirada, aquella situación; aquel suceso absurdo que dio lugar a unas drásticas y nefastas consecuencias. Aquel hombre había irrumpido frente a él con una especie de machete amenazándole claramente. Klaus no podía recordar desde dónde, ni por qué, el desconocido se había dirigido directo hacia él con la mirada fija, sentenciadora. El acto reflejo más lógico fue propinarle un golpe en la cabeza con lo que llevaba en la mano, un objeto contundente que usó como arma fatídica, recordó con nitidez. Confuso, se creyó ahora salvado de la peligrosa circunstancia exterior. Se jactó por primera vez de estar bajo el cobijo de aquella seguridad dañina.

Klaus no lo recordó, pero, después de propinarle el golpe, había podido comprobar con estupefacción cómo se retiraba sigilosamente una serpiente, a su espalda. La intención de aquel hombre había sido evitar el ataque de la serpiente surgida de entre la leña, sin reparar en la impresión ni efectos que podría provocar el hecho de sacar su navaja en actitud defensiva. Él era el fantasma que ahora le asediaba tras la ventana impidiendo ser olvidado, y del que no podía recordar qué les unía ni por qué, acuciándole con sus reiteradas apariciones fantasmales. La mirada limpia y desconcertada de la víctima se había clavado en él, tras el certero golpe, presumiendo Klaus adivinar en ella el perdón, convencido de que el desconocido, en sus últimos momentos de consciencia, había tenido ocasión de entender la confusión que le llevó a actuar de una forma irreparablemente mortal. Pero esos pensamientos, los últimos que atormentaron la conciencia de aquel hombre, no fueron eximir de culpa a su indeliberado asesino. El desconocido, del que Klaus, ahora, no tenía la certeza de si lo era o no, había ido perdiendo la vida sin dejar de clavar en los suyos sus ojos tristes. Klaus se incautó de cuanto contenían sus bolsillos, que era muy poco: la documentación, un pañuelo sucio de bolsillo, unas monedas extranjeras, un currusco de pan duro y una nota casi ilegible por las dobleces y el trasiego. La intención no fue robarle, sino dificultar las pesquisas cuando se hallase el cadáver; que no fuera posible identificarle y nadie dedicase el más mínimo esfuerzo por buscar al asesino. Esa reflexión, bajo la presión del momento, dejó pronto de tener sentido. Lo lógico sería que con toda aquella confusión nadie reparase en el cadáver, pero, aun con todos los atenuantes que pudiesen disculpar el hecho, él no dejó de sentirse un asesino, sensación de la que pronto se deshizo. Supo, a través de la documentación incautada de su bolsillo, que el hombre era español, tenía treinta y cuatro años, se llamaba José y era hijo de Hilario y Agustina. Pensó en deshacerse de la documentación, que bien pudiese comprometerle; era mucho más conveniente ir ligero de papeles que pudieran perjudicarle, pero le acometió la desazón, la culpa de hacer desaparecer a una persona a todos los efectos. Como mínimo debía conservar sus credenciales; era lo único que prevalecería como memoria de aquel hombre con derecho a la vida que él segó tan fútilmente.

Este nefasto pasaje, recordado tras las apariciones a través de la ventana, dio sentido a la documentación que había guardado como un enigma, seguro de que no era la suya propia, perdida probablemente en el trasiego de la huida. Klaus, ante el estímulo y la esperanza que le producía relacionar aquellos documentos y la imagen espectral, acertó a evocar fugaces imágenes escurridizas en medio de una atmósfera con claro ambiente de sobresalto, donde el menor movimiento le ponía en guardia. Nada más. No pudo acordarse de qué significó o hubiera significado en su vida aquel hombre de no haber resultado tan fatal el desafortunado tropiezo.

Su memoria, anulada tras el fuerte golpe recibido en la librería, no alcanzó más dimensión. Intentó no pensar para no atormentarse por aquella muerte absurda que le convertía en asesino, pero el espectro, el cadáver que se le aparecía una y otra vez, lejos de suscitarle terror o enojo, le reportaba un confortable sentimiento de esperanza al proporcionarle una puerta a su pasado. Le alentaba que alguna imagen, un olor, una música o una sensación le abriera la capacidad más allá de los recursos de su mente; que otros recuerdos le ayudaran a salir de la angustia de la no memoria.

La inquietante imagen a través del cristal, relacionada con aquellos papeles que rescató de sus bolsillos, era el primer eslabón para recuperar su vida exterior antes de su confinamiento. Recuperar ese pasaje de su vida antes de que Anna les rescatara a Karina y a él en la librería suscitó un aliciente que le empujaba a buscar otras señales. Estaba seguro de que, si pudiera recorrer los alrededores, pisar las calles, contemplar los edificios..., con toda seguridad acudirían a su mente otros recuerdos que le llevarían a reconstruir su pasado, su vida. Llevó a la sala la pila de periódicos, bien ordenados por fechas, del despacho del general y se pasaba parte del tiempo ojeándolos en busca de pistas.

—¡Klaus, Klaus! —Anna gritó de nuevo reclamándole.

«Su hermana acaba de irse, no se tratará de ninguna urgencia. Que me suponga dormido», pensó Klaus perezoso.

Klaus cedió a la exigencia de Anna, que no dejaba de requerirle cada vez con más fuerza. Le pidió que calentara agua y la ayudara a bañarse. Klaus, ante la poca disposición que tenía para hacerlo, salió del paso argumentando que mejor al día siguiente cuando viniera su hermana. Por un momento fantaseó con una idea: la supuso capaz de ahogarse ella misma; mataría dos pájaros de un tiro: se libraba de aquella existencia insoportable y su hermana le culparía a él. Después reparó en que, tal vez... «Báñate», sí, es lo que había dicho Ángela a su hermana al marcharse cuando retrocedió en el pasillo, esa misma tarde.

Klaus apuró el resto de coñac que mantenía escondido y venía administrando desde que descubrió la botella, llena, en el fondo de un armario, oculta, preservada posiblemente de la prohibición. Entró de nuevo en la habitación para justificar su negativa, más eufórico después del trago y, como excusa, le dijo que era más conveniente bañarse por la mañana, con una temperatura ambiente más cálida. Hasta le dedicó una sonrisa a la que ella no correspondió adoptando un gesto de resignación muy conveniente. Sin dar muestras de enojo por la negativa, Anna alargó su escuálido brazo hacia el frente señalando la cómoda y le pidió que le acercara el álbum de fotos que guardaba en el primer cajón. No tenía sueño y le apetecía que lo ojearan juntos, añadió exteriorizando un regusto por el placer que le proporcionaba el momento, y un centelleo avivó sus ojos. Le gustaba recrearse con las fotos del hipódromo, donde se lucía con garbo y presunción el jinete de éxito en aquellos momentos cuando la vida discurría con normalidad. Actualmente el hipódromo ya no existía como tal. Estaba abandonado. Las circunstancias habían arruinado un lugar esplendoroso donde la burguesía y otros estamentos de la sociedad gozaron jornadas de carreras con espléndidos caballos de las mejores razas, muchos de ellos de ascendencia árabe y procedencia española. Destacaba por entonces aquel jinete de moda que disfrutaba de popularidad, bastante engreído.

Aquel señoritín, el jinete de figura afeminada y ademanes masculinos, aparecía en las fotos montando o sonriendo entre la gente que le felicitaba, dando cuenta de su galanura. Tan ambiguo era su aspecto como su proceder con mujeres y hombres, despertando en más de un esposo vejado cierto odio y resentimiento. Un trágico y precipitado final había acabado prematuramente con su vida. Lo hallaron reventado en las cuadras por la coz de un caballo. Se rumoreaba que la muerte fue provocada por un marido airado que hábilmente lo había preparado para que pareciese un accidente. El jinete fanfarroneaba, no sin razón, de tener a las mujeres a sus pies. Ella, Anna, presumía de que se le había declarado. Klaus nunca creyó que se hubiera fijado en ella. Anna no era de esas mujeres que encandilan a un hombre y mucho menos a un presuntuoso como suponía al jinete. Ni siquiera tenía armas para enamorar a un simple furtivo como él, pensaba convencido.

En un principio, cuando compartían mejores momentos, Anna, Ángela y él departían de vez en cuando. Una de esas tardes, Klaus, con mala idea, mencionó el supuesto idilio de Anna delante de su hermana, intentando desenmascararla sin consideración alguna. La intención dio resultados. Ángela miró a Anna con clara expectación y asombro, aunque no dijo una palabra. Klaus ya estaba cansado de seguirle el juego, de fingir que sentía celos. Era la cuarta vez que Anna le mostraba las fotos del presumido caballerete, erguido sobre la grupa de un purasangre. No soportaba seguir alimentando aquella ridícula comedia; empezaba a sentirse cansado de aquel circo donde dos mujeres a las que ni quería ni, desde hacía algún tiempo, aguantaba dirigieran su vida a su capricho. No podía seguir disimulando el hastío que le producía la pícara mirada de reojo de Anna tratando de escrutar en su rostro los celos que él, al principio, caritativamente había dejado entrever que le suscitaba la idea de que ella siguiera recordándole con algún tipo de sentimiento. No necesitaba reafirmarse en su sospecha de que todo era un farol de Anna ahora que el jinete había fallecido, pero sí que dejara de representar la patética farsa de un idilio que nunca existió. Anna, sin mostrar turbación, le había mirado con inquina y él vio en sus ojos que se la había jurado. Ella sabía que lo hizo con el propósito de desenmascarar su presunción, tan falsa como ilusoria, pero hasta aquel momento había sido una fantasía torpe que utilizaba para suscitarle interés, para intentar romper la distancia que a menudo veía en sus ojos y a la que ella ponía nombre de mujer, Karina, su eterna rival contra la que no podía luchar porque estaba muerta. Era difícil competir contra un recuerdo idealizado.

La más absoluta e insufrible realidad le tenía cercado, imposibilitado. Klaus solo aspiraba a que le amparara la locura para no ser consciente; para no cargar el peso de una razón que le oprimía y estrangulaba el alma. «Lo sabe, sabe que no la soporto; ha perdido la dignidad y solo le importa conseguir el placer forzado de mi atención para sentirse viva y aliviar su hastío, para olvidar por unos momentos su condición, su espantosa realidad a la que desea arrastrarme. Utilizará hasta la última de sus fuerzas para fustigarme», musitaba Klaus mientras miraba a través de la ventana, desde donde solo podía ver la tapia al otro lado del jardín, todo su horizonte. Mejor así, pensaba algunas veces. No era muy alentador cuanto acontecía al otro lado. Aunque sin noticias del exterior —Ángela se había llevado la radio—, le llegaban los zumbidos de los bombardeos y el trasiego de los vehículos y los soldados fuera de aquellos muros que le mantenían resguardado y alejado del agitado y peligroso mundo al que, ahora, no le importaría hacer frente con tal de alejarse de aquel tedio.

Los viejos periódicos —el nexo que le unía al pasado—, arrugados, maltrechos, hasta grasientos, apilados sobre el aparador con desorden, algunos disgregados por el suelo, habían perdido su prestancia, tan manoseados que a veces le daban ganas de deshacerse de ellos para que no le recordaran constantemente sus miserias. Volvía al refugio de la ventana y buscaba los pequeños cambios con que el viento modificaba el jardín estrafalario y arruinado, cada vez más asolado, en el que no quedaban rastros del manto de acianos que dieron un toque de vivos azules refrescantes cuando aún vivía el padre, que los siguió cuidando en recuerdo de su esposa, cuyas inquietudes y sentimientos, necesidades y deseos poco le importaron y a la que solo respetó después de muerta. No los había plantado ella, nacieron accidentalmente y los cuidó con cariño y dedicación, como la tarea más apacible, donde los miedos no existían, consiguiendo que se propagasen dando un esplendor muy acorde con su personalidad alegre, marchitada.

Aquellos periódicos, que Klaus acababa repasando con desgana, eran como un asidero donde seguir buscando su memoria; donde apelar al tiempo pasado rebuscando entre titulares y textos alguna noticia, alguna frase, algún anuncio que despertara un recuerdo; que le devolviese su entidad y le transportara a su realidad pasada por desagradable o desapacible que pudiera presentarse. Le chocó un anuncio donde un profesor de universidad buscaba «aria pura, joven y sana, para matrimonio». Klaus se entretuvo pensando cómo habría transcurrido la vida de aquel hombre en estos últimos años, si habría encontrado a la joven que cumpliera los requisitos, si habría sido feliz con la mujer que escogiera o si se habría arrepentido con la elección. Enunciados sobre Hitler y sus paseos con su sobrina. Noticiarios confusos sobre política que no le decían nada. Una referencia al incendio en el parlamento, hacía años, en febrero del 1933, que después de leer con atención, tampoco le trajo nada a la memoria. El desconsuelo le llevó a Karina, la joven y adorable criatura a la que la vida había tratado tan mal.

Klaus desconocía la dimensión de la situación. Ángela, la única que podría aportar noticias, nunca hablaba de ello; como si ya estuvieran desahuciados de la realidad, reos de unas circunstancias cuyas consecuencias poco le importaban.

El reloj que presidía la desmantelada sala se había quedado casi solo en aquellas paredes marcadas por el vacío que el efecto del tiempo delataba, dibujando una ausencia patente, resistente a la fina capa de pintura que no consiguió hacer olvidar la silueta que marcó la retirada de lo más regio, aquello que seguiría, de no haber sido por la salvaje usurpación, presidiendo el ambiente con su suntuosa prestancia: las librerías. Ángela se había llevado a su propia casa las más fáciles de desmontar, y parte del fondo de libros: la mitad de los tomos más valiosos por presentación y temáticas. Se había llevado los dos módulos laterales, dejando los centrales anclados a la pared, y la mitad del ajuar de la casa, como mobiliario de lo que se suponía le podría corresponder por herencia. Costó mucho desmontar aquellas librerías. Eran una joya y Ángela no quiso renunciar a ellas, aun consciente de que sufrirían desperfectos considerables al arrancarlas de aquellas paredes que quedarían un poco huérfanas. En uno de los estantes, escondidos tras unos tomos, bien ocultos, encontraron dos libros: una novela de Thomas Mann, *Tristán*, y *Otelo,* de Shakespeare. Toda una proeza ocultarlas en la casa, cuando los dogmas y costumbres estaban muy alejados de determinadas temáticas. Enrolladas y sujetas con una cinta de raso azul, habían encontrado unas partituras de Verdi, muy manidas, y un título de profesora de piano. Posiblemente, totalmente abnegada, fuera lo único que pudo conservar la madre, rescatándolo de la tiranía de aquel hombre instruido, de nula sensibilidad, al que la esposa nunca alcanzó a comprender. Las hermanas se miraron con sorpresa ante los hallazgos y, mientras Ángela reparaba en los libros, Anna deshizo el nudo de la cinta de raso y acarició las partituras, que olió intentando evocar el recuerdo de su madre. Ángela, sin hacer la más mínima alusión a las partituras, dijo que se desharían de aquellos libros; pero Anna reaccionó casi con violencia, tal vez molesta por la poca delicadeza de su hermana ante las cosas de la madre, y dijo que quería leerlos. Ángela hizo un mohín despreciativo que ocultaba una curiosidad que no quiso confesar. En cuanto al título de profesora de piano de su madre, surtió distintos efectos en cada una. Ángela apenas se inmutó, como si, teniendo conocimiento de su existencia, no le diera la más mínima importancia. Se dio la vuelta para evitar las preguntas de Anna, a las que jamás quiso responder. Anna, más que dolida, desconcertada, fue hasta el otro extremo de la sala y levantó la alfombra. Reclamó a su hermana y, expectante, no dejó de observarla esperando una explicación o un simple comentario sobre aquellas marcas en el suelo de madera que había descubierto un día, respuesta que nunca obtuvo. Marcas que ahora suponía de un piano de pared que no recordaba. Ángela no dijo una palabra en ese momento, ni después, ni nunca. Anna intentó varias veces hablar del tema, pero su hermana siempre lo esquivaba como si supiera algo de lo que no quería hablar; un secreto atroz que no deseaba compartir con ella. Anna, al contrario de lo que demostraba Ángela, estaba muy afectada por los últimos acontecimientos, de los que no hicieron partícipe a Klaus, que se mantenía al margen, aislado en el despacho, poniendo en orden los asuntos contables que el general tenía un poco descuidados absorbido totalmente por sus obligaciones militares.

—Ángela, ¿te acuerdas de mamá? —preguntó Anna visiblemente triste, incidiendo en el tema que su hermana siempre evitaba—. No sé si nos quería... No recuerdo apenas nada de ella.

—¡Qué cosas preguntas! ¡Claro! —exclamó Ángela con su habitual tono de enfado con el mundo.

—Yo casi no me acuerdo... Solo la recuerdo mirándome con la cara triste; yo quería abrazarla, pero no sé por qué nunca lo hacía —dijo Anna bajando el tono con tristeza, esforzándose por recordar.

—Porque estaba enferma. Siempre estaba aquejada de algo, sobre todo de jaquecas. Papá siempre cuidaba de que no la molestáramos —dijo Ángela, esbozando una sonrisa y mirando al infinito, como cada vez que sus recuerdos evocaban a su padre, por el que sentía devoción.

—Una vez miré por la rendija de la puerta de su habitación, que estaba entornada. La escuchaba hablar bajito, su tono... Como un lamento. —Aquí, Anna hizo una pausa como de reflexión—. Me vio y extendió los brazos desde la cama, pero papá se volvió y cerró la puerta.

—Estaba enferma, ¿no te acuerdas? —apuntó Ángela, atropellando con voz firme y en un tono represor que delataba una clara defensa hacia su padre, anticipándose a una posible sospecha en la que ni siquiera Anna había reparado—. ¡Tú eras pequeña y algo boba, no entendías nada!

—Sí, ya lo sé, pero el día que murió yo la había visto en el jardín por la mañana temprano desde la ventana. —Con la mirada abstraída, como si cavilara retrotrayéndose al momento, Anna añadió—: Después papá dijo a los tíos que esa mañana no se había levantado y tú me sacaste de la sala de la mano.

Ángela salió de la habitación murmurando que ella qué iba a saber, que era pequeña y fantasiosa y confundía las cosas. Jamás le diría que su padre la odiaba por no haber nacido varón, por lo mismo que ya no podía soportar más a su madre, aquel ser débil incapaz de evitar el malogro del hijo deseado, solo once meses antes de nacer Anna.

La decisión de Ángela de marcharse de la casa familiar había surgido tres meses después de regresar de su estancia en otra ciudad, a donde tuvo que acudir para colaborar en misión en un laboratorio, y encontrarse con la atroz sorpresa de que un hombre desconocido, de origen judío, además —circunstancia del todo intolerable—, se alojaba en la casa y al que su hermana quería encubrir a toda costa.

La residencia que habitaban las hermanas había pertenecido a los abuelos maternos; tras su temprana muerte, se habían trasladado sus padres al ser más grande y luminosa. Aquel piano había estado allí desde que el abuelo se lo regaló a su madre, cuando, muy joven, empezó a estudiar música, hasta que el general, harto de sorprender a su esposa desgranando aquella música que, según él, despertaba en ella ciertas emociones inadecuadas y a él restaba concentración, decidió por su cuenta hacerlo desaparecer un día. Afortunadamente los tiempos decadentes habían terminado, esgrimía desafiante frente a la atribulada esposa, haciendo apología de los derechos y obligaciones respecto a las mujeres. Las niñas, manipuladas por un padre calculador, siempre se mostraron reticentes a mostrar cariño hacia una madre relegada, cada vez más triste, más anulada, sumida en el desánimo y a la que no había que molestar, según el padre. Convertida en una mujer abatida, en una madre desautorizada, solo le quedaba el jardín para sosegar su ánimo maltrecho y olvidar sus carencias.

La casa a la que se trasladó Ángela, una segunda planta en un edificio más céntrico y mejor comunicado, fue heredada de sus abuelos paternos. Nunca antes habían hecho uso de ella ni dispusieron otro fin que mantenerla limpia y en condiciones óptimas para que la habitara algún día la primera de las hijas que contrajera matrimonio, como había determinado su padre.

Klaus se entretenía moviendo las manecillas de aquel reloj que había quedado como un náufrago en esa pared desnuda, posicionándolas en la hora que le convenía, forzando el momento a su capricho e invitándose a fantasear imaginando instantes lejos de aquella casa austera y fantasmal. Desde que quedó desnudo del abrigo de las librerías, cuando daba las horas sonaba a hueco, a espacio desierto, a decadencia y a tristeza palpable, como un retumbar que alteraba el silencio dentro del silencio. Klaus se sentaba a la mesa en el lugar al que llegaba un rayo de luz que desnudaba aquel tablero cubierto de polvo, donde los arañazos daban cuenta de uso, donde algún día se habría sentado la peculiar familia. Entonces imaginaba la suya propia: una mujer dulce de rasgos amables y, acaso, por no poner límites a la imaginación, unos niños alegres y traviesos. Hasta es posible que también hubiese una anciana apacible y abnegada, su propia madre. Estas ilusiones, lejos de confortarle, le enervaban. Aunque había olvidado su pasado, sentía como si su vida anterior hubiese sido tan insulsa y triste como su corta memoria. Le resultaba extraño imaginarse acariciando la cara de su esposa o regañando a un niño; impensable suponerse padre de familia ni regidor de vida alguna, dada la torpeza con que resolvía su situación presente; como si su vida hubiera comenzado bajo aquellas ruinas al lado de Karina. No tenía más consciencia ni memoria, solo la sensación de estar huyendo y la reciente reminiscencia del fatídico pasaje donde dio muerte al español, gracias a la documentación que aún conservaba. Se esforzó por recordar, pero todo su pasado se limitaba a los escasos datos rescatados con empeño de su vago cerebro anquilosado.

Klaus escrutaba una y otra vez los viejos periódicos tratando de que, al igual que los papeles del muerto, pudiesen aportar alguna luz a su memoria; que las noticias atrasadas le vincularan a un lugar, o que ofrecieran alguna pista, a falta de su documentación original, que a saber cuándo ni cómo habría perdido. Se fue acabando la esperanza. Admitió que en su pasado, además del desafortunado y grave incidente con el español, solo existía Karina. Cada día aumentaba la extrañeza por los momentos que no tuvo con ella. El recuerdo de los especiales y trágicos instantes que compartieron confortaba los largos e insoportables espacios.

II

Los sueños reincidentes

Víctor se desperezaba asaltado por las veraces imágenes del sueño reiterado. Sus amigos habían salido a primera hora hacia Sevilla a la Expo 92. Él no se había ido porque no tenía dinero, pero no le importaba seguir instalado en su tranquilo acomodo, del que no tenía prisa por apearse. En las noticias anunciaron lluvias por aquella zona levantina de interior y eso le animaba a seguir arrebujado en el sofá. Aquella historia con entidad propia le suscitaba interés y mucha curiosidad. Seguir la pista de los personajes se había convertido en una necesidad primordial. Una exigencia natural interpelaba a su memoria buscando el sueño, si no afloraba de forma espontánea. Esperaba, diariamente, los nuevos acontecimientos como si se tratara de sucesivas entregas. Si no acudía espontáneo, Víctor, alterado por la posibilidad de haber perdido aquel filón, socavaba nervioso en los recovecos de su cerebro sin aceptar la renuncia a los sucesos acontecidos, las consecutivas secuencias.

Desde la cocina, su madre gritaba que se le hacía tarde. Víctor acababa de cumplir veinticinco años. De estatura y complexión corriente, tirando a bajito teniendo en cuenta la media, resultaba atractivo aun no siendo el prototipo de chico guapo. Su particular simpatía pasaba de arrolladora a un matiz bastante peculiar que bien podría resultar cinismo; actitud que suscitaba sentimientos encontrados en el gremio femenino, como él, sin connotación despectiva alguna, denominaba a las chicas en general. A menudo alardeaba, resultando un poco chulesco, de impactarlas con esa mirada pícara colmada de intención. Sacaba partido a su gracejo, que no siempre resultaba oportuno para todas, pero hasta para las más críticas tenía siempre un gesto o una frase acertada. Se había quedado sin trabajo y sin acceso a ningún tipo de subsidio. Paco había cerrado el taller de recauchutados. Esperando a que las cosas fueran mejor, fue aplazando el momento de asegurarle a efectos legales. Según argumentaba siempre, la situación de la empresa solo podía sostener oficialmente en plantilla a un empleado, y, aunque entraron en el taller prácticamente al mismo tiempo, Juan tenía una familia que sostener. Víctor nunca tuvo grandes ambiciones, y ese trabajo, sencillo y sin gran responsabilidad, le había reportado económicamente lo que necesitaba sin demasiado esfuerzo.

Víctor madrugaba cada mañana y salía a la calle con desgana empujado por su madre, que ya estaba cansada de tenerlo todo el día de la cama al sofá y del sofá a la cama y se negó a lavarle la ropa, prepararle la cena, comprarle tabaco y otras necesidades, desmontando totalmente el estado de confort en el que estaba instalado. Hasta ahora no le había preocupado, pero el caos le empujaba irremediablemente a salir de su insulsa existencia, donde su única motivación era ir al *pub* para reunirse con los amigos, sin importarle dejarse invitar cuando no llevaba dinero. De no ser por su madre, no tendría un techo, un plato de comida, un mínimo de orden en su vida. Después del desayuno, que últimamente alargaba, perezoso, cogía con desgana la cazadora y la bufanda y salía a la calle contrariado. Para arriba o para abajo, pensaba mientras movía la cabeza de un lado a otro, deseando volver sobre sus pasos e instalarse de nuevo en el acomodo de su sofá recreándose en la historia de su reiterado sueño. Su madre se había empeñado en que saliera cada mañana a buscar trabajo. A pesar de que él le aseguraba que no paraba de dejar currículos, ella, harta de verle ocioso convertido en un pánfilo que solo era un estorbo en la casa, no se daba por satisfecha. No le entraba en la cabeza que ya no se hacía así y le insistía para que se personara. Que le vieran la cara —solía decirle, como un repetitivo sonsonete—, que la presencia y las palabras decían mucho de la persona.

—El desparpajo dice mucho. Nadie va a venir a buscarte a tu casa para ofrecerte un puesto porque hayas dejado un papel en su oficina. ¡Anda, muévete un poco y oxigénate! Y a la vuelta traes el pan, que hoy no voy a salir en toda la mañana. —Era la cantinela de Rosa, cada día, que él escuchaba desde la puerta como una matraca.

Por lo menos hasta la hora de comer la dejaría hacer tranquila las labores sin tropezárselo en pijama, sin afeitar, como si fuese un indigente, pensaba mientras recordaba con cariño cómo había pasado el tiempo. Apenas hacía nada, salía de casa hacia el colegio, con la ropa bien planchada y su pelo empapado de agua de colonia, hecho un pincel, recordaba con cierto sentimiento de añoranza.

Víctor se movía despacio, arrastrando los pies con desánimo. Al pasar por la cafetería de la esquina, el calorcito y el olor a café le invitaron a pasar.

—Te haces caro de ver, Víctor. ¿Y tu madre, cómo está? —le dijo la camarera mientras se apoyaba en el mostrador, con claras intenciones de iniciar un palique fuera de lugar.

Víctor no tenía ganas de conversación y menos de una plática trivial e inoportuna, tan insulsa y mediocre como él consideraba a la propia camarera. Recordó que la oronda señora de aspecto sensual, facciones agradables y oxigenada melena recogida a modo de moño con una pinza vivía en el edificio de al lado de su casa. Sí, también recordaba al pusilánime del marido paseando al perro y a la pizpireta y presumida de la hija. «Leticia, creo que se llama», pensó, recordando a la vivaracha chiquilla con la que alguna vez se había cruzado, siempre sugerente llamando la atención con su provocativo atuendo. Seguramente sería esta mujer a la que se refería su vecina cuando venía a casa alborotando a su madre con los chismes. Sí, la que según María, la vecina, se acostaba con el dueño de la cafetería y había conseguido, con sus favores, obtener algunos extras para que la niña pudiera seguir estudiando. «Porque tonta no es, podría dar mucho más de sí, lo dicen los profesores, ¡eh...! Y todos no pueden estar equivocados», decía la camarera, mientras Víctor asentía con la cabeza por mera cuestión de educación, ajeno a los derroteros que causaron aquel monólogo, deduciendo que lo haría a cada ocasión, propicia o no, que se presentara. Recapacitó sobre lo previsible que puede resultar la gente por sus gestos o apariencia, sin dar lugar a duda. Pensó en su propia imagen, presumiendo siempre grata menos para algunas, inmiscuido en sus propios pensamientos lejos de la trivial conversación de la mujer, que le traía sin cuidado. «¡Bah!, tonterías, ¡qué importa lo que pueda pensar nadie! ¿Por qué iba a preocuparme la impresión que causara a alguien de quien ni me va ni me viene lo que pueda opinar de mí?». Seguía inmerso en estas cavilaciones sin prestar atención, asintiendo mecánicamente a cuanto explicaba la locuaz señora. No estaba dispuesto a tomar con prisas el café. Para librarse de su verborrea se disculpó diciendo que esperaba a un amigo y optó por sentarse en una mesa. Se estaba muy bien allí, calentito, ojeando el periódico y recreándose con las imágenes del vívido sueño que abandonó cuando su madre lo espantó con sus quejas y apremios.

En estas meditaciones andaba Víctor cuando irrumpió en el bar un mendigo que, con evidente timidez, se arrimó a los dos hombres que había en la barra. Los clientes continuaron impasibles ante su humeante y sabroso café; lo ignoraron con tal naturalidad que podría decirse que no se habían percatado de su presencia. El dueño del bar, con gesto contrariado, se acercó apresuradamente hasta la altura del hombre y le invitó a salir del establecimiento recomendándole que no volviese a molestar a los clientes. Víctor observaba la escena quieto en su asiento, sin el menor ánimo de intervenir ante algo que, aun desagradándole, le resultaba ajeno. La camarera, la supuesta señora licenciosa, oronda, de buen ver, se aproximó al indigente, que ya había traspasado la puerta, lo cogió del brazo y lo introdujo de nuevo en el establecimiento. Lo sentó en una mesa y, dirigiéndose al dueño que observaba la escena no sin cierto desagrado, tal vez avergonzado por su propia conducta o molesto por el osado desacato que mostró la generosa mujer dejándole en mal lugar, dijo:

—Le invito yo. —Y se giró de nuevo hacia el hombre con una sonrisa—. Ahora le pongo un desayuno.

Víctor sintió vergüenza. De cinco personas, solo una tuvo compasión, solo una se comportó como un ser humano. Todos habían permanecido impasibles, incluso molestos por la situación o, lo que es peor, invulnerables, insensibles a las miserias de aquel pobre hombre. Víctor pensó que, como él —él el primero—, posiblemente también los demás se creyeran moralmente por encima de la generosa señora. La miró y vio a una luchadora de gran corazón y pensó que la vida es dura, y no por el hombre pobre que, movido por la necesidad, se atrevía a invadir la paz perturbando la comodidad de los clientes.

Tras el desagradable incidente, Víctor siguió inmerso recreándose en la extraña habilidad que le asistía. Ni el espacio de tiempo transcurrido ni las circunstancias le impedían recordar el sueño con una cronología impecable, siempre precisa. Víctor descubrió con asombroso alborozo que también era capaz de interactuar en el sueño. Una desasosegante responsabilidad le emplazaba a ir más allá.

Aún le pinchaba la silla por el bochorno ante su propia actitud indiferente con el mendigo cuando vio por la ventana a un amigo al que no hacía mucho tiempo que había contado lo de su recurrente sueño, sin entrar en mucho detalle. Contentos por el encuentro, el amigo aceptó la invitación y tomó asiento. Víctor le comentó la incidencia con el indigente unos momentos antes:

—No sabes qué apuro he pasado. Hace un momento ha entrado un pobre hombre y ha pedido en la barra si le podían pagar un café. Macho, no se ha alterado ni Dios. El dueño ha salido para echarlo y, ya en la puerta, la camarera lo ha cogido del brazo, lo ha sentado allí enfrente y le ha puesto un desayuno bien abundante. El hombre no paraba de darle las gracias mientras se tomaba rápidamente el vaso de leche. Después se ha guardado el bocadillo de jamón en el bolsillo y se ha marchado, seguro que para no molestar. ¡Qué vergüenza, tío!

—Es de pena, cada vez hay más gente necesitada. No sé a dónde va a llegar esto —se pronunció el amigo.

En ese momento, en el que ninguno tenía prisa, Víctor, deseando rememorar las emociones que le produjo el sueño la noche pasada, lo compartió con él:

—¿Recuerdas que te comenté lo de mis pesadillas? El sueño este me tiene... Esta noche... Aún tengo la imagen de sus ojos fijos en mí, como pidiendo auxilio. Me he abstraído, no te he dicho que se trataba de la mujer... Bueno, tampoco importa mucho. Fue de espanto. No te puedes imaginar... Desperté sobresaltado, casi aterrado, tío. Si no me despierto, me da algo, te lo juro. Estaba empapado; un sudor frío me recorría el cuerpo.

—¿Qué pasó? Según me dijiste, era una pareja confinada... en una casa, ¿no? ¿Qué te dijo? —preguntó impaciente el amigo mientras arrimaba la silla a la mesa en actitud expectante, instalándose cómodamente para escuchar con avidez el prometedor relato.

—Macho, no puedo eliminar de mi mente aquella mirada dura y arrogante, pero... suplicante al mismo tiempo. ¡Yo estaba allí! Sentí como ella, consciente de mi presencia, me miraba. Yo estaba allí, muy cerca. ¡Al lado de su propia cama! Podía sentir el desagradable olor que impregnaba aquella habitación.

—Se me ponen los pelos de punta —dijo el amigo, al mismo tiempo que temblequeaba simulando un escalofrío.

Víctor siguió con el relato, intentando manifestar la misma intensidad con la que lo había vivido.

—Ella se giró despacio, despacio, despacio... Permaneció de lado dándome la espalda. Como si al sentir mi presencia, consciente de que yo no era real, quitara relevancia al absurdo, menos importante que su situación... tediosa. Sentí un cierto respeto. Qué digo, sentí miedo, pánico a que se volviera de nuevo hacia mí y que aquel rostro se clavara en mí otra vez... Yo permanecía como clavado en el suelo, sin poder moverme. Lo que me estaba temiendo se produjo. Empezó a volverse, despacio, sigilosa... Yo no podía huir; como si no tuviera opción. Tenía el cuerpo paralizado y los pies anclados.

Víctor hizo una pausa mientras tomaba el último sorbo de café, ya frío. Su amigo no le interrumpió, deseoso de conocer más detalles del aquel sueño alucinante.

—Sin que yo pudiera escapar, frente a mí, fijó sus ojos coléricos y agresivos, hundidos y enrojecidos, endemoniados; como si destilaran ira y odio... Si no me despierto, creo que me da un infarto. ¡Sentí pánico...! ¡Me escalofrío aún! —Víctor resopló mientras con la inercia de su cuerpo echaba la silla hacia atrás, tomando distancia con el desasosiego que le producía evocar la atmósfera del sueño.

—Sí, tú siempre has sido un poco miedica, tío. ¿Te acuerdas cuando nos retábamos a ver quién aguantaba más tiempo al otro lado de la tapia del cementerio en plena noche? —le dijo el amigo con cierta guasa—. Pero esto es más serio, tío, si sigues soñando con esa historia... Deberías ir a un psicólogo —añadió, con más seriedad.

Siguieron charlando de otras cosas mientras tomaban una cerveza, hasta que el amigo miró el reloj. Se marcharon, cada uno para un lado, a sus asuntos. La mañana invitaba a permanecer al sol y disfrutar ese sopor de los momentos tranquilos, sin obligaciones, con los que Víctor podía deleitarse sin que apenas los alterase remordimiento alguno por su holgazanería. Abrigado por la caricia placentera del sol, se durmió. Su mente volvió a recrearse con la misma historia que ensamblaba secuencias correlativas, hasta meterse de lleno en él, sintiendo físicamente las sensaciones palpables.

Anna, a pesar de la escualidez de su cuerpo debido a la prolongada estancia encamada, seguía manteniendo una silueta importante que se dejaba ver a través de la sábana. La maraña de sus cabellos pajizos conformaba una cabellera ajada que enmarcaba un rostro disfrazado de tristeza, donde, en realidad, anidaban el odio y el rencor más absoluto. No me rendiré jamás, dijeron sus ojos. No había el más mínimo sentimiento de súplica ni abatimiento. Emanaban rabia y sed de venganza. Hizo el amago de incorporarse para salir de la cama, pero tuvo que aceptar que sus mermadas fuerzas lo impedían. Un débil grito de impotencia y desesperación salió de su garganta mientras no dejaba de mirar a Víctor fijamente. Se percató inmediatamente de que el muchacho venía de lejos, muy lejos; de algún lugar donde las culpas y los miedos, como él, no existían.

Anna, sin dejar de mirar a Víctor, el ser extraño, el que no existía, lanzó un grito manteniendo de manera constante sus incisivas pupilas sobre él:

—¡Klaus!

El nombre que ella misma le había asignado; el real, Benjamin, era tan judío como sus oscuros y levemente estrábicos ojos, profundos y turbios. El único dato que Klaus recordaba sobre su identidad perdida, su nombre —posiblemente ni siquiera fuera el suyo—, que nunca más volvió a usar. Klaus, de complexión estilizada y fibrosa, dejaba ver unos hombros importantes sin consonancia con el resto de su estructura estrecha y luenga. Por su cuello bailaba, a cada movimiento, la nuez de Adán, que parecía sesgar aquella piel aceitunada.

El pelo, castaño y espeso, más largo de lo habitual debido al abandono, le daba un toque atractivo y un aire más joven a la edad supuesta. Los labios, muy finos, junto a la nariz huesuda sin llegar a ser aguileña, le delataban. Las ropas que vestía procedían de un arcón situado en un rincón del desván y no recordaba quién le había dicho Anna, en aquellos momentos de confusión, que las había usado antes.

—¡Klaus! —repitió Anna con rabia ante la falta de atención—. ¿Vas a venir, maldito? Algún día me suplicarás a los pies de esta cama. ¡Te lo juro!

Siguió, esta vez elevando más el tono y sin dejar de mirar a Víctor, el personaje extemporáneo que aún permanecía ante sus ojos sin pestañear y al borde del infarto, sin mostrar sorpresa alguna por su asombrosa y sobrenatural presencia.

Klaus se acercó con poco apresuramiento. Sin apenas asomar más de medio cuerpo, apoyado en el marco de la puerta del dormitorio, desde donde Víctor podía percibir su respiración, contestó somnoliento y con evidente desgana:

—¿Qué quieres? —dijo, como única contestación, sin que presencia externa alguna, aún presente ante los ojos de Anna, fuese visible a los suyos.

Víctor, que seguía instalado en el vívido sueño, pensó que aquel hombre le descubriría, pero, estupefacto por la reacción de Klaus, comprobó como solo era visible a los ojos de la mujer.

Ella también se percató de que el joven no era perceptible a los ojos de Klaus, pero no parecía sorprendida; como si la realidad fuera un escenario abierto a un ápice de fantasía que distrajera su mente. Musitó algo sin apartar del intruso sus ojos marchitos e irritados; después se giró apática hacia el otro lado con desgana, dándoles la espalda a ambos sin disculpa alguna hacia Klaus por la molestia vana. Klaus le lanzó una mirada de protesta callada que denotaba fastidio y repulsa, y se dio la vuelta encaminándose hacia la sala. No tardó en retomar el acomodo en el viejo diván donde pasaba las noches y parte de los días. Anna volvió la vista; no había rastro del fantasma; se volvió de nuevo hacia la ventana donde la luz del día amenazaba con otro día aciago.

Desvelado después de la interrupción de Anna, Klaus permaneció con la mirada perdida en el alto y sucio techo, donde la claridad proveniente de la alargada ventana permitía distinguir las caprichosas siluetas que dibujó la humedad a lo largo de los años. Aquellas manchas —la compañía perfecta para el que no habla, para el que no sueña, para el que no vive, para el que apenas siente— fueron la única distracción, la compañía más fiel y cómplice que tuvo en las largas noches de insomnio, junto al recuerdo de Karina. Ellas, las manchas, le hablaban; confirmaban con sus trazos surrealistas su sensación de morir un poco cada día. La lámpara, un poco descolgada de la base que la separaba del techo, amenazaba con caer de un momento a otro desde hacía años.

Una sonrisa bobalicona colmada de dulzura asomó al enjuto rostro de Klaus, mientras el efecto de la luz de la luna daba un toque maquiavélico a sus rasgos afilados y hacía brillar sus pupilas y oscurecía las cuencas de unos ojos hundidos que solo manaban candor y cariño al acariciar los flamantes recuerdos agridulces en los que se refugiaba con deleite pensando en su adorada Karina. Había pasado por su vida tan brevemente; la idealizó, agarrándose a la ilusión. Repetía su nombre una y otra vez, como único asidero amable al que aferrarse. Las primeras noches después de morir Karina, Klaus soñaba un manto de hojas sobre un suelo podrido por la lluvia cubriendo su cuerpo. Despertaba ignorando el resplandor de la ventana y se esforzaba por hallar un vestigio resistente lejos de la torpeza del no saber, antes de reaccionar a la realidad del raciocinio.

Una leve lluvia hacía resbalar los pasos. Klaus huía por aquella calle solitaria y fría; un débil lamento desde el interior del local perjudicado por el asalto le hizo ralentizar la marcha. La situación se recrudecía severamente para los judíos, sin embargo, aquella librería, incomprensiblemente, había permanecido invulnerable hasta ahora a los ataques. Había dudado unos segundos, su situación era comprometida. Esa sensación era cuanto recordaba, pero tenía la percepción de que su huida no tenía nada que ver con el reciente suceso: la trágica muerte de aquel hombre al que había quitado la vida tan gratuitamente. Por entonces ya huía, ¿de qué?... Su apreciación, en este momento, se reducía a la sensación de que le pisaban los talones y no debía perder tiempo. Siguió caminando. A escasos metros, su conciencia le hizo retroceder hasta el lugar, la librería siniestrada de donde procedía el lamento. Tal vez solo fuese un crujir de maderas lo que oyera al pasar, pensó, pero no quedó tranquilo; la duda de que pudiese haber alguna persona herida allí dentro le obligó a retroceder. Volvió sobre sus pasos amparado por las sombras. Nadie le perseguía, ya no se escuchaban los estremecedores pasos; les había despistado. Entró agazapado. Sorteó las tablas humeantes que obstruían la puerta, pisando los cristales esparcidos, alumbrado únicamente por la luz de la luna.

—¿Hay alguien? —susurró Klaus con prudencia.

Alguien, al fondo, intentaba llamar la atención. Avanzó con torpeza y dificultad hacia el rincón a donde no llegaba la claridad. Tropezó y cayó estrepitosamente golpeándose con fuerza la cabeza. Permaneció inconsciente un tiempo. Reaccionó al fuerte escozor. La espontánea exclamación de dolor al sacar la astilla de su brazo alertó de su presencia y surgieron de nuevo los débiles lamentos. Klaus no recordaba dónde estaba ni qué motivos le habían llevado allí. Una persona herida, una mujer, se lamentaba entre los escombros. Que estaba a salvo, que ya había pasado todo, le dijo para tranquilizarla. Tras varios esfuerzos logró liberarla de los pesados enseres que la aprisionaban. Con dificultad la arrastró hasta una zona libre despejada donde llegaba la luz de la luna. Los ojos entornados de la muchacha apenas eran unas brillantes ranuras acuosas, como heridas encendidas que no pedían nada, pero delataban su grave estado. Klaus sopesó la situación y las pocas posibilidades de salir de aquel lugar, mientras intentaba acomodar lo mejor posible aquel cuerpo rescatado de la presión de un pilar de libros y una pesada caja metálica que parecía haberle aplastado el vientre. Lo apremiante y grave de la situación acrecentaba la angustia de Klaus. Su herida era lo que menos le importaba, «un arañazo y una contusión no son nada», pensó mientras comprobaba que ella seguía respirando. Empezaba a amanecer. Agotado, se quedó dormido.

Klaus despertó sobresaltado por la luz del día, sin consciencia del lugar ni del tiempo. Se puso en guardia; un terrible dolor de cabeza anulaba totalmente el escozor que unas horas antes le abrasaba el brazo izquierdo. No sabía dónde ni por qué estaba allí, ni en qué circunstancias había llegado. Tampoco sabía quién era. Solo recordó su nombre, Benjamin, su condición semita, la percepción de que debía huir de allí cuanto antes y de que las cosas se estaban poniendo muy difíciles para todas las personas de ascendencia judía en la ciudad. No recordaba ni siquiera a la mujer por la que había entrado allí la noche anterior; solo cuando ella se manifestó con un leve quejido, miró hacia la dirección del lamento y reparó en que no estaba solo, entonces pudo recordar lo acontecido unas horas antes.

Klaus, desde el diván donde solía pasar las noches y parte del día, volvió a rememorar los acontecimientos que habían dado un especial sentido a su insulsa vida, de la que solo recordaba a partir de aquel incidente. Se recreó en la imagen de la preciosa Karina, la muchacha de aspecto dulce e inocente que despertó en él un sentimiento tan hermoso como efímera sería su vida.

Había vuelto en sí rodeado de escombros y el día avanzaba sin remedio alumbrando la atmósfera hostil. Totalmente desorientado, le embargaba una sensación de miedo y un fuerte dolor de cabeza. La sorpresiva presencia de la muchacha herida a su lado le hizo recordar los últimos pasos. Absolutamente nada anterior al suceso, tan solo una ligera percepción de estar huyendo, ni siquiera estaba seguro de la relación que le unía a la mujer. Con un hilillo de voz pausada pero firme, la mujer le rogó que escapase, que no la ayudara, que se pusiera a salvo mientras pudiera, porque ella ya estaba muerta, un ángel se lo había dicho. Él la miró con desazón intentando elegir las palabras adecuadas para consolarla, para darle ánimos, para rescatarla de aquella abnegación a morir abandonándose sin lucha. No parecía que el aliento de Klaus hiciese el menor efecto en su vago e impasible ánimo. Solo pretendía salvarle, no estaba convencida de lo que decía, pensó Klaus aunque presentía su gravedad. Intentaba mantenerla despierta. Mientras cavilaba cómo salir de allí, insistía en que le hablara de su vida, qué hacía en la librería, si los sucesos la sorprendieron como clienta o si era ella la librera. De forma que él juzgó incoherente, Karina habló de su marido, de un general... Se lo habían llevado... como entraron, de forma violenta. Siguió hablando lentamente, pero sin hacer pausas, como si tuviese prisa en contarlo todo. Su marido le había dicho que se escondiera debajo del mostrador. A él lo cogieron del brazo y, sin mediar palabra, lo empujaron hacia la puerta. Los soldados tiraron las estanterías y les prendieron fuego. Ella salió suplicando tras ellos cuando una llamarada la obligó a retroceder. Buscando la salida de la parte de atrás, tropezó y el estante cayó sobre ella alcanzándola una caja metálica sobre el abdomen. Ya no recordaba nada más. Afortunadamente, el recipiente de agua que Karina tenía siempre disponible para lavarse, detrás de la cortina que separaba la trastienda, se volcó al caer la estantería y la humedad del suelo permitió que el fuego se extinguiera.

Después de relatar los hechos, la muchacha rompió en sollozos sin apenas fuerzas, desfalleciendo con cada lamento, con cada punzada de dolor que la obligaba a callar. Derrumbado ante el cuerpo de Karina, ofuscado por la difícil situación carente de posibilidades, Klaus intentaba pensar. Desde la calle, donde el movimiento seguía sin reparar en ellos, una mujer escudriñaba el interior con interés. Les habían descubierto. Al fin ayuda, pensó Klaus. Aunque para él pudiera ser una fatal solución, la muchacha necesitaba asistencia inmediata. Intentó reptar hacia los escombros empujando inútilmente el cuerpo de Karina. Anna, la mujer que atisbaba desde el exterior, entró sorteando los obstáculos mientras hacía una seña tranquilizadora. Un soldado a sus órdenes, según podía apreciarse por el tono de mando al dirigirse a él, obedecía de manera diligente las instrucciones precisas; despejó la entrada, tomó en brazos con cuidado aquel cuerpo que era un quejido y lo depositó con delicadeza sobre la desnuda y áspera caja de la camioneta. Regresó después para ayudar a Klaus, que también subió a la camioneta. Anna, la mujer que los había descubierto, sin hacer preguntas, intentaba auxiliarlos como podía.

Klaus se enteró días después de que no fue fortuito el hecho de que Anna pasase por allí esa mañana. El general Heinrich, amigo de la familia, se había personado en su casa la noche anterior a que sucedieran los hechos pidiéndole que acudiera a la librería para socorrer a la chica si aún permanecía con vida, rogándole que hiciera cuanto pudiese por ella.

Aquella habitación abuhardillada en la que los cobijó Anna olía a muerto; incluso alguna rata osada se asomaba de vez en cuando ante la certeza de que andaba cerca una carne desvalida a punto de perder la vida.

La muchacha, Karina, durante la breve estancia en el espantoso trastero, relató a Klaus cómo había vivido aquellos últimos días. Su esposo, el dueño de la librería, estaba muy confiado. Era proveedor habitual del general Heinrich, no solo de libros, y, según él, nadie atentaría contra su negocio; no se atreverían. El general, desde aquel fatídico día de noviembre de hacía ahora casi cuatro años en que amanecieron destrozados y quemados muchos establecimientos regentados por judíos mientras las fuerzas del orden permanecían impasibles, había puesto especial interés para que no atentaran contra la librería, manteniendo que la propietaria era alemana y el marido contribuía al régimen con informaciones precisas como razón que justificara la orden.

—Mi marido siempre pensó que su librería estaba protegida, plenamente convencido de que éramos intocables, de que ningún exaltado podría hacer nada contra su negocio —puntualizó Karina con esfuerzo mientras acariciaba con dulzura el rostro de Klaus inclinado sobre su cuerpo.

El general ya no podía mantener la vigilancia. Un par de días antes de los hechos acaecidos irrumpió en la librería con premura y una marcialidad que no solía manifestar en sus habituales visitas. Ni siquiera pasó a la trastienda para estar con la muchacha, como era costumbre bajo el beneplácito del librero, su marido, sino que vino a advertirles, a aconsejarles que huyeran. Su gesto frío y su actitud distante no desasosegaron al dueño de la librería, que seguía confiando en su protección a pesar del ruego de la joven esposa, que sí vio en los ojos del general que el peligro era inminente. El general ya no podía justificar el trato especial ni mantener su voluntad de amparo, y era cuestión de tiempo no solo que atentaran contra el negocio, sino contra la vida del propietario. Aun estando advertido, el librero se resistía a rendirse; no abandonaría su negocio; no estaba dispuesto a renunciar perdiendo el capital invertido, negándose a considerar la magnitud de lo que se avecinaba. Confiaba en el poder del general, en la pasión que le suscitaba Karina, seguro de que no renunciaría a ella. Karina, lejos de ponerse a salvo atendiendo el consejo, permaneció al lado del esposo. Qué lejos quedaba aquella última vez cuando el general, como venía haciendo cada quince días, si no más a menudo cuando le era posible, entraba directo a la trastienda donde ya le esperaba la muchacha empujada por el propio marido desde el momento en que el morro del impecable coche oficial asomaba por el escaparate. El librero, después del saludo servil, se apresuraba a poner el cartel de cerrado, como siempre, esperando el jugoso momento en el que también él sacaría partido. El general disponía habitualmente de poco tiempo. Solía ir directamente al asunto sin demasiados preámbulos y, aun así, sabía tratarla con ternura. La muchacha, al principio, ya desposada, apenas le miraba a los ojos y solía llorar siempre después, cuando el marido, aquel librero pusilánime y rastrero, entraba para ayudar al general a componerse y ni siquiera tenía una mirada para ella. La servidumbre del librero era tan acentuada que ni se atrevía a tocar a la muchacha, a la que trataba con un paternalismo retorcido desde el mismo día que el general la trajo recomendándole que la tomara como empleada; le bastaba con recrearse disfrutando, en su propia piel, del goce del general al que la muchacha volvía loco con su carnosa sensualidad y sus atributos lozanos, a los que resultaba difícil renunciar. La muchacha dejó de mirar a los ojos a su esposo desde aquel día que lo descubrió acechando por la rendija entre la pared y la cortina mientras el general le comía los pezones deslizando con fricción sus dedos hábiles; hasta oyó el jadeo, un sonido como un chillido de rata acosada; el mismo resuello entrecortado y mezquino que el hombre timorato emitía cuando le pedía que se desnudara mientras él se masturbaba sin ponerle jamás la mano encima. El general, en cambio, no solía reprimir sus bufidos voluptuosos cuando la cogía por las nalgas y la penetraba, con ese gusto cargado de apasionamiento. Al general le gustaba encontrarla sentada sobre el taburete, apoyada en la pared, vestida. Era él mismo quien iba quitando las prendas que resbalaban sin complicación descubriendo unos pechos turgentes en los que parecía que los pezones no acaban nunca, coronando unas aureolas asalmonadas. El general, antes de penetrarla, como un ritual preciso, olía a bocanadas su sexo, siempre húmedo, rosado y palpitante.

Karina vivía resignada, pero, desde aquel momento en que descubrió al esposo atisbando, ya no tenía que ser otra, sería ella y amaría sin fisuras; de aquella manera que regala el azar, al que no se puede distorsionar ni reclamar; le amaría como su cuerpo le dictaba y la vida le había enseñado. Le amaría con la verdad de sus impulsos, con las carencias instintivas de la mujer que no tiene derecho al fruto del amor y sí a la dulce angustia del placer descarado que no podría dar a su esposo, ni el general quería buscar en otra. La muchacha había decidido cambiar aquella candidez abnegada que siempre mantuvo reprimiendo su propio apasionamiento salvaje, que más de una vez había mostrado con tanta frescura y naturalidad como su propia inocencia, desde el día que el general ordenó parar al chófer cuando aquellos ojos perdidos se clavaron en él. El mismo general, hombre maduro y apuesto, de rasgos perfectos y manos suaves, bajó del coche. Después de hablar con ella unos minutos, la hizo subir y la llevó directamente a la librería, donde dio instrucciones al librero sin opción a objeción alguna. Ella no tenía derecho a enamorarse de aquel hombre importante al que se había entregado siempre, desde el primer momento en que sus caricias y su ternura la llevaron a no saber oponer resistencia a los pasos marcados por la razón y la vida. Nunca se abandonó con agrado forzado en sus brazos, porque ella también disfrutó el mismo deseo, la misma furia, hasta el día que el librero, un hombre amable y suave, la tomó por esposa y la hizo sentir respetable. Nada cambió. Aquel matrimonio no alteró los hábitos, ni siquiera estaba contemplado. Sus convicciones religiosas le hacían sentirse sucia y solo se despojó del sentimiento de culpabilidad hacia el hombre que la amparó legalmente haciéndola su esposa cuando lo descubrió disfrutando, sacando partido de la vejación a la que él mismo debiera sentirse sometido. Nunca llegó a odiarle ni desearle mal a aquel hombre rastrero y malicioso que la protegía para otro. Desde ese momento, desde el día que imperó el desencanto, rotas las ilusiones, siguió dejándose llevar y disfrutar del hombre que sabía mirarla, aunque solo fuera como lo que era, una mujer de segunda, sin derechos ni atenciones; la que esperaba a su conveniencia, sin trabas ni exigencias. Al menos él la hacía sentir viva, la hacía sentir mujer y disfrutarlo. Ya no tendría, jamás, remordimiento alguno por faltar a un hombre cobarde que nunca se atrevió a considerarla su mujer por encima de servilismos y favores.

Al general Heinrich la dependencia de Karina, la preciosa muchacha de veinte años, toda dulzura, toda candor, empezaba a complicarle la vida. Él la adoraba y no podía permitir que le pasase nada, pero tampoco podía hacer mucho ya por ella. Estaba sometido a demasiadas presiones de todo tipo. Su condición de militar de alto rango le obligaba a este tipo de sacrificios, viéndose impotente para solucionarlo de la forma que hubiera deseado.

Costó mucho subir a Karina hasta el reducido y desvencijado espacio donde les instaló Anna. El ventanuco aportaba las únicas bocanadas de aire en aquel lugar destartalado y frío sin apenas ventilación, por donde se escuchaban los inquietantes sonidos del exterior violento del que permanecían aislados y protegidos en aquella casa lejos del mundo, a donde no llegaba información alguna. Las heridas de Karina eran graves, pero Anna no mostró disposición para traer un médico, segura de que no se podía hacer nada por ella; sí trajo calmantes que le hicieron más leve la agonía. Klaus, sin clara consciencia de la situación urgente y confusa, agradecido a la mujer que les había rescatado de la hostilidad y el peligro, admitió que nada se podía hacer por su vida. Ni siquiera prestó atención al importante vacío que rodeaba su propia vida, su circunstancia en aquel mundo de brumas. Solo acompañar a Karina, atender el desvío de sus ojos y escuchar sus palabras ralas con tono de arrepentimiento, le ocupaba.

La luz adornó con un destello los ojos entreabiertos de Karina. No se abandonó al cansancio, y la conversación, entrecortada, fluyó como una confesión. Habló de un hombre bueno que la había ayudado desde que la encontró, perdida y asustada, y su rostro suavizó el rictus amargo al recordarle. Habló de su esposo, el dueño de la librería, hombre mayor, con pocos atractivos, que le dio la protección que necesitaba. Acabó casándose con él, qué otra cosa podía hacer..., dijo, mirando a Klaus como si buscara su aprobación, mientras resbalaba una lágrima que él retiró con su pulgar, mostrándole su protección y cariño, su entrega. La forzaba a hablar, si sucumbía al sueño, no despertaría. El rictus de dolor no daba tregua. Continuó hablando con dificultad, de su familia, de cómo su madre, de ascendencia italiana, al quedar viuda, sacó sola a sus hijos adelante. Le contó que había venido desde un pueblecito holandés, a donde habían emigrado cuando la enfermedad se llevó a su padre, buscando a unos tíos que la esperaban y a los que nunca localizó. Habló con amargura y con detalles inconexos de las cosas desagradables que había visto, mezclando vivencias sin mucha coherencia, entre lapsus de silencio donde el dolor la oprimía. Seguía esforzándose por hablar, pausadamente, pero con el empeño de quien sabe que su tiempo se acaba.

La flojedad la sumía en un abandono contra el que apenas podía luchar. Los sentimientos se agolpaban en su garganta como un nudo de hiel. Klaus, testigo impávido de cómo se le escapaba la vida, tomaba su cara entre sus manos e intentaba acompañarla sin que el desánimo tomara relevancia. Vencida, luchaba por ganar tiempo para que aquel hombre dulce y entregado le diera lo que no había tenido nunca: amor, amor sincero y desinteresado. Mirándole a los ojos y esbozando una sonrisa que transmitía paz, Karina tomó su mano y la introdujo a través de su blusa invitándole a que rozara sus pechos. Unos senos duros y redondos palpitaban por la vida en disonancia con la expresión de sus ojos, que se despedían abandonándose. Klaus se dejó llevar sin resistencia. La sensación de profanar a una diosa desvalida arrojada del Olimpo prevaleció sobre cualquier otra. Acarició su piel como si esos pechos latientes y perfectos fueran su único amarre terrenal. Sin dejar de apretar y besar sus manos, le susurró palabras que la confortaron. Se marchó tranquila sin que aquel último suspiro fuera apenas perceptible.

Klaus quedó atravesado por la soledad más absoluta. Sumido en una profunda tristeza, lloró con sus ojos fijos en los de ella como si no estuvieran muertos. Se acurrucó en su pecho como un niño desvalido y se dejó envolver al abrigo de su cuerpo hasta que su calor no pudo guardarla.

El crujido de las escaleras anunciaba que Anna entraría por la trampilla del suelo. Él no esperaba nada, como si el tiempo, taciturno como él, se hubiera parado. Anna, con su aspecto pulcro y su rostro frío, le encontró cabizbajo, ausente, sentado sobre el catre donde permaneció junto a ella los dos fatídicos días y la noche más larga de toda su inexistente vida. El cuerpo inerte de Karina no ofrecía muchos cambios;

solo el tono azulado de su rostro la convertía en una estatua de cera. Anna le cerró los ojos, a los que la luz no restaba opacidad. El ventanuco tomó protagonismo rompiendo la ocupación del silencio, anunciando la lluvia que parecía haber apaciguado un poco aquel ambiente inhóspito de ruidos violentos y alarmantes que imperaban en el exterior, el otro lado del mundo. Anna apenas dijo nada y, si lo dijo, Klaus no la escuchó. Tras unos momentos de extrañeza, Klaus bajó la guardia; los ánimos forzados ya no eran necesarios. Deseó huir y encontrar su realidad perdida. Anna rompió el silencio que Klaus alargaba, hablándole con palabras que se perdían en aquel desván antes de que él les otorgara sentido. Dispuso que envolvieran el cadáver en la sábana y lo bajaran para que lo recogieran por la mañana, posiblemente la misma camioneta que les había traído con vida un par de días antes. Como si ya se hubieran desembarazado de la preocupación por Karina, Anna miró la herida del brazo de Klaus y le cambió la venda sin hacer comentarios. Él tan solo la miró a los ojos —aún no lo había hecho— con una mueca triste que no necesitó palabras. Bajar el cuerpo de Karina por aquella escalera angosta había costado mucho más que subirlo, unos días antes. Klaus deseó gritar, salir corriendo de aquella casa que empezaba a marcar su vida nueva.

Mientras bajaban el cuerpo, a pesar de la dificultad, Anna no había dejado de observar con detalle el anguloso rostro de aquel hombre discreto que apenas se había pronunciado; supo por Karina que había sido casual que él entrara para ayudarla aquella noche. La proximidad de su respiración despertó en Anna una sensación de sensual abandono; un ansia por ser abrazada por aquel hombre desprovisto de identidad y recuerdos.

Ahora que estaba solo y ágil para esconderse, llegado el caso, podría quedarse abajo, dijo Anna demostrando naturalidad y confianza. Klaus la miró intentando dedicarle un gesto de agradecimiento, pero no pudo. No había forma de apartar de su mente el dulce rostro abnegado de Karina. Su sentimiento de culpa, por no haber hecho más leve su sufrimiento, le reconcomía, y la frialdad de Anna, aquella mujer que los rescató del peligro, le resultaba insoportable.

Anna le conducía hasta la habitación, al fondo del pasillo, mientras no dejaba de hablar comentando sus buenos propósitos para ayudarle, cómo pensaba ocultarle sin riesgo alguno, insistiendo en que allí estaría seguro de los peligros que le atenazaban en el exterior. Klaus permanecía en silencio, sin pronunciarse. Ella seguía parloteando como si él ya se hubiera instalado en la normalidad, sin mencionar ni una sola vez a la muchacha cuyo cuerpo reposaba solo y frío en el vestíbulo. Un poco sombrío y bastante triste, el dormitorio estaba equipado con aquellos muebles fantasmales que parecían poseídos por sus antiguos usuarios. Klaus no recordaba una cama tan alta, tan... solemne, tan lúgubre y espantosa, pensó, tal vez condicionado por la atmósfera de pesimismo. La parte superior de mármol de la zancuda mesita estaba marcada por círculos ásperos que le invitaron a pasar el dedo siguiendo la rugosidad del contorno, y casi le asalta un recuerdo que no llegó a manifestarse. Desde luego era mejor que la calle, recapacitó envuelto en la atmósfera turbia de aquella situación en la que se sentía como un monigote triste. Antes de quedar dormido, recapacitó sobre por qué Anna no les había instalado en aquella habitación, en lugar de subirles a la sombría e inhabitable buhardilla. Probablemente trató de ocultarles de otros posibles convivientes en la casa; así lo había justificado en su momento. Después sabría que la casa la habitaban Anna y su hermana, Ángela, que esos días había estado en la población vecina donde se la requirió para vigilar a un doctor sospechoso de favorecer a prisioneros judíos. Volvería satisfecha de su trabajo, ajena a lo que encontraría a su regreso.

Después de lavarse y ponerse las ropas que Anna le entregó sin mencionar a quién pertenecieron, ella le cambió la venda de la herida, que apenas presentaba importancia. Klaus se tumbó después sobre el mullido colchón de la extraña cama y tuvo la sensación de que hacía mucho que no dormía en un lecho tan cómodo; con la tranquilidad de estar a salvo, aislado del peligro; sin aquella impresión apremiante de huir sin saber de quién ni por qué. Horas después de un necesario sueño reparador, despertó sobresaltado pensando en el cuerpo de Karina, que reposaba en el frío zaguán envuelto en una sábana, depositado en el suelo como un cadáver apestado sin identidad ni nombre, como un fardo arrinconado esperando ser retirado de la forma más fría, irrespetuosa y aberrante. El cuerpo ya no estaba. Retumbó con frialdad la voz de Anna. Sin asomo de sentimiento, dijo que hacía un rato que lo habían recogido. Klaus se volvió y la miró con extrañeza. Estática e impasible, hablaba como si se refiriera a un paquete. De nada le servía que lo hiciera por su bien, Klaus no le perdonó que le privara de despedirse de ella; que no le diera la oportunidad de ser él mismo, con sus propias manos, con el calor de su pecho, el que la depositara con delicadeza sobre la camioneta. No podía soportar pensar que fue arrojada de una forma desprovista de cuidado, posiblemente junto a otros cadáveres con su misma suerte. Desde ese momento Anna le despertó una animadversión que algún tiempo después se fue suavizando por comodidad y conveniencia.

Anna lo cogió de la mano y lo condujo mientras él, de forma mecánica, arrastraba los pies y la voluntad hasta una cocina amplia y limpia donde una olla humeante desprendía el olor más reconstituyente que recordaba. Fue el único detalle que le hizo sentir un ápice de calor humano desde que murió Karina. Su estómago, que ya se había hecho a la idea de que nunca le llegaría nada decente, empezó a dolerle como si hasta ahora no hubiese existido. Anna le hablaba, le sonreía, pero solo obtuvo una mirada absorta con todo el desconsuelo, con toda la pasiva rabia que le hacía odiarse a sí mismo. Después de dos platos de sopa que tomó despacio, Anna le ofreció una manzana que él rechazó, suponiendo que era el único manjar fresco que guardaba en su despensa. Y sintió un pudor, una angustia mezclada de agradecimiento envenenado que le despertaba una extraña sensación de zozobra ante el acomodo del amparo. Una distancia insalvable le aislaba en aquel lugar, en aquella casa que empezaba a convertirse en un techo venenoso del que quería huir a toda costa.

Klaus no podía deshacerse de aquella inclinación de reproche hacia la mujer que les rescató del horror y la desventura. Como si estuviese enfundado en un ser desconocido del que no podía liberarse, sentía su propia carne como ajena; como si, después de haberse desangrado, por sus venas circulara otra sangre extraña y desafecta.

Apenas hacía un momento que había tomado su primera comida caliente sin que ningún recuerdo acudiera a refrescar su memoria cuando llamaron a la puerta. Klaus, aleccionado, se dirigió a su habitación para esconderse. Desde allí pudo escuchar a un hombre que se manifestaba en tono alto y agitado, moderado después tras la intervención de Anna.

Sentados en la sala, Anna, sin dar explicaciones de la visita ni él pedirlas, empezó a relatarle la situación ante los últimos acontecimientos. Klaus no quería ser descortés, pero su mirada perdida le delataba. Solo deseaba tumbarse en la cama y descansar. Dormir... y no despertar, tal vez. Anna, molesta, se levantó airada y le dio las buenas noches desde el pasillo. Tras un crujir de puerta y un suave portazo tras sus pasos, por los que Klaus adivinó que el dormitorio de la mujer estaba a pocos de la sala, se quedó solo. Lo estaba deseando desde que tomó la sopa tibia que esta vez le supo a trampa. Después se dirigió a la fosca habitación donde sobraba todo el espacio y faltaba el calor que no hallaría jamás en aquel lugar. Trató de dormir sin conseguirlo. Su mente seguía ocupada en los últimos acontecimientos que eran toda su memoria. El recuerdo del afable y delicado rostro de Karina era el único bálsamo para su funesta existencia a la que no encontraba objeto. No pudo reprimir el llanto recordando la apremiante, fría y poco cristiana forma de despedirla. Durante las interminables y amargas horas de su agonía le había contado que su abuela, de procedencia italiana, la enseñó a rezar de pequeña, y cada vez que surgían dificultades solía hacerlo con mucha devoción como ella le había inculcado. Klaus lloró por el dudoso y deshumanizado destino que acogía su reposo eterno. Recordó todos los momentos desde que la encontró entre los escombros. Maldijo su propia cobardía y maldijo a Anna, que los había amparado, reprochándole que no remediara el más triste de los óbitos con que la despidió la vida.

Anna empezó a mostrar un visible malestar ante la actitud de Klaus, que, lejos de agradecer su generosa hospitalidad, pasaba las horas melancólico y triste pensando con toda seguridad en la desgraciada joven. La animadversión de Anna por Karina venía de atrás. La joven había usurpado el lugar que ella hubiera deseado para sí, aunque nunca hubiera sido capaz de confesarlo. Ambas hermanas albergaron alguna vez la esperanza de que el oficial se fijara en ellas, pero, a pesar del empeño de su padre, tuvieron que abandonar las expectativas cuando él mismo les anunció que contraería matrimonio con la hija del superior de más alto rango, siendo todavía coronel. Para él siempre fueron como parte de la familia y jamás reparó ni las miró como ellas hubieran deseado. Anna anhelaba encontrar un hombre con el que sentirse mujer y ya no le importaba, al contrario que a su hermana Ángela, en calidad de qué. Este hombre que ahora se había cruzado en su camino era su última esperanza y no mostró remilgo alguno por su condición de judío. Estaba harta de ver pasar la vida desde el otro lado. No le importaba el discurso de su hermana; ni siquiera la perpetua y amenazante memoria de su padre sería capaz de disuadirle; había perdido el decoro y ganado una desvergüenza que prometía resarcirle de muchas sensaciones perdidas.

Una tarde, al regresar de donde quiera que fuera todas las mañanas —nunca habían hablado de ello porque Klaus jamás se interesó—, Anna, molesta ante su actitud distante y hasta desagradable a veces, le habló de Karina mientras mantenía la mirada afilada. Klaus advirtió un odio injustificado sin el menor interés por disimularlo.

—Tu preciosa Karina no era un angelito —le dijo con cruel regocijo—. ¿No te contó nada de su relación con el general? Era más lista de lo que parecía, la muy mojigata.

Y añadió, con intención poco generosa, que este había protegido a la chica, al igual que a su marido, el judío librero, hasta que las circunstancias no se lo permitieron. La tuvo a su disposición sin ninguna reserva por parte de ella, que siempre se ofreció gustosa.

Y siguió diciendo que no fue fortuito su paso por allí aquella mañana; que la muchacha había sido la protegida del general, el mismo hombre que vino para interesarse por la situación aquel día que él tuvo que esconderse. Antes de que continuara despotricando, Klaus cortó la verborrea ofensiva.

—Ya, un poco tarde —dijo con actitud casi despreciativa, queriendo atribuir al general poco interés por la suerte de la muchacha.

El general, hijo de compañero y amigo de la familia de Anna, estaba casado —para disgusto del padre de esta, que siempre esperó casar a alguna de sus hijas con el prometedor militar— con la hija de un alto mando con poder y prestigio. Habiéndose visto presionado, el general Heinrich no quiso comprometer su estatus por la chica. Por eso pidió a Anna que hiciese por ella cuanto pudiera si la encontraba con vida. No era la primera vez que Anna le ayudaba cubriéndole de alguna forma. Anna deseó que estuviese muerta, la odiaba desde que supo de los devaneos del general con ella; de no haberse cruzado Karina en su vida, tal vez el apuesto general hubiese reparado en ella, aunque solo hubiera podido aspirar a ser su amante —hacía mucho tiempo que ya no le importaban aquellos preceptos—. La odió incluso antes de conocerla, pero cuando la conoció la odió aún más porque sabía que jamás hubiera podido competir con su juventud, con su fresca belleza.

El general, cuando encontró a la muchacha, errante y desvalida, no dudó en procurarle cobijo en la librería, seguro de la fidelidad del librero —nadie tan idóneo como aquel vasallo avaro capaz de todo por gozar del favor de tan alto cargo—, su proveedor de libros y otros favores menos lícitos, además de contacto y espía; un judío sometido y dispuesto a cualquier cosa con tal de medrar y prosperar con la mayor celeridad posible. De esta forma le procuraba seguridad y una vida cómoda a Karina sin dejar de tenerla a su disposición.

Anna continuó lanzando sin pudor todo lo que sabía, incluso exagerando, para denigrar el dulce recuerdo que Klaus tenía de la muchacha. Añadió, sin el más mínimo pudor ni indulgencia alguna —virtudes que desde luego no le asistían—, que, antes de que la encontrase el general vagando por la calle, Karina se ganaba la vida de forma licenciosa. También le dijo que, al verle a él aquella mañana con ella entre los escombros, sospechó que pudiera ser otro amante. Lo que no confesó es que también a él le acogió con la esperanza de demostrárselo al general y detractar la memoria de Karina. Después, fríamente, había pensado ocultarle y sacar provecho a la situación. Klaus apartó la mirada sin disimular desdén, dirigiéndola hacia el alivio de la ventana. El viento agitaba las ramas desnudas del triste abedul, tan melancólico y desconsolado como su propio ánimo. Ese gesto de evidente desprecio, tras el mal intencionado comentario, no sentó nada bien a Anna, que, lejos de conseguir su propósito, sintió como se alejaba aún más de ella aquel hombre que debería postrarse a sus pies y besar el suelo que pisaba y que, sin embargo, mostraba una falta de gratitud y educación fuera de lugar. Anna salió de la estancia maldiciendo el recuerdo de Karina, que hasta muerta le arrebataba la oportunidad.

Anna, a la que la tempestad de las carencias la removía, sentía que se le escapaba el tiempo. Culpaba a los fundamentos a los que las sometió su padre de su juventud perdida.

Esta era su última oportunidad, el destino se la puso en bandeja y no pensaba desperdiciarla. Debía controlar la ira que le despertaba el desinterés del judío y jugar bien sus cartas. Poco a poco, a fuerza de atenciones, del poder de la costumbre y del elemental arraigo que propicia el contacto y el sentimiento de gratitud, Anna consiguió que la considerara con otra disposición más amable y cariñosa.

Klaus había claudicado, dejándose llevar por esa marea de circunstancias a las que no podía enfrentarse. Anna era el único asidero que daba sentido a su existencia. Además de cobijarle podía procurarle una identidad que le alejara de la inseguridad. No tenía otra vida, otros recuerdos a los que aferrarse. Solo la rebeldía que usaba para sus adentros seguía tejiendo una disconformidad que aún le permitía sentirse vivo.

Después del tiempo, de las vicisitudes, a Klaus le resultaba difícil reconocer que tuvo momentos más o menos felices en aquella casa; incluso la extrañeza le asaltaba al admitir que le hubiera dicho que la quería. Le mintió para protegerse de su perniciosa frialdad calculadora; le mintió, aunque no fue tanta la mentira, porque deseaba con todo empeño domar los sentimientos y dejarse llevar por la corriente. Pronto se truncó la voluntad. Ni siquiera el aguardiente que ella traía para mitigar las frías veladas, y que él tomaba antes para soportar su presencia, le insuflaba la fuerza necesaria para engordar aquella mentira piadosa y conveniente. La sospecha de su falsedad corroía a Anna, pero simulaba que le creía acuciándole con sus muestras de cariño, fingiéndose correspondida; solo usaba la discreción ante la presencia de su hermana, que no tardó en marcharse a la otra casa cuando comprendió que él no se iría nunca. Para Anna aquel amor era la única alternativa, sin que renunciar a él fuera opción.

Al principio, cuando tenía que ganarse sus favores, a Klaus aún no le asqueaba hasta este punto insoportable. Ahora no podía ni siquiera tumbarse a su lado sin sentir asco.

La ventana era la única expansión fuera de los muros de la triste y solitaria casa vacía de humanidad donde las paredes rezumaban la sordidez de un penal, donde nunca habrían retumbado risas ni alegría. Klaus extendía su vista hasta el muro que le alejaba del mundo. Observaba el deterioro del apenas perceptible montículo donde había enterrado el saquito de carne, hacía un año; aquella balsita grisácea y brillante que conformaba un charco casi vivo sobre la sábana ensangrentada. Todo fue confusión aquella tarde. Anna gesticulaba, gruñía; gritaba cosas que él, atropellado en su inutilidad, no entendía, amedrentado con la imagen de aquella boca vociferante acusándole colérica. Ella le miraba con inquina y repetía que él era el culpable de aquella carnicería; él, escéptico y distante con el momento, pensaba si el resultado de unas prácticas asépticas carentes de erotismo, donde la inercia les había llevado de manera tan distinta a cada uno, merecía la consecuencia. Confundido, solo atinaba a mirar sus sanguinolentos e irascibles ojos que ocupaban todo el espacio; ojos acusadores ante su sordera impávida, que le amparaba protegiéndole de una situación del todo imposible, donde no podía reaccionar ni controlar su propia inutilidad. En medio de aquella confusión acérrima, Klaus acertó con poca maña a seguir las vagas instrucciones que Anna, dolorida, necesitada de atención, le indicaba con tono de reproche.

Klaus había permanecido espantado, aturdido, lejos de una actitud resolutiva. Solo atinó a envolver torpemente aquella masa acuosa y sanguinolenta en un trozo de sábana que dobló varias veces, siguiendo las indicaciones de la propia Anna, que se desgañitaba postrada entre el desgarro de su dolor y la cólera que le despertaba su ineptitud.

Por entonces Ángela hacía días que no iba por la casa de su hermana —la que fuera su casa desde siempre—, desde que mantuvieron una arrebatada disputa mientras Klaus, a pesar de ser él mismo el motivo de la discusión, permanecía ajeno en la sala, sin pronunciarse, escondido tras las hojas de los periódicos atrasados que jamás le traerían la memoria. Ángela, ofuscada por el coraje que le suscitaba la situación del todo inaceptable, se había propuesto no volver a pisar la casa mientras él morara en ella. Pero al volver del laboratorio, como alertada por la premonición de que algo no iba bien, se acercó. Llamó tres veces antes de utilizar su propia llave; aunque no pensara usarla, la llevaba siempre en el bolso. El jardín, invadido de desidia, solo era el pórtico al despropósito. Esa había sido su casa desde que nació y lo seguiría siendo; un zoquete oportunista no la iba a coartar, pensó, segura. Desde el zaguán escuchó los desgarrados lamentos de Anna. Ángela se apresuró hasta el dormitorio de donde procedían los gritos. No sabía del embarazo de Anna, el último día que se vieron, Anna se lo ocultó, guardándolo como una baza a favor de Klaus. La escena era dantesca: Anna parecía hacer equilibrios sobre la maraña de las sábanas empapadas de sangre; bañada en sudor, medio incorporada, se apoyaba sobre los codos; el pelo húmedo y grasiento enmarcaba su amargado rostro, en el que destacaban muy abiertos sus ojos enrojecidos y una boca tejida de hilos de baba que brillaban cimbreantes cada vez que vociferaba una orden o un lamento, agotada y abatida por el dolor ante la necedad de un hombre inepto. ¡Cómo había sido capaz!, pensaba Ángela, complacida por hallar sin vida aquel engendro. Klaus, paralizado, miraba ausente como sin querer ver, adivinando un cuerpecito exánime que más bien parecía un pajarillo caído del nido entre aquella extraña masa viscosa y brillante. Ángela intervino de inmediato, mientras él permanecía mirando aquel bulto, de forma esquiva para no delatar su condición de enterado. Como de soslayo, le pareció distinguir un puntito azul plomizo que le indujo a precipitarse atropelladamente a envolver con urgencia y sin cuidado el pequeño fardo blando. Dobló y dobló la sábana hasta no percibir la grima que le suscitaba el tacto, hasta convertirlo en un bulto anónimo. Sostenerlo le provocaba náuseas y un sentimiento de extrañeza. En ningún momento surgió, ni siquiera, la percepción de que aquel pedazo envuelto, como un ascua ardiendo entre sus manos, pudiera tener naturaleza humana ni mucho menos ser su hijo. Hasta que las mordaces acusaciones de Ángela volvieron a atacarle, Klaus permanecía impasible sin saber qué hacer. Se sorprendió enterrando, casi a oscuras, el pequeño bulto en el yermo jardín que fuera un día alegre y frondoso, según le describía Anna en las tardes tibias cuando aún existía respeto disfrazado de un cariño necesario para soportar la convivencia. Klaus, aliviado al considerarse relevado por Ángela, se sentía eximido de la obligación y no entró al dormitorio. Había pasado un tiempo sin noción cuando Ángela, desde el marco de la puerta, dijo que la había dejado descansando y que regresaría con un médico; que entrara de vez en cuando por si necesitaba algo. Ni siquiera le miró de arriba abajo, como otras veces. Su mirada, al vacío, indicaba una advertencia y mantenía la distancia. Él asintió sin hacer comentario alguno, sin preguntas, ni el más mínimo gesto de agradecimiento; una actitud completamente anodina, como si con él no fuera la cosa. Ángela, a la que solo despertaba tirria, le miró ahora, incisiva y colérica, transmitiéndole lo insignificante y vil que le resultaba. Se marchaba con el firme propósito de convencer a su hermana para echarle en cuanto se restableciera. Klaus, ajeno a sus intenciones, al momento, a las consecuencias, intentó distraerse evocando su vida anterior, la auténtica; la que nunca existió, porque no la recordaba. Se asomó al cuarto de Anna y la encontró tranquila. Pensó en su familia; en las emociones, de haberlas, ante la llegada de los hijos, si es que los hubo. Forzó su mente imaginando rostros, rebuscando entre las imágenes rebeldes que no querían manifestarse. Quiso estar allá, en otro lugar, con ellos, con esos seres soterrados en el olvido colmándole de ausencias; con la familia que ignoraba y que añoraba, si se puede añorar lo que no existe. Se sentía muy desgraciado no por esas carencias, que ni siquiera acusaba: una ausencia de dignidad le impedía ser una persona, un hombre, un ser normal. Desde aquel día la apatía aumentó y, si hubo algún tipo de afecto entre Anna y él, había mermado convirtiendo en un suplicio todos los momentos que tenía que compartir con ella. Una barrera, que hasta entonces había podido salvar, se hizo infranqueable. Le resultaba difícil mantener la situación que había podido sobrellevar con cordialidad y una buena dosis de conveniente mentira.

Como muchas otras veces, Klaus llegó hasta la escalera del desván. Pero esta vez no retrocedió, pisó el primer escalón de la angosta escalera y siguió avanzando por aquellos peldaños de madera gastada que crujían peligrosamente. Desde que bajaran el cuerpo de Karina, hacía casi tres años, jamás se había atrevido. Empujó la puerta y se vio asaltado por el haz de luz que se colaba por la ranura entre el marco y la hoja del ventanuco, apuntando directamente a sus ojos. El espacio se inundó de luz y de extrañeza al abrir la ventana, de silencios agazapados que no dieron tregua al nudo que se formó en su garganta.

En el lugar que había servido de lecho a Karina, un colchón enrollado disipaba la imagen de la cama que había conservado en su mente. Se acercó y olió el jergón sobre el camastro; olía a humedad y a sombría ausencia. Se hizo trizas el recuerdo de aquel rincón donde reposó el tibio cuerpo de Karina. Echó una ojeada al entorno. Nada le recordaba a Karina; todo era nuevo, todo viejo y agrio.

Un centelleo entre los enseres provocó su curiosidad. La destartalada gramola, anestesiada por el tiempo, permanecía indemne a la ausencia de alegres momentos. Como si alguien se hubiera ensañado con la intención de retorcer la alegría que desgranara, carecía de manivela y colgaba el brazo desmayado, arrancado de cuajo como a propósito. Klaus la despejó de cuantos cachivaches la cubrían y la acarició como a un tesoro, despertándole emociones que no pudo atrapar; una sensación de arraigo que no supo identificar, pero que le hacía sentir bien. Quiso arañar de nuevo su memoria mientras instintivamente limpiaba con la manga el polvo sobre el plato. Aquel aparato en desuso no consiguió enaltecerle con algún recuerdo dormido.

El rincón, que recordaba más oscuro, donde el lecho humilde había alojado el cuerpo dañado de Karina trajo recuerdos de aquella, la niña que llegó tan maltrecha a su vida y le cambió el rumbo. Extendió el colchón que permanecía enrollado desde entonces. Se tumbó sobre la mancha circular, el cerco que dejaron el sudor y los fluidos corporales. Unas sensaciones voluptuosas, sin lugar, le mugían por dentro. Solo el sueño las controló. Soñó con ella: viva, sana, alegre, bella, retozona. Acariciaba su rostro sonrosado y ella correspondía ofreciendo su luz incendiaria, su sensualidad sin reservas. Caían sobre la hierba, y del escote de su blusa emergió un pecho blanco y redondo, carnal, alejado de los pétreos pechos de las diosas. Después cambiaba el estruendo de su risa contagiosa por un silencio; una mirada profunda y una lágrima deshacían el halo angelical convirtiéndola en mujer. Aquellos pechos desnudos que olían a verano se ofrecían generosos como un fruto; se cimbreaban sus caderas blancas y carnosas entre las manos inexpertas de un hombre asaltado por el deseo, con un leve vaivén que iba cogiendo brío mientras la sangre de Klaus abrasaba su cuerpo mecido por el cabalgar tan bravo. El sueño se rompió al mismo tiempo que su cuerpo se vertía hambriento y desolado sobre un jergón tan frío, mientras los ruidos de la guerra interrumpían destapando la tristeza intacta.

Las sirenas hacía días que no sonaban, un silencio sospechoso reinaba en el exterior. Esa noche llovió mucho. Los pequeños regueros serpenteaban por la tierra de lo que fue el jardín, convertido en un cenagal donde apenas se apreciaba el pequeño montículo que la lluvia y el descuido anegaron haciéndolo desaparecer. El murmullo continuo del agua tenía altibajos; una furia desmedida golpeteaba sobre los cristales con la misma rabia con que circulaba la sangre por las venas de Klaus, esa noche de aguda rebeldía donde los propósitos tenían caducidad. Anna le había reclamado suplicante por segunda vez. Le horrorizaban las tormentas, detalle que la hacía humana. La temerosa mujer, desprovista de la dureza que siempre le asistía, le hizo un hueco en la cama con actitud de súplica y que él entendió como una orden porque siempre presumía mala intención en todo lo que ella planteaba. Klaus se tumbó de lado con aprensión, dándole la espalda, fingiendo que tenía sueño. No podía ponerse frente a ella. La aversión ganaba a la voluntad.

Anna buscaba comprensión y apoyo, una caricia, un poco de ternura que merecía sin necesidad de mendigar el afecto y el roce que hacía mucho que él le había negado. En sus noches vacías se odiaba por desear un poco de lo que otras, fuere cual fuera su condición, recibían sin tanto esfuerzo. Demasiado tarde para enmendar el error. Qué tarde lo había entendido; a la sombra de muchas cosas, cuando tenía un hombre que le debía todo, incomprensiblemente no podía obtener su favor. Se fustigaba en su amarga reflexión que llegaba tarde. Envidió el lugar de aquellas muchachas corrientes a las que su soberbia hacía considerar inferiores; conformistas, insignificantes muchas, pero amadas, felices. La desesperación le llevó a evocar a su madre, a la que apenas recordaba. Aquella mujer que se apagó tan temprano consumida por la tristeza; testigo inútil mientras sus hijas, educadas como soldados, se convertían en monstruos insensibles. Anna adivinó su angustia y cómo fue anulada por la imperiosa disciplina desatinada y cruel. Tarde, el sentido de la existencia venía a despertarla; a defenderla del sinsentido que siempre presidió su vida.

La infección le afectó al hígado, y la insuficiencia renal derivó, entre otras dolencias, en una anemia crónica contra la que parecía no querer luchar. Anna nunca recuperó la salud tras el aborto. Más que resignarse, se acomodó a tolerar los días, a sufrir las noches. Si permanecía en la cama, tendría derecho a cuidados y atenciones, a la permanente asistencia de Klaus, segura de que, si no podía recuperar su cariño, sí podría chantajearle con su última baza: la documentación que le impediría moverse sin ser detenido. Klaus, sin memoria, forzado a un compromiso; recluido al abrigo de dos mujeres que no soportaba, condenado a la farsa de la convivencia, toleraba la inmundicia de sus días con la esperanza de verse libre.

Ángela nunca pudo admitir la flaqueza de su hermana. Uno de los principales preceptos era la prohibición de prácticas sexuales interraciales. Su padre, un hombre que creía en Alemania por encima de todo, mantuvo de manera acérrima aquellos cánones del padre de la propaganda nazi. Uno de ellos figuraba enmarcado sobre la mesa de su despacho: «Principio del método de contagio. Reunir diversos adversarios en una sola categoría o individuo. Los adversarios han de constituirse en suma individualizada». Desde el día que la encontró en aquellas condiciones, acrecentó su animadversión por Klaus. Se odiaba por ser capaz de consentirlo. Aquella fuerza que le impedía denunciarlo, sucumbiendo al ruego de su hermana, le daba ímpetu para luchar por sus principios con más vehemencia.

III

La misión de Ángela

Hacía un par de años de su primera y única misión oficial. El general Heinrich confió en Ángela; fría, invulnerable, no se dejaría embaucar por ningún hombre ni circunstancia alguna que la apartara de su deber. Las instrucciones, más allá del simple cometido como enfermera ayudante del doctor cuya capacidad y conocimientos le habían reportado prestigio, fueron precisas.

El laboratorio se ubicaba en la sala anexa a la misma consulta del médico, hombre solitario, de mediana edad y apariencia agradable al que no se le conocía inclinación por una mujer determinada. Médico personal de la familia de un general reputado, próximo al general Heinrich, se dedicaba a la investigación sobre estudios concretos bajo periódicos controles, desde el último congreso. Desde entonces la consulta permanecía cerrada y el espacio vigilado. La parcela donde se ubicaba el laboratorio estaba sólidamente cercada desde los tiempos del abuelo del doctor, hombre obsesionado con la seguridad. Las mujeres, junto con tres niños, a quienes ni eligió ni potestad tenía para evaluar sus condiciones, llegaron famélicas y cargadas de piojos desde distintos campos de detenidos. Desinfectadas y atendidas para sobrevivir, permanecían hacinadas en camastros, destinadas a experimentos genéticos. Aquella especie de barracón improvisado en lo que fuera el gallinero albergaba a cuarenta mujeres judías, tres de ellas con un hijo, todas de la misma edad al igual que los niños. Las batas nuevas, sin distintivos, les hicieron albergar esperanza en aquel lugar idílico entre vegetación. Estaban catalogadas en tres grupos: eslavas, romaníes y africanas. El cometido del doctor, recabar datos con fines de fortificar la naturaleza de las mujeres arias, lo había llevado un poco a su aire aprovechando que sus superiores, cada vez más ocupados con sus propios experimentos, no daban demasiada relevancia a sus investigaciones. El doctor pasaba gran parte de su tiempo releyendo, entre otros, los estudios del austriaco Gregor Mendel: las leyes de Mendel de la herencia o herencia mendeliana y las conclusiones descritas en su artículo *Experimentos sobre hibridación de plantas*. La rama de investigación que le habían encomendado era nueva para él; aunque su cometido se limitaba a seguir instrucciones precisas, él seguía investigando paralelamente por su cuenta. Su ayudante de toda la vida, la asistente Kerstin, había fallecido. Le enviaron a Ángela con muy buenas referencias y no tenía nada que objetar. Tampoco tenía opción, ya había obtenido trato de favor conservando a su antigua asistente. Enseguida detectó en ella la sobriedad y eficiencia, valorando excesivas sus cualidades para el cometido.

Ángela pronto descartó la impresión de hombre huraño que le había dado su aire distraído. Le gustaba esa expresión madura de seguridad que solo había visto en su padre.

En aquel lugar enclavado entre arboleda y vegetación no se respiraba el penetrante olor a éter característico que rezumaba el anterior laboratorio en plena ciudad, donde solo se trabajaba con muestras; el aroma a campo entraba por todas partes, y el olor a desinfectante era fácil quitárselo con agua y jabón antes de acostarse. Los experimentos se desarrollaban siguiendo pautas marcadas en las que el doctor se permitía un margen de actuación que la llegada de la enfermera dificultó. Aquella mujer cualificada mermaba su radio de acción con detrimento de su libertad; no era necesaria para colaborar en unos experimentos específicos donde solo seguía instrucciones, pensaba el doctor, molesto porque su presencia le obligara a mantener un rigor que le privaba de sus escarceos.

Una mujer y un niño del programa de experimentos habían desaparecido del barracón. Aunque los registros fueron infructuosos, ondeaba la sospecha sobre el reputado doctor. Nunca se descartaba una sospecha hasta esclarecer los casos. Los cuatro soldados que se ocupaban de la vigilancia y mantenimiento fueron castigados. A las mujeres solo les hicieron preguntas, sin recurrir a la violencia; cualquier alteración restaría fiabilidad a los resultados, arguyó el doctor. La vieja enfermera, detenida en casa de su hermana, murió de un infarto antes de tener lugar el interrogatorio, y las sospechas hacia ella tomaron relevancia. Registraron la casa de la hermana, una anciana enferma que no supo responder a las preguntas; no le sacaron nada porque nada podía aportar. El doctor relacionó los movimientos que se dieron ese día, sin que se hubiera detectado anomalía alguna, que él supiera. Manifestaron su confianza para despistar su cautela. El general tenía interés personal en saber cómo lo había hecho, si lo hizo; conocer los detalles sin ponerle en guardia; cogerle infraganti, y ahí estaba Ángela.

Acostumbrado a la actitud sumisa y cabizbaja de las demás, el doctor había reparado en aquella muchacha del grupo de las romaníes, de ojos desafiantes que sostenían la mirada con atrevido descaro. La primera vez la devolvió al barracón antes de que Kerstin se percatara de su debilidad. El halo de rebeldía en aquella joven menuda, no lo había visto en ninguna otra; merecía un escarmiento, pero algo en ella despertaba su interés.

La misma mañana de la redada, una vecina le había cortado el pelo y se lo había impregnado con agua oxigenada; un aspecto más acorde con su apellido francés la haría pasar desapercibida. Por la tarde los soldados subían la escalera del edificio con sus terroríficos pasos anunciando el pánico. Cinco minutos para hacer una maleta. Los soldados los habían sacado del edificio a todos menos a la señora de arriba, inválida, obligando a su hijo y su nuera a dejarla sola. Lo que hicieron con su padre, aquella injustificada inquina, provocó en Sarah un odio exacerbado del que no podría deshacerse nunca. Fueron conducidos al gueto, donde los instalaron en miserables condiciones de hacinamiento. Su madre fue la primera en dar un paso adelante como modista en el taller organizado por el gobernante. Sarah no estaba dispuesta a coser uniformes alemanes, a pesar del espíritu conciliador de su madre, que no resistió mucho las condiciones y murió de pulmonía en un cuarto que compartía con dos mujeres más y las hijas de ambas, siete en total.

Allí Sarah conoció a un chico con inquietudes revolucionarias que la abrió al amor y al mundo alternativo. Jamás hubiera imaginado que su primera vez tuviera lugar en un sitio tan sórdido, pero la calidez del amor la embriagaba sin reparos. El joven suscitaba la rebeldía en Sarah, que ya traía el odio hacia aquella represión, hablándole de la degradación a la que estaban siendo sometidos. Hijo de mecánico, se ocupaba del mantenimiento y tenía enfrentamientos con el gobernante, astuto y rastrero, del que sospechaba que confraternizaba con los alemanes mirando más por sus intereses.

Ella trataba de inculcar una resistencia espiritual en la gente y les invitaba a que escribieran cuanto se les ocurría para no perder la identidad, incluso organizó secretas prácticas religiosas en el sórdido reducto de lo que fueran unos trasteros, aun habiendo sido prohibidas por los soldados. El muchacho no paró de dilucidar directrices en contra de la deshumanización a la que estaban siendo sometidos, mientras cumplía su cometido, que no le dejaba mucho tiempo en aquel recinto infecto y ruinoso. Conspiraron contra el gobernante y se ganaron la antipatía de los que creían que sus maniobras les podían perjudicar. El muchacho, falto de pragmatismo y sobrado de intrepidez, fue masacrado cuando se interpuso delante de las mujeres embarazadas; lo de ofrecerles mejores condiciones fuera del gueto, según el gobernante, ya no lo creía nadie.

Al día siguiente los soldados alemanes se llevaron a siete mujeres de las más jóvenes, Sarah entre ellas. A ella, que se había jurado venganza, poco le importaba, allí no le quedaba ningún amarre. Las metieron en un vagón cargado de gente donde viajaron hacinadas entre excrementos y sin apenas agua ni comida. Después de un largo y terrible trayecto su destino fue un campo de prisioneros en territorio alemán. La separaron de las otras mujeres del gueto y la empujaron a la fila donde les tatuaban un número en el brazo. Buena señal, le había dicho la mujer que la sujetó cuando ella se esforzaba por seguir con la vista a las otras. «Esta fila asegura la pervivencia», le dijo la mujer, que también le recomendó que cerrara la boca y mantuviera baja la mirada, y a la que no volvió a ver. Cuando creía que el horror no tenía más espacio conoció el pánico que campaba sin tregua en aquel lugar sombrío cargado de miseria.

El recuerdo de su compañero muerto por su arrojo en el gueto la enardecía; valiéndose de su influjo intentó organizar actos de resistencia. Entonces fue consciente de la dimensión de su soledad; el miedo paralizaba y su propósito era tan romántico como inútil entre la sordidez de aquel espacio donde no cabía esperanza. Miradas vacías y apáticas respondían a su intento de resistencia colectiva. Ni siquiera tenían aliento para demostrar extrañeza; no la percibían, insensibles, despojadas de dignidad, como tétricas marionetas destinadas al desprecio, al dolor y la muerte. Aquel impulso loco era una necesidad vital para sacudirse la sensación tan humillante de acatamiento; un arma para huir de la mansedumbre con que se aceptaba aquella aberrante esclavitud con tufo a muerte.

Tampoco allí estuvo mucho tiempo. Sin aviso, la sacaron del barracón de madrugada, sin ocasión a retirar de la rendija sobre el camastro las fotografías que su madre había conservado en un saquito de tela bajo el uniforme. Aquellas fotografías, el único resquicio donde agarrarse a una vida que le habían robado, habían quedado grabadas en su mente, y en la oscuridad jugaba a acariciar sus bordes mientras visualizaba las caras solemnes de sus padres el día de su boda, donde su madre daba una imagen triste que ahora comprendía; su primera foto a los tres meses, con el gesto enfurruñado en un puchero, donde el brazo de su madre sujetándola delataba que no se mantenía erguida; en otra, su abuelo con un violín encajado en el hombro bajo la mirada de admiración de su padre; en otra, en la que los avatares habían rasgado medio rostro de su padre, ella sonreía sentada en sus rodillas mientras su madre sujetaba un ramo de flores. Ese frío del alma no desapareció en este lugar con el ligero beneficio de un trato menos masivo y cruel. Aún soñaba con la lasitud que invadía el espacio y con los rastros de disentería que iba dejando su compañera por el barracón. No estaba dispuesta a ceder, terca con su indocilidad; un ímpetu que aún no le habían arrebatado.

Con su arriesgada osadía logró llamar la atención del doctor. Dos días después su actitud había cambiado. No era cobardía, y el doctor no solo lo intuía, agradecía su porte inteligente. Aquellos ojos no pudieron disimular el arrojo que no era capaz de arrebatar las limitaciones del encierro. Un halo de misterio la convertía en un número con identidad. Sarah se había atrevido a desafiarle con su dialecto austriaco y su mirada incisiva, «¿por qué?», dejando al doctor sin respuesta y sin reacción, desprotegido ante la necesidad de su presencia. Tenían derecho a saber a qué tratamientos se las sometía, a permanecer todas en las mismas condiciones, había osado exigir. Perdida la paciencia, el doctor le espetó con agresividad y con voz queda que no tenían derecho alguno y que, si le daba problemas, la devolvería al campo. Sarah, consciente de que con hostilidad sería difícil conseguir su favor, cambió de táctica, se mostró sumisa, como las demás; no debía correr el riesgo de ser devuelta al horror de aquellos barracones donde nunca podría acostumbrarse al hedor.

Al principio la asistente comentaba las condiciones de las mujeres con los soldados, que la convencieron de que «solo son judías». Con el doctor solo se permitía hacer bromas refiriéndose a los cambios que se daban en ellas. La romaní espabilada ya se había deshecho del pelo cobrizo de rata, decía refiriéndose a Sarah, y el doctor pensaba en la incipiente melena oscura como sus ojos y en su cuerpo menudo y rectilíneo como un capricho a conquistar; se había convertido en un vicio peligroso. La rebeldía de Sarah le divertía, suavizaba el tedio en aquel lugar privilegiado donde apenas los efectos de la guerra eran perceptibles. El doctor implantó un nuevo hábito en sus prácticas con el fin de estar con ella. Kerstin charlaba un rato con el vigilante y después traía a las mujeres, entre las que siempre incluía a Sarah, antes de retirarse a descansar —costumbre tan necesaria para aliviar las molestias del reuma—, recomendación del doctor con interesado propósito. Al doctor le importaba la opinión de la asistente, amiga de la granjera, una mujer fanática y próxima al régimen. Aun seguro de su lealtad, se cuidaba de que no sospechara su debilidad por la muchacha. Durante una hora exacta, en la que no se dedicaba tiempo al tratamiento, el doctor trató a Sarah con delicadeza y un anómalo respeto que para ella nunca era suficiente mientras no estuvieran todas en las mismas condiciones.

La primera vez que Ángela entró en el barracón, las mujeres, acostumbradas a la vieja Kerstin, se asustaron. Su presencia avivó el sobresalto, hizo reverdecer aquel temor ceñido al alma del que solo las conseguiría librar la muerte. Las que podían salir durante el día trabajaban en la granja bajo la presión de los soldados, y las que no salían habían aprendido a vivir en aquellas condiciones infrahumanas, pero lejos de los pavorosos temores. Cualquier suerte antes que regresar a aquel infierno, suplicaban, temerosas de que se las devolviera al horror. No dejaba de sorprender a Ángela aquel apego al inhóspito lugar de aquellas mujeres que aún no habían llegado a los veinticinco años y alguna ya había sido madre, pero solo tres conservaban a un hijo con ellas. Dos días antes de llegar, de madrugada, un grupo de mujeres habían sido inoculadas. Valorar las alteraciones por el encierro formaba parte del estudio. Era importante administrar los tratamientos al mismo tiempo a todas. Las preservadas de la luz, aisladas en la zona más oscura del barracón donde no existía una rendija, un resquicio; sin apenas opción a movimiento, encajadas en celdas individuales de dos metros cuadrados, el mismo espacio para la que criaba a su hijo. La comida y agua se les administraba por la noche, cuando, agotadas y comidas por la tristeza, con los ojos inflamados por los devastadores efectos de la permanente oscuridad, sacaban sus excrementos y se lavaban en medio del patio bajo el frío liberador y la vigilancia de los soldados. Las noches sin luna se las apañaban con el reflejo de un farol a distancia. La capacidad de aguante formaba parte del estudio, así como la respuesta a distintos estímulos ambientales. Estas mujeres confinadas en extremo formaban un subgrupo específico dentro del conjunto. Ya no se hacían preguntas, el horror del que venían era su único referente. Les habían arrebatado a sus hijos, a su familia, algunos asesinados delante de ellas, y la dignidad más absoluta. Aunque nunca tendrían sosiego, aquellas mujeres sumidas en la abnegación, habían encontrado allí algo de tranquilidad. La mayoría del tiempo, permanecían en silencio, hablar de sus desgracias ya no tenía lugar; para qué agravar un presente irremediable, pensaban, como anestesiadas, inmunes a la elocuencia incitadora de Sarah, que no dejaba de intentarlo sin comprender su conformismo, su laxitud de pensamiento. Sarah no dejó de incentivar a los dos pequeños de tres años, solos casi todo el día. Arañaba en el suelo de tierra del barracón plasmando dibujos, buscando una ilusión que les animase a despertar. Los copiaban y comentaban. Así estimulaba la alegría, y sus risas llegaban al que estaba recluido en la oscuridad, a unos metros, al otro lado de la vida.

Sarah clavó los ojos en el pañuelo rojo con minúsculos topos blancos que protegía la garganta del doctor. Muda a las preguntas, siguió hermética durante la exploración. Acostumbrado a su insolencia, el doctor respetó su mutismo. Podía disponer de su cuerpo, pero jamás accedería a su alma, a sus pensamientos, muy lejos en aquel momento. Aquella tarde fatídica los soldados les habían apuntado en la calle durante horas, agravando con improperios su perplejidad. Uno de los niños, aquel pequeño de mirada avispada que era como uno más de la familia, salió corriendo, y el padre de Sarah, un gitano de ascendencia romaní con apellido francés, se había movido instintivamente para sujetarle. Después de disparar al pequeño, arrastraron en círculo y boca abajo al padre de Sarah, que pidió clemencia hasta el último hálito de vida. Lo estrangularon con su propio pañuelo. —A Sarah le devoraba el recuerdo—. Su madre ocultó el rostro entre las manos tragándose los mudos lamentos prohibidos. Sarah no apartó la mirada del rostro de su padre, teñido de la sangre tan zíngara como su pasión por el violín, y se juró no renegar nunca de su origen. El hijo de la señora inválida a la que habían dicho que no se preocupara, que volverían pronto, lloraba desesperado desde la camioneta viendo arder el edificio. Había sonado a cascarón y resistencia el violín que tocaba el diablo algunas veces —solía decir su padre con pícara satisfacción— cuando lo aplastó el soldado. Los restos de aquel violín resguardado debajo de la gabardina como el objeto más preciado permanecieron esparcidos hasta que el empuje del viento los hizo desaparecer. Sarah echó de menos aquellas cuerdas muchas veces, sobre todo al principio, cuando la rabia le hubiera dado fuerzas para atreverse a usarlas. La ira le dio impulso para no abandonarse a la corriente. Aquel pañuelo rojo con topos blancos que se fundía con su rostro ensangrentado era igual al que llevaba el doctor en el cuello esa mañana.

Ya no se oían los lamentos de la mujer ni tampoco los intermitentes y apáticos llantos del niño. Comprimidos en la minúscula celda oscura, apenas daban señales de vida. Aquel silencio dolía más que las quejas de todas juntas. Era el tercer encuentro íntimo detrás del biombo. Sarah se desnudó sin que él se lo pidiera; sabía que la deseaba y también que no disfrutaba tomando a las mujeres por la fuerza. Aprovechó la atracción que el doctor sentía por ella, arañando en su conciencia. Se retiró cuando el doctor, sorprendido, le acarició uno de sus minúsculos pechos, casi a hurtadillas. Volvió la agresividad a la mirada, pero reprimió la fiereza en sus palabras y se forjó una máscara recurriendo a la dulzura. Si ayudaba a la mujer confinada y su hijo, prometía ser muy generosa. Molesto, sintiéndose débil y ridículo entre las redes de una prisionera, el doctor reaccionó bruscamente. La mandó con las demás, que como cada tarde permanecían inmóviles y en silencio al otro lado del biombo, mientras se planteaba los sacrificios que exigía la ciencia. Sarah tuvo miedo de haber echado abajo los avances. Tras una espera en el más absoluto mutismo entró Kerstin y las devolvió al barracón, ajena a las indebidas prácticas. Toda una noche de razonamientos y cargos, de valoración y dudas. Alterando el protocolo, el doctor administró vitaminas a la mujer y su hijo, y algún remedio para la vista castigada por la continua oscuridad, esperando que fuera suficiente. No había caído en saco roto la testarudez de Sarah ni tampoco había sido su empeño el único detonante en la conciencia del doctor.

Kerstin había organizado días antes su salida; tenía permiso para ir a visitar a su hermana y permanecer un día con ella. Esa misma madrugada, diez mujeres, entre las que se encontraban Sarah y la mujer hacinada y su pequeño, tendrían una sesión del tratamiento. El doctor ralentizó sus prácticas hasta provocar la impaciencia de la asistente, que, nerviosa, marchó apresurada después de dejar en el barracón a las mujeres. Sarah llevaba entre los brazos un gurruño de manta simulando que cargaba con el pequeño dormido. Confiada y con las prisas, Kerstin no prestó debida atención. Agazapada bajo una manta detrás del biombo con su pequeño, la mujer temblaba cohibida. Tampoco el guardia controlaba las salidas y entradas al barracón, confiando en la asistente. Hasta la noche, que los soldados hicieron el recuento, no se advirtió la falta. El registro fue exhaustivo por los alrededores y la granja, en especial en el laboratorio, donde no se hallaron rastros. La asistente sufrió un infarto al ser detenida en la casa de su hermana. No sabía nada de la desaparición, pero hubiera podido constatar que la mujer y el niño entraron al laboratorio y ella misma las había devuelto al barrancón sin poner la debida atención.

La granjera había preguntado por Kerstin. Ángela, correcta, solo le informó de su fallecimiento durante la estancia en la ciudad en casa de su hermana y de lo ocupado que estaba el doctor. Traía los huevos y las verduras que generalmente solían traer los soldados, ávida por información sobre el registro que había sufrido dos días antes, sin que los soldados le dieran ninguna explicación. Sorprendida por la noticia de la muerte de la asistente, miró a Ángela de arriba abajo con gesto de desaprobación y, demostrando la confianza que tenía con el entorno, dijo con tono de familiaridad que aquellas mujeres parecían otras, refiriéndose a los cambios físicos de las confinadas que trabajaban su huerta. La mujer era de toda confianza, tenía dos hijos en el Ejército y su fervor por el Führer estaba fuera de duda. Vivía sola, y su granja, trabajada por las confinadas, había sido registrada exhaustivamente. Aunque sin brutalidad, también ella fue interrogada sin que obtuviera ningún tipo de explicaciones que le aclararan los motivos.

Aquella tarde el doctor iría a la fiesta privada que todos los años reunía tanto a antiguos y nuevos médicos como a enfermeras y allegados del Ejército. Ángela se decidió a acompañarle; llevaba varios días sin salir de aquel recinto y echaba de menos algo de movimiento. Parecía una fiesta por todo lo alto. Ángela, impresionada por el recibimiento al doctor, estaba contenta por haber aceptado la invitación, hasta que se caldeó el ambiente. Hombres y mujeres bebían sin mesura. Alguno se excedió con ella, o así lo estimó, poco acostumbrada a la ligereza del lenguaje. El escándalo la sobrepasó cuando se percató de que una pareja copulaba detrás de la cortina, justo a su espalda, sin ningún pudor. Cuando el doctor la encontró sentada en un rincón con cara de vinagre sin alternar con nadie, Ángela le hizo notar lo molesta que se había sentido y no solo porque él apenas le prestara atención, ocupado en cambiar impresiones con los colegas a los que no veía desde hacía un año. Él quitó importancia a la desinhibición de los compañeros, poniéndole en antecedentes de lo usual de estos escarceos que les distraían de las duras jornadas en el cumplimiento de su deber. Ella, escandalizada por la debilidad de su argumento, contestó, molesta y airada, que no era ético ni higiénico sin fines de procreación; que para eso ya había mujeres que se prestaban. La carcajada del doctor la hizo enrojecer. No les gustaban las putas, y aquellas mujeres eran muy respetables y, desde luego, no eran forzadas; todas disfrutaban tanto como los hombres. Gratamente sorprendido por su carácter combativo, añadió que sus preceptos ya estaban obsoletos, sin entrar en más detalles, mostrando su respeto hacia su cerrada convicción. Ángela, acostumbrada a la sobriedad de su ambiente, no se sentía cómoda, pero no podía defraudar la confianza que el general había puesto en ella. No habría sacrificio que la amilanara; ningún movimiento que la llevara a desarrollar con éxito su misión sería considerado una frivolidad, se propuso, envalentonada por aquel nuevo ambiente en el que tan bien se desenvolvía el doctor. Fustigarse por ello no reparaba la pesadumbre por su flaqueza; tal vez era una oportunidad de cambio a la que no debía cerrarse.

Era un mediodía caluroso. El deber daba un respiro y Ángela mitigaba el calor despojándose de la chaqueta y los zapatos. Reclinada en el diván se quedó dormida. Despertó sobresaltada con la silueta del doctor frente a ella, casi rozando sus rodillas. Ángela recompuso su postura abrochándose la blusa, abrumada por el pudor y avergonzada por el descuido. Él volvió a desabrochar los botones sujetándole la mano, sin decir una palabra; intuía su condición de virgen al igual que sus preceptos y una inclinación disciplinaria que no le permitía caer ni siquiera en broma en tentaciones, así como su fiereza para defender todo ello. Dormida en aquella postura; bajada la guardia, indefensa de sí misma; tan alejada de todo cuanto representaba, había avivado en el doctor deseo de despertarle lo que ella se empeñaba en encerrar. Solo era una mujer, fría, pero una mujer, pensaba el doctor, que presumía de conocer bien la naturaleza femenina. La inexperiencia de Ángela, a pesar de sus treinta y siete años, era un estímulo hacia sensaciones que ya tenía desterradas. La anómala circunstancia de aquella extraña mujer de pocos atractivos físicos era capaz de avivar un raudal de morbo. No había ido más allá de meter la mano en su blusa, seguro del efecto del leve roce y la delicadeza de su trato. Poco a poco. Era su táctica, su estímulo, con el que, enredado en las sensaciones, disfrutaba los momentos. Jamás abusaba de su posición; no encontraba satisfacción en ello. Una agradable angustia había sumido a Ángela en una tibieza que la invitó a buscar de nuevo las caricias en la intimidad de su cuarto. Emular el tacto del doctor, tan breve e impreciso, a solas, no resultó tan agradable, pero abría un cauce permisivo. Al día siguiente el doctor la rozó accidentalmente un par de veces durante el trabajo y ella se sumió en el ansia placentera olvidando sus principios. Los roces alcanzaban una alegría alevosa que distraía sus prejuicios. La introspección la llevaba al obligado análisis encontrando justificación a sus infames apetitos. A él le divertía el juego, suplía en parte la carencia; desde que había llegado no le dejaba ni respirar, pegada a él en todo momento dificultando los asiduos escarceos con la muchacha.

Ocupado en los propios, más «jugosos», el supervisor anunció el retraso para validar científicamente los avances y dar el visto bueno antes de continuar con el experimento, invitando al doctor a su laboratorio por primera vez. Lo que allí vio el doctor cambió totalmente sus conceptos éticos. Contaminado por el fanatismo del supervisor erigido en su superior, se avergonzó de su flaqueza permitiendo aquel tira y afloja con la judía romaní, una debilidad que no podría confesar nunca, condenándola a ser carne de cañón como aquellas desgraciadas. Cargaba con no pocas contradicciones y dudas cicateras; un gran peso agravaba su falta de rigor, recriminándose no estar a la altura. Allí se trataba a los detenidos como seres infrahumanos. La crudeza con que se llevaban a cabo aquellos experimentos, en nombre de la ciencia, despertó en él un complejo de incapacidad para seguir con los proyectos, sin poder discernir hacia dónde se inclinaban los motivos de su vacilación. Después de lo que había visto y escuchado, su lucha interior era más dura.

El trabajo en el laboratorio era regular, no parecía que el doctor fuese sospechoso de algo, pero, para seguir todos sus movimientos, Ángela decidió acercarse más. Aflojada la resistencia escudándose en el deber, coqueteó con no poca torpeza a las insinuaciones del doctor. Atraída por aquel hombre que le había despertado la libido por primera vez, encontró un subterfugio a su flaqueza que disfrazaba de oportuno sacrificio. Esa tarde calurosa le invitó a limonada en la sala contigua al laboratorio. Nerviosa, le esperó en la misma butaca y con la misma indumentaria de aquella primera vez, disfrazando de osadía su condición timorata. Haciendo alarde de una destreza que no tenía, ella misma le quitó la chaqueta y lo arrojó al diván usando el trémulo descaro sin afianzar. Él siguió quitándose prendas, descubriendo su torso. La masculinidad, sin referentes, la subyugaba; las redondeces de las formas musculadas del doctor despertaban unas sensaciones turbadoras; nunca le había imaginado de carne y hueso bajo su bata blanca. El doctor se desnudó de tacto hasta que la compasión le hizo retomarlo, pero ya se había desatado una inercia irreversible. Ella se había abandonado dejándose llevar con sumisión para complacerle, pero no era ese el proceder que él esperaba, eso podía encontrarlo en otras más apetecibles y con más práctica. Esperaba de ella rebeldía y trabas, para conquistar su favor con menos simpleza. Ángela, armada del valor que desconocía, volvió a acercarse consciente de su torpeza. El doctor dejó a un lado sus modales, la atrajo hacia sí y le metió la mano por detrás hasta llegar a su sexo por las bravas. En un acto reflejo ella se retiró, roja de espanto. Él se acercó con todo el descaro, harto del pueril juego. Le presionó los hombros hasta ponerla de rodillas a la altura de su bragueta, por donde escapaba la intención del desahogo como lógico paso, donde fluctuaba el misterio de una realidad cruda, un monstruo que apareció sin que le hubiera avisado la vida, al que Ángela se enfrentaba con la única arma de una voluntad carente de destreza. Aquella experiencia desastrosa no decepcionó al doctor, que acabó masturbándose delante de ella con un regusto añadido, mientras ella, arrodillada, sofocada y ridícula, no logró estar a la altura, ni siquiera para reaccionar recomponiendo su postura. Solo cuando se retiró el doctor acertó a incorporarse y subir a su habitación, donde se mortificó entre sollozos, ebria de rabia y vergüenza. Le costó presentarse ante el doctor a la mañana siguiente. Intentaba obsesivamente centrarse en el trabajo, pero estaba tan abochornada y nerviosa que no conseguía hacer nada bien. El doctor, amable, como si no hubiera pasado nada, mostraba una naturalidad que

Ángela no podía soportar, hundida en la rabia de su fracaso; un vacío de alma se disputaba el lugar con todo su cuerpo.

La actitud del doctor propiciaba un ambiente distendido en desagravio a la tensión de Ángela. Una tregua que cada uno entendió a su manera. Ángela había dejado de interesar al doctor; la sensación de haberla domado rompía el encanto, cargándose el interés de golpe. Ella interpretaba esa distancia dulcificada como un respeto que pudiera preceder a otras intenciones más en la línea de la corrección. Ese supuesto le daba seguridad y la limpiaba de cargos, mientras el doctor esperaba con impaciencia las mañanas de descanso que ella ocupaba en sus cosas en la planta de arriba. Tomó la inercia de requerir al vigilante y esas mañanas acudían tres mujeres al laboratorio. La muchacha romaní de cuerpo escaso y magro correspondía al favor detrás del biombo buscando en su mirada noticias sobre la mujer y el niño. Él confirmaba el éxito de la escapada, validando su intuición. Solo su mirada despertaba en él un placer mental superior a las mismas sensaciones carnales de las que hubiera podido prescindir. La presión por la posibilidad de que pudiera aparecer Ángela intensificaba los momentos.

El doctor extremaba precauciones, Ángela era perspicaz y carecía de su confianza. Tenía que apañárselas para mantener sus chanchullos, que hasta ahora había podido controlar. Distraer su atención no era fácil. Hasta que llegó, siempre se había ocupado personalmente de preparar las dosis. Sí mantuvo la potestad de manejar solo él los informes. La normalidad era la tónica general. Incluso habían salido a pasear por los alrededores alguna tarde siendo el doctor muy correcto, como si nada de lo sucedido entre ellos hubiera tenido lugar. Ángela volvió a sentirse segura y logró deshacerse de aquella especie de esperanza oscura recuperando intactos sus principios. Sin indicios de irregularidad, estuvo a punto de enviar su informe favorable, pero la posibilidad de ser reclamada, suponiendo cumplida su misión, la retuvo. Una atracción hacia el doctor cercenaba su voluntad quebrada.

Parecía haberse enfriado la intención, que nunca tuvo el doctor, aunque Ángela hubiera perseverado en el propósito. Desilusionada, confusa por el repentino desinterés del doctor hacia ella, abandonó la condescendencia y afinó de nuevo el escudriño con repentina urgencia. Había observado cierta maniobra al ir a inocular a la joven romaní a la que el doctor miraba con una complicidad que la avispada muchacha no correspondía. La muchacha, a pesar de las condiciones, contra todo pronóstico conservaba la lozanía. Ángela memorizó el número grabado en su antebrazo, tenía que ingeniárselas para revisar su expediente. El doctor no había caído en descuido; dejó a propósito los informes a su alcance, dándole tiempo a satisfacer su curiosidad. No halló irregularidad y se deshizo de aquella aprehensión que tal vez confundiera con celos, reconoció. «¡Celos! ¡De una judía! ¡Qué disparate!», pensaba, ofuscada e insegura.

Ángela, mientras preparaba el instrumental, sin bajar la guardia, a la expectativa, se percató de la maniobra; el doctor había cambiado la carga que ella había dispuesto para inocular a la muchacha. Pidió explicaciones. Él vaciló unos momentos, reprimió el impulso de contestar que se estaba extralimitando en sus funciones y dio un argumento convincente. Esa noche llovía a cántaros. A la mañana siguiente, día libre, Ángela, que dormía arriba con vistas al otro lado del patio, se levantaría más tarde, emplearía la mañana en la higiene personal y no bajaría hasta bien avanzado el día respetando la intimidad del doctor en las dependencias de la primera planta. Era el momento. Amparado por la oscuridad y la lluvia, el doctor atravesó el patio hasta la puerta del barracón burlando al guardia, nada complicado aquella noche furtiva. Quitó la aldaba sin que el ruido, amortiguado por el aguacero, alertara. La llave estaba echada, cosa inusual; saltar la verja era más difícil que quitar los tablones de aquel tinglado improvisado. Entraba en el barracón por primera vez —nunca quiso hacerlo después de recibir una rotunda negativa al sugerir en su día ciertos requisitos para su construcción, y prefería ignorar las condiciones—. Las mujeres, en silencio, se habían puesto en guardia al escuchar que manipulaban la puerta. Sarah, sin motivo para estar alerta, reconoció la silueta del doctor, bajo el manto de la lluvia. Salió a su encuentro instintivamente, pensando que eran otros los motivos de su anómala presencia. La lluvia era el aliado perfecto y no podían desperdiciar la ocasión.

El favorable escándalo de la lluvia contra los cristales atenuaba el ruido del sigiloso trasiego. No hacía mucho que el doctor había abierto la trampilla para liberar a la mujer y su hijo. Apenas hubo tiempo para recomendaciones. Sarah miraba por primera vez con respeto al doctor y por primera vez le reconoció que él era un siervo del sistema sin opción a desmarcarse, y los peligros a los que se exponía. Acudió, contraviniendo su usual postura, una ternura tibia hacia aquel hombre que representó al bando enemigo y ahora solo tenía ocasión de estrujar entre sus manos los mofletes descolgados bajo la mirada triste. Solo un momento de mudez, un beso de despedida. Se cerró la trampilla. Sus alpargatas mojadas le hacían resbalar por los cuatro escalones. Se plantó de aquella forma instantánea frente a un devenir que tampoco elegiría.

Un jersey y un pantalón holgados sustituyeron la vieja bata empapada. En el bolsillo había dinero y una nota en la que le deseaba suerte y le pedía perdón; un perdón cuya dimensión, entendía, iba más allá de una disculpa hacia su persona. La linterna cayó al suelo, no volvió a encenderse y la oscuridad aullaba con fauces que la esperanza vencía. Bamboleándose con los brazos extendidos de extremo a extremo, atravesó a oscuras el túnel, rozando con los dedos las paredes como única guía. El que huye no tiene miedo, se repetía, avanzando en la negrura, como un rezo. Le espantaba tropezarse con los cuerpos de su compañera y el pequeño. Todas las noches la había imaginado arrastrando al niño con sus mermadas fuerzas, desfallecida, en medio de aquel pasillo como una tumba alargada sin fin. Imaginó sus pasos torpes sobre aquel suelo irregular y cómo abandonaba la molesta linterna en medio de aquella oscuridad que no les sería ajena. No había habido tiempo para detalles y ahora apenas había espacio para la angustia. Solo podían huir de una en una, que se apresurara para llegar al final lo antes posible, le dijo el doctor mientras cerraba la trampilla transido de tristeza, de incapacidad, dispuesto a seguir arriesgándose para salvar a otras.

En medio del estrépito de la lluvia, limpió el barro fresco y barrió cubriendo con el polvo la trampilla irregular quedando las ranuras asimétricas disimuladas totalmente. Tumbado sobre la cama recapacitó y soñó con sus errores. De esta sería difícil salir indemne.

Sarah avanzaba desaturdiendo de su mente el derrotismo. Las miserias no habían conseguido doblegarla entre las paredes del primer barracón, pero ahora el trasiego por aquel túnel interminable donde las manos tanteaban la oscuridad trajo sensaciones que la rabia no logró suavizar.

Como si arrinconados por desuso quisieran manifestarse todos juntos, vinieron a la mente los recuerdos insignificantes que acudían en los momentos cruciales, esos pasajes intrascendentes y olvidados de su infancia: jugando a la gallina ciega con sus primos en aquel patio lleno de luz y de voces; la candidez de un niño, el más pequeño, al que siempre dejaban atrás y acababa llorando; el que no podía saltar la acequia como los otros, tragando el nudo de su primera humillación, indefenso a la evidencia de un padre exigente, de unos primos burlones; la inocencia truncada de un niño, el más pequeño, hundido en su noche caviladora de divergencias. Qué habría sido de todos ellos, azuzaba de pesimismos su mente, segura de que ya no habría derecho a los veranos, a los abrazos y las meriendas. Lloraba; lloraba a gritos por la cascada de pequeñas cosas que tapaban las más grandes, y el eco de su lamento ocupaba absolutamente el hueco oscuro y carcelario hacia la inalcanzable libertad. Se sacudió enseguida la sensación cuando tropezó con el palo atravesado. Arriba estaba la trampilla, sin manifestarse, bien disimulada. A la derecha, según le había dicho el doctor, estaría el palo para golpearla. Se aceleró la angustia efímera al encontrarla, palpando arrodillada el suelo. Se perdía el repiqueteo anulado por el gruñir de los cerdos. En uno de los desesperados envites se abrió la trampilla. Los desperdicios y excrementos enfangados le cayeron encima como una avalancha de gloria. Se apresuró a preguntar si la mujer y el niño escapados meses antes habían llegado bien, nada más echarse a la cara a los granjeros. Camuflados entre la paja, los habían llevado a un lugar seguro hasta que la red de la resistencia les pusiera a salvo en un destino del que no tenían conocimiento. Gracias a que, la tarde anterior de la escapada, el doctor había enviado a Kerstin con una pócima para los ojos del granjero —la manera de avisar, que ni la asistente conocía—, los habían encontrado medio desfallecidos en la mitad del túnel, el niño sobre la mujer magullada por las caídas, le dijeron los granjeros, que, esta vez, no estaban sobre aviso.

El tendero, comerciante alemán vinculado a la resistencia, tenía la camioneta preparada para camuflar a una persona y esa misma mañana sacaría a Sarah con destino a París, desde allí era posible llegar a Inglaterra por medio de contactos en el Consulado. Con su goteo espaciado y eficaz habían salvado varias vidas. Un pariente de los granjeros, los únicos que sabían de la existencia del túnel, perseguido por un crimen que no había cometido y al que dieron por muerto, había sido el primero. El recrudecimiento de las circunstancias despertó un camino que había dado sentido a la anodina vida del doctor.

Ajena a lo que había acontecido la noche pasada, Ángela simuló haber olvidado el incidente del día anterior, impaciente por ojear los expedientes guardados en el archivo cerrado con la llave que el doctor siempre llevaba engarzada en una cadena al cuello. Entró con dos copas y una botella de vermut, aperitivo preferido del doctor, a la sala contigua al laboratorio, donde tomaba notas de una revista científica. Era su día libre y le convenció para que relajara su avezada persistencia al trabajo. Gratamente sorprendido, se dejó llevar, le interesaba limar asperezas y, sobre todo, que pasara el tiempo sin que ninguna sospecha estropeara la huida de Sarah. Ella disimulaba su recelo sin dejar de hablar para no darle opción a pensar, y él celebraba su buena disposición siguiéndola locuaz como si así empujara al tiempo, hasta que el fuerte somnífero hizo efecto. Todo parecía en orden después de examinar los expedientes con cuidado. Abandonaba en su empeño, convencida de que algo se le escapaba a pesar de no constar rastros de irregularidades. Insistió por instinto buscando un doble fondo, con perseverancia. Un mínimo resquicio en un ángulo la animó a hurgar valiéndose de un bisturí y un abrecartas. Encontró la zona susceptible. Aunque la modorra del doctor daba espacio, le ató las manos y los pies. No solo había dobles informes con los seguimientos de la judía, donde afloraban irregularidades como detalles de los placebos y vitaminas administradas, sino también diversas notas sobre otros confinados, donde relacionaba a la madre y al niño en la penumbra, a los que de modo similar había administrado pequeñas dosis y reconstituyentes las vísperas de la desaparición. Ocultaba escritos con extensos análisis particulares en contra de preceptos indispensables detractando el programa secreto Asesinos de la Misericordia; un listado con nombres y fechas, como un goteo constante y discreto, posiblemente de pacientes a los que hubiera ayudado a escapar antes de exigírsele la colaboración en los experimentos. Demasiado tarde; atravesar el patio embarrado por los efectos de la tormenta para llegar al barracón aceleraba el corazón de Ángela con la esperanza de llegar a tiempo. Cuando el doctor despertó ya se había puesto en marcha el dispositivo. Desde la sala podía ver parte del laboratorio, patas arriba. Afloraron las irregularidades, todas. Hicieron falta tres registros más para dar con el túnel que el abuelo del médico había hecho construir durante la Primera Guerra Mundial. El acceso estaba en su dormitorio, donde ahora se ubicaba el laboratorio, perfectamente camuflado en el suelo de madera, bajo unas tablas bien ensambladas y convenientemente reforzadas para que no sonaran a hueco. Desde debajo de su mesa llegaba hasta el otro lado de la colina, con salida justo en medio de la pocilga en la casa de una familia alemana nada sospechosa. Les costó levantar todo el suelo para hallar el túnel; para entonces el doctor, aunque con dificultades, ya había hecho uso de su píldora de cianuro, dispuesta mucho tiempo en un bolsillo. Lo que no se encontró en su archivo, la documentación donde constaba la verdadera identidad del abuelo, su segundo apellido judío del que siempre renegó, permanecía en el forro de un sombrero que colgó toda la vida del perchero. La aversión por los judíos venía de tres generaciones atrás, cuando un tío abuelo de su madre, un próspero comerciante judío, había conseguido buena parte de los bienes de la familia a precio de usura, aprovechando la desgracia que les había llevado la ruina. El bisabuelo del doctor había mantenido su testarudez en detrimento de todos los judíos, engendrando el odio en su hijo, y animadversión por su propia esposa.

Aquel odio le fue transmitido al doctor desde pequeño, quien lo asimilaba como el miedo a la oscuridad o el aborrecimiento a las verduras hervidas. El doctor solo se había enamorado una vez, siendo muy joven, de una muchacha judía a la que amó en silencio y a la que nunca se declaró a pesar de cruzarse todos los días en el camino y de que siempre le sonriera. Aquella inclinación al odio por los judíos que le venía de herencia le condicionó hasta que murió su padre. Lo primero que hizo estando aún caliente el cuerpo fue salir corriendo a buscarla, vestido todavía con el traje. Demasiado tarde. La muchacha se había casado con un primo, sin enterarse de lo que el joven estudiante de medicina sentía por ella. La encontró años después planchando en una lavandería y se acercó a ella ciego de pasión. Ella demostró alegría y él interpretó su amabilidad como permisiva autorización al acercamiento. Acudía a menudo a llevar alguna prenda o se hacía el encontradizo a la salida. Una de esas tardes que ella recogía antes de cerrar, se armó de valor y entró hasta la trastienda con los ojos envenenados de pasión, aprisionándola con un beso forzado. Ella consiguió desenredarse de los brazos, le miró con fiereza y le dijo que no volviera nunca, mientras le propinaba insultos. Al salir, el aire frío calmó su sofoco y se concentró en su pantalón mojado. Desde entonces se aliviaba recordando su fiereza y la elegancia de sus brazos defendiéndose de su presión. Ahora, esperando que el efecto del cianuro fuera rápido, recordó aquellos ojos castaños tan vivos, tan judíos, tan descarados. El ajetreo en el laboratorio se acrecentaba, y el doctor jugaba a mezclar miradas y a confundir ojos.

Ángela se sintió ridícula, utilizada, despojada de dignidad, contra aquel otro sentimiento engañoso y abominable del que sí era culpable, mientras se le reconocía la detención del doctor. Lo que encontró en casa a su regreso atenuó la relevancia de su reciente experiencia. La paciencia no sirvió para llevar a Anna a la cordura. Sucumbiendo a la evidencia de su incapacidad, se trasladó a otra casa jurándose no volver mientras Klaus permaneciera dentro. Sin comunicación con su hermana, la soledad se reforzaba cargada de contradicciones y amargura. La satisfacción por una labor por la que había sido reconocida quedaba lejos. Su padre estaría orgulloso, el general Heinrich lo estaba. Ella se tragaba su inquina, aislada, sola, perdida en la hostilidad de su mundo interior cada vez más confuso, contra el que luchaba a dos bandos. Aquella insignia con la esvástica, distinción por méritos, le traía sentimientos encontrados y frustraciones nuevas.

IV

Desafío a la memoria

Víctor seguía derrengado en el banco del parque, sumido en su sueño. Un pelotazo en la rodilla, propinado por los chavales que jugaban al balón, le sacó de la placidez del letargo en el momento más inoportuno. El rayo de sol cegador le obligó a entornar la mirada sin cautela mientras se frotaba la rodilla. Cerró los ojos y volvió a paladear las imágenes que hacía unos momentos se desarrollaban en otro escenario. No había perdido el hilo de todas y cada una de las sensaciones de sus personajes; de nuevo cargaba con el peso de la angustiosa persecución de sus miserias. El túnel onírico le transportaba hacia la clarividencia de aquellas otras vidas, sin alterar el orden cronológico de los acontecimientos. No se trataba de secuencias aleatorias, se ajustaban perfectamente a un orden de consecución sin dar lugar a tergiversar o confundir. Al despertar se hacía la pausa, hasta retomar en el mismo punto cuando volvía a dormirse. Seguía sentado al abrigo del sol en medio del bullicio del parque, sin que el barullo le distrajera del sueño vivido con intensidad, imbuido en las mismas sombras, en las mismas circunstancias que pudieran haberle llevado a él. Una sacudida le hizo estremecerse sintiéndose aliviado. El mecanismo preciso de su mente había conseguido una dualidad perfecta, convirtiendo sus días iguales en distintos.

Empezó a creer, porque se lo indicaba el instinto, que mediante sus sueños podría cambiar la realidad; salvar el rumbo de la aciaga existencia de aquellos personajes desesperados, cautivos de su triste destino, de los que tenía toda la información. En alguna ocasión, las menos, no recordaba nada al despertar, pero a lo largo del día las imágenes y los sentimientos más veraces se presentaban con el mismo realismo.

Víctor no disimuló el desagrado por aquellas magdalenas aceitosas de siempre. Su madre detectó su gesto de protesta y visiblemente airada le espetó:

—Pues no hay otra cosa. A ver cuándo vas tú a la compra con tu sueldo.

Víctor oyó la exhortación como una letanía repetitiva que esperaba, tatareando con guasa la machacona coletilla que acababan entonando al unísono.

Sonó el teléfono y, ¡sorpresa!, le llamaban de un supermercado para que se presentara a una entrevista.

Soltó la magdalena que mordisqueaba sin la más mínima muestra que pudiese denotar que no era bocado de su agrado.

—¡Mamá, me han llamado! ¿Me has oído? ¡Mamá!

Su madre tendía la colada en el patio de luces mientras charlaba con María, la vecina de enfrente. Al oírle, hizo una exclamación y soltó la pinza de la mano. Se retiró hacia el interior sin explicación alguna, dejando expectante y con mucha curiosidad a la vecina, que, afinando la oreja, intentaba enterarse de la nueva con aquella desazón insostenible de si sería buena o mala la noticia que había apartado a Rosa de su quehacer de esa forma brusca. Comoquiera que no le llegaban noticias, la curiosa vecina resolvió acudir inmediatamente para enterarse de primera mano. Rosa, la madre, la atendió con la sonrisa puesta, con toda la palpitante alegría que delataban sus inherentes patas de gallo ocultando sus minúsculos ojos azules.

—¡Que mi niño ya tiene trabajo, María! No te lo decía yo... Si es que es listo, muy listo y trabajador... Lo que pasa es que hasta ahora no ha tenido suerte...

Víctor irrumpió para intentar parar aquel entusiasmo prematuro.

—¡Mamá, mamá, mamá! ¡Cállate! De momento solo me van a entrevistar; no seré el único al que convoquen para el puesto.

La mujer le miró con gesto contrariado liberando de golpe los fruncidos de su rostro, que hasta el momento permanecían sin alteración, desilusionada. Enseguida recompuso su entusiasmo y, poniéndose de puntillas, le acarició el pelo, vaticinando con sus positivos comentarios que el trabajo sería para él. «¡Seguro!», dijo haciendo un mohín y sin dar lugar a que se instalase la duda en su ánimo mientras le recolocaba el cuello de la camisa y alisaba el despeinado flequillo, sin dejar de darle consejos para que causara una buena impresión en la entrevista. La vecina, que ya había sido ignorada, dio media vuelta defraudada. Para eso tanto, iba pensando, sin que su ausencia importara ni reparan en ello.

Después de las consabidas recomendaciones, Rosa, feliz y satisfecha, ofreció a Víctor una cerveza fresquita a la que por supuesto tenía derecho y que él tomó sin dar las gracias, seguro del merecimiento. Le habían convocado para dentro de dos días, y se le hicieron eternos soportando los insistentes consejos de su madre, que le agasajó con un frasco de agua de colonia y una loción para después del afeitado, de su marca preferida, que solo recibía en Reyes y cumpleaños. Víctor pensó que mejor salir de nuevo a la calle a seguir buscando, por si acaso, le dijo a su madre; ya no soportaba ni un minuto más su machacona y rutinaria retahíla.

—¡De ninguna manera! Tienes que estar descansado y centrado para la entrevista. Ese puesto es tuyo, ¿me oyes? ¡Tuyo! —le dijo, silabeando con actitud aleccionadora, pero con admiración y dulzura, demostrándole su cariño con un mohín y un sonoro beso.

Y llegó el día. Tenía que presentarse a las diez. A las ocho en punto, Rosa entró como un cohete en la habitación tropezándose con el pedal de la bicicleta estática. «No sé para qué está aquí en medio este trasto, si no la usa», pensó mientras se frotaba la pierna y descorría la cortina.

—¡Vamos, perezoso! —exclamó mientras subía la persiana.

Un impertinente rayo de luz apuntaba directamente a los ojos de Víctor. Somnoliento y contrariado, miró el reloj y reaccionó con desagrado ante la brusca intrusión innecesaria. Se quejó en vano. Estaba en lo mejor de un sueño interesante, continuación de la historia que le venía ocupando desde hacía un tiempo.

No hizo ningún esfuerzo por recordar. Se dirigió a la ducha con pocas ganas, mientras lanzaba una abnegada mirada de protesta hacia su madre, que andaba eligiendo en el armario la ropa más adecuada, aun a sabiendas de que él se pondría lo que le diera la gana sin atender a sus consejos. Se trataba de un acto reflejo, consciente de lo inútil; como una inercia natural que demostraba que ella siempre estaba ahí, pendiente, al tanto de cualquier situación en la que participar y resolver, haciendo incursiones que ni se planteaba si eran necesarias u oportunas.

Víctor llegó a las oficinas donde tenía que presentarse, con quince minutos de adelanto. En recepción le indicaron que aguardara en la sala. Había un chico esperando y paulatinamente fueron llegando otros, por espacio de unos minutos, hasta ser cinco, incluido él. Víctor se fijó en todos y cada uno de ellos, como a su vez lo harían los demás. Los escrutó con descaro y sin ninguna discreción, comparándolos unos con otros y consigo mismo. Dos de ellos, bien parecidos: presencia impecable, sonrisa fácil y agraciada. Los otros dos, algo pintorescos, catalogados por él como de aspecto inapropiado. Uno, muy delgado y poca cosa; además —el pobre lo tenía todo—, era feo a rabiar, incluso al saludar dejó notar su tartamudez. «No tiene nada que hacer», pensó Víctor, muy seguro de sí. Y el otro, algo más entrado en carnes y más bajo, vestía con mal gusto. Continuó examinándolos, vaticinando que ese perfil no convencería si había otras opciones, seguro de que el aspecto físico era un condicionante, un requisito importante a tener en cuenta como injustamente venía siendo en el campo laboral. Supuso que tendría que bregar con los dos de mejor aspecto y apariencia más dinámica; así, a primera vista, mucho más adecuados que él.

En esas divagaciones andaba Víctor cuando salió una señorita muy guapa y de amable sonrisa. Tras echar una ojeada a los cinco, volvió a escrutarlos con algo más de cuidado, después revolvió los papeles que llevaba en una carpeta y pronunció un nombre con los dos apellidos. Uno de los dos bien parecidos dedicó la mejor de sus sonrisas a la amable señorita mientras se levantaba y la seguía, al tiempo que echaba una mirada suspicaz en actitud de considerar sorpresiva y ventajosa la circunstancia de ser el primero. Con un espacio de unos quince minutos entre cada uno, fueron entrando todos hasta nombrar al penúltimo aspirante. Ya solo quedaba él.

Víctor, que había estado pendiente del reloj controlando el tiempo desde que entró el primero, pasados los quince minutos, se puso en guardia recolocándose en el asiento, presto para levantarse, pero transcurrieron otros quince y nada. Empezó a preocuparse. ¿Se habrían olvidado de él? Estuvo a punto de levantarse en algún momento, pero frenó el impulso. Doce minutos más habían transcurrido cuando escuchó el inconfundible taconeo de la señorita y se preparó haciendo un ligero carraspeo. Al fin llegaba el momento. La señorita de la amable sonrisa, que ahora parecía dedicársela con más entusiasmo, se disculpó por la espera. Él la siguió encantado sin perder de vista sus armoniosos movimientos. La chica abrió la puerta del despacho; haciéndose a un lado y sin retirarse, le invitó a entrar. Un hombre corpulento en mangas de camisa que daba muestras de cansancio, sentado al otro lado de la mesa, le miró por encima de las gafas. Sin levantarse, le tendió la mano blanda y escurridiza sin mirarle —una lerda actitud que desagradó a Víctor—. Le preguntó si tenía tiempo para una prueba. Víctor, sorprendido de que no hubiese habido apenas conversación, dijo que por supuesto casi al mismo tiempo que el señor, indicándole que le siguiera, se levantaba dándolo por hecho.

El resultado de la prueba había sido satisfactorio. Después de mostrarle en qué consistía el trabajo y observar cómo se desenvolvía desarrollando lo que sería su cometido, le envió al departamento de administración para que le informasen de las condiciones de contratación.

—Sí, me han hecho ya el contrato de prueba. Empiezo el lunes —dijo Víctor, contento por darle esa alegría a su madre que le esperaba nerviosa en la acera.

Su madre, visiblemente entusiasmada, le cogió la cara con las dos manos y, poniéndose de puntillas para salvar la distancia, le dio un sonoro beso.

—¡Lo ves, hijo! Ya te lo dije, el trabajo era para ti —contestó orgullosa, reafirmándose en su acertado presagio, mientras le apuntaba con sus chispeantes y minúsculos ojitos azules, que no habían perdido ni un ápice de viveza a pesar de su edad.

Al llegar a casa Víctor se tumbó en el sofá al mismo tiempo que emitía un sonoro resoplido que llenó la estancia, quedándose dormido de inmediato tras el primer trago de cerveza que su madre se había apresurado en servirle, mientras le miraba con embeleso y satisfacción, orgullosa de aquel hijo maravilloso que le había dado la vida; que era todo su mundo desde que, prematuramente, falleciera su esposo; tal vez mucho antes, pensó no sin un halo de tristeza, que se anuló de inmediato cuando volvió a sentir la respiración tranquila de su hijo.

Víctor se despertó con hambre. Una nota sobre la mesa contenía indicaciones detalladas para que calentara la comida; no era la primera vez que abría el frigorífico y comía lo primero que se encontraba sin reparar en el plato que visiblemente le había dejado preparado su madre. Se desperezó. Un sentimiento de agradecimiento hacia ella, por todos sus desvelos, dedicación, mimo y cariño infinito, le sacó una sonrisa. Cuando se disponía a encender la televisión, acudieron a su mente las imágenes del reincidente sueño.

Klaus no hallaba paz ni sosiego. Firmemente decidido, divagaba sobre cómo hallar la solución, pero ¿cómo huir sin identidad ni memoria hacia lo que se teme?

«De hoy no pasa —pensaba con vehemencia—. Cuando venga Ángela hablaré con ella. Tiene que comprenderme. Por dura y fría que sea, algo de humanidad albergará su corazón. Debo intentar despertarle compasión. Le propondré ayudar en lo que pueda, pero fuera de este encierro inhumano. Prepararé los argumentos. Le diré que me preocupa Anna; que se está pudriendo en esa cama infecta; que tal vez deberíamos llevarla al hospital. Tal vez así la ablande y me entregue la documentación».

Un escalofrío le recorrió el cuerpo al escuchar la llave trasteando en la cerradura. Consciente del poder que ejercían sobre él aquellas duras y frías mujeres, todos sus propósitos se desvanecieron. Ángela era un témpano. Al menos Anna mostró cierta debilidad, cierta condescendencia, aunque solo fuera por egoísmo; aunque solo fuese porque deseaba despertar en él algún sentimiento que cubriera sus carencias.

Una cobardía, amparada por el pánico, para exponer los argumentos que había esgrimido en el cobijo de la soledad echó abajo todo propósito. Salió a su encuentro. Intentó provocar en ella un mínimo de cordialidad para facilitar la conversación. Ángela le miró con desdén, como siempre, y saludó escuetamente. Tras depositar en la cocina la bolsa donde traía algunos alimentos, fue directa al dormitorio sin detenerse ni un segundo; sin ningún tipo de deferencia hacia él. Como si se hubiese tropezado con un parásito molesto al que hay que ignorar y al que deseaba perder de vista. Solo le producía antipatía y repulsa. Siempre fue así, pero desde que su hermana estaba encamada, aquella animadversión había adquirido unas dimensiones insoportables. Se sentía obligada a acudir cada día y cada día comprobaba el despojo en que Anna se estaba convirtiendo, indignada por que no se deshiciera de él.

Klaus flaqueó en su propósito; de nuevo se lamentó por su cobardía y falta de arrojo. Ángela le llamó desde el cuarto de su hermana, como siempre, con vigor y determinación. Un acto reflejo puso en pie a Klaus y, aunque no debía extrañarle el tono imperativo de su requerimiento, un sobresalto le invadió de un miedo vergonzoso. Se apresuró preocupado hasta el dormitorio. Ángela le recriminó el hecho de no haber ayudado a su hermana a bañarse. Antes de que él pudiese decir nada en su defensa, ella continuó:

—Trasladaré a Anna a mi casa. Mañana vendré con un soldado que me ayudará a llevarla. Escóndete y piensa en qué harás a partir de entonces. Esta casa se cerrará.

Klaus sintió un confuso alivio. Al fin algo empezaba a moverse. Pero inmediatamente le asaltó una tremenda preocupación. ¿Recuperaría su documentación? ¿A dónde iría? Dudaba de que las hermanas se la dieran por iniciativa propia. Le sería muy difícil desenvolverse sin ella; le apresarían inmediatamente, pensó asustado. Por supuesto era inconcebible la posibilidad de renunciar a los documentos con su nueva y única identidad. Su ofuscación aumentaba con cada reflexión. Ángela los custodiaba. Posiblemente deseara vengarse; resarcirse del tiempo que le mantuvieron como a uno más de la familia. Tímido y confuso, solo se atrevió a mencionar el tema de la documentación cuando Ángela ya estaba abriendo la puerta, hasta donde le había seguido como un perrito faldero. Ella se giró despectiva recordándole lo ridículo que era y solo correspondió con la misma mirada opaca y cruel de siempre. Cerró la puerta con llave, como siempre.

Desconcertado, humillado, Klaus quedó como un bobo detrás de aquella puerta que le privaba del acceso al mundo. Un pánico incontrolable se apoderó de su confusa tranquilidad haciéndose mil cábalas ante las posibles situaciones que le esperaban fuera del resguardo de la casa y la protección de Anna. Recobrando un mínimo de la dignidad perdida, imaginó que tal vez la intención de Ángela sería dejar la documentación antes de marcharse. Avergonzado por su debilidad, por su espíritu pobre, en su estómago anidaba un vacío, una sensación de desamparo que no había sentido antes.

Como otras noches, pero esta con una intensidad apremiante, la angustia le estrangulaba el alma y la sensación de rechazo hacia sí mismo se hacía más patente. Klaus se asomó al cuarto de Anna y la encontró tranquila; deambuló por el pasillo y llegó hasta la escalera del desván. Acurrucado en el suelo, lloró como un niño perdido hasta que se quedó dormido con la cabeza apoyada en las rodillas recogidas por los brazos. Despertó helado. Un sobresalto de confusión le puso en pie. Lo acontecido el día anterior no era una pesadilla. Estaba amaneciendo. La mañana era fría, aún temblequeaba después de haber permanecido mucho tiempo acurrucado bajo la escalera del desván. Entró en la habitación y se acercó cauteloso hasta el borde de la cama donde Anna reposaba de espaldas en la misma postura de hacía unas horas. Timorato, no sabía cómo dirigirse a ella. No quería dar una imagen mendigante y el tiempo avanzaba en su contra. Necesitaba armarse de valor para afrontar la situación. Estaba a su merced y le faltaban arrestos para ponerse frente a ella y apelar por su propio futuro tan incierto. De nuevo, mientras permanecía estático, pensó en su hipotética vida anterior, la real, la auténtica, la que no existía. Sumido en su acatamiento ante lo que el destino le deparara, envidiaba el carácter firme y resolutivo de aquellas dos mujeres a las que poco importaba. No obtendría el favor de Anna si esta era trasladada a casa de Ángela; ella no podría hacer nada por mantenerle a su lado, y a Ángela poco le preocuparía su suerte. Lejos de aquella cripta donde se había fortificado contra un mundo exterior, las alternativas a las que hacer frente eran nefastas.

Los últimos tiempos se habían desarrollado con bastante hostilidad y él no sabía rogar; no por orgullo o pudor, sino por pura incapacidad. Sostener la mirada de Ángela era un reto, cómo podría reunir valor para implorar amparo. Se sentía débil y en clara desventaja. Un mínimo de indulgencia hacia Anna, siquiera en pro de una convivencia mínimamente cordial, hubiera sido lo correcto. Ahora, con la preocupación inminente de su desalojo, empezó a ver con otra perspectiva la conducta de Ángela; un proceder justo ante su propia manera fútil de actuar. Demasiado había recibido a cambio de un menosprecio hacia Anna que algunas veces rayó en la grosería más absoluta. Sudaba ebrio de confusión mientras dilucidaba cómo conducirse, qué hacer para evitar el apremiante y drástico cambio. La protección que hasta el momento había disfrutado, por muy reo que se hubiese sentido, dejaría de ampararle.

Klaus no podía evadirse de su preocupación: cuál sería su sitio a partir de ahora. Cómo lograría sobrevivir ante una situación clandestina absolutamente desesperada y peligrosa. Volvió a reflexionar sobre lo necia y contraproducente que había sido su actitud: ¿cómo había sido capaz de morder la mano que le dio de comer? Para qué diablos había deseado una libertad que tan solo representaba un trasiego colmado de dificultades, en el mejor de los casos. Sin referente alguno hacia dónde dirigirse, su dignidad, tan vapuleada, quedaba relegada a un lugar sin importancia.

Volvió a la sala sin haberse atrevido a dirigirse a Anna y echó un vistazo apático al jardín, a través de la ventana. Se acercó y el vaho de su respiración empañó el cristal, que limpió con la manga y un apremio estancado y perezoso. A la luz indecisa del amanecer, sin el abrigo de la luna, quedó al descubierto con toda la crudeza el rostro terco que una vez más, como si vaticinara que sería la última, se aproximó mostrando fresca su herida. El reguero de sangre resbalaba sobre su frente, esta vez no había sombra que alterara sus rasgos. El rostro, frío, de muerte, de destierro involuntario, mostraba un gesto de protesta reclamando la vida que le correspondía. La acusadora imagen con la que ya se había familiarizado se había convertido en una rutina más. Pero esta mañana era diferente, todo era diferente esta mañana traicionera. Aquel hombre, con nombre y apellidos, José; un padre y una madre y un lugar de procedencia, patentes en aquellos documentos que él guardaba como único referente de su pasado; jamás podría volver a su país, a su casa, a su familia a la que nadie podría dar cuenta de su absurdo final. Klaus se retiró de la ventana para dejar de mirarle; aquellos cargos eran la menor de sus preocupaciones.

V

La cotidianidad y los sueños

Llegó el lunes, su primer día de trabajo en el almacén. El agradable aroma del café que embriagaba toda la casa, animó a Víctor a levantarse. Como cada mañana, su madre disponía la cafetera, que mantendría activa todo el día. Víctor aún percibía la intensidad de aquella mirada vacía, acusadora, al otro lado de la ventana. Tenía dominio sobre aquellos sueños que vivía con vehemencia; ya no podría ser él mismo sin las emociones que le suscitaban. Las pasiones y miserias de aquellas personas se habían enraizado en su vida; necesitaba seguir el desarrollo y conocer la resolución de las trágicas vidas que ya formaban parte de la suya.

A mitad del camino hacia el almacén le asaltó el recuerdo del rostro al otro lado de la ventana; emergía en su memoria sin respetar que no era el momento. Víctor reparó en las facciones, en la mirada que se había mostrado a plena luz por primera vez; le resultaba familiar. Le atraía la idea de reconocer en aquel semblante el de algún conocido; como la premonición de una muerte próxima y cercana. Se recreó con la idea de que tal vez estaría en su mano impedirla, y alimentó la fantasía de ser él el elegido para salvar a una persona de un fatal desenlace. Empezó a fijarse en los rostros de los vecinos con los que se iba encontrando, con un descaro que no pasaba desapercibido, buscando aquellos rasgos.

Como si no le preocupara demasiado el hecho de enfrentarse a su primer día, andaba absorto en estas elucubraciones sin el más mínimo nerviosismo ante la inminente incorporación a su puesto de trabajo. Las sensaciones que le aportaba el sueño se habían afianzado tomando relevancia en sus prioridades. Llegó al almacén puntualmente. Un hombre de mediana edad se le aproximó con resolución a saludarle.

—Buenos días, eres Víctor, el nuevo, ¿no? —le dijo el hombre con agrado, extendiendo la mano.

—Sí, buenos días —respondió Víctor, con una discreta sonrisa y un buen apretón de manos.

—Yo soy Guillermo. ¿Qué tal? Estarás conmigo una semana hasta que conozcas todo el proceso. No te preocupes, es un trabajo sencillo, te harás enseguida con ello —le iba diciendo mientras le entregaba la chaquetilla—. A partir de mañana tu horario empieza a las siete. A la hora de la apertura al público, todas las estanterías tienen que estar llenas, perfectamente colocadas. Ya hablaremos de los turnos, de las secciones, del desembalado...

Guillermo era un hombre alto y corpulento. Las pronunciadas entradas vaticinaban una calva inminente dándole, con toda seguridad, un aspecto burgués fuera del trabajo. Su rostro, presidido por unos ojos corrientes nada llamativos y sonrisa franca sin excesos, transmitía serenidad, confianza. No parecía que aquel hombre fuese un tiquismiquis de esos que abundan haciendo la vida imposible a un subalterno.

Víctor se adaptó enseguida a la rutina del trabajo. En dos días, antes de lo previsto, empezó a desenvolverse con independencia sin precisar la ayuda del supervisor. Había comenzado en el puesto más bajo, pero quien demostraba valía pronto ascendía al producirse una vacante en cualquier centro de la cadena. Guillermo no tardaría en hablar en su favor.

Desde que Víctor había empezado a trabajar no soñaba. Tal vez el ajetreo por el cambio de hábitos le impidiera recordar. Le preocupaba el hecho de haber perdido la facultad o el orden preciso. Era posible que las lagunas entorpecieran el seguimiento, el hilo de la historia; en el peor de los casos no volvería a saber nada de sus vidas, ignorando el desenlace.

A pesar de llevar cuidado y no frotarse los ojos al despertar, mentalizarse con vehemencia, beber agua antes al acostarse y otras cosas por el estilo, nada. Todo en vano; ni al despertar ni tampoco durante el transcurso del día lograba recordar. Pensó ingenuamente en la posibilidad de acudir a un «especialista en sueños». No quería perder el tren de aquella historia. Cuando recordara, sabe Dios cuántos acontecimientos se habría perdido. En aquel momento crucial en que se encontraba la situación de Klaus... ¿Cómo iba a recomponerla después?, recapacitaba mientras la rutina iba ganando espacio. La recepcionista que le atendió el primer día le cogió desprevenido, ocupado en estas divagaciones.

—Hola, ¿Víctor? —le dijo la muchacha con una sonrisa estudiada, tratando de agradar—. ¿Qué tal?, ¿me recuerdas?

—Sí... Tú eres... ¡Sí!, del día de la entrevista, la recepcionista. —Víctor sonrió, disimulando que la recordaba muy bien, por supuesto. Su cara, su talle, sus piernas, su sonrisa no eran fáciles de olvidar. Ya había pensado en la manera de encontrarse con ella.

—Soy Laura —dijo, mientras se aproximaba para darle dos besos—, si te apetece, a la hora del almuerzo podemos tomar café, juntos, en el bar que hay ahí, en la esquina. Nos coinciden los horarios esta semana.

—Perfecto, será un placer —concluyó Víctor, mientras se disculpaba porque tenía que continuar colocando los tetrabriks de zumos de fruta.

El asunto de la mala memoria con respecto a los sueños dejó de preocuparle. La recepcionista le gustaba y el hecho de que se hubiese molestado en ir a su encuentro era empezar con buen pie, pensó, contento. Volvió a fijarse en las preciosas piernas que nacían de la estrecha falda que las cubría hasta un centímetro más arriba de la rodilla, como el primer día. Aquel dulce sobresalto acompañó a Víctor hasta la hora del almuerzo. Su madre le había preparado un sándwich vegetal, pero no sabía si llevárselo a la cafetería u olvidarlo deliberadamente en la taquilla. Antes de resolver qué hacer, le sorprendió Laura pasando por allí posiblemente a su encuentro y le preguntó qué llevaba para almorzar. Eso le alivió.

—Sándwich vegetal, ¿y tú? —le contestó, incomprensiblemente nervioso. No solía perturbarse fácilmente ante la presencia de una chica, pero ella le imponía un poco. Le despertaba cierta sensación de superioridad y no solo en relación al trabajo. Su belleza, su aire desenvuelto y seguro. Era una mujer preciosa que le había obnubilado.

—¡Vamos!, puedes traer tu sándwich a la cafetería, no pasa nada, muchos lo hacen —dijo, resuelta, siempre con la sonrisa puesta.

Laura era encantadora, conversaba con fresca viveza; tan natural, tan espontánea, tan bonita. Se encontraron todos los días el resto de la semana. Hablaron de música y de otros temas de actualidad; coincidían en muchas cosas. Víctor se sentía muy a gusto, pletórico de ilusión y no tardó en hablarle de su facultad sobre los sueños. La reacción de Laura le dejó un poco perplejo.

—No creo que esa historia te ayude a ligar. Nunca creí en los sueños, no entiendo que la gente los tome en serio.

Víctor no replicó en su defensa, la sensación de ridículo le obligaba al mutismo, pero la locuacidad de Laura no dio lugar al vacío.

A la semana siguiente no coincidieron en ningún momento, tenían turnos diferentes. Durante estos días Víctor recapacitó sobre la reacción de Laura. Volvió a sacar el tema en la primera ocasión, no estaba dispuesto a esconder lo relevante de aquella capacidad, ¿qué podría esperar de una amistad donde se le pusieran cortapisas a sus experiencias?

—¿Todavía con el temita? ¿Y no será que lo inventas?

—Sabes, yo no tengo imaginación para inventar algo así, ni quiero, qué tontería —acertó a decir Víctor, que no daba crédito a la actitud de la chica.

—Bueno, nunca se sabe hasta dónde llega la osadía de la gente —dijo Laura demostrando ligereza y falta de sensibilidad, sobre todo un distanciamiento que Víctor no esperaba—. Nunca creí en los sueños, no entiendo que la gente los tome en serio y presuma de ello —volvió a decir.

Enseguida derivó el tema hablando de cómo su madre había elegido su nombre y del significado —laureada, victoriosa—, esperando de Víctor el lógico comentario de alabanza que no se produjo. En ese momento entró un compañero de trabajo que se acercó a saludar y la interrupción dio un respiro a Víctor, que no le apetecía «laurearla» ni asuntar sobre el acierto de su madre después del desprecio que mostró con respecto a su experiencia con los sueños. Qué menos que escucharle con algo de atención, pensaba, incómodo.

Laura terminaría ese día su jornada a las ocho y media de la tarde; él, a las nueve. Víctor pidió permiso al encargado y terminó antes su jornada para poder coincidir a la salida con el fin de saludarla y acompañarla a su casa o, tal vez, podrían ir juntos a alguna parte. Sentía un deseo irrefrenable de volver a encontrarse con ella. Las sensaciones negativas, después de la conversación sobre el tema de los sueños, se habían esfumado. El tiempo hasta finalizar su turno lo pasó ensayando cómo dirigirse a ella: si hacerse el encontradizo o confesar que la esperaba.

Salió apresurado y se posicionó en la acera de enfrente para verla salir. Al fin apareció por la puerta. Estaba guapísima. No vestía el traje de chaqueta entallado que tan bien le sentaba. Un vaquero ajustado y una camiseta lisa blanca la hacían mucho más fresca y dinámica. Como un acto reflejo, al verla, adoptó una postura erguida, separándose de la pared en la que mantenía apoyada su pierna izquierda, flexionada. Sintió el mismo temblor en las piernas, la misma intensidad, la misma emoción que el primer día que ella le dio un beso espontáneo de despedida en sus labios desprevenidos. Pudo ver su sonrisa desde el otro lado de la calle; como si le hubiese buscado, segura de su presencia, pensó sorprendido. Mientras cruzaba la calle observó como salía un chico del coche aparcado justo enfrente de la puerta y se besaban en la boca. Quedó paralizado en medio de la calle como un tonto. Aquella sonrisa que él se había adjudicado para sí despertándole una sensación tan maravillosa, no iba dirigida a él, sino al individuo que acababa de salir del coche. Su frustración y bochorno le dejó lívido. No sabía dónde meterse, pero, demasiado tarde, Laura ya se había percatado de su presencia. Le llamó sin soltar la mano del muchacho y él deseó que se lo tragara la tierra. Ante la insistencia de la chica se dirigió hacia ellos disimulando el varapalo que había sufrido. La ilusión se había roto en mil pedazos.

Laura les presentó. Alberto, un muchacho simpático con cara de buena persona y un físico corriente que solo destacaba por su metro ochenta, le tendió la mano; cruzaron unas palabras de cortesía y se despidieron hasta el día siguiente. Víctor volvió a casa con un notable disgusto, y ellos disfrutarían su suerte, pensó sin dejar de darle vueltas a la situación: ¿Cómo ella no le había comentado que tenía novio? No habrá encontrado el momento oportuno, se decía, intentando justificarla. Tampoco él había hablado de su estado libre de compromiso, seguía buscando explicación. Tal vez no debió dar por hecho que estaba libre. En su caso, es normal no mencionarlo, pero ella ¿cómo no había hecho una leve mención en algún momento? Volvía a recapacitar contradiciéndose una y otra vez, intentando encontrar alguna excusa que la eximiera de mala intención al ocultarlo.

Aquel quebranto enturbió, agrió sus expectativas ilusionantes en las que había puesto mucho entusiasmo. El primer revés sentimental que recibía en su vida. Hasta ahora los devaneos que había tenido no le marcaron en absoluto. Todo lo contrario, había salido con varias chicas; unas más maduras que otras, pero ninguna le interesó realmente. Cuando se veía atrapado hacia un compromiso, siempre rompió a tiempo. Hizo daño a alguna y nunca se sintió mal por ello ni dedicó una mínima reflexión sobre su propia conducta. Era algo natural; una forma de vivir la vida y no debía sentirse responsable por el hecho de ser joven y disfrutarla. Estaba convencido de que esa postura era normal, nunca se lo cuestionó y ahora pretendía adjudicarle a Laura una responsabilidad que él jamás había tenido en cuenta.

Un nudo en la garganta impedía a Víctor acudir a casa con la alegría natural de siempre. Su madre no estaba y se sintió aliviado. Al menos no tendría que responder a sus preguntas, esforzándose con sus simpáticas respuestas cargadas de gracejo a las que la tenía acostumbrada. Esa noche se despertó sobresaltado a las cuatro de la mañana. Había sentido como un soplo frío en la nuca, pero ni rastro de una imagen, de una sensación; como un aviso. De nuevo la percepción de que, si seguía así, en ese dique seco, perdería el hilo de la historia. Se levantó y preparó un vaso de leche caliente que empezó a tomar por el pasillo, ávido por meterse de nuevo en la cama y forzar la posibilidad de atrapar el sueño, ansioso por seguir los avatares de sus protagonistas. Deseaba apartar a Laura de su mente, pero no era fácil deshacerse de aquella frustración. Empeñado en sobreponerse, se instaló cómodamente dispuesto a relajarse. «Soñaré, ¡seguro! Y lo recordaré todo mañana», se repetía una y otra vez, como ejercicio para lograr su empeño, anhelando inmiscuirse de nuevo en el curso de la historia.

El insomnio le llevaba a todo tipo de elucubraciones. Un pesar nuevo: tal vez debía haber dejado constancia, escribiendo los detalles cada día. Esa historia merecía algo más que un hueco en su privilegiada memoria, que probablemente podría fallar un día; tal vez se tratara de hechos reales y él había sido el elegido para revelar sus entresijos. Pensó preocupado en la posibilidad de olvidar datos que pudiesen ser relevantes a la hora de una futura resolución, si se diera el caso de tener que interactuar en el sueño. Ocupado con estas divagaciones desmesuradas a las que solo el insomnio podría dar relevancia, se quedó dormido. De nuevo consiguió colarse en sus vidas, en sus pensamientos; experimentar sus emociones, sus sentimientos y sus pesares.

VI

Revelación

Esa mañana Rosa preguntó a Víctor si podría acompañarla en su día libre para hacer unas compras. Estos días estaba bastante ilusionada; su primo Julio, el de Vinacejo, el único miembro de la familia que permanecía en la población extremeña de sus raíces, venía a pasar unos días con ellos. Hacía mucho que no se veían. La madre de Julio, Esperanza, fue la hermana mayor de Agustín —el padre de Rosa— y dos hermanos más: José y Prudencio. El primogénito, Hilario, al que bautizaron con el nombre de su padre, un año mayor que Esperanza, murió de fiebres tifoideas a los dos años —por negligencia del médico, que no supo atajarlas, según se hubo lamentado siempre Agustina, la madre—. Era un tema tabú y apenas conocían detalles porque nunca se habló de ello en familia. A Agustina, la madre, le hacía daño recordarlo. Hilario era su niño, la cosica más alegre del mundo, repetía siempre con un rictus de tristeza en los ojos, atropellando la alegría de sus otros hijos, que parecían relegados ante la imposibilidad de encarnar un recuerdo. La tía Juliana era la que llenaba el hueco del cariño y atenciones que ella olvidaba dar obsesionada con la pérdida. El vacío que había dejado su pequeño no llegó a superarlo nunca. Cuando nacieron Agustín, José y Prudencio —Esperanza había nacido un año antes de fallecer el niño—, ella siempre esperaba un Hilario. Anhelaba ver de nuevo las ranuras inflamadas de sus ojos, tal como se presentó su pequeño de madrugada; pero nunca volvió a ver los mismos ojitos; nunca volvió a sentir la misma sensación que tuvo con su primer niño; su muerte precipitada le había robado la alegría limpia al coger a los siguientes en sus brazos. Jamás fue consciente de su error; ese dolor egoísta revertía en menoscabo de la atención para con sus otros hijos. Tampoco pusieron a otro el mismo nombre, a pesar de que a Hilario, el padre, le hubiera gustado perpetuarlo y que continuara la estirpe. Pero respetó el dolor, la decisión de su mujer, la doliente madre a la que cedió ese derecho.

Agustín, el padre de Rosa, hombre noble y muy trabajador, había mostrado una buena disposición para el trabajo en el campo desde pequeño. Su padre depositó en él todas sus esperanzas para dirigir el curso de los cultivos y el ganado. José, el más brillante y cultivado de los hermanos, era bueno en las cuentas. Su padre se congratulaba de tener en sus hijos el equipo perfecto para la continuidad y el próspero desarrollo de la finca, lo que le daba tranquilidad y llenaba de orgullo. Prudencio, el más pequeño, nunca destacó en nada —siempre a remolque de Agustín, que le asignaba las faenas más simples—, y sus hermanos le tenían cierta envidia porque le consideraban el protegido de su madre. Al ser el más débil, el que nunca brillaba, al que su padre jamás halagó ni le atribuyó mérito alguno, su madre estaba mucho más pendiente de él, resaltando, celebrando el más mínimo de los detalles que pudiese acentuar con sus escasas virtudes, a los ojos de un padre exigente que volcó sus preferencias hacia Agustín y José. Estos siempre sobresalieron, cada uno en campos diferentes, complementándose perfectamente en la dirección adecuada para suceder al patriarca.

Víctor acompañó a su madre para recoger al primo Julio en la estación. Ella estaba feliz, habían pasado muchas temporadas de verano juntos en su infancia; aún se carteaban y enviaban fotos manteniendo la cercanía. Al reciente funeral de la mujer de Julio no habían podido asistir, esos días Rosa estaba bastante maltrecha batallando con una dolencia lumbar, incrementada con la molestia del nervio ciático que padecía con mucha frecuencia. Julio, hijo de Esperanza, hermana de Agustín, padre de Rosa, fue el único de los descendientes de Hilario que recuperó algunas de las tierras extremeñas de la hacienda familiar, incluida la casa del abuelo, que había perdido en su totalidad el tío José «con su mala cabeza». Julio quería mucho a su tío Agustín, padre de Rosa, con los que había pasado temporadas desde que murió su madre «al otro lado del mapa», donde emigraron después del infortunio. Siempre habían lamentado no haber tenido ocasión de recuperar la casa familiar en vida del abuelo. Esa satisfacción hubiera suavizado la amargura que le persiguió hasta el fin de sus días.

Esa noche, después de cenar, Rosa sacó el montón de fotos familiares para evocar recuerdos y momentos, como hacía siempre que se juntaban. Víctor las ojeó superficialmente, sin hacer comentario alguno. Volvieron a contar los mismos chascarrillos y anécdotas de siempre, rememorando momentos entre carcajadas y puntualizaciones, siempre gratas y entretenidas, rebosantes de cariño. Comentaron la pena de los abuelos con la prematura muerte de su hija Esperanza, madre de Julio, cuando este era aún muy pequeño. Fue uno de los principales motivos que hundió en una irreparable tristeza a la abuela, que de nuevo sufrió un importante quebranto en su ya maltrecho ánimo, azotado por los continuos varapalos a los que no pudo sobreponerse. También volvieron a hablar de cómo extrañaban la disgregación del resto de los primos. Los hijos del tío Prudencio vivían todos en el norte. Tras «la desgracia familiar», como todos denominaban a la pérdida de la hacienda, cada uno había emigrado a un lugar distinto para buscarse la vida. Prudencio había elegido aquellas tierras, donde florecía la industria y donde encontró un futuro prometedor, perdiendo casi todo contacto con ellos. Tan solo unos números de teléfono a disposición, «por si pasaba algo», que buscaban únicamente cuando sucedía alguna desgracia. Julio comentó que cuando murió Pilar, su mujer, ni siquiera los llamó, para qué..., dijo, cómplice con la mirada de Rosa, y siguió comentando a Víctor que la última vez que vieron a uno de ellos, el más pequeño, en representación de sus hermanos, fue en el entierro del abuelo. Había sido un encuentro bastante frío a pesar del esfuerzo de Rosa por integrarle de forma acogedora. No tenían nada en común. Aquel muchacho desgarbado solo hablaba de lo inminente de su regreso, pues, según repetía constantemente, tenía que estar al día siguiente por la noche sin falta en su pueblo y le esperaba un largo viaje. Aparte de aquel encuentro efímero, no habían sabido nada más de ellos.

Rosa, con visible tristeza, compartió con su primo Julio el pesar que toda la familia arrastró y que siempre ocultaron al abuelo para no incrementar más su sufrimiento y su vergüenza, lamentándose de la distancia que había propiciado un irreparable olvido. La mujer y los dos hijos del tío José, el que se había ocupado de manera eficiente y dedicada de la administración de la hacienda hasta que fue víctima de la sinrazón, no tuvieron una vida fácil. Se apartaron de la familia, o la familia, dolida por la actuación de José, les dio de lado involuntaria e injustamente; aunque tampoco habrían tenido posibilidades para hacer mucho por ellos, pues cada uno procuró ganarse la vida como pudo, intentando solventar su propio futuro. Después, el poco ánimo y la desidia propiciaron que se despreocuparan totalmente de los hijos de José. Encarnita, la esposa de José, se había marchado con sus hijos a la provincia de Cáceres y, según se rumoreaba, se metió en un burdel de mala muerte para poder subsistir y sacar a sus hijos adelante, dejándolos al cuidado de sus padres; estos, personas mayores, hoscos y secos, no reportaron un hogar plácido ni conveniente para unos niños, ya de por sí deprimidos y acomplejados por la culpa indirecta que les había dejado su padre y la obligada separación de su madre. La familia les perdió la pista. La distancia y las circunstancias fueron insalvables. Jamás volvieron a saber de ellos. Tal vez el apremio por solventar su propio futuro, no dejó espacio para interesarse por la mujer y los hijos del tío José, a pesar de ser estos las víctimas más directas. Una injusta responsabilidad les señalaba como los vástagos de la deshonra.

Mientras Rosa y Julio seguían revolviendo y recreándose con las fotografías, salió el tema de por qué no acudían a esos *realities* de actualidad donde se busca a familiares y que casi siempre se resolvía todo positivamente, sin que mediara entre los indagadores y los hallados muestras de rencor ni reproche alguno.

—Quién sabe, tal vez hubiera suerte —dijo Rosa bastante animada, sin que aquella idea progresara.

Rosa no podía reprimir las lágrimas acordándose de lo triste que estaba su padre cuando murió el abuelo lejos de su tierra, a la que tanto añoró y nunca pudo volver, sintiéndose culpable por no haber tenido oportunidad de remediarlo. El abuelo nunca quiso volver si no era para recuperar «lo mío», como él, aquel hombre honrado, íntegro y cumplidor, decía, refiriéndose a su respetable hacienda perdida: «Las tierras que sudó mi abuelo y enriqueció mi padre comprando poco a poco las colindantes con mucho esfuerzo», y que él había mantenido contra las dificultades de una guerra y los tiempos de posguerra, aún más duros. Donde había creado su familia sacándola adelante de forma holgada incluso en los peores momentos, gracias a esas tierras generosas que tantas satisfacciones les dieron. Esto lo repetía algunas veces, no muchas, en momentos muy puntuales cuando la amansada cólera se desataba y acudía a su garganta sin poder evitarlo. Normalmente sus lamentos eran callados. La nostalgia y evidente tristeza imperó instalándose en su vida, que acabó a los escasos cuatro meses de fallecer la abuela, su esposa y el único motivo que le tenía sujeto con los pies en una tierra ajena a la que nunca pudo ni quiso acostumbrarse.

Víctor disfrutaba con ellos del revuelo de fotografías antiguas sobre la mesa, de los comentarios de su madre y su tío. Aquellas fotos de antepasados, algunas de ellas en mal estado, eran comentadas siempre que se juntaban los primos y rememoraban historias y pasajes que habían ido pasando de unos a otros y que cada uno contaba aportando algún detalle nuevo. La veracidad o fantasía al contarlo se avivaba; aumentaba o modificaba el recuerdo, hasta la próxima ocasión que volverían a recordar las mismas anécdotas y compartir los mismos sentimientos.

Apenas hacía tres años que había acabado la guerra cuando lo perdieron todo. Fue muy duro para el abuelo salir del pueblo en aquellas circunstancias; por la noche y con celeridad, como un delincuente. Recogieron con premura las pocas cosas que cabían en la baca y el maletero del taxi. El resto fue almacenado en el trastero, en casa de su cuñado, y con el tiempo, ante la improbable posibilidad del retorno, los parientes se fueron deshaciendo de todo lo que no pudieron aprovechar. Con el dinero que recogieron al malvender las reses, Hilario y su mujer, al amparo de su hijo Agustín, se dirigieron a tierras levantinas donde despuntaba el progreso. Los vecinos y la familia les habían despedido rogándoles que no se marcharan tan lejos, pero el abuelo era muy orgulloso. No solo se avergonzaba de que le hubieran echado de su propia casa, la casa que había levantado su padre, le despojaban de las tierras que daban de comer a la familia, y la cólera podría llevarle a actuar de manera irreparable; mejor, poner distancia. Él siempre fue un hombre de palabra, un hombre cabal ante cualquier circunstancia. Ninguna dificultad o acontecimiento, incluso en aquellos tiempos tan duros, le apartó nunca de su rectitud. Jamás quebrantó sus principios por ninguna causa; por muchos obstáculos que se presentaran, siempre les hizo frente con dignidad.

Julio lanzó una mirada de complicidad hacia Rosa, que ella entendió dando su venia para que contara a Víctor aquel pasaje que nunca le habían contado con detalle, solo sabía que les habían estafado y perdieron su hacienda en Extremadura. A Rosa se le empañaron los ojos, pero no le salió aquella rabia de antes.

—La ilusión de mi padre —prosiguió Julio, después de resumir la tragedia familiar tras los desmanes del tío José— era poder recuperar, por lo menos, parte del patrimonio de la familia de su mujer; al menos la casa, y llevar a sus suegros el deseo que no pudo realizar en vida de mi madre. Pero tampoco tuvo posibilidades. Yo he tenido más suerte. Gracias a que los actuales propietarios querían deshacerse de la hacienda, aproveché la ocasión y pude recuperar, aparte de la casa donde nació el abuelo, algún terreno que la rodea. Allí, como él decía, habían nacido su padre y todos sus hijos. Lástima que el abuelo muriera sin la satisfacción de saber que la casa había vuelto a manos de la familia.

—Le hubiese reconfortado tanto... Como a mi padre. Qué felices hubieran sido —dijo Rosa mientras se limpiaba los ojos con un pañuelo—. Qué solo se sintió el pobre, despojado a lo tonto de sus tierras, que eran su vida, su orgullo y el futuro de sus hijos y sus descendientes, como siempre decía. Cuánta rabia y cuánto dolor acumuló la abuela al ver marchar al desgraciado del tío José, sin saber qué iba a ser de él.

—Lo que nunca entendí es por qué no se reclamó el delito, con el carácter que tenía el abuelo —apuntó Julio mientras cabeceaba mirando al suelo.

—A mí me lo explicó mi padre: si el abuelo removía algo, aparte de que todo legalmente era correcto, era posible que lo detuvieran por rojo, aunque no hubiera dado nunca muestras a favor o en contra. Además de la ojeriza que le tenía el alcalde, que venía de lejos, su sobrino Jerónimo fue perseguido, y también le acusaban de haberlo ayudado a escapar.

—El abuelo tenía miedo, así que no removió nada porque tenía todas las de perder —dijo Julio secundando el gastado enojo de Rosa, que acudía como un rictus siempre que salía el tema.

Rosa siguió recordando con mucha tristeza lo que vivió de niña; el pesar de su padre al verse incapaz de hacer algo para que el abuelo recuperase su dignidad. El afán frustrado del abuelo había sido volver al pueblo, a su casa; recuperar sus tierras; morir allí, en la tierra que lo vio nacer, la tierra que trabajó su padre y que él había enriquecido con su empeño. Su deleite, cada día, fue ver salir el sol y ocultarse abarcando sus tierras hasta donde le alcanzaba la vista; su orgullo y razón para levantarse con ilusión cada día. Cuando delegó en sus hijos, su satisfacción fue doble: miraba con más tranquilidad cada mañana el horizonte. Ya no cargaría la responsabilidad sobre sí mismo; había sembrado mucho y estaba recogiendo la cosecha de su esfuerzo, de su buen hacer, satisfecho con el ramillete de hijos que crio sin precariedades gracias al producto de su hacienda, que seguiría prosperando bajo la dirección de sus hijos. Nunca se recriminó delante de Agustín por haberles dado los poderes.

Víctor, hasta entonces, solo había escuchado comentarios de forma escueta, cuando en alguna que otra ocasión su abuelo Agustín se extendía hablando de la inmensidad de sus fincas y el magnífico ganado que poseyeron en Extremadura, con no poca nostalgia. Para Rosa siempre había sido un tema espinoso. Alguna vez, de pasada, Víctor había escuchado comentarios entre ellos cuando aún vivía su padre, pero nunca se le ocurrió preguntar nada porque estaba en otras cosas y ni siquiera la curiosidad requirió más atención. Ahora, más maduro, más centrado, visiblemente impactado por los hechos, quiso conocer más detalles de la truculenta historia y continuó ojeando aquellas fotos con un entusiasmo distinto, como si una urgencia le pidiese ilustrar con imágenes el pasado, haciéndolo suyo. Le gustaba especialmente una donde su abuelo Agustín aparecía sonriendo con una horca limpiando los establos. Su madre siempre decía que él había heredado su sonrisa. Entre las más antiguas llamó su atención una en la que había reparado alguna vez, por ese halo, más que antiguo, viejo que le daba el deterioro. Dañada, como repudiada del montón a la suerte de los elementos; repleta de cagadas de mosca, desvaída, agrietada y con los bordes levantados; recuperada, incluida entre las demás como ejercicio de obligado cobijo familiar.

Rosa, airada, reaccionó al ver la foto por la que, tornando ceñudo el gesto, se interesaba Víctor.

—¡Míralo! Ahí está el culpable de todo. El tío José. ¡Cómo destrozó la vida al abuelo! ¡Cómo les llevó a todos a la ruina! ¡Maldito tonto! —manifestó Rosa, arrebatada, mientras su primo asentía con menos rabia en la expresión de su rostro, que parecía conformado. Víctor reparó en la fotografía del tío José con más cuidado, no era la primera vez que la veía, le sonaba mucho esa fotografía. Pero algo más llamaba su atención. Se le aceleró el corazón. ¡Aquellos ojos...! ¡Esa mirada...!

Rosa, dando por concluida la sesión, recogió las fotos extendidas por toda la mesa. Víctor apartó la foto con la intención de quedársela. No dejó de elucubrar sobre la fotografía. Salió a dar una vuelta hasta la hora de la cena, no podía quitarse de la cabeza a Laura. Verla con aquel chico le produjo un resquemor, una sensación que le oprimía. Le importaba mucho aquella chica. Sintió la necesidad de plasmar la deliciosa angustia que le martirizaba en unos versos cursis y espantosos que dejó inconclusos sobre su mesita de noche y rompió por la mañana. Era la primera vez que sentía esa inquietud, ese desasosiego, esa angustia por una mujer. Ahora que sabía que tenía novio, aunque ella no lo hubiera presentado como tal, le urgía acercarse, hacer uso de su encanto, de esa seguridad que siempre le garantizaba un indudable éxito; impresionarla; que también ella le necesitara.

—¡Víctor! ¡Cuánto tiempo! No te veo por la cafetería. No coincidimos. ¿Qué tal? —le sorprendió Laura esa mañana de lunes, en el almacén.

—Hola, Laura, eso parece, que no coincidimos. ¿Cómo estás? —No cayó en el tópico de decir que estaba tan guapa como siempre, aunque lo pensó.

—¿Te apetece una cerveza a la salida? Salgo a las ocho, pero puedo esperarte —dijo la chica con una sonrisa que convencería a cualquiera.

—Vale, pero... ¿hoy no viene tu novio? —dijo Víctor intentando sonsacarle una respuesta que le fuese favorable.

—No, está de viaje —ahí se delató confirmándolo—. Bueno, te espero luego —dijo, haciendo un mohín como solía hacer cuando quería resultar simpática o graciosa.

No dio más detalles, ni él preguntó más. Aunque era más que evidente que aquel muchacho era su novio, Víctor había abrigado la esperanza mientras no se lo confirmara.

Solo faltaban veinte minutos para terminar. ¿Solo? Le pareció una eternidad. Laura ya estaría esperando sentada en el banco de la esquina o paseando por la acera, pensaba Víctor, ocupado con el recuerdo de su esbelta figura mientras el tiempo parecía no transcurrir. Se animaba suponiendo que no era un condicionamiento insalvable el que Laura tuviese novio; no sería la primera chica que abandonaba a su pareja por él. La posibilidad de hacerle daño también le rondaba la cabeza. Su propia trayectoria era el freno de la conciencia que aconsejaba ir con cautela: ¿era verdadero amor lo que sentía por ella o una ilusión, un simple capricho? Hasta lo de Isabel, nunca había tenido una consciencia real del daño que hacía con su actitud chulesca, descarada e irresponsable. Le encogió el corazón recordar lo despreciable que había podido llegar a ser en alguna ocasión. Tomó conciencia de las consecuencias de la crueldad de sus caprichos con Isabel, una de tantas; una buena chica, algo díscola, eso sí, con la que tonteó de forma canallesca. Le había dicho que tenía novio; un chico formal que la quería, pero correspondía a los coqueteos. Posiblemente estimulara aún más su empeño por conquistarla para reafirmarse en sus dotes y engordar su ego. Seguro, insistió sin ningún tipo de consideración ni respeto. Isabel, enamorada, lo había tirado todo por la borda por él. Víctor no tardó en cansarse de ella, sin que afecto alguno mermara su inmunidad sentimental. Había conseguido reafirmarse en su papel de donjuán entre los amigos. Poco a poco, ante la reiterada insistencia de Isabel, Víctor fue tratando de esquivarla. Se sucedieron patéticas escenas por parte de la muchacha, que no dejaba de perseguirlo poniéndose en ridículo sin el más mínimo atisbo de dignidad, empujada por aquella pasión irrefrenable que él le había suscitado y cortado a su capricho cuando ella ya no podía prescindir de él. Cuanto más lo perseguía, más burlesco respondía con despótico y cruel desdén. La última vez, muy herida, la chica hizo ademán de abrazarlo y él frenó sus brazos sin ningún tipo de consideración. Ante la insistencia, la llamó ridícula. Ella, dolida, correspondió gritándole despreciable y otras lindezas por el estilo, mientras Víctor aceleraba el paso disimulando como si no fuese con él la cosa. No hacía mucho que había vuelto a ver de lejos a Isabel. Su aspecto era bastante desmejorado. Estaba embarazada y cargaba en brazos con un niño de corta edad. Se hizo un lejano reproche hacia aquel muchacho que fue y que ya no era. No volvería a hacer daño deliberadamente a una mujer, se había propuesto entonces. Aparte de Isabel, hubo otras de las que también se cansó, pero nunca tuvo constancia de haberles hecho tanto daño. Consecuencia de la juventud, se repetía a sí mismo para excusarse de su irresponsabilidad. ¿Tenía derecho a forzar el rumbo en la vida de Laura? Le aterraba equivocarse. Pero esta vez él era el damnificado. Esta vez él sentía la angustia del otro lado, ese terco lado opuesto al que nunca había sido sensible. Esa sensación de hundimiento, ese menoscabo en el que desembocaba su empeño, no podría manejarlo a capricho. Pudo sentir la punzada, el escozor que produce no ser correspondido. Lloró por amor por primera vez y tembló de angustia, descubriendo la inseguridad. Escribir poemas le refugiaba en su reciente guarida.

... cuando no hay pretextos donde asirse,
cuando tu generosa prórroga consentida
en el viento de la fatal indiferencia anida,
porque el miedo ahora existe...

En otro momento de su vida jamás se le hubiera ocurrido escribir lo que denominaba cursiladas. Ahora, naufragando en la nebulosa de su propia incapacidad, navegaba con la autoestima hecha pedazos, mientras los sueños continuaban.

VII

Desalojo inminente

En este momento desesperado y urgente, Klaus se veía incapaz de dar el paso para intentar limar asperezas con Anna. Ella aún permanecía de espaldas, sin moverse. Esta misma tarde Ángela vendría con un soldado para trasladarla a su casa y Klaus se debatía entre su falta de arrojo y el apremio. Ya no cabían argumentos donde refugiarse de su cobardía; debía pedirle perdón directamente, sin rodeos. El acomodo de su dejadez ya no tenía espacio, pero su contumaz actitud le conducía al túnel fosco de su torpeza, donde había permanecido siempre.

Klaus insistió con los buenos días esperando que se diera la vuelta, pero ella no se inmutó. Esta vez la actitud amable de Klaus no era forzada; no se había despertado el rechazo, como siempre que ella le reclamaba. Ahora incluso hubiera deseado que le requiriera. Hacía mucho que no le había dedicado una sonrisa mientras ella se consumía en aquella cama, donde sus límites aún eran más severos. Su propia actitud displicente, rayando en lo despectivo, se volvía contra él en estas circunstancias en que su futuro, su vida, estaba en sus manos, en la anulada voluntad de la mujer que ya no podría interceder por él ante Ángela. Aquella postura apática y desdeñosa que había mantenido, como un infundado derecho, le pasaba la cuenta. La precipitación no daba muchas facilidades para tratar de paliar el enfriamiento que él mismo había cultivado. Ahora, sin duda, el acercamiento apresurado supondría un gesto interesado y falso que Anna no pasaría por alto. La situación no tenía visos de remediar su oscuro futuro lejos del acomodo de la casa que tanto le agobiaba y en la que se sentía reo de sus propias circunstancias.

—¡Anna! ¡Estoy aquí! —le dijo con timidez y un tono torpe que anulaba su intención de espontaneidad.

Había encendido la luz, el reflejo de la luna era muy débil. Klaus dibujaba en su rostro una sonrisa franca, deseaba ser amable; tal vez en su ánimo estuviera un sincero deseo de complacerla para así complacerse a sí mismo, pero no parecía que el afán de sus propósitos fuese a obtener resultados fácilmente.

Ella, estática, permanecía vuelta hacia el otro lado. No se había movido ni un ápice. Klaus, timorato, empezó a hablar con suavidad, con palabras dubitativas poco acertadas; no le asistían los recursos en situaciones delicadas.

—¿Cómo has dormido, Anna? —le preguntó con un tono distinto—. ¿Qué tal te encuentras esta mañana? ¿Te apetece el baño?

Siguió con sus torpes preguntas en un tono aún más pánfilo. Anna ni siquiera se volvió; no se inmutó, y estaba despierta, pensó él, al no escuchar su fuerte respiración.

—Anna, por favor, contesta. ¿Estás bien?

Desde el lado opuesto donde se encontraba Klaus no podía ver el rostro de Anna. Arqueó la postura y vio el ojo abierto, pero el silencio de su respiración venció aquella cobardía disfrazada de reparo y dio la vuelta rodeando la cama. Parecía muerta. Le embargó el desasosiego; ahora todo se complicaba más, si es que era posible. Los ojos de Anna permanecían abiertos, como los de una sardina a punto de descomponerse, secos y hundidos, sin vida. Su boca, deformada por la inclinación, presentaba una mueca forzada por el propio peso; daba cuenta de un rígido estado privado de acción desde, posiblemente, bastante tiempo; tal vez desde las primeras horas de la noche. Klaus había escuchado un ruido proveniente de su cuarto al que no dio importancia, ni siquiera se había molestado en incorporarse del diván para comprobar si todo iba bien. Un hilillo de baba desde la comisura de los labios había creado una humedad en la almohada y aún permanecía como la última hebra de una tela de araña indultada por el viento.

Con aprensión, Klaus empujó su hombro con el dedo índice. Este se movió levemente de una forma rígida arrastrando en el movimiento al resto del tronco, propiciando que sus pupilas, estáticas, sin vida, accidentalmente se clavaran sobre él. El cuerpo retrocedió de inmediato al retirar su dedo, como un bloque rígido y frío, a la postura inicial.

Klaus permaneció observándola, temblando como una hoja sin atreverse a poner la mano sobre su cara para bajar sus párpados; ni siquiera se le ocurrió. La ofuscación derivó en un pinchazo en la espalda que casi le obligó a sentarse, preocupado únicamente en cómo debía relatar los hechos a Ángela para que su explicación surtiera efecto benevolente. Estas cavilaciones le tenían más intranquilo que la misma desgracia. Le aterraba pensar en las consecuencias. Despojado de la documentación que ella misma le había procurado y que guardaba Ángela en su propia casa, la pervivencia de Anna tan solo era un salvoconducto, una seguridad para seguir al cobijo que le guardaba de un mundo exterior extremadamente peligroso. No dedicó ni un momento de duelo ante la muerte física de Anna; él ya la había considerado muerta hacía mucho tiempo. Ni se le ocurrió el piadoso gesto de un ruego por su alma. Aunque no reparó en ello, tal vez podría haber pensado que no tenía por qué dedicarle lo que ella misma negó a Karina.

Después de un rato sin noción del tiempo, los pasos dirigieron a Klaus hasta la sala. La luna, aunque se escondía en retirada detrás de un edificio, dejaba ver su difuminado fulgor. Su actitud, flemática y perdida, le llevó directamente hacia el retrato de la madre de Anna, colgado en un rincón de la estancia sin demasiado protagonismo. La claridad que proyectaba el perezoso rayo de sol a punto de aparecer por el edificio de enfrente le otorgaba un aire melancólico que no tenía otras veces. Buscó consuelo en los ojos de aquella mujer de faz apacible, rasgo que no habían heredado sus hijas. Apenas sabía nada de ella. Cuando la conversación aún era una práctica amable en aquella casa, Anna, aunque le habló poco de su padre, jamás le mencionó a su madre por propia iniciativa, adquiriendo un gesto ceñudo sin respuesta cuando él preguntaba. Se había hecho una idea atando cabos de retazos de conversaciones entre las hermanas y otros datos que encontró entre los papeles que había puesto en orden.

Todo hubiera sido diferente de haber vivido ella llenando de alegría, de humanidad y cariño aquella casa. ¡¿Cómo pudo esta mujer haber parido dos hijas tan frías, tan duras..., tan malas?!, pensaba Klaus suponiendo el suplicio que debió sufrir entre aquellas paredes que ahora era a él al que cercaban. Limpió con la mano el polvo que cubría el cristal del retrato y fijó en los ojos de la mujer los suyos. Quiso imaginarla joven y alegre, pero el rictus triste de mirada dulce y doliente anulaba cualquier atisbo de frescura. Pensó en su muerte temprana y se atrevió a considerarlo una liberación; reflejo propio. En otros momentos menos desesperados había encontrado regocijo y paz en su semblante. Ahora buscaba mitigar la angustia que le producía el miedo. Ese rostro que emanaba bondad era la única pincelada de calor que pudo encontrar en esa casa convertida en panteón; el único asidero al que agarrarse dentro de aquella morada donde retumbaban los silencios y la vida se había parado. Con devoción, como si se tratara de una imagen religiosa, se mantuvo frente al retrato colgado un día en ese rincón de paredes feroces, tal vez relegado al olvido. Klaus encontró cercanía y calor en lo apacible y eterno de sus rasgos; un bálsamo a su inquietud; una esperanza alentadora como cuando se comprenden las cosas sin razón.

—Siento que tu hija haya tenido este final. Me aterra la reacción de Ángela. Seguro que me culpará de la muerte de Anna. Ayer me dijo que tenía que ocultarme. Vendrá con un soldado para llevársela. ¿Cómo podré explicarle que la encontré así por la mañana? Me buscará y descargará toda su ira sobre mí por no haberla socorrido. ¡Ayúdame! —dijo entre sollozos, dejándose caer al suelo, desvalido y derrotado.

Solo. Atrapado en aquel remanso de amargura mientras seguía su curso la vida de los otros en unos momentos crueles, que a él no le afectaron al amparo de Anna, ahora muerta. Deseó, desesperado, que todo volviera a ser como antes y permanecer por siempre en la angustia de aquel silencio, preservado de la vida exterior que tanto anheló y ahora temía. Más calmado, volvió a mirar la foto, esta vez sin el escudriño egoísta de la súplica. Aquel retrato de obligada presencia ante la falta rebosaba tristeza y desafecto. Se preguntó qué edad tendría la señora a la sazón y quiso echar cuentas para averiguarlo, sin referencias como punto de partida. Suponía, por el rictus triste, que el retrato se lo habrían hecho poco antes de su muerte. Después buscó en sus ojos un mensaje, acaso para el fotógrafo, como una débil llamada de socorro o como anuncio de despedida. Klaus podía ver lo que quisiera en aquel rostro.

VIII

Y también la vida

Llegó el momento. Se dio una ducha rápida antes de salir e intentó acicalarse cuanto pudo. Estaba nervioso. Él, el que siempre presumía de duro, el que jamás se había molestado lo más mínimo por una chica, ahora no acertaba a dejar de arreglarse el pelo y colocarse la camiseta con cuidado, intentando dar un toque que pareciese desenfadado, natural.

Salió por la puerta por donde se suponía que le esperaba ella, con la sonrisa puesta, pero se le ajó enseguida. Laura no estaba. Dio una vuelta doblando la esquina. Nada, tampoco. Decidió entrar por la puerta principal. Allí estaba, tras el mostrador de recepción visiblemente concentrada y nerviosa, al teléfono. Al verle, le miró haciéndole una seña a modo de disculpa. Víctor permaneció a unos metros de distancia, sentado en el espacio destinado para la espera. Laura, dando un resoplido que denotaba cansancio, colgó el teléfono y le reclamó con un gesto de desazón. Víctor, pendiente, se levantó como un resorte.

—Lo siento, Víctor. Llevo una tarde bastante movidita. Acabo de hablar con mi jefe, que está en Noruega. Todavía tengo que enviar unos faxes. Aún me queda un rato. Quedamos otro día, si quieres —explicó mientras alargaba su mano desde el otro lado del tablero divisorio para coger la mano de Víctor con gesto de imploración, cariñosamente.

—Puedo esperarte —dijo él, que no podía irse a casa sin estar un rato con ella. Además, pensó que tal vez no tendría otra ocasión, el novio no tardaría en regresar de su viaje—. Estaré fuera esperándote, no te preocupes por mí. Atiende tus obligaciones.

Ella correspondió con una sonrisa de agradecimiento y se volvió a los apremiantes asuntos que la ocupaban. Víctor sacó un cigarrillo que encendió tranquilamente y se recreó pensando en su piel de terciopelo que invitaba a besarla; en su sonrisa de caramelo, como cariñosamente la denominaba, mientras mantenía la mirada perdida pensando en la recompensa que suponía pasar un rato con ella tras la espera. Siguió fumando hasta percatarse de que la luz de aquel día de finales de verano menguaba considerablemente. Empezaba a refrescar.

Al fin Laura salía apresurada, colocándose el bolso sobre el hombro. Se disculpó por la demora a la que le había sometido, dedicándole, cariñosa, un guiño suyo muy característico; un gesto de ternura con sus hábiles ojos aleccionados y con todos los músculos de su rostro actuando al unísono.

—Víctor, lo siento mucho. Me alegra que te hayas quedado. Si te hubieras marchado, lo hubiese comprendido. Tu paciencia será compensada —dijo divertida, con una picardía en la mirada que él celebró encantado.

—No te preocupes, no tengo nada mejor que hacer que esperar a una chica encantadora —cayó en el tópico, pero no quería dar la imagen de ligón de turno—. De verdad, no importa. Salvo mi madre, nadie notará mi falta.

Mencionar a su madre solo fue un recurso espontáneo sin intención de hacerse el buen chico. Después se arrepintió por si la impresión que daba era mojigata, llevado por unas preocupaciones absurdas. Enseguida recapacitó sobre sus ridículas tribulaciones, sintiéndose un poco memo ante semejantes sentimientos que le hacían capaz de aturullarse y dar dimensiones exageradas a cosas a las que jamás habría dado importancia.

Se dirigieron hacia una cafetería del centro. Durante el trayecto la chica no dejó de hablar comentando las incidencias que motivaron el retraso. Los líos que todos los años por esas fechas alborotaban la marcha normal del trabajo y que siempre la obligaban a hacer horas extras —bien compensadas—, apuntó, con un gesto de reafirmación, queriendo dar la impresión de estar bien considerada, sintiéndose imprescindible.

Víctor asentía con una sonrisa pánfila mientras observaba sus ademanes, su boca, su mirada pícara que jamás bajaba la guardia. Sentía unos deseos irrefrenables de besarla. De forma espontánea, la chica le cogió del brazo sin detener el paso ni la conversación; sin ni siquiera mirarle, sin importancia aparente; como si lo viniese haciendo toda la vida. A Víctor le recorrió un escalofrío. Colmado de satisfacción, aquel gesto le daba esperanzas. Le hacía sentirse querido, importante; un pilar seguro en el que ella quería apoyarse. El mundo seguía girando y él permanecía asido a lo único que no le resultaba indiferente. Entraron en la cafetería distendidos y felices, Laura no paraba de hablar, envolviéndole con el calor de sus movimientos sin dar tregua a un resquicio donde él pudiese tomar las riendas. Poco le importaba, absorto en el disfrute de sus gestos; agradecido por la maravilla que los derroteros de la vida le tenían guardada. Animado por el clima propicio, se puso serio y le dijo que tenía que hablarle de cosas importantes. En ese momento sonó el flamante teléfono móvil de Laura, regalo de la empresa, del que presumía a menudo.

—Es mi novio —dijo sin un mínimo interés por disimular. Siguió al teléfono, cariñosa, sin escatimar zalamerías, haciendo sentir ninguneado a Víctor.

—Tengo que marcharme —dijo Víctor, visiblemente contrariado.

Laura, dando muestras de extrañeza, le recordó que un momento antes había dicho que tenía que hablarle de cosas importantes. Él, asintiendo con desgana, contestó mirando para otro lado:

—Me apetecía compartir contigo mi último sueño, pero no creo que te interese el tema.

Ella soltó una carcajada y apuntó sin consideración alguna:

—¿Todavía estás con eso?

Víctor, molesto por la frustración que le embargaba y por el desdén que ella mostraba ante sus cosas, pensó que jamás volvería a hablarle de ello. Se marchó decepcionado y herido por la postura de Laura, a la que no podía comprender, pero aún trataba de justificar. Se resistía a aceptar la situación, pero cada vez era más difícil mantener la inocencia que le suponía. Ensimismado, recreándose en la imagen de su rostro y los momentos que acababa de compartir con ella, no pudo cenar, no pudo dormir, no pudo soñar. Había sido todo tan bonito hasta la llamada del novio... A pesar de todo, persistía la ilusión por conquistarla. «Es la mujer de mi vida», se repetía con un dulce desasosiego, intentando despejar cualquier duda que enturbiase su propósito.

Los días se sucedían siempre con la firme determinación de que había llegado el momento en que haría acopio de valor para atreverse a decirle lo que sentía por ella. La cogería de la mano, la miraría a los ojos y la haría derretirse. Con otras siempre funcionó. Pero ahora era diferente; estaba aterrado. Atrás quedaba ese desparpajo conquistador que le caracterizaba; esa resolución firme, esa seguridad; ese aplomo que auguraba el fulminante éxito, como en otras ocasiones. Tenía miedo a que su declaración pudiese actuar de revulsivo en lugar de fomentar lo que tanto deseaba, y verse obligado a renunciar a ella totalmente.

Como esa semana no tenían el mismo horario, habían quedado para la semana siguiente en la cafetería de siempre. A él le bullía la intención de declararse sin espera ni más recapacitación, pero debía tantear antes el terreno y aún faltaban unos días para que se produjera el encuentro. Sin embargo, sorpresivamente, cuando salió del almacén ella le aguardaba con la sonrisa puesta y una mirada que desarmaba.

—Hola, Víctor, te estaba esperando. Tengo algo importante que decirte. No podía aguantar hasta la semana que viene.

Su pícara sonrisa, de nuevo, desmontaba cualquier propósito, dejándole indefenso.

—Hola, Laura. Bien, ¿a dónde te apetece ir? —acertó a decir con una amplia sonrisa—. Me tienes en ascuas —añadió después, sin abandonar la sonrisa, animado por las expectativas que prometía la impaciencia de Laura.

Víctor estaba feliz, había conseguido disipar de su mente aquella sombra obsesiva que le molestaba: el novio. Ella tenía prisa por decirle algo y se sintió eufórico descartando dudas ante aquella sorpresa que le daba alas y aliciente.

La chica eligió una mesa en el rincón más discreto. Ese gesto, el hecho de buscar un sitio más íntimo, reafirmó a Víctor en sus sospechas, congratulado con la premura que Laura tenía para contar lo que él tanto deseaba escuchar. Apenas se hubieron sentado, Laura empezó a hablar con actitud entusiasta mientras le apuntaba, inclemente, con sus centelleantes ojos.

—¿Sabes? Ha llegado a mis oídos que te cambian de sección. Quieren proponerte para que pases a formar parte del equipo de pedidos. Es un buen puesto. Hay más responsabilidad. No es fácil controlar el *marketing*, pero tendrás muy buen sueldo y un mejor horario. ¿Qué te parece? —dijo de un tirón, mientras le apretaba el antebrazo sin relajar la sonrisa permanente.

Víctor, decepcionado, había esperado que la nueva no tuviese tintes laborales. En aquel momento le importaba un bledo ascender en la empresa. Se había hecho falsas ilusiones. Se sentía pequeño y ridículo.

—¡Qué callado te has quedado! ¿Te asusta la responsabilidad? —espetó Laura con actitud seria, mirándole perpleja por el poco entusiasmo que demostró ante la buena noticia.

Él intentó sobreponerse al varapalo y atendió sin un ápice de alegría las explicaciones de Laura. Ella seguía hablando de la expansión de la empresa; de hasta dónde podría llegar ascendiendo en el escalafón... Víctor estaba ya muy lejos de aquella mentira que cada vez era más verdad.

—No, no es eso, en serio —contestó, disimulando su enojo—. No sé..., me ha sorprendido. Prácticamente acabo de llegar y... No sé cómo pueden confiar en mí, sinceramente. No creo haber tenido ocasión de demostrar que soy digno de tal confianza.

—Ten en cuenta que me estoy adelantando. Hasta que no te lo comunique la dirección, tú no sabes nada, claro —dijo ella entusiasta, sin dejar de escrutarle con sus vivas pupilas, muy atenta, sorprendida por la poca ilusión que mostraba ante la nueva.

—Claro, claro. Por supuesto, no te preocupes. Gracias por contármelo —acertó a decir Víctor bastante contrariado y sin modificar su gesto, falto de interés—. Espero no decepcionar —dijo mecánicamente en voz baja, lejos de la atmósfera primera que se había creado solo unos momentos antes.

—Si quieres, aunque no sea oficial, podemos celebrarlo una noche de estas —apuntó solícita con un gesto cariñoso que despistó a Víctor, sacándole de aquella mala sensación.

—Pues claro, si no tienes ningún compromiso —dijo él con retintín pensando en el novio, al tiempo que descartaba la ocasión de que se produjera la conversación que deseaba—. Por mí, encantado —añadió, correspondiendo educadamente con una falsa sonrisa mientras se le caía el mundo. La sentía muy lejos. «Nunca sentirá nada por mí», pensó con amargura, pero, antes de separarse, escrutando la reacción de su rostro, dijo—: Espero que a tu novio no le importe.

Laura permaneció inalterable a su irónica frase. Con una inocente tranquilidad, tal vez estudiada, sin dar muestras de haber captado la ironía, tan solo se despidió con una sonrisa. Víctor sintió que perseguía una sombra y nada tenía que ver el novio, aquel personaje que aparecía y desaparecía caprichosamente a voluntad de Laura sin un ápice de consideración, como si solo sus deseos y caprichos contaran, y todos a su alrededor fueran juguetes que movía a su antojo.

Laura volvió a esperarle a la salida del trabajo al día siguiente, adoptando una actitud entusiasta ante la próxima cita para celebrar el futuro ascenso. Estaba preciosa con su minifalda y sus zapatos planos, que cambiaban totalmente el aspecto de sus piernas con un toque más dinámico. Normalmente los tacones que usaba en el trabajo la dotaban de un aspecto más femenino e interesante, pero a él le gustaba en todas las versiones, encontrando en cada una matices diferentes y siempre, siempre, tentadores. De cualquier forma le volvía loco tan solo con su presencia.

Víctor se rindió decidido a dejarse mecer por el momento, claudicando ante la primera derrota contra sí mismo y hasta justificó la ligereza de sus actos, convenciéndose de que renunciar a la luz de su mirada solo le reportaría infelicidad. Continuó en aquella senda gratificante, dejándose llevar hasta que el próximo tropiezo consiguiera arrancarle de las garras de su embrujo. No dejaron de transmitirse mensajes con la mirada que él atesoró abandonándose a los placeres del momento sin dejarse vencer por pesimismos. Cómplices y juguetones, quedaron para la deseada celebración. Comoquiera que ella siguiera mostrándose hermética cada vez que él insinuaba el tema, Víctor admitió de nuevo que no lograría por las buenas hablar de ello, confiando en que pronto se diera la ocasión. Estaba convencido de sus posibilidades.

Llegó el momento. Laura estaba muy guapa. Había dado un cambio a su pelo despejando su rostro, proporcionándole un atractivo más maduro. Su vestido negro entallado y sus salones de tacón alto también negros le daban un aire altivo muy interesante. Siempre lograba sorprenderle y ella lo sabía.

Víctor se aproximó con la intención de besarla, como siempre. Laura, con su escandalosa alegría, se apresuró a darle un casto beso en la mejilla.

—Este, para saludarte —le dijo mientras él se lo devolvía.

Después, con una mirada descaradamente sensual y ante la estupefacción de Víctor, le rodeó el cuello y le besó en los labios apasionadamente. Ante el asombro del muchacho, le miró a los ojos, insinuante, y dijo:

—Y este porque me apetecía.

Víctor, perplejo, con acelerada resolución y movido por el deseo, la cogió por la cintura y se apoderó de su boca con énfasis. Ella correspondió al gesto que esperaba desde hacía mucho tiempo.

—¡Guau! ¡Te ha costado! —dijo con un brillo nuevo en los ojos y pícara sonrisa que daba a su mirada un aire lascivo y complaciente, mientras recuperaba el resuello.

Víctor jamás la había visto así. Aunque un poco estupefacto por su comportamiento desenfrenado, estaba gratamente sorprendido con su actitud. El talante libertino de Laura no era normal; tenía novio, pero a Víctor no le importó en ese momento.

—¿Me dejas que elija el lugar para celebrar tu ascenso? —preguntó ella mientras mantenía fija su astuta mirada sobre él, a sabiendas de que en ese momento podría hacer de él lo que le viniera en gana.

—Por supuesto —acertó a decir, totalmente embaucado por su encanto, cediendo a la marea que siempre le alcanzaba y a la que no podía resistirse.

Él se había conducido todo este tiempo con absoluta corrección, y ahora se sentía como un colegial timorato, como un principiante temeroso. ¿Dónde había quedado su actitud donjuanesca, su capacidad para llevar siempre a su terreno estas situaciones, en las que usaba su infalible encanto irresistible como tarjeta de presentación cada vez que echaba el ojo a una chica?

Partieron rumbo hacia donde ella dispuso sin objeción alguna por parte de Víctor, que se dejaba llevar. Hubo un espacio de silencio que él quiso romper para que Laura no fuese consciente de la falta de naturalidad, porque, aunque habiéndolo deseado desde hacía tanto tiempo, esa situación le sobrepasaba.

La posición de Laura mientras conducía dejaba ver sus bonitas piernas, que Víctor miraba complacido de vez en cuando. Ella, correspondiendo, volvía la cabeza hacia él con una sonrisa cómplice desprovista de perversidad, con simpatía y frescura; gestos carentes de esos visos lascivos que descolocaban a Víctor. Ella era así, imprevisible y sorprendente. Tenía una enorme capacidad para dirigir la conversación y los momentos a su antojo y conveniencia, sin darle opción para tomar las riendas.

Tras un recorrido por varias calles de la ciudad y casi sin mediar palabra, Laura se dispuso a aparcar al final de una perpendicular a la avenida, bastante retirada del casco urbano. Por allí no había ningún restaurante que él supiera.

—¿Adónde vamos? —dijo Víctor sin mostrar desconcierto, aunque sí algo sorprendido.

Laura le cogió la mano y empezó a andar sin decir nada mientras él se dejaba impresionar. Se detuvo delante de un portal, hurgó en el bolso, sacó unas llaves y miró hacia atrás con una mirada de complicidad buscando la de él, que la seguía en silencio.

—Vamos, ya hemos llegado —musitó, mirándole con dulzura y un brillo especial en los ojos que prometía.

El culo delineado en su ajustado vestido, sin marcas de ropa interior, se cimbreaba rotundo bajo la tela al ritmo de sus tacones, que sonaban acompasados y seguros. Él la seguía por la escalera sin decir una palabra, obnubilado y nervioso por aquel meneo sugerente, sin dejar de preguntarse a dónde conducirían las escaleras, amontonándose la curiosidad.

Un cuarto piso, sin ascensor. Al entrar, con la respiración entrecortada por el esfuerzo, sin apenas avanzar un paso hacia el interior, en el vestíbulo, sin lugar siquiera a una pausa para recuperar el aliento, Laura se abalanzó sobre él, comiéndoselo, literalmente. Él respondió con la misma pasión y desenfreno. Allí mismo, tirados en el suelo dieron rienda suelta a toda la pasión que acumulaban sin que el duro y frío pavimento fuese inconveniente para desatar lo que desde hacía tiempo deseaban. Aquel cuerpo, adivinado tras la ropa, palpitaba. Las tetas de Laura apuntaban al techo como si la gravedad no existiera; las minúsculas marcas del sol preservaban entre sus límites unos pezones tan duros que más que acariciarlos invitaban a morderlos sin mesura. Víctor succionó aquellos pechos duros, firmes, con fiereza, sin miedo a dañarlos, respondiendo a los mordiscos que Laura le propinaba por todas las partes a su alcance. La minúscula línea en la parte más baja de su vientre, donde una simetría perfecta delimitaba el leve espacio donde el sol no había tenido parte, no ofrecía resistencia a la avidez del muchacho, que supo despertar sensaciones nuevas en la chica.

Laura, sin darse un respiro, tiró de la mano de Víctor que aún permanecía tumbado en el suelo y lo llevó hasta la ducha. Bajo el agua volvieron a entregarse con la misma pasión y deleite de hacía unos minutos. Bajo el chorro generoso, la chica se puso contra la pared, de espaldas. Víctor, repuesto, sin apenas poder contener la pasión suscitada por aquel cuerpo rotundo y guerrero, desató con descontrol toda su pasión de nuevo.

Apaciguado el ardor, pasaron a la cocina y prepararon una cena a base de alimentos fríos que encontraron en la nevera; no parecía que hubiese hecho acopio para una celebración. Ella misma parecía sorprenderse de lo que casualmente había en el frigorífico, mientras escogía algunas latas. Víctor encontró en este detalle una ligereza en ella que le desconcertó. La suponía detallista y eficaz, y había tenido tiempo para preparar lo que ella misma se había propuesto para sorprenderle.

Los momentos de la cena, tan lujuriosos como los anteriores desde que entraron por la puerta, culminaron con los postres que tomaron mientras hacían el amor de nuevo, como la primera vez, con la misma pasión y vigor que solo su juventud podría sostener. Después pasaron al sofá con ánimo de descansar un poco, pero ella se sentó a horcajadas sobre él, mordió su boca, que respondió con rabia, y en esa misma postura continuaron su juego inagotable.

Con un más que justificado deseo de descanso, Víctor se acomodó en el sofá con ánimo de reposar un poco. Laura miró el reloj y, sobresaltada, exclamó con precipitación:

—¡Uf!, vamos a recoger, rápido, tenemos que irnos.

No exhibió el menor reparo en lo que pudiese pensar él, quien, extenuado, se levantó como un resorte ante el apremio y terminó de vestirse apresuradamente. Aunque desconcertado, Víctor no dio muestras de contrariedad ni se pronunció. Sin objetar nada, empezó a recoger la mesa mientras ella se vestía al mismo tiempo que adecentaba el baño.

Salieron con precipitación. La noche había ocupado la calle aumentando la extrañeza en Víctor, que la seguía como alelado sin hacer preguntas. Una vez en el coche, Laura respiró profundamente mostrando alivio, como liberada de una situación embarazosa. Lo miró, sonrió y le cogió la mano inclinándose hacia él para besarle con frescura, sin atisbo de lascivia. Víctor, bastante desconcertado, incapaz de articular palabra, se dejó besar sin apenas corresponder; una perplejidad cargada de extrañeza turbaba su capacidad de acción. Ella, con gesto calmado, lejos de todo apremio, sin contemplar la posibilidad de incomodo en él, como si todo constituyera parte de un juego, con naturalidad y sin mostrar preocupación alguna, rompió el silencio.

—Es la casa de mi novio. Tiene turno de tarde y está a punto de llegar —espetó tan tranquila, sin mirarle, sin reparar en el efecto que ello pudiera causarle.

Presa de aquella estupefacción, Víctor admitió su incapacidad para digerir que ella no hubiera contemplado la posibilidad de herirle. No fue capaz de articular palabra. Su actitud enajenada molestó a Laura, que puso un cedé con música instrumental de los ochenta y arrancó el coche.

La actitud de Laura había cambiado radicalmente. Se mostró seca, como contrariada. Él, inmerso en el estupor, se mantuvo en el mutismo sin hacer comentario alguno. Sumidos en pensamientos distintos, donde el silencio empezaba a pesar y la música propiciaba un asidero que suavizaba la extraña atmósfera, Víctor la miró y le dedicó una tímida sonrisa que ella no devolvió al mirarle. Solo al bajar del coche, torpe, asomándose por la ventanilla, le dio las gracias por la cena.

—Hasta mañana —dijo ella, fría y cortante, sin dirigirle la mirada, mientras esbozaba una sonrisa forzada que más bien pareció una mueca de desaprobación y rabia.

—Hasta dentro de unas horas... —acertó a decir él antes de que Laura arrancara el coche violentamente, dejándole con la palabra en la boca.

Víctor esperó a que volviese la esquina y empezó a caminar, no le apetecía subir a su casa. No entendía nada. La había deseado tanto y, sin embargo, no se sentía bien; no estaba contento ni, mucho menos, feliz.

No era capaz de comprender la situación. ¿Qué estaba pasando?, se preguntaba. No le cuadraba esa actitud y, por supuesto, no estaba dispuesto a compartir a Laura con su novio, si es que a ella se le había pasado esa idea por la mente, pensaba, haciéndose fuerte ante una situación a la que ponía unos claros límites muy firmes.

A la mañana siguiente, Víctor no sabía qué hacer, si acudir con normalidad a la cafetería para almorzar o, simplemente, no ir, para no tropezársela hasta tener algo claro en su cabeza. Después de pensarlo, optó por lo primero. No debía esconderse de ella; ni siquiera deseaba hacerlo. Pero una extraña sensación de impotencia ante unos sentimientos cada vez más retorcidos, más oscuros, frenaban su natural deseo de encontrársela. Debía mostrar una normalidad que no sentía. «Lo que tenga que ser será», pensó, intentando liberarse de las contradictorias ideas que le atormentaban. Estaba hecho un tremendo lío del que, por primera vez en su vida, no tenía claro cómo salir.

Cuando Víctor entró en la cafetería, ella estaba sentada en una mesa tomando un café, con la cabeza baja y sin mirar hacia la puerta como acostumbraba para recibirlo con una sonrisa. Su aspecto era triste y visiblemente compungido.

Él se acercó y, tras saludarla, hizo ademán de sentarse.

—¡No!, no te sientes. Estoy muy avergonzada. No quiero que me mires. Me siento tan despreciable que no merezco ni que me hables —continuó ante el desconcierto de Víctor—. ¡Quiero que te vayas! —espetó ladeando la cabeza sin mirarle en ningún momento.

Él no sabía qué hacer. Estaba perplejo. Lo que Laura deseaba es que se sentara, pero él, desprovisto de esa ambigüedad que da un sexto sentido del que carecía, como ella misma le decía, se dio la vuelta para marcharse acatando su orden. Entonces la chica se puso a gimotear. Víctor se volvió, se agachó a su altura para consolarla olvidando los propósitos que hacía un rato le reafirmaban en una seguridad incuestionable.

—Laura, no te preocupes. Puedo entenderlo, de verdad. Lo siento mucho. Todo fue culpa mía. Tal vez lo propicié yo. Pero no tiene por qué repetirse —dijo, torpe, para salir del paso.

Laura rompió en llanto sin importarle el momento ni lo inapropiado del lugar en el que se encontraban. Los ocupantes de la mesa más próxima les miraban, y Víctor, abochornado, no sabía dónde meterse. Recordó que dos de sus compañeros salían de la cafetería cuando él entró y sintió alivio. Se sentó y trató de consolarla. Sobre todo le urgía que callara y evitar las molestas miradas.

—Para los hombres es todo muy fácil —dijo Laura gimoteando, con ojos enternecedores y expresión desvalida, mientras se sonaba la nariz.

Su rostro, como siempre que se lo proponía, angelical y candoroso, disipó los vestigios de duda que turbaban la confusa mente de Víctor, que claudicó ante aquel encanto inocente que ganaba a su voluntad y despertaba mucha ternura. En ese momento la hubiese abrazado y consolado con besos y caricias. Toda la incertidumbre y desconfianza que le torturaba desde la noche anterior tomó un cariz de desagravio, abandonado a la fascinación que le había cautivado desde el primer momento. De nuevo las palpitaciones de su corazón prevalecieron con más peso que las voces inquisidoras que le aconsejaban alejarse. Ella se abalanzó sobre él sin ningún tipo de recato, sin importarle la gente que había a su alrededor. Víctor quedó desarmado. Aquel abrazo cálido le cohibió con una extraña sensación de culpabilidad.

—Por favor, no llores, podemos hablarlo. Te quiero. No puedo verte así —acertó a decir, incómodo por la situación, deseando dejar de llamar la atención. Aquella disconformidad que palpitaba por unos derroteros que ahora parecían equívocos cabalgaba esfumándose, traspasando los límites de su raciocinio.

Laura volvió a abrazarle zalamera mientras le daba las gracias repetidamente besándole por el cuello, por la cara, sin que él pudiese controlar la situación que ya poco importaba. El volvió a besarla en la mejilla y, dedicándole una sonrisa tierna y cómplice, se despidió de ella y sus sacudidas de hipo.

—¿Me esperarás a la salida? —preguntó Laura con gesto tierno—. No te impacientes si tardo un poco, tendré que reconstruirme el rostro, mira qué aspecto tengo.

Su pícara expresión, dulcemente suplicante, que no dejaba lugar a vacilación alguna, surtió un inmediato efecto de alivio en Víctor que se había excedido con el tiempo.

—Claro, tonta. Claro que te esperaré —contestó él, soltándole la mano poco a poco, deslizándola con cuidado para que ella no notara su impaciencia, al mismo tiempo que se ponía en movimiento—. ¡Ah! No te esfuerces mucho, basta con que traigas la sonrisa puesta —añadió con un gesto cómplice al que ella correspondió sacándole la lengua en actitud simpática, repuesta del soponcio.

Víctor estuvo confuso el resto de la jornada, enzarzado en la difícil batalla de poner de acuerdo a su corazón y su cabeza. Desprovisto de voluntad, se dejaba llevar por unas sensaciones que lo tenían preso dentro de ese círculo donde nunca antes se hubo sentido atrapado. No entendía aquellos patrones de conducta, pero Laura había mostrado un sincero arrepentimiento, sin que le quedara claro sobre qué. Se esforzó por ver que todo estaba en su sitio; él quería creerlo así. Se hizo el propósito de hablar con ella; de aclarar las cosas. Seguro que había una explicación lógica, pensaba, tratando de calmar su conciencia mucho más sensata que su doblegada voluntad, más permisiva: «Posiblemente habrá decidido romper con su novio y aún no se ha atrevido a decírselo. Quizá necesite reafirmarse en el sentimiento. Tal vez ya hayan roto y no ha encontrado el momento más propicio para decírmelo. Pero, entonces, ¿por qué conserva aún las llaves de su apartamento? ¿Por qué hace uso de él?». Los pensamientos contradictorios le asaltaban sin tregua. Trataba de disipar las dudas intentando convencerse de que lo de la otra noche, lejos de no socavar el futuro de su relación, lo afianzaba. Optó por no pensar en ello y distraerse con otros pensamientos, pero un martillear constante le impedía centrarse en otra cosa.

Habían quedado a la salida, pero Laura no estaba en la acera como Víctor esperaba. Pensó que se habría retrasado por trabajo. Se disponía a entrar por la puerta de recepción para buscarla cuando le sobresaltó el sonido del teléfono móvil que Laura acababa de regalarle como algo excepcional. Era su madre. Muy alterada le decía a gritos que fuera enseguida. Se había roto un grifo y no podía cerrar la llave de paso. Se estaba inundando la casa.

Con todo el caos, Víctor se olvidó de Laura. Cuando restablecieron un poco el orden, la llamó, pero ella no atendió a sus llamadas. Pensó que a la mañana siguiente hablarían a primera hora.

A la hora del almuerzo salió apresurado para verla en la cafetería. No estaba; empezó a preocuparse. Pensaba acercarse a recepción tras tomarse el café cuando Laura se colocó en la barra sin saludarle ni siquiera mirarle. Víctor, extrañado por su sigilosa presencia, pero gratamente sorprendido, se aproximó cariñoso.

—¡Laura! ¿Qué ha pasado? No he podido localizarte. Iba a pasar ahora por recepción. Se nos inundó la casa. Anoche...

Sin dejar que terminara la frase, Laura le interrumpió con gesto frío, visiblemente enfadada.

—No pasa nada. Lo entiendo perfectamente. Ya conseguiste lo que querías, ¿no? —dijo muy seria—. ¡A ver si va a ser verdad aquello de que todos los hombres sois iguales!

Muy extrañado con su actitud, Víctor insistió en que la llamó por teléfono varias veces. Le habló del accidente en casa, sin que ella pareciera mostrar atención a sus explicaciones. Ninguna aclaración sacaba a la terca muchacha de su feroz enojo. Sin tomar nada, Laura, dando evidentes muestras de un enfado desmesurado, sin atender a razonamiento alguno, dio media vuelta y se marchó dejándole sin opción a nuevo intento de disculpa.

No era razonable que perdurara aquel berrinche tras sus explicaciones. No tenía disculpa el disparatado e ilógico proceder de Laura, pensó Víctor. Aun así, buscaba justificación intentando fundamentar esa conducta. Así quedó el incidente, sin resolver. Y así volvieron a martillear las dudas en la mente de Víctor, cada vez más contundentes.

No la vio a la salida. Tampoco la encontró en recepción. El desconcierto aumentaba en Víctor y, aunque no quería admitir responsabilidad alguna en aquella maraña de incidencias, empezó a abrigar un sentimiento de culpabilidad que no daba tregua a su intranquilidad y pesadumbre.

Al día siguiente, a primera hora, cuando Víctor entró en el almacén, cuál fue su sorpresa: allí estaba Laura presta a darle los buenos días con su sonrisa de siempre. La luminosidad que desprendía su rostro liberó totalmente a Víctor de los nefastos pensamientos que momentos antes le tenían sumido en el pesimismo más absoluto. Ella se conducía como si todo fuese sobre ruedas, como si nada de lo pasado el día anterior hubiese tenido lugar. Él, a pesar del desconcierto, se alegró y no hizo nada por disimularlo. Sin darle tiempo a reacción, ella le cogió la mano y lo arrastró hacia la oficina del almacén. Con lógica expectación por parte de Víctor, le llevó hasta el jefe. El hombre se levantó, le extendió la mano y le puso en antecedentes dándole la enhorabuena por el ascenso. Todo ello sin apenas mirarle. La actitud del jefe era arbitraria, extraña, nada formal en absoluto, pensó él sin sorprenderse por ello. Ya era la segunda vez que sucedía. La actitud medrosa de aquel hombre le suscitaba grima.

Confuso, Víctor actuó como si no supiera nada de aquel ascenso; se suponía que debía disimular que ya tenía conocimiento. Aun así no dejaba de sorprenderle. Que se produjera de esta forma por parte de la dirección, sin anunciárselo previamente, sin darle la oportunidad de aceptar o rechazar el puesto y sin hablar de condiciones y otras formalidades oportunas no era normal. En poco tiempo se estaban produciendo acontecimientos que le descolocaban. Optó por la prudencia y se dejó llevar por la corriente hasta ver cómo se desarrollaban las cosas.

En las oficinas, su nuevo lugar de trabajo, había tres apartados separados por paneles. El jefe ocupaba el último. El primero lo ocupaban dos compañeros a los que solo saludó de forma escueta y fría al paso, esperando una presentación formal que nunca se produjo. En el segundo, entre ellos y el jefe, trabajaría él. Se incorporaría de inmediato al nuevo puesto, fue la única indicación precisa que había obtenido. Siguiendo instrucciones, empezaría leyendo reglamentos, normativas y otras recomendaciones de interés. Intentando centrarse en aquellos papeles que eran los primeros pasos básicos, según le había indicado el jefe, no se había percatado de que los compañeros, al otro lado del panel divisorio, cuchicheaban sin cautela alguna aprovechando que el jefe había salido. Los paneles no impedían que se escuchara con nitidez lo que se hablaba en un tono normal.

A Víctor le resultó sospechoso que hubieran bajado considerablemente la voz; era notorio que no hablaban de un tema de trabajo. Sospechando que hablaban de él, se acercó un poco al panel divisorio intentando enterarse. Escuchó con claridad una frase: «... ella es la que corta el bacalao...».

No le gustó el tonillo. Estaba seguro de que la conversación no le dejaba en buen lugar. Tal vez porque traía de atrás cierta confusión o porque no quería empezar sin tener un mínimo de dominio de su lugar dentro del entorno, se levantó y, sin ningún tipo de reparo, se asomó al otro lado del panel, donde halló sorprendidos por su incursión inesperada a los dos compañeros, que le miraron con cierto asombro. Víctor se aproximó a sus mesas y extendió la mano en actitud de saludo.

—Soy Víctor, ¿qué tal? No nos han presentado. Como sabéis, acabo de aterrizar en este departamento. No sé por qué tengo la sensación de que no he empezado con buen pie.

Espero contar con vuestra ayuda, tal como yo trataré de corresponder si en algo puedo ayudar —dijo con tono amigable, pero escueto.

Los dos chicos, más o menos de su edad, visiblemente aturdidos ante la posibilidad de que hubiese escuchado sus comentarios, disimulando se levantaron de la silla y correspondieron de forma amable al saludo. Él notó cierta reserva. No sabía si motivada porque podrían verse perjudicados de alguna forma por su incorporación o, tal vez, porque había algo más, y quería averiguarlo cuanto antes.

En ningún momento la dirección se había comunicado con Víctor, como si todo estuviese dado por hecho por su parte. Intuía algo que no le agradaba. Pensó hablar con el jefe y mostrar cierta disconformidad sobre la forma arbitraria de su inminente y poco considerada manera de adjudicarle el puesto. Él podría ser un frescales, irónico a veces, pero, eso sí, transparente y claro, muy claro. Esa postura le había originado más de un disgusto, pero le daba seguridad y coherencia para conducirse por la vida.

Esa mañana, la primera en su flamante puesto de trabajo, no se acercó a la cafetería. Una extraña sensación le aconsejaba no ir. No le apetecía ver a Laura y seguirla en su escandalosa jactancia creyéndose irresistible. A la hora de comer también procuró no tropezarse con ella. Al terminar la jornada también la evitó. Salió apresurado hacia su casa sin mirar atrás. No le inquietaba el posible enfado de la chica. No le preocupaba lo que pudiese pensar ni las posibles consecuencias. Tenía una extraña sensación de incomodidad. Algo no iba bien. Nada iba bien. Estaba muy contrariado por aquella sensación que le ofuscaba sin permitirle centrarse en lo que debía estudiar.

Al llegar a casa, su madre, interesada como siempre por saber cómo le había ido, le esperaba para comentar las incidencias del día. Él contestó sin emoción alguna que como todos los días, sin mencionar el codiciado ascenso, privando a su madre de una gran alegría; pero no tenía ánimo para mostrar un entusiasmo que no sentía, y mucho menos para soportar su festiva algarabía ni la ristra de comentarios y preguntas a que se vería sometido.

A la mañana siguiente, al entrar en la oficina se vio sorprendido con una nota en un simple pósit adherido a la pantalla del ordenador: «Ya no quieres nada conmigo, cómo se te ha subido el ascenso». La nota de Laura molestó a Víctor. Le indignó. No el contenido, al que apenas dio importancia, más bien el hecho de que ella tuviese acceso a su mesa; que hubiese tomado posesión de su silla, de sus cosas. Pero quién era ella para manipular su vida de aquella manera, pensó, bastante confuso y cabreado, tal vez dando demasiada importancia a los hechos, motivado por el resquemor que arrastraba.

Sus compañeros no habían llegado todavía. A los dos o tres minutos los oyó entrar hablando muy distendidos. Uno de ellos fue directo al departamento del jefe, posiblemente para dejar algo en su mesa. Al pasar, dado que Víctor se encontraba en la ubicación central, el compañero saludó escuetamente, sorprendido por encontrarle ya sentado, y siguió después hasta su mesa al otro lado de la mampara que les separaba, haciéndose el silencio, como si no consideraran oportuno continuar la conversación. Cuando a la media hora llegó el jefe, le dijo que estaría fuera toda la mañana y que al día siguiente hablarían sobre su cometido. Víctor asintió sin decir nada. Tuvo que morderse la lengua para no hacer ninguna pregunta y aparentar una normalidad que no sentía.

La propia actitud que él mismo adoptó incrementó la pesadumbre, empeorando su talante. Él no era de los que dejaban flecos en el aire; más bien se excedía normalmente en las formas cuando algo escapaba a su razón. Le gustaba dejar las cosas siempre claras. Cogió el teléfono y llamó por línea interna a recepción para hablar con Laura. Le contestó su compañera. Laura no estaba, tenía turno de tarde. Su sorpresa fue mayúscula. La nota no la había dejado por la mañana, sino el día anterior después de haber salido él, a última hora. Necesitaba hablar con ella, pero reprimió las ganas de llamarla por teléfono y decidió esperar hasta la tarde para hacerlo personalmente. Su cabeza no dejó de dar vueltas a lo mismo: ¿qué era lo que le molestaba de su ascenso cuando debía estar contento? Venía de lejos esa sensación de desconcierto que le reconcomía.

Terminaba su jornada a las tres. Salió diez minutos antes y esperó en la puerta a Laura que la empezaba a esa misma hora. No habían pasado ni cinco minutos cuando la vio atravesando la calle, con toda la gracia que destilaba al andar. Radiante, simpática, como si el día que amaneció plomizo y oscuro lo iluminara de pronto el sol.

—Víctor... ¡Qué sorpresa! ¿Me esperabas? —le dijo al mismo tiempo que rodeaba su cuello y le besaba en los labios. Sin dar opción, siguió hablando—: Cuando salga voy a la piscina, ¿quieres acompañarme?

Víctor había forzado los labios, pero flaqueó su voluntad. Todo el coraje que almacenaba, el ahogo que sentía, no pudo ganar la batalla a los sentimientos que aún le despertaba su presencia, su contacto.

—No. No me apetece ir a nadar. Te esperaba para hablar contigo. ¿Cuándo podemos quedar?

Ante la fría actitud de Víctor, Laura reaccionó de la forma más hábil. Sus ojos adoptaron aquel aire cándido que tan bien usaba y nunca fallaba en los momentos precisos. Era muy astuta, pero había tropezado con un hombre distinto a los peleles que siempre había manejado y que tan fácilmente se dejaron embaucar por sus encantos.

A Víctor, a pesar de sus propias contradicciones, aún le importaba mucho aquella chica, pero percibía algo oscuro que anidaba en ella resultándole una desconocida. A veces, tras mostrarse procaz, se convertía en la mujer más ingenua, dulce y adorable. Esa dualidad que alternaba simultáneamente y que tanto le atraía al principio, empezaba a hacer mella, bajándola del pedestal en el que la había situado cuando la conoció. Se había hecho el propósito de no mencionar por iniciativa suya a su novio, pero ella nunca sacó el tema, y aquella relación, estimulante y peligrosa, le complicaba la vida. Con mucha astucia, Laura insistía con sus brazos alrededor del cuello. Víctor empezó a flaquear mostrándose indulgente consigo mismo. A punto estuvo de sucumbir a sus encantos, pero consiguió mostrarse firme e indiferente ante sus armas que no solo se reducían a la mirada; todo su cuerpo, como una máquina perfecta de seducción, se ponía en marcha en el momento preciso. Sensual, adorable, esta vez no lograba los resultados acostumbrados; no conseguía enternecer a Víctor, que permanecía inmutable y seco ante sus requiebros y zalamerías. Laura, ante su frialdad, cambió bruscamente de actitud y se mostró muy digna, diciendo que se le hacía tarde. Le informó a la hora que saldría, por si quería esperarla, y se marchó airada. Víctor se alejó con una sensación derrotista cargando con los sentimientos contradictorios que, si hacía unas horas le asaltaban de manera dolorosa, ahora empezaban a manifestarse con una claridad pasmosa hacia un anodino estado de decepción. Pensó en las dos posibles opciones que tenía, ayudarla si algún trauma la arrastraba hacia una actitud que muchas veces no comprendía, o simplemente alejarse de ella y olvidarla. Se encontraba varado en una encrucijada y, lejos de tener el control de la situación como en otras ocasiones, no sabía cómo conducirse, cómo actuar. Solo tenía una cosa clara, no debía dejarse llevar por los caprichos irracionales de Laura.

No fueron fáciles las horas que transcurrieron hasta que Víctor fue a su encuentro. No reparó en cómo la encontraría: dulce, alegre, simpática o, tal vez, adoptaría aquella actitud de distancia y dureza que usaba como escudo para escapar de las responsabilidades que pudieran acarrear sus posibles errores, por los que, por supuesto, no pensaba ofrecer la más mínima disculpa, mostrándose digna y segura. Nadie la bajaría de aquel podio que se había ganado y al que no estaba dispuesta a renunciar.

Víctor intentaba mantener su postura mientras la esperaba, firme con la resolución que había tomado, pero las dudas le asaltaban de nuevo y tenía miedo a flaquear ante su persuasiva presencia. Sus propios sentimientos se habían vuelto contra él. Más que tristeza, un vacío había ganado espacio permitiendo que el desengaño restase terreno al júbilo de los primeros días. No entendía nada de lo que le estaba pasando. La situación le desbordaba. Aquella vorágine le inducía hacia un núcleo oscuro del que se sentía incapaz de salir airoso. Pensó que no la amaba lo suficiente; la decepción era más fuerte que cualquier otro sentimiento. Había flaqueado la ilusión, y el cariño ya no tenía bastante fuerza para sostener inclinado a su favor el fiel de la balanza. No cabía interés por esforzarse en entenderla; la rabia se había disipado completamente y solo quedaba una sensación de indiferencia que le empujaba a apartarse de ella.

Mientras Víctor intentaba aclarar sus sentimientos, en pugna constante con la razón, Laura salió como siempre parando el viento como si todo se detuviera a su paso. Contra todo pronóstico, Víctor no sucumbió a sus encantos. Aunque ni él mismo lo creyera, su intención iba en serio. La saludó dejándose besar, dirigiendo el beso a la mejilla, totalmente inmune, protegido por una indiferencia ante las sensaciones que le despertaban su piel, su respiración, su contacto. Quiso darle la oportunidad de explicarse, fuese cual fuera la razón que la movía a actuar de esa forma, dispuesto a comprender. Albergaba la ilusión de que ella cambiara su actitud y se condujera como una mujer por la que mereciese la pena luchar. A pesar de que no quería ser él quien sacara el tema, Víctor, espontáneo, le preguntó si ya no venía su novio a buscarla. Laura, al detectar poco amigable el tono, adoptó esa frialdad que usaba cuando se ponía en guardia. La sangre se le agolpó en las sienes como si quisiera reventar la piel. Considerando la pregunta impertinente, sin disimilar un gesto de desaprobación, contestó con descaro y muy segura.

—Él solo viene cuando se lo pido. ¿Acaso tienes algún recelo por lo que pueda suponer que siga con él? —ironizó, muy segura, sin dejar de mirarle apuntándole con su afilada barbilla, en actitud defensiva.

Víctor, inmune a sus encantos, después de la descarada respuesta no tuvo el menor interés por prolongar la conversación. Hubo una pausa donde ninguno se atrevía a romper el silencio, hasta que sonó el móvil de Laura y ella contestó con alegría y cariñosas palabras, transformada totalmente, sin ningún respeto hacia Víctor ni la circunstancia que les ocupaba. Se evaporaron las confusas conjeturas y Víctor tuvo claro que deseaba huir de aquella aberración; salir a respirar donde la normalidad le recordara que él era un hombre sencillo, sin complicaciones, y así quería permanecer. Se hizo la clarividencia, ella misma le había allanado el camino. Abandonó la postura que le mantenía reclinado sobre la pared donde descansaba forzando un gesto de tranquilidad que no sentía. Cuando terminó de hablar le miró con descaro a los ojos, y él, alerto e impasible a la previsible, pero esta vez infructífera reacción de la muchacha, se despidió.

—Bueno, Laura, aquí termina nuestra extraña historia, que seas feliz.

La cólera de Laura no se hizo esperar. Había visto en sus ojos la fría seguridad, que nunca había observado en otros, y supo que esta vez no servirían sus arrumacos ni argucias. Le miró furiosa, como si no diera crédito a la situación, a sus palabras. La actitud pausada y firme de Víctor, demostrándole indiferencia firme que no ofrecía el más mínimo resquicio de esperanza, la sacó de sus casillas. No soportaba el hecho de no dominar la situación, la enfurecía. No estaba acostumbrada y, desde luego, no admitía la derrota.

Víctor empezaba a caminar dándole la espalda, con las manos en los bolsillos, dejándola plantada con la palabra en la boca. Una leve sonrisa manifestaba que ya no existía el más mínimo resquicio de duda. Laura, herida en su orgullo, maltrecho su amor propio y, lo que es peor, rechazada, montó en cólera. Le siguió pisándole los talones. Dejando atrás con notable rabia su orgullo, vociferó sin recato lo que Víctor no hubiese querido oír, aunque tampoco le sorprendió demasiado.

—No hace falta que vuelvas mañana a tu puesto, ¿sabes? ¡Imbécil! ¿Qué te creías, que eras más listo que ninguno? ¿Por qué crees que te eligieron para entrar en la empresa? ¿Por qué te han ascendido, por tu eficiencia, por tu cara bonita? ¡Adiós, idiota! En el departamento soy yo la que corta el bacalao —dijo elevando mucho más la voz.

Víctor, al volver a escuchar aquella frase que le reafirmaba en sus sospechas, sin volver la cabeza esbozó una sonrisa. Sintió una liberación extraña, unos irrefrenables deseos de ganar distancia. La seguía escuchando sin oírla, inmersa sin pudor en su sulfurada plática. Lejos de sentir dolor o rabia, o incluso pena, era como si un líquido pegajoso le chorreara por el cuerpo produciéndole una molestia que podría aliviar con una ducha.

—¡Adiós! Soy yo la que te dejo, perdedor... Tú no tienes lo que hay que tener para dejar a una mujer como yo.

Laura destilaba toda la rabia, elevando la voz, forzada por la distancia que les separaba, sin conseguir inmutar a Víctor, que, apretando el paso, se puso a silbar. Sintió una inseguridad pretérita al darse cuenta de que había dejado la decisión al azar, pendiente de un momento, de una reacción.

Empezaba a lloviznar. Con una clara sensación de alivio, siguió paseando. Le agradaba la caricia de la lluvia en el rostro.

IX

La suerte está echada

Klaus miró de nuevo el cuerpo muerto de Anna sobre la cama. Ternura, sentimientos vagos e inoportunos despertaban a destiempo. Aquel espacio ebrio de angustia le aproximaba a la predestinación de un fin irremediable. Los tubos de pastillas estaban tumbados y revueltos sobre la mesita de noche, como si hubiesen sido alterados por una desesperada búsqueda que rompió la alineación del orden de administración; entre ellos, la bola de cristal, en la que, al ser agitada, la nieve caía sobre el trineo solitario tirado por dos renos, brillaba acumulando la luz, como único testigo. El agua del vaso, derramada sobre el cristal de la mesita, había dejado de gotear. Un charquito en el suelo acaparó la atención de Klaus distrayendo su pavor. Aquellos tubos mágicos con la capacidad de aliviar los males, las tristezas..., incluso la vida, pensó, al igual que sus facultades medicinales burlaban la muerte, también podían precipitarla.

Incapaz de sobreponerse al miedo por lo que se avecinaba, Klaus volvió a considerar con angustia su delicada situación. Atemorizado, sin un ápice de ánimo que le diera un resquicio de esperanza, contempló el cuerpo sin vida de Anna, sintiéndose más desvalido y vulnerable que nunca. Abrió todos los tubos y sacó dos grageas de cada. En total, diez. No le gustó la cifra, la encontró escasa; añadió cuatro más, aleatoriamente, forjando un montoncito más proporcionado para los efectos, según su entender. Las colocó con templada paciencia dibujando la forma de una margarita sobre la manta, a los pies del cuerpo de Anna. Le chocó como estaban dispuestas y esbozó una bobalicona e irónica sonrisa que le daba un aire tan patético como dramático. Las recogió en el hueco de la sudada palma de su mano sin dedicar una mirada más al cuerpo de Anna, que permanecía encantado, como parte de un decorado fantasmagórico desprovisto de cualquier sentimiento. Con la soledad y la apatía a cuestas, se dirigió hasta la sala con paso lento.

La opacidad de la fría luz incipiente de la mañana castigó de nuevo a Klaus con su propio reflejo en los cristales. Se aproximó, como si quisiera escrudiñar de cerca sus miserias y rozó con su nariz el cristal que empañó con su aliento. Al otro lado... No había nada al otro lado. La perezosa luz del día, más rezagada que nunca, avivó el sentimiento de lástima hacia sí mismo. Nada nuevo, la misma sensación de autocompasión que arrastraba desde hacía mucho tiempo. Sonrió a medias al descubrir a través del sucio cristal, ahora sí, con todo detalle, cómo le miraba José. Esta vez, la sangre de la herida llegaba hasta su boca y parecía fresca, reciente. Esbozaba una sonrisa maquiavélica, y Klaus leyó en su mirada: «Te espero, ya arreglaremos cuentas».

Klaus miró de nuevo las píldoras de colores que resudaban en el hueco de su mano y las echó todas juntas a la boca. Unas lágrimas intrusas empañaban la visión. Una veladura trasformó en el suyo propio el rostro de José.

—¡A tu salud! —musitó dirigiéndose al muerto, a sí mismo, reflejado en los cristales, mientras ambos se observaban como una perfecta y absurda simbiosis.

Los débiles rayos de sol resbalaban con retraso entre las desnudas ramas de la humilde haya, cuyas hojas se habían resistido algo más este año.

Un frío, como húmeda soledad, envolvía su cuerpo y maltrataba su mente. Le temblaban las piernas. «¡Qué más da!», se dijo mientras forcejeaba por tragarlas todas. Aquellas píldoras —bajaban unas, se resistían otras subiendo de nuevo gorgoteando, atropellándose en su garganta— formaban un doloroso nudo que le ahogaba sin remedio mientras batallaba luchando por la vida, la misma por la que atentaba. El instinto racional y lógico prevalecía de manera absurda ante sus contrarios propósitos. Con cada intento de tragarlas, expiaba un pecado. Adivinándose pecador amnésico, muchas tendría que tragar para purgarlos todos, pensó con un sentimiento que debería parecerse a la nostalgia.

Tal vez como mecanismo de defensa para salir del penoso ensimismamiento en el dolor, Klaus se centró en su único recuerdo antes del confinamiento: aquel hombre del que ni siquiera pudo saber qué hacía en un lugar tan lejos de su país y al que involuntariamente había quitado la vida. Era lo único que recordaba de su pasado, antes de que Anna le encontrara junto a Karina en la librería, y que solo había rememorado al mirar sus papeles tras las apariciones. Tal vez de no haberse precipitado los acontecimientos, hubiesen compartido espacio y circunstancias; se hubieran apoyado mutuamente en la aventura de la huida, sin dar lugar al disparate en que se había convertido su existencia.

Klaus, abandonando la burlesca imagen de José al otro lado de la ventana, volvió de nuevo al dormitorio y se recostó junto a la espalda de Anna. La luz del sol dibujaba el perfil de Anna dándole una importancia anómala, diferente. La asió por la cintura sin sentimiento alguno donde poder resguardarse de la frialdad en que la soledad le había encerrado. Aunque su pelo, lacio y grasiento, le producía picazón en la cara, no la soltó para retirarlo; el incómodo picorcillo le distraía de la gravedad del momento. La estática presencia muerta que abrazaba le procuraba una sensación de resbaladiza consciencia intermitente; sin embargo, no existía confusión. El momento, trascendente, era veraz. Permanecía tranquilo y sosegado. Notó contra su pecho los huesos punzantes de la muerta y se sintió cerca, mucho más que la proximidad que el mero contacto procuraba. Comenzaron las convulsiones. Con cada una, apretaba involuntariamente con más fuerza el vientre de Anna sintiendo muy próximo el frío de la muerte. El esfínter del cuerpo muerto de Anna soltó los últimos gases y desechos. Klaus reprimió las ganas de vomitar a pesar de que las náuseas eran cada vez más intensas e insoportables. Consideraba irrespetuoso hacerlo sobre una muerta. Reparó, con extrañeza, en que había considerado aquel cuerpo el de una muerta y le sonó a indebido desapego. Le molestó su propia consideración irreverente. «¡Es Anna!», se dijo, arrepentido, en voz alta. Le dolía la frialdad que había interpuesto entre ambos y que nunca debió existir. Como si siempre hubiera estado equivocado, una clarividencia a destiempo trastocaba sus débiles certezas poniéndole al borde de una realidad que tan solo fuera un desvarío.

Ambos cadáveres —él mismo así se consideraba— transcenderían en unión más allá de la vida. Sonrió, ya alejado de conjeturas, pensando que lo que Anna no consiguió en vida lo había conseguido muerta. Se apretó más contra la espalda fría y acartonada. Intentó obstruir su propia respiración contra aquel cuerpo pestilente, para, aunque las náuseas aumentaran, evitar el vómito. Dado el paso hacia la muerte —un acto sencillo, con todo ese alcance—, abrazado a ella, pululaban turbias las ideas. En su delirio le asaltó una inquietud: si la naturaleza le adornara con una erección al morir —había leído que podía pasar—, tendría ocasión, si eso se diera, de burlarse de Ángela. La última y la primera, amparado por la muerte que resolvía su incapacidad para afrontarlo. Recomponiendo su habitual apocamiento, deseó olvidar su herida de desafectos y encontrar la muerte descargado de odios, que no de culpas, de las que no podría desprenderse.

«Acaso importa», se dijo en voz alta esbozando una débil y tétrica sonrisa. Una lágrima rebelde, siguiendo el curso de los surcos pronunciados en su enjuto rostro, llegó hasta el borde de la comisura seca de su boca. Esa caricia salada le retrotrajo al mundo que dejaba y que ya le había dejado hacía mucho.

Klaus solo acertó a revivir los últimos acontecimientos en aquel lugar que desde el primer día fue como una cárcel, considerando la torpeza con la que se había conducido siempre. Cuando quiso retractarse, inmerso en la vorágine de su incapacidad, era demasiado tarde. La soledad, aquella frialdad en su alma desprovista de amarres a la vida, donde todo era próximo y lento, se reducía a un trasiego entre paredes ajenas conformando su pobre existencia. No albergaba en su mente consciente otra vida fuera de aquellas abrumadoras paredes. Recordó espontáneamente que tenía treinta y seis años; un paisaje hermoso repleto de arboleda con colores vivos; brillos de agua salpicaban la superficie de una laguna que no podía ubicar. Bellísimos sonidos acudieron en tropel, y concentró todo su esfuerzo para seguirlos y perpetuarlos atenuando su angustia. Sintió que el cuerpo contra el que se abrazaba, más blando y suave, le decía que aquellos santos ancestrales a los que rezaba su abuela, también eran sus santos y también a él otorgarían la paz que precisaba, porque aquellos santos, generosos y magnánimos, querían y asistían a todas las personas. En su delirio, abrazaba el dulce cuerpo de Karina. Regresó al amor puro y efímero de su idealización más absoluta. Su agonía se tornó delicadeza, plena de sensualidad, de complacencia. El gozoso éxtasis no duró mucho. Le asaltó un miedo incierto, un arrepentimiento irreversible. Volvieron las náuseas; de nuevo la realidad le abrazaba al cuerpo acartonado y hediondo de Anna, la mujer que había dirigido el curso de la única vida que recordaba. Suplicó a los santos, aquellos santos a los que invocaba la abuela de Karina; los mismos santos a los que ella, con los ojos cerrados y mucha devoción, había rogado en el altillo quién sabe qué favor. Imploró que acudiesen a asistirle apartándole de la atroz soledad de su agonía.

Klaus no pudo soltarse cuando el bullir de la sangre manifestó azogue en sus brazos y sus piernas. Asido al cuerpo, permaneció agitándolo y agitándose por un espacio de tiempo sin noción. Evocó un cielo azul al que su vista no tenía acceso, al mismo tiempo que atronaban los ruidos de la guerra en el exterior dejando una estela de destrucción que no le había afectado, resguardado en aquella casa ajena al mal y al bien. Se esforzaba por llenar el vacío de sus no recuerdos; de su vida anterior, la que no recordaba, la que no existía; por salir por un momento de aquella cadencia traicionera que anulaba para siempre su vida sin reconocerla.

Klaus soportó el dolor, las náuseas, la razón cobarde de su situación; el gratuito tormento tempestuoso y agrio. Se apretó aún más fuerte contra su desgracia; contra la confusión cada vez más lúcida, cada vez más desgarradoramente real e inquietante. Se incorporó con mucho esfuerzo y miró hacia la ventana abarcando el espacio solo con un ojo, consiguiendo ver un trozo de cielo plomizo pero amable. Sintió más próxima que nunca la tiranía de la soledad. Desvalido y solo, afrontó la cerrazón de un cielo cubierto sin esperanza. Sintió como si Anna le arrastrara sacándole del lecho hacia la nebulosa en la que ella se encontraba. «Navegarás conmigo para siempre», creyó escuchar, esperando aquel consuelo envenenado. Un ligero mareo empezó a mitigar las náuseas y la arritmia. Se apoderó de todo su cuerpo un dulce hormigueo que le distrajo del dolor de la muerte.

X

Sobre la tumba

Ángela depositó sobre la tumba el ramo de flores que compró a primera hora en la única floristería que permanecía abierta, al otro extremo de la ciudad. Había atravesado las calles inhóspitas, apenas transitadas, con los ojos emponzoñados de rabia líquida. Deseaba terminar cuanto antes aquel trámite donde la memoria de su hermana era empañada por el miserable judío, que hasta muerto había conseguido complicarle la vida.

El relente sobre la hierba alrededor de la lápida nueva, al que la ombría le resguardaba del débil rayo de sol, aún no se había disipado. Ángela miró al general Heinrich —del que siempre estuvo enamoriscada y al que quiso de aquella extraña manera tan distinta a como le quiso su hermana— con gesto frío sin que estuviera en su intención ser descortés. Él nunca las abandonó a pesar del rifirrafe que había tenido con su padre ante la decepción y el enojo que le produjo el rechazo a su proposición de convertirle en su yerno. Le debían mucho. Las había protegido al morir su padre haciéndoles la vida más fácil cuando todo era difícil. Les proporcionó trabajo en un laboratorio donde el doctor Z, como le llamaban entre ellas, analizaba muestras, y otros experimentos de los que nunca se hablaba. También él les debía mucho a ellas.

Ángela jamás presentó indicios de debilidad, ni siquiera aquel pasaje que le reportó reconocimiento había conseguido doblegarla, anulados los efectos perniciosos donde se consideraba victoriosa. Hacía mucho tiempo que no se fustigaba al pensar en el doctor; en aquella experiencia mutilada y vergonzante. Sin duda su padre estaría orgulloso de ella, a la vez que se revolvería en su tumba avergonzado por el proceder licencioso y débil de Anna, que ni para morir la asistió la dignidad. Eso pensaba Ángela mientras, con la cabeza bien alta, mostraba con su actitud recta un orgullo y un saber estar, fuera de duda, como digna y orgullosa hija de su padre.

El general se había encargado de todo. También eligió la lápida; incluso se permitió redactar un epitafio.

Él mismo había acudido con dos soldados para acompañarla en el traslado de Anna, tal como le anunció Ángela a Klaus, el día anterior, advirtiéndole que se escondiera. Nadie debía saber que allí permanecía un judío, mancillando el honor de la familia.

La sorpresa había sido mayúscula para ambos: dos cuerpos sin vida, abrazados. Dos cuerpos que eligieron poner fin a sus vidas, tal vez porque no podrían soportar la vida separados, dejándose llevar por el romanticismo, pensó el general conmovido por la estampa, muy sorprendido por la presencia de aquel hombre en la casa, del que no tenía conocimiento. No hizo preguntas y pasó por alto el incidente. No quiso hurgar en lo que dejaría en mal lugar a esas mujeres que merecían un displicente paréntesis en su impecable trayectoria de intachable rectitud. Ángela, estupefacta, dio instrucciones para que separaran los cuerpos, sin admitir la evidencia. No aceptaba tal flaqueza de Anna y cargó sobre Klaus una culpa por la que saldría ileso. La rabia, más fuerte que cualquier otro sentimiento, la obligó a fingir y tragarse su ira. Apretó la boca, marcando su mandíbula afilada en aquel rostro endurecido y pétreo, tiñéndolo de manchas rojas que el general interpretó de forma equívoca.

—¡El amor, qué gran principio! —dijo el general mirando emocionado a Ángela a la que supuso abatida. Ella, que no le sacó de su errónea percepción, antes de que levantaran los cuerpos había puesto con discreción en el bolsillo de la chaqueta de Klaus la documentación falsa que había llevado para liberarle. Después, en presencia del general, ella misma la sacaría y se la entregaría para facilitar los trámites.

Había pasado un mes y Ángela visitaba por primera vez la tumba después del entierro. Todavía no había visto la lápida que cubrió el abismo que la separaba para siempre del cuerpo muerto de su hermana y del de aquel que fue su amante, al que tuvo que enterrar con ella para cubrir las apariencias, muy a su pesar. El general, aunque todavía convalecía de la herida en la pierna, ya se había incorporado a medias a sus obligaciones, haciendo un esfuerzo para acompañarla; quería saber si todo había quedado de su agrado. Anna había sido su cómplice en muchas ocasiones, siempre esperanzada en que le llegaría su momento. Nunca llegó y conformó sus ansias con aquel judío al que pudo amar, aunando después su sentimiento a un fino odio con el que amarraba su venganza. El general no detectó en Ángela pena, sentimiento o muestra alguna que pudiese manifestar dolor por la muerte de su única hermana. Ni un ápice de flaqueza ni la más mínima debilidad. El general pensó que, como digna hija de su padre, el control era su máxima. Ella jamás permitiría que anidara en su corazón pasión alguna que trastocara su compostura y su firmeza.

«Solo los pobres de espíritu flaquean, la debilidad es solo una disfunción, un error de la naturaleza». Esa frase se la habían escuchado muchas veces a su padre, pero hubo una ocasión que quedó grabada para siempre en su cabeza. Fue el día que murió su madre.

Aquel día, aún muy niñas, las dos jugaban en la sala. Su madre sollozaba discretamente en su dormitorio. Después de una mañana soleada, empezaron a resbalar los goterones por los cristales. Ángela, distraída del juego, escuchaba como los lamentos de su madre se mezclaban con la musicalidad de la lluvia y jamás supo discernir qué sonidos eran los reales. Con cada golpeteo producido por la lluvia, un lamento desgarrador se camuflaba. Fue durante la hora de juego y descanso para los padres, que jamás se interrumpía. Anna jugaba con su muñeca de cartón a corregirla de sus impertinencias, mientras Ángela permanecía como ausente, centrada en los confusos sonidos procedentes del dormitorio de sus padres. Anna también escucho algo. Ángela le dijo que eran los gatos y que siguiera jugando. Solo cuando su padre entró a la sala con el rostro airado sin mostrar un ápice de dolor, anunciando la muerte de su madre, Ángela adivinó lo que su hermana nunca sabría porque jamás lo compartió con ella.

Al lado de la tumba de Anna y Klaus descansaban los restos de su padre y su madre. En la primera lápida, la de su madre, constaba este epitafio:

tus hijas y desconsolado esposo no te olvidan

Anna por entonces era muy pequeña. Ángela, tres años mayor, fue consciente de todo y jamás lo confesó a pesar de la insistencia de su hermana. Nunca traicionaría la memoria de su padre. Antes hubiese matado a su propia hermana que consentir que se manchara su nombre.

Heinrich, el general, que la escrutaba con cierto sentimiento de estupefacción, buscó en su rostro, sin hallarlo, un signo de debilidad, una emoción. Ángela estaba lejos, muy lejos; traspasó por un momento los límites que nunca se había permitido, dejando a un lado la conveniente actitud de la formalidad oportuna. Voló con la mente hasta su infancia, permitiéndose, en este momento crucial donde quedaba sola, un mínimo atisbo de tristeza. Desde que las dejara su padre, solo tenía a su hermana y le había fallado con su falta de rigor ante unos dogmas imperantes, y toda su rabia revertió hacia la memoria de Klaus, que no pagaría por ello.

El viento desprendía las últimas hojas de los árboles dentro de aquel recinto exento de los perjuicios de los bombardeos. El general señalaba en el cielo con simpática curiosidad una nube rodillo que, como un tubo glaciar, atravesaba de parte a parte el horizonte. Después de hacer alusión al fenómeno, que jamás había contemplado antes, extrañado una vez más por la frialdad de Ángela, que no mostró expectación alguna, desdibujó la sonrisa que la curiosidad le había despertado y le preguntó si había quedado la lápida a su gusto. Ángela no mostró ni una sombra de agrado ni todo lo contrario, abstraída en sus pensamientos. Le dio las gracias por todo y le miró asintiendo con su rostro congelado. El general adjudicó a su actitud un sentimiento doloroso. Apretó su brazo como gesto de consuelo y volvió a ofrecerle todo su apoyo.

Ángela recuperó de inmediato su compostura y enfundó en su rostro la misma frialdad hierática del padre, su mentor, su ídolo, su referente.

El general se había permitido redactar un epitafio adjudicando al finado los datos hallados en su documentación:

ANNA WAGNER 1905-1942
KLAUS BAUER 1903-1942
ETERNOS AMANTES HASTA LA MUERTE

Qué falacia, qué oscuras mentiras puede ocultar la muerte idealizando la vida, había pensado Ángela, sin ánimo alguno de condescendencia hacia aquel hombre del que ni después de muerto podría deshacerse de su sombra.

La lápida, flamante, de un mármol tan frío como el corazón de Ángela, les encerraba para siempre enredados en la mentira, en la infamia más absoluta; unidos hasta la tumba con aquella indignidad de ambos.

El general apretó el brazo de Ángela de nuevo, con afecto, reiterando su solidaridad con el dolor que le suponía, mientras, un poco impaciente, la empujaba con suavidad hacia la salida. Ella, echando un último vistazo a la lápida, hizo un leve gesto de desaprobación. Retrocedió los dos pasos que había avanzado manteniendo la misma expresión fría e inquebrantable del primer momento, cogió el ramo de flores que ocultaba fortuitamente el nombre de Anna y lo colocó tapando la línea donde, grabado a la intemperie, se estrenaba el nombre y los datos que su propia hermana había inventado. La idea de que siempre permanecerían unidos la indignaba, pero tuvo que tragarse la ponzoña y acatar su derrota. Volvió a leer el epitafio de la tumba de sus padres, TUS HIJAS Y

DESCONSOLADO ESPOSO NO TE OLVIDAN, eximiendo a su padre totalmente de las mentiras que podían componer la trayectoria de sus vidas.

Ángela sacó de su bolso la esfera de cristal de su madre que tanto le gustaba agitar a Anna, donde la nieve caía sobre el trineo solitario tirado por dos renos, y la posó, después de sacudirla, sobre su nombre.

XI

El compromiso de José

José abrigaba la esperanza de recuperar el dinero y atender la deuda resarciendo a su familia de la ruina, de la vergüenza. Su mala cabeza le había llevado por unos derroteros perniciosos que le abocaron a la indignidad más absoluta y la perdición de toda la familia. Le habían aconsejado que lo más conveniente sería emigrar a América. Allí, en aquellas tierras al otro lado del océano, donde se habían exiliado muchos, era posible hacer fortuna. José lo valoró con desesperada urgencia y nula voluntad. Le espantaba la idea de subirse a un barco, permanecer en el mar tan larga travesía, amargado, hundido, sin expectativas, sin horizonte. Cobarde, descartó la opción. Lejos de aquellos argumentos que él mismo esgrimía, le asaltaba la imagen de Sarita cruzando el océano con su amante, debiendo ser él quien la acompañara para disfrutar de aquella promesa de amor, al otro lado del mar.

Otra opción sería llegar hasta Francia, opción que no le aconsejaba el médico que les acompañó en estos difíciles y cruciales momentos. Mucha gente había atravesado la península hasta llegar a la frontera huyendo por otras causas muy distintas. José decidió considerar como definitiva la opción de marchar a Francia, ayudado por el amigo de su padre, que se ofreció porque le debía favores a Hilario, que no por la caridad que pudiese despertarle aquel pobre infeliz capaz de tamaña infamia. Aunque le puso en antecedentes de lo que se cocía en Francia, él insistió con la esperanza de encontrarse con su primo, el ingeniero, al que suponía bien situado a pesar de no haber tenido noticias. José creyó vehementemente que allí conseguiría el dinero para recuperar las fincas perdidas de la familia, sin considerar absurda la utopía. Ni siquiera había vuelto sobre sus pasos para abrazar al pequeño que quedó atrás llorando desconsolado, llamándole con desgarro. Sus pasitos, cortos y cansados, se paralizaron solo cuando le perdió de vista. Los gemelos no se despidieron de él, habían desaparecido cada uno por un lado, quién sabe si por pudor a que les vieran llorar, o por controlar un arrebato que aún hiciese más doloroso aquel momento a todos. Su esposa, a la que apenas había dado explicaciones, tiró de sus ropas intentando retenerle entre cargos y sollozos. Para ella solo hubo una mirada esquiva, situada en un orden secundario para explicaciones. José tuvo que tragarse las lágrimas y la ponzoña que oprimía su garganta y tirar hacia adelante. Llegaría andando hasta la casa del médico atravesando las huertas, con la maleta y la pelliza nueva en la mano; quiso evitar que le recogiera delante de todos en su casa. Hasta Chusco le siguió. Su fiel perro tan noble; el que no brincaba alborotado babeando hasta su pecho ni movía su cola hacia la derecha como otras veces, y le miraba raro gruñendo con evidente tristeza cuando venía de la ciudad tras un viaje injustificado. Solo él adivinaba; solo él le hacía percibir el reflejo de su propia conducta licenciosa, mostrándole su desaprobación, su quebranto con toda la entrega de la fidelidad. Le siguió, ladrando mucho trecho. Solo cuando las pedradas le hicieron daño se paró el afligido chucho, con agudos quejidos de tristeza, rezagado en la senda. José, mientras se limpiaba las lágrimas, sabía que no volvería a verle. El ladrido, débil, se fue convirtiendo en un lamento imperceptible que marcaba la distancia y acrecentaba la inquietud. José no quiso volver la vista atrás, sabía que permanecería allí y no volvería a la casa en mucho tiempo. Vencido, dolorido, volvería el animal con sus silencios y su lealtad para unirse en la congoja del resto de la familia. Agazapado, con la cabeza entre las patas delanteras, levantando una oreja regularmente como cuando algo le preocupaba, no dejaría de observar el horizonte cada día. No duraría mucho Chusco, estaba ya muy viejo; el regreso de José se haría muy largo, y otra casa y otros amos era una prueba demasiado dura.

Que salió rumbo hacia quién sabe qué lugar y desconociendo qué suerte correría lo sufrieron todos; que con el paso del tiempo, con toda seguridad, se habría desentendido irresponsablemente del deber de restituir los bienes en el plazo oportuno que con «generosidad» había establecido Sarita también lo pensarían, lo más probable. Después de su desmán le supondrían capaz de no importarle dejar a su mujer e hijos, a toda la familia, a la suerte de un destino difícil y dudoso. Estas tribulaciones no dejaron de martillearle, pero había decidido no escribir hasta que pudiera alentarles con alguna esperanza. Esa era la excusa a la que recurría a menudo para escudarse de su falta de arrojo ante las cosas difíciles. ¿A quién iba a escribir? ¿A su hermano? Sería una falta de respeto a su padre. ¿A su padre? Qué podría decirle. ¿A su mujer? Y qué le diría. Aquella chiquilla que a sus quince años, como él, había ido con su padre desde Cáceres para visitar a su tío, el capataz de la finca, volviendo tres meses después con la nueva. La madre de José reaccionó llorando, pero la tía Juliana vio el arrobo de su niño mirando a la muchacha y dijo que no eran los primeros ni serían los últimos. Echaron mano de algunas cosas del ajuar de Esperanza y los casaron. Estos pensamientos ocuparon los últimos momentos de lucidez y consciencia ante la inminente muerte, mientras clavaba sus pupilas en Klaus, tras haberle asestado este el golpe certero en su defensa. Ese pesar por los suyos traspasaba los límites del descanso que debiera proporcionarle la muerte.

Víctor, por medio de su clarividente sueño —a través de Klaus, que actuó como vehículo—, descubriría los esfuerzos fallidos de José, el fantasma del español que perdió la vida a manos de Klaus de aquella forma tan fútil, viéndose obligado a vagar desprovisto de descanso.

José había llegado a suelo francés gracias a la ayuda de los amigos de su padre, que le facilitaron el camino hasta la finca donde trabajaban transitoriamente otros huidos, por distintos motivos y causas cada uno. La intención de buscar a su primo quedaba relegada a la oportunidad que trajera el azar. En aquel barracón todos eran españoles evadidos, cada cual con su pasado, con sus realidades, con sus culpas, con sus esperanzas. Todos ellos habían conseguido llegar a la hacienda dedicada al cultivo y crianza de vino, por medio de una trama que allí encabezaba como capataz el precursor, proporcionándoles trabajo a todos. Un lugar seguro donde obtener cobijo sin que se les hiciera preguntas, a cambio de trabajo duro y salario escaso. Acogían bien a los españoles porque tenían fama de trabajadores y discretos, sin importarles su origen ni circunstancias siempre que cumplieran. El trabajo más duro, el que rechazaban los oriundos, lo realizaban los españoles que habían cruzado la frontera de forma ilícita para esconderse, dadas las circunstancias. Si habían llegado hasta allí, su silencio estaba asegurado. José no estaba acostumbrado al duro trabajo del campo, siempre se había encargado de administrar la hacienda de su padre colaborando en las faenas menos duras. Aquel trabajo era demasiado severo y las jornadas muy largas; además, no era lo que pretendía. No buscaba refugio ni trabajo para subsistir; necesitaba hacer fortuna, y rápidamente. Él no huía de nadie, solo de sí mismo.

XII

La *madame* de Badajoz

La *madame* de Badajoz, la llamaban. Una señora impresionante. Regentaba el burdel más importante de toda Extremadura. La señorita Mirta, la *madame*, había sido muy hábil. Consiguió establecerse muy bien, rodeándose de gente influyente que le reportó seguridad y toda clase de beneficios. Su estatus ya no podía ascender más en aquella carrera vertiginosa que se impuso con feroz disciplina desde que subió en aquel barco que la llevaría a una tierra que anhelaba desde muy joven: Europa, el Viejo Continente; la tierra prometida donde triunfaría y obtendría el éxito, sin duda, logrando que su desmesurada ambición sin límites hiciera realidad sus sueños de grandeza.

En aquella casa de citas no entraba cualquiera. Solo por recomendación se obtenía tal deferencia. Los clientes eran de lo más granado. De Madrid acudían viejos conocidos y otros personajes llevados por la fama del lugar, convertidos en clientes asiduos con el privilegio de llevar a amigos, avalando su respetabilidad.

José había ido solo por primera vez a la feria de ganado, donde le esperaría don Rafael, el potentado, convertido en el principal cliente de la hacienda familiar. Don Rafael, un hombre inmenso, alto, de barriga prominente y rostro corriente, en el que solo destacaban unas cejas despeluchadas y un discreto bigote, había cumplido los sesenta y cinco. Su intenso timbre de voz envolvía; infundía respeto y transmitía seguridad. Sus modales, aunque no eran muy finos, denotaban cierta prestancia que le hacían respetable hasta para quien no conocía su prestigio en el terreno de los negocios. Cubría su desproporcionada cabeza, pequeña a primera vista y pequeña mirándola más detenidamente, protegiendo su calvicie con un sombrero cordobés de fieltro color marrón tabaco que nunca olvidaba al salir a la calle, pues era como un apéndice de sí mismo y que solo se quitaba ante circunstancias y personas que merecían su respeto por considerarlas superiores; no eran muchas las ocasiones. Solía recrearse mirando su reloj de cadena que alojaba en el bolsillito del chaleco y que gustaba consultar a menudo, tal vez más allá de ponerse al corriente de la hora.

Intermediario en la compra de ganado, entre otros negocios con los que trapicheaba reportándole más beneficios, don Rafael, era en este sector donde consiguió respeto y ganó todo su prestigio social y comercial. La sociedad estaba muy deprimida en aquellos años difíciles de posguerra y era posible enriquecerse mientras la pobreza era la tónica general del pueblo.

Entre las pocas ganaderías que permanecieron sin apenas sufrir merma tras el descenso acaecido por los efectos de la guerra estaba la de la familia de José, que proveía a don Rafael, muy bien administrada por Hilario, su padre. Mientras sus dos hijos mayores pasaron por la guerra en puestos de intendencia, lejos de primera línea, Hilario trabajó muy duro. A pesar de no poder mantener el esplendor de antaño, no se había hundido como otras ganaderías arruinadas por falta de mano de obra y otros inconvenientes.

Al regreso de la capital, don Rafael llevó a José a tomar copas en distintas tabernas que él frecuentaba en la ciudad, acabando, como dijo el avezado caballero, en el lugar más exquisito de toda Extremadura. «Y hasta de toda España, me atrevería a decir», apuntó don Rafael con mucha seguridad, al tiempo que levantaba las cejas ante un estupefacto José, neófito en aquellas lides, dando muestras de su capacidad de experto, para aseverar tamaña afirmación. Don Rafael quería premiar al chico de manera especial y regalarle lo que estaba seguro que no hubiese podido disfrutar sin su compañía. Lo llevó a ese lugar, único en toda la península, según repetía continuamente, donde el impresionado muchacho jamás, ni con dinero, hubiese podido entrar. José estaba asombrado por el lujo que se derrochaba en el establecimiento. Las marcas de licor que circulaban no eran fáciles de conseguir. Al fondo de la primera sala se proyectaban diapositivas con escenas eróticas donde se recreaban distintas posturas obscenas y representaciones de bellas pinturas clásicas: la diosa Afrodita surgiendo de la espuma del mar, Venus dormida, y otras deidades. El hombrecillo cejijunto y enjuto que solía ocuparse de los recados y reparaba como nadie los cacharros de cocina con laña y estaño accionaba la manecilla de aquel reproductor, una y otra vez, mientras cabeceaba tras el biombo.

El proyector y las diapositivas eran regalo de un cliente sueco de costumbres refinadas, afincado en una hacienda extremeña desde hacía unos años. A este selecto cliente, de dudosas inclinaciones sexuales, doña Mirta lo había conocido en Madrid. Él fue quien le recomendó que se estableciera en tierras pacenses. Allí podría reunir a caballeros adinerados y de la alta sociedad con prejuicios para desarrollar su vida disoluta en la capital. Según privilegiada información de primera mano a la que había tenido acceso, aquellas tierras en las que despuntaría el progreso tenían futuro; eran epicentro de importantes proyectos. El dandi siempre acudía con su chófer. Sus prácticas, extravagantes, permanecían como secreto aunque, realmente, al caballero no le importara que se avivasen los comentarios sobre la ambigua relación que tenía con el joven de facciones y figura sobresalientes al que asistía la discreción. Era un detalle fetichista el acudir al burdel para solazarse con su chófer. Cuando el caballero acudía a la casa, siempre elegante con su traje de lino o cachemir y uno de sus cuidados sombreros, de inmediato se avisaba a doña Mirta, que le atendía personalmente, conduciéndoles sin dilación hacia dependencias privadas, sin que nadie más tuviese conocimiento de cómo daba rienda suelta al desenfreno aquel soltero sesentón de aspecto aristócrata, muy elegante, de maneras educadas y un leve tic en el ojo izquierdo que descolocaba a más de una señora, dando, involuntariamente, equívocas muestras. Había recalado en España buscando buen clima y anonimato para disfrutar de la vida con el magnífico acomodo que le proporcionaba disponer a su capricho de una nada deleznable herencia, lejos de su círculo, alejado de todo prejuicio familiar, aunque este vínculo ya estuviese roto debido a sus poco decorosas costumbres y su forma desmesurada de despilfarrar su parte de la hacienda en menoscabo del patrimonio que correspondería, de no dilapidarlo con sus excesos, a sus sobrinos el día de mañana.

Las señoritas, todas de muy buen ver, acentuando su atractivo con el maquillaje y los accesorios, hacían sentir en la gloria a los clientes —pocos y muy selectos, venidos de todos los puntos geográficos de la península, incluso algún extranjero célebre motivado por la fama del local entre las altas esferas sociales— desde que ponían el pie en la casa, con sus caricias, sus melosas voces y sus lascivos y provocadores movimientos. El ambiente exterior era tan deprimido que entrar allí suponía ingresar en el paraíso.

Don Rafael era agasajado con mucha consideración. José no lo fue menos: si venía con don Rafael, merecía la misma deferencia y atenciones. José no se había visto jamás entre tanta suntuosidad. Nunca había pisado un burdel ni nada parecido. Desde que siendo casi un niño conoció a la que sería su mujer, jamás había tenido un escarceo con ninguna otra. Pensó que don Rafael sí sabía vivir, reparando en el fajo de billetes que mostraba sin pudor cada vez que tenía que hacer uso. Era muy generoso con las chicas. Todas le adulaban consiguiendo su favor, que acostumbraba a materializar en forma de billete en sus ligas o en sus escotes. Ya más distendido, José empezó a moverse intentando mostrar, sin conseguirlo, la naturalidad de don Rafael. Todo quedaba en el intento; cuanto más empeño ponía por imitarle, más cateto resultaba.

«Y ahora vas a conocer a la mujer más impresionante que te puedas imaginar», le dijo con sonrisa cómplice don Rafael. Sorprendido y expectante a cuanta agradable sorpresa le aguardara, José celebró correspondiendo con torpe y tímida sonrisa.

Don Rafael, seguido por un deslumbrado José, que no daba crédito a cuanto veía, se dirigió con toda naturalidad

—como si anduviera por su casa— por un pasillo cuyo acceso estaba custodiado por una mujer corpulenta, de mirada aparentemente distraída, que no hizo ningún ademán por detenerles porque, aunque parecía que no miraba, sabía muy bien quién trataba de atravesar el escalón hacia las dependencias más privadas, a las que no todos los clientes tenían permitido el acceso. El pasillo conducía, entre otras, a una estancia con una decoración mucho más elegante, con más clase. Las paredes, al contrario que el resto de las salas adornadas con llamativos detalles sobre telas adamascadas, eran elegantemente sobrias, de un refinamiento tal que hasta el más sibarita de los clientes pudiese sentirse como en casa. La alfombra, de producción flamenca, parecía vieja y manida, pero indudablemente de buena calidad; en algunas zonas menos castigadas aún se denotaba el esplendor que tuvo en su momento, conservando los colores originales, ricos azules y ocres, como los motivos florales, casi sin alteración. Como muchos de los muebles que adornaban algunas estancias, procedía de algún palacete desalojado. Se sentaron en un sofá estilo isabelino de buena madera con filigranas talladas a mano y forrado de terciopelo azul, desde donde no podía controlarse la puerta por la que aparecería la *madame* en cualquier momento. La espera no siempre era valorada igual por todos los clientes, o amigos, tratamiento este que prefería doña Mirta. Enseguida entró una chica de aspecto diferente. La prudente muchacha, que nada tenía que ver con las chicas que atendían en la primera sala, los agasajó ofreciéndoles puros y cigarros dispuestos en cajas forradas de plata sobre la mesa baja de roble. La muchacha era nieta de la mujer corpulenta, que vigilaba el movimiento de la casa con el mismo celo con que la controlaba a ella, y tenía prohibido prodigarse por el salón donde las chicas adulaban y se dejaban sobar por los clientes. La mujer velaba por que no se torciera la chiquilla, a la que había criado desde recién nacida. La colocó en la casa hasta que se hiciera mayor y doña Mirta, que conocía a mucha gente en la capital, la colocara en una buena casa donde servir y hacerse una mujer de provecho para casarse con un buen partido o, si no tenía suerte, con un hombre trabajador que la quisiera.

José no daba crédito. Quién le hubiera dicho que esa casa de fachada corriente y discreta, sin adornos ni fruslerías, aunque eso sí, muy cuidada, pudiera albergar en su interior unas estancias tan lujosas, cálidas y acogedoras. Se sentía como si hubiese atravesado los muros del cielo. Era todo tan maravillosamente increíble que superaba cualquier pasaje novelesco en los que hubiera deseado verse inmerso.

Tras servirles unas copas, la discreta muchacha desapareció con el mismo sigilo con que había aparecido. Durante la espera, don Rafael, desparramado en aquel sillón cuyos muelles hacía tiempo que habían perdido elasticidad, fumaba uno de los puros difíciles de obtener y que él mismo había facilitado, saboreando el momento sin mostrar impaciencia alguna. José, en una postura mucho menos relajada, más bien tensa, intentaba mostrar una naturalidad imposible y, aunque reparó en que eran considerados clientes especiales —por eso estaban en esa sala más elegante—, echaba de menos el trasiego de las alegres y licenciosas bellezas de la sala anterior.

En esas divagaciones andaba José cuando apareció la mujer más atractiva que hubiese contemplado jamás, tal y como, sin exagerar ni un ápice, le había anunciado don Rafael. Ni siquiera en revistas o fotografías que circulaban, y que algunos hombres guardaban en su cartera, había contemplado tal beldad, tal poderío de presencia. La señora se dirigió a don Rafael con finos y cálidos ademanes, aunque guardando cierta distancia. Este, que se había adelantado unos pasos para recibirla, cogiéndole la mano, la saludó con una leve inclinación, como siempre, con las mismas adulaciones de siempre. No era imaginativo ni hábil con las palabras. Después se hizo a un lado para presentarle a José, que permanecía sentado, pasmado como un colegial, haciéndole un gesto imperativo para que se incorporara. El muchacho, visiblemente turbado, venciendo su inmovilidad, se irguió y avanzó apresurado y torpe los tres pasos que le separaban de tan impresionante señora.

Doña Mirta había venido desde Argentina en un momento en el que su Gobierno apoyaba al país, que se recuperaba de una guerra civil, superados los momentos difíciles en las relaciones entre los dos países. Era muy lista y supo embaucar a un mediocre cantante de tangos motivado por el entusiasmo y promesas de éxito que ella le hiciera, con todo el alborozo e ilusión que fascinaría a cualquiera, sobre todo, a un hombre enamorado. Para convencerle de lo que él creía descabellado y atroz, hizo uso de sus armas de mujer, que tan bien desplegaba. Lo utilizó para conseguir sus fines y lo desechó, sin la más mínima consideración, una vez conseguidos sus propósitos, al prosperar por su cuenta.

Cuando la gente emigraba hacia su país huyendo de muchas cosas, sobre todo por motivos políticos, solo a Mirta se le hubiese podido ocurrir tal osadía. No disponía de posibles para emprender tamaña empresa, pero era muy inteligente y tenía bien urdidos sus planes. En unos momentos de prosperidad, cuando su país no paraba de recibir a los españoles que huían de la injusticia y la miseria, el infeliz cantante de tangos había dejado atrás muchas cosas, posiblemente para siempre: su familia, su tierra, su arraigo. Era una locura desprovista de toda lógica ir contracorriente, como le dijeron los amigos cuando él anunció que se iba como si se tratase de una iniciativa propia. Aferrado a ella, lo dejó todo por seguirla en aquel empeño caprichoso en el que él no confiaba, invirtiendo todo cuanto poseía. Todo por ella, por que pudiese perseguir un sueño incierto, por que nada se interpusiera a sus deseos por descabellados que fueran, por poder seguir disfrutando su sonrisa, por estar cerca de ella, por no sentirse mutilado allá en su tierra si no la tenía cerca. Merecía la pena seguirla hasta el fin del mundo si era preciso, solo por disfrutar su mirada. No había mujer con más luz, con más encanto. No podría vivir un día tras otro sin su presencia, sin contemplar sus ojos pícaros, chispeantes y alegres, sin porfiar en el roce de su piel clara y suave. Ella siempre le decía con voz melosa: «Vos sabés que yo te quiero». Pero esa frase no volvió a dedicársela nunca más. Ni a él ni a nadie. Erradicó de su léxico coletillas y vocablos que delataban su procedencia. Decidió ser una educada y selecta mujer española, poniéndolo en práctica desde el primer momento. A tesón no le ganaba nadie.

En cuanto tuvo ocasión, la señorita Mirta —como se la conocía en ciertos círculos— convenció al dueño de un local frecuentado mayoritariamente por clientes burgueses para que contratara al argentino. La desolación en la que estaba inmerso tras el traicionero desdén, afloraba sin esfuerzo y esa melancólica tristeza con que interpretaba los tangos gustaba a los clientes y animaba las veladas. Aunque bien es cierto que ella nunca le hizo promesa alguna, él esperaba que seguirían caminando juntos y un día ser algo más, dando por seguro que ella se apoyaría siempre en él. Pero los planes de la muchacha eran otros y él no tenía cabida en ellos, más bien sería una molesta carga. Tras colocarlo en el local, Mirta consideró que había pagado su deuda y nunca hizo por verle. El mediocre cantante de tangos, desprovisto de dignidad, sí se acercó a ella y se la juró, pero a Mirta no le asustaron sus amenazas. Se movían en ambientes diferentes, y ella jamás conservó ni mucho menos fomentó amistad con fracasados, por atractivos, simpáticos o buenas personas que fuesen, que, dicho sea de paso, no era esta última una virtud que ella valorara especialmente. La debilidad no tenía cabida en la vertiginosa carrera hacia su meta. Bajo ningún concepto se dejaría llevar por sentimientos que entorpecieran el propósito de alcanzar una posición cómoda y relevante, y siempre lo llevó a rajatabla como el mayor fundamento. Se había esforzado en adaptarse rápidamente a las costumbres locales intentando modular su acento y ademanes, desechando sus localismos más acérrimos. Se lo había propuesto al llegar al país y lo consiguió sin esfuerzo ni posterior desliz, así como absorber como una esponja las costumbres de la gente bien, adoptándolas como si las hubiera mamado. Su tesón no tenía límites. No había tardado la inteligente y avispada Mirta en medrar. Asentó su seguridad consiguiendo los favores de un importante hombre de negocios al que pronto desechó, pues no resultó tener la disponibilidad económica que le había supuesto.

La *madame* tenía el aspecto de una diosa, no parecía humana, pensó José, que seguía atónito contemplándola. No muy alta, pero bien proporcionada. Su rostro, atractivo y muy cuidado, revelaba una edad equívoca, como detenida en el tiempo. Desde que abandonó Madrid se maquillaba en exceso dando la impresión de ser mayor para ser más respetada. Su pelo, castaño y brillante, lo recogía en un tocado espectacular que realzaba aún más su imponente aspecto. Jamás pasó inadvertida ni lo pretendió nunca. Nada le congratulaba más que hacerse notar y ser motivo de admiración por donde iba. Tenía una especial habilidad para sacar partido a todo, y el sentido de culpabilidad lo había desechado siendo muy niña cuando se juró a sí misma que nunca toleraría lo que soportó su madre por ser tan condescendiente con los hombres. Ahora las reglas las ponía ella y no consentiría que nadie la hiciera pasar por donde no quisiera.

José no pudo disimular el sonrojo que le produjo el que aquella importante y bella señora se dirigiera a él con un trato tan cercano, directo y cumplido. Doña Mirta se percató enseguida de que el muchacho no tenía, ni por asomo, el empaque, la categoría social de don Rafael. Se había fijado en la calidad del paño de su traje, notablemente inferior, así como la factura del mismo —detalle este en el que se fijaba a primera vista—. Como atención a don Rafael, agasajó deferentemente a José haciéndole sentir muy complacido y halagado. José, abrumado por las atenciones, secó el sudor que le había brotado en la frente con el sofoco y trató de estar a la altura, sin conseguirlo.

Tras una breve charla correcta e intrascendente, doña Mirta dio una suave palmada y de inmediato acudió la moderada muchacha, que desapareció de inmediato al entender la orden con la simple mirada. Doña Mirta se dirigió al rincón donde estaba colocada la gramola y puso *El día que me quieras* de Gardel, mientras José la seguía sin perderla de vista. La música causó un efecto de nostalgia bien disimulado en don Rafael. Para José, que no salía de su asombro, atento a sus movimientos, supuso viajar al mundo de las emociones fuertes; un sentimiento desconocido le instaló en la piel de otro, y él lo sujetó con fuerza para que no huyera y le arrebatara lo que ya era suyo.

Aún no había asimilado tanto agasajo cuando aparecieron las vistosas y atrevidas chicas con actitud alegre y complaciente. José, que las había echado de menos hasta que apareció doña Mirta y se olvidó de todo, volvió al entusiasmo gratamente complacido por la incursión. Se propuso saborear cada momento con toda la intensidad que la fortuna le brindaba. Para entonces la *madame* había desaparecido con menos aparato, sin que se notara su falta. Las chicas, instaladas descaradamente frente a ellos, esperaban juguetonas su decisión. Rafael miró a José y le dijo que eligiese él primero, era su invitado. José, que ya se había ambientado perdiendo parte de la timidez inicial, no sabía por cuál decidirse. Le gustaban todas, pero, si elegía a una, pensó que las demás podrían sentirse ofendidas. El dilema le hacía sudar ante la mirada apremiante de don Rafael. El aturdido muchacho contestó que mejor eligiera él primero, y don Rafael, dirigiéndose a Sarita, la chica que consideró más conveniente, hizo un gesto elocuente ante la sorpresa de José. La muchacha, sin dejar de sonreír —como las otras dos, que en absoluto se dieron por ofendidas—, avanzó un paso y extendió la mano hacia José, quien la tomó mirando a don Rafael con visible desconcierto, sin saber muy bien cómo tendría que proceder. Don Rafael, con toda la preponderancia y seguridad que transmitía, esbozó una sonrisa cómplice y le guiñó un ojo como gesto de aprobación, a lo que José correspondió con una tímida sonrisa nerviosa mientras se dejaba arrastrar por la dispuesta señorita. No hizo falta iniciativa alguna por parte del tímido José. La chica se lo llevó de la mano y se perdieron por el pasillo hacia un previsible destino. La señorita destinada a don Rafael no estaba entre ellas; tenía agenda propia y no solía alternar en la sala con los clientes. Los suyos eran fijos y muy selectos; acudían con cita previa concertada y ya le esperaba en su habitación.

José regresó a la sala, transcurrido poco más de media hora, evidentemente contento y satisfecho, deseoso de comentar la hazaña con don Rafael. Poco duró el entusiasmo por compartir su experiencia. La señorita que atendía la estancia le indicó que se sentara en el diván de terciopelo azul, y desapareció. Gardel ya se había callado y lo único que se oía era el tictac del reloj de pared en el que no había reparado antes. A los cinco minutos, más o menos, aunque a José le pareciesen horas, volvió a aparecer la discreta señorita de sorprendente e insólito recato provista con una bandeja surtida de dulces. La chica le preguntó qué deseaba tomar. Esta vez, la muchacha, amparada por la inexperiencia del nuevo cliente, sí se atrevió a mirarle a los ojos. El desconcierto de José iba en aumento. No entendía la demora de don Rafael. Llegó a pensar que se habría excedido en el tiempo con la chica y don Rafael se habría hartado de esperarle y se habría ido ya. Sin atender a lo que preguntó la cautelosa muchacha, él hizo otra pregunta.

—¿Sabe si se ha marchado don Rafael?

—No se preocupe, aparecerá de un momento a otro. Acomódese y disfrute del licor —le contestó la chica, aleccionada para no excederse en comentarios ni preguntas improcedentes, compadecida por el visible apuro que mostraba José.

Don Rafael siempre culminaba su viaje a la feria en la capital pasando por la joyería de la que era cliente desde que don Patricio Vázquez, un donjuán madrileño venido a menos, ya fallecido —su mentor y colega en estas lides—, se lo recomendara. Adquiría casi siempre una pieza ostentosa para obsequiar a su exquisita esposa a la que adoraba, entre otras virtudes, por su discreción y saber estar. Era señora de costumbres refinadas, heredera de clase, no de posibles. Siempre ocupada, nunca necesitó la atención permanente de su esposo, como otras mujeres de su posición, y eso le daba a don Rafael una libertad de movimientos de la que no gozaban otros hombres de su condición.

Cuando él llegaba a casa tras concluir su anual viaje a la feria, que solía durar dos días, Aurora, su esposa, le agasajaba con una cena especial, íntima, preparada con suma dedicación y cuidado. Cada año le sorprendía con un plato distinto, intentando superarse en cada ocasión, requiriendo los servicios de un cocinero ocasional si fuera necesario. Ese año, al contrario que otros, no eligió ella misma el menú, se dejó sorprender por el cocinero que había contratado. Un delicioso besugo al horno, propuesta que el mismo cocinero le sugirió por lo fresco de la mercancía, recibido ocasionalmente en el restaurante y a un precio prohibitivo. Doña Aurora se esmeraba especialmente ese día y no reparaba en gastos. A falta de ostras y en su defecto, preparaba un postre atiborrado de canela que también surtía sus efectos. Afrodisíaco por excelencia —según mantenía orgullosa—, era infalible, colmando aún más si cabe la satisfacción de don Rafael, que como cada año cumplía con creces. Como siempre, Aurora daba fe de las bonanzas de sus resultados, ignorante o no del previo paso de su esposo por la botica de confianza en la ciudad. Hacía mucho que el avezado caballero no dejaba estos detalles al azar.

La cena era para ambos como una reafirmación de que todo seguía igual. Cada año, desde que se casaron, pasase lo que pasase, volvían a decirse con la mirada y con aquel gesto material, aportando cada uno su especial detalle, que seguían siendo el uno para el otro. Para don Rafael su esposa era su orgullo, el calor de la vida, su faro de referencia; para ella, su esposo representaba la estabilidad y el sostén, el cariño sólido y perenne; para ambos su unión traspasaba la línea del convencionalismo. Resultó una velada excelente. A los postres, como siempre, doña Aurora hacía desgranar a Gardel, como una dulce lluvia de melancolía con *El día que me quieras*, y don Rafael, con un brusco y chirriante envite en el que invertía la inercia de todo su cuerpo, arrastraba hacia atrás su silla y requería a su mujer con gesto pícaro. Ella, con actitud de sorpresa, se posaba sobre sus rodillas; se acurrucaban prodigándose ternura en aquel refugio donde se desenredaba el amor templado y suficiente. Ese gesto, de unas connotaciones traviesas, culminaba la velada después de ofrecer a su esposa, ceremoniosamente, ilusionado y expectante a su reacción, la pieza que antes le había elegido el dueño de la joyería movido por el lucro de la venta más que por la recomendación sincera de un detalle de buen gusto, como se suponía; pero, aunque ambos conocían las verdaderas intenciones, actuaban y se agradecían la confianza depositada mutuamente, hasta otra ocasión. De algunas de aquellas joyas, las más exageradas y chirriantes a la vista, se deshizo doña Aurora con la finalidad de hacer alguna obra de caridad para lo que nunca tenía suficiente, segura de que su esposo no reparaba en ello.

El resto del año don Rafael hacía visitas esporádicas a la casa de la *madame*; algunas de ellas sin necesidad, como un hábito que no se había quitado y solo aparcó durante un tiempo, recién casado. Las vísperas de casarse, doña Mirta le había obsequiado con una merienda privada en la que hablaron mucho, pero ninguno desnudó su alma y ambos fueron conscientes. Don Rafael siempre persiguió los favores carnales de doña Mirta, pero jamás consiguió doblegarla en su férrea voluntad de no mezclar el placer con los negocios. Ella jamás pondría en peligro la correcta relación que mantenía con los clientes por muy íntimos que fueran, sabía que era peligroso. Cuidaba mucho su reputación, que consideraba tan perfecta como el resto de su persona, y solo se entregaba a quien le apetecía de veras o era de extremado interés, cediendo en momentos puntuales, pocos. Muy pocas veces se dejaba llevar por sus pasiones. Cuando se daba la ocasión, siempre perseverando en la discreción del elegido, escogía muy adecuadamente y con acierto. Atrás había quedado aquel trasiego licencioso, siempre a conveniencia. Como solía repetirle a don Rafael:

—El fin siempre justifica los medios. No lo olvide.

Doña Mirta tenía una heroína, una mujer ejemplar como referente de valor, arrojo y seguridad aplastante ante la vida: Escarlata O'Hara en *Lo que el viento se llevó*. Así le dejó ver a don Rafael —que no conocía la película— que estaba muy de acuerdo con los dogmas y principios de aquella mujer que se desenvolvió con atrevimiento y coraje para emerger de la miseria.

—Desenvuelta, manipuladora, pero con un carácter y arrojo que la salvó de las penurias. Supo usar su encanto y belleza para conseguir sus fines. De no ser así, se hubiese hundido en la miseria arrastrando al resto de familia —le decía a don Rafael, evocando con evidente respeto y admiración al personaje—, que se conducían con una moralidad absurda como correspondía a las costumbres de las personas denominadas de bien, aunque la correcta postura las arrastrara a la más absoluta miseria. ¿No es absurdo, don Rafael? Dígame, con toda sinceridad, mi buen amigo, ¿no es absurdo?

Él asentía en silencio mientras llenaba dos copas de excelente sidra asturiana, que él mismo le enviaba cada vez que conseguía una de aquellas remesas y que con tanto agrado escanciaba cuando tenían ocasión de departir. Admiraba a aquella mujer con coraje para buscarse el lugar que deseaba en la vida, sin importarle cuanto tuviese que luchar, pero jamás se hubiera casado con ella, lo tenía muy claro.

Doña Mirta tuvo la oportunidad de ver la proyección privada de la película en Barcelona en los primeros años, cuando aún residía en Madrid. Acababa de estrenarse fuera de España, pero no se proyectó hasta pasada una década en Madrid y Barcelona. Fue en la época en que acompañaba de manera regular a un coronel muy bien considerado por el régimen. Era muy esnob acudir a representaciones privadas de películas que aún no se proyectaban públicamente. Como tantas otras, *Lo que el viento se llevó* estaba censurada. Pero lejos de seguir los dogmas impuestos, algunos privilegiados de la alta sociedad barcelonesa sí disfrutaban algunas de esas películas y gustaban de invitar muy selectivamente a políticos y hombres influyentes, que a su vez hacían extensiva la invitación a quien estimaban conveniente. Estos hacían la vista gorda y todos se beneficiaban.

El coronel, un hombre regordete de estatura por debajo de la media, incipientemente calvo y al que gustaba apretar el mentón señalando aún más su papada hinchada seguro de que le daba un empaque de autoridad reposada, lejos de evitar exponerse en compañía de la vistosa muchacha argentina ávida por abrirse paso en aquella sociedad difícil e irregular, se sentía ufano llevándola del brazo. La esposa del coronel, a la que la salud había abandonado tiempo atrás, no salía apenas; mucho menos desde que el comportamiento disoluto de su esposo era de dominio público. Desde que apareció la señorita, de la que nadie tenía referencias y pocos conocían su procedencia, el coronel la había convertido en su fiel acompañante sin que se prestase este hecho al más mínimo atisbo de consideración licenciosa ni libertina, puesto que, tras haber abandonado su costumbre de frecuentar a otras mujeres, solo se prodigaba con ella, considerándose asentado y digno. Disfrutaba con toda naturalidad de la aprobación que correspondía a la situación, según su propio cómodo criterio. Una joven a la que ninguna traba ni impedimento supondría obstáculo para conseguir sus fines. El coronel siempre la ponía como ejemplo de superación, orgulloso y convencido. La había conocido de manera fortuita —eso pensó él— a la entrada del café donde se reunía algunas noches y ella se prodigaba a la caza de algún buen partido. Vio en ella tanta belleza como candidez en su mirada cuando, hábil, se clavó en él.

Al coronel le volvía loco su desenfrenada conducta en privado. Ella siempre se mostraba cariñosa; sabía fingir muy bien en todo tipo de situaciones. Sus costumbres novedosas, originales y desmadradas, alegraban la vida del coronel. Este agradecía que encima de la cabecera de su cama colgara un cuadro de bailarinas con ropas vaporosas; como era costumbre en cada honrosa casa que se preciaba, en la del coronel presidía un crucifijo frente al que, antes de acostarse, era preceptivo santiguarse en señal de agradecimiento por todos los bienes recibidos y como súplica de perdón por los pecados. Este detalle, al mismo tiempo que le reconfortaba, le aliviaba la conciencia. Así como que el recibimiento de cada día, tras pesadísimas reuniones de la que a menudo venía disgustado, fuese un magnifico masaje relajante que tanto agradecía. Mirta sabía manejar muy bien al coronel usando su dominio a conveniencia en la manera de cumplimentarle. Como siempre, conducía sus estudiadas maniobras para obtener doble partido: agradarle y, lo más importante, conseguir que se relajara hasta dormirse para que no la molestara demasiado. Al despertar, a menudo tenía que apresurarse para atender alguna obligación, por lo que se disculpaba ante el fingido gesto de disgusto de la astuta muchacha que le despedía con el consabido arrumaco, y él correspondía feliz, gesticulando la acostumbrada mueca de cargo por no haberla complacido más con su presencia.

Ella siempre supo convencerle con sus maniobras, aconsejándole que pernoctara en casa, con su familia, disfrazando la recomendación como un sacrificio al que se prestaba generosamente. Él no dejó de atender y conservar su posición de correcto esposo cumplidor y padre de dos hijos, «como Dios manda», cenando y durmiendo en casa cada día y atendiendo las obligaciones familiares con el rigor preciso y conveniente, al mismo tiempo que la esposa encontraba alivio y consuelo en la confesión, pues siempre era un bálsamo para el alma que el cura encontrase disculpa apropiada para la no tan grave falta de su esposo. Pues ya sabía ella —argumento del confesor, que la reconfortaba y la ayudaba a sobrellevar con naturalidad la situación— que era cosa de hombres, en conjunción con la naturaleza que obra licenciosa sobre la disposición del Dios Todopoderoso que nunca se equivoca. Con estas palabras, la resignada esposa sobrellevaba la situación con un poco de paz, incluso sintiéndose culpable, a veces, por ponerle mala cara al esposo en algún momento de debilidad.

La señorita Mirta era desdeñada por las esposas de los altos cargos y empresarios, que siempre la saludaban con falsos cumplidos, intentando ocultar el odio y envidia que les producía, al tiempo que los esposos envidiaban al coronel. Que el esposo frecuentase de vez en cuando un burdel, era cosa normal, ellas no estaban dispuestas a ciertas prácticas que las alejaban mucho de la decencia y decoro, pero tener «una fija», eso ya era más serio. Las señoras respetables le sacaban la piel en corrillos y tertulias femeninas donde nunca era invitada. Ella lo sabía y les seguía el juego, segura y satisfecha; hasta un poco engreída muchas veces, acomodada en su ventajosa condición.

Instalarse de ese modo, usurpando el papel de la esposa en contados actos beneficiándose de todo tipo de falsas consideraciones, le daba cierta sensación de poder a la señorita Mirta. Nadie se explicaba cómo desde las altas esferas militares se consentía tan irreverente conducta al coronel. Poco más de dos años duró esa relación. El tiempo necesario para que la avispada señorita, ya introducida en las élites de la sociedad más influyente, empezase a maquinar un importante cambio en todos los sentidos. No pensaba soportar al empalagoso coronel por mucho tiempo. Aquella resolución la había tomado después de llegar a sus oídos ciertos rumores. Veía peligrar la posibilidad de seguir gozando de sus favores económicos como hasta ahora. Había conseguido que pusiera el lujoso piso —en el que disfrutaban su lujuriosa «vida marital»— a su nombre, así como joyas y un fondo de armario respetable. Y, aunque el capital que el coronel derrochaba con ella procediera de bienes particulares provenientes de la herencia de su madre, no dejaba de chocar el exceso, no bien visto por todos los estratos del régimen.

La señorita Mirta, habiendo llegado hasta lo más alto a lo que podría aspirar en compañía del coronel, llevaba un tiempo planeando a quién echaría el guante para sustituirlo. En esta ocasión fue un diplomático inglés; un *gentleman* tal vez más mayor, pero mucho más atractivo y elegante que el coronel; de ademanes y formas educadas, con mundología, con vivencias más allá de la zafiedad y avezada trayectoria del militar. Ella suponía al diplomático mucho más capacitado para tratar y agradar a una mujer. Su aire aristócrata era un acicate importantísimo. Representaba una de las más altas cotas a las que aspiraba, y se sentía afianzada y con posibilidades. Muy segura de lograrlo, pensaba que a partir de ahora empezarían a cambiar las cosas. Hasta ahora había tenido que soportar a los hombres para conseguir sus favores. Mirta había coincidido con el diplomático en una recepción; allí le había echado el ojo. El apuesto caballero acompañaba a una dama muy agraciada, con aire interesante y mucho porte. Él parecía orgulloso de sostener su brazo. Mirta sabía interpretar los gestos y leer las miradas; la del caballero mostraba complicidad, pero no le importó demasiado. No había fin que persiguiera que no hubiera conseguido hasta el momento. Su ambición no tenía límites ni el conformismo era una opción.

Aunque el coronel no conocía anteriormente al diplomático que acababa de instalarse en la capital, ella provocó que las presentaciones se hiciesen cuanto antes, impaciente por urdir sus planes. Aquel hombre de indudable estilo y porte, al que ya había sentenciado como su próxima conquista, perteneciente al débil cuerpo diplomático, estaba casado con la elegantísima y encantadora vallisoletana que le acompañaba. Tras las presentaciones, valiéndose de un amigo común, no consiguió, como era su pretensión, encandilar a primera vista al selecto caballero, que, tras atender de manera estricta pero correcta el requerimiento, se disculpó dirigiéndose seguidamente al fondo del salón, donde se encontraba su encantadora esposa departiendo con otros invitados. Ese gesto, lejos de hacerla desistir en su empeño, avivó mucho más su interés. Era un reto al que no renunciaría tan fácilmente. Tenía que pensar. No permitiría que aquel personaje produjera menoscabo en su amor propio. Según pudo recabar, eran una pareja feliz. Siempre acudían juntos a toda recepción o evento que se presentara. Mirta intentó indagar sobre sus costumbres con el fin de tropezarse con él, simulando un encuentro accidental. Su intención era sorprenderle cuando estuviera solo, convencida de que en esa circunstancia podría desenvolverse más libremente, sin molestas interferencias. Posiblemente el desaire del primer día tan solo obedecía a previas advertencias de una esposa celosa y vengativa, y cuando esto se daba, que eran muchas las veces, el terreno estaba ganado, pensó Mirta, que no se dejaba vencer tan fácilmente y siempre encontraba justificación para darse ánimos y no desfallecer en el intento.

Simular un encuentro fortuito no fue fácil; el caballero no era de costumbres fijas que se le conociesen públicamente. No tenía un café u otro lugar donde acudiera con regularidad. Iba a resultar complicado, pero ninguna empresa difícil se consigue sin tesón si de verdad se desea, era el lema de la tenaz Mirta, que no se rendía ni claudicaba ante las adversidades. Esas aparentes dificultades tan solo avivaban su entusiasmo; constituían un reto y nunca abandonó un propósito, por complicado que se presentara, sin haber luchado antes por ello. Por el contrario, despertó un deseo desmesurado de trazar el plan que le facilitase desplegar toda clase de ardides para conseguir envolver al caballero en sus redes.

Los días pasaban y no se producía el ansiado encuentro. Mirta pensó en organizar una cena privada para celebrar el cumpleaños del coronel e invitar, entre los escogidos, al diplomático y su esposa. Pero ese plan no era viable. Ni el coronel tenía caché para ser anfitrión de fiesta alguna, ni ella, por su condición de concubina, tendría éxito. No obstante, valoró la opción. Pero la sobriedad aparente de los militares, en aquellos momentos, no se prestaba a tales suntuosidades. No debía tentar a la suerte; el coronel ya había recibido algún que otro toque de atención de las altas esferas; no era normal el lujo que se le suponía y más de un militar tuvo problemas con su propia mujer por no poder hacer gala de la ostentación de la que disfrutaba «la señorita del coronel», como así la denominaban los más indulgentes.

La señorita Mirta, cada vez se reafirmaba más en su empeño por salir de aquel entorno. Sus ambiciones sociales aspiraban a otros ambientes más refinados. Sin esperarlo, un día se tropezó con el diplomático en plena calle. Se congratuló en un primer momento de su buena suerte, pero no quedó en buen lugar cierta insistencia por su parte prolongando un saludo que debía ser conciso, dada la situación; casi resultó un atropello. Tenía que actuar con habilidad, estaba llevando el asunto de manera errónea. No era muy inteligente seguir insistiendo y darle muestras de interés al primoroso caballero que se había esforzado lo justo por no parecer zafio ante su impertinencia; ni era conveniente ni era su estilo. Pensó que por ese camino no llegaría a ninguna parte. Acercándose a la esposa posiblemente llegara antes. Se informó de las costumbres de la exquisita señora, mucho más asequibles.

No tardó en coincidir con ella una mañana en la peluquería, fingiendo un encuentro fortuito. Semanas antes había sonsacado información, hábil y disimuladamente, a la peluquera. Esperó el momento propicio y la abordó simpática y audaz, haciendo alusión a la agradable casualidad.

—Buenos días, ¿qué tal?, ¿cómo está usted? ¡Qué grata coincidencia! —le dijo muy resuelta, haciendo gala de toda la importancia que ella se daba poniéndose a la altura de la más refinada y considerada dama.

La señora, con una delicada sonrisa disimulando la sorpresa, correspondió con educación.

—Bien, ¿y usted? Perdone, no recuerdo... —contestó recurriendo con la mirada a su amiga y acompañante, la cual se encogió de hombros dándole a entender que no la conocía.

—Sí, en la recepción con motivo de la bienvenida al embajador de Italia... ¿No se acuerda? Nos presentó el coronel... —dijo Mirta con mucho desparpajo y resolución firme y segura.

La educadísima señora, que por supuesto había olvidado tal encuentro, fingió por no menospreciarla.

—Por supuesto, naturalmente. ¿Qué tal está usted? ¿Y su esposo? —Aquí se arriesgó; normalmente las señoras siempre iban acompañadas del esposo.

Ella esquivó la pregunta y pasó a adularla directamente mostrando admiración por el impresionante tocado y, de paso, intentó sonsacarle si el magnífico peinado sería con motivo de alguna fiesta o celebración, pretendiendo al mismo tiempo la codiciada invitación muy oportuna. La señora, que a pesar de su posición, se manifestaba con sencillez, le informó sin la menor reserva de los planes que tenían para festejar la despedida, pues se marchaban en breve del país.

La noticia contrarió mucho a Mirta, la alejaba de sus planes. Ya no merecía la pena el esfuerzo.

No había fracasado, las circunstancias se presentaron adversas, y no vino desde tan lejos para rendirse a la primera contrariedad, pensó Mirta conformándose ante la decepción, sin desalentarse en su perseverante empeño. Tan solo consistía en ponerse de nuevo a la labor y buscar un nuevo objetivo, pero esta vez se aseguraría, antes de ir a la carga, de que el elegido fuese un hombre con arraigo y, a ser posible, con una esposa menos mundana y bella. El coronel, en ese aspecto, había sido fácil. Lo difícil era soportarle ahora, tal vez influida por la situación que empezaba a zozobrar poniendo en peligro la estabilidad de aquella relación.

Puesta a considerar opciones, le atraían los nobles con posibles, terratenientes o nuevos ricos fáciles de embaucar; como mínimo tenía que conseguir el favor de un rentista. Como último recurso, algún viudo entrado en años con el que pudiera medrar con más seguridad. Lo importante era conseguir alguno que le proporcionara una vida espléndida. Pero no era tarea fácil. En esos tiempos se había extendido casi como dogma el comportamiento honroso llevado a la práctica con todas sus consecuencias. La sociedad iba encauzada hacia unos conceptos cristianos que hacían difícil las conductas perniciosas, máxime en los términos en los que ella deseaba instalarse. Si encontraba un viudo que reuniera las condiciones adecuadas y conseguía casarse, entonces le habría tocado la lotería, como decía su única amiga, la modista, a la que sonsacaba chismes y noticias de interés. Ella, por su parte, le hablaba del esplendor social que imperaba en Argentina, del atuendo alegre que vestían las mujeres, del parecido de su madre con una artista del momento, sin apenas entrar en detalles reales de su vida.

Mirta pasaba las mañanas en la cama ojeando las revistas, deteniéndose en las notas de sociedad. Las señoras parecían haber ensombrecido de repente, retocadas con inapropiados colores de labios que, más que favorecerlas, las asemejaban a grajos negros a la mayoría de ellas, comparando con la alegría y colorido de las mujeres argentinas que no se veían sujetas a tantos convencionalismos. Mirta se fijaba en el conjunto que constituía la pareja: hombre pudiente, a ser posible de buena presencia, y esposa —muy importante— un tanto mojigata y santurrona. Con estos ingredientes el éxito estaba asegurado. Por duro que fuese el caballero, ella sabría cómo camelárselo hasta hacerse imprescindible en su previsible monótona vida y conseguir que comiera de su mano, frase esta que había aprendido de la modista. Pero la búsqueda no fue fácil. Todo cuanto pudo conseguir fue un cateto bastante tosco, un terrateniente importante que manejaba capital. Acababa de enviudar y rondaba a una señorita burguesa de rostro agraciado que, aunque ya había superado la edad de merecer, permanecía soltera sabe Dios por qué. La señorita en cuestión, en otro estilo y condición, también andaba, como ella, buscando un buen partido que la sacara de aquella insostenible situación para mantener un estatus imposible por falta de efectivo. La fina y exquisita señorita, que siempre hizo remilgos a los candidatos esperando a un príncipe azul que no apareció nunca, estaba a punto de malvender las fincas heredadas del bisabuelo, un cacique a la sazón cuyos bienes habían mermado bastante hasta llegar a ella. Pero su condición de señorita de bien, católica apostólica, y todas las prácticas y renuncias que ello conllevaba dejaban un resquicio de actuación muy oportuno para la ambiciosa Mirta. Andaría el hombre necesitado de ciertos favores carnales, pensó ella, convencida, suponiendo que su posición era más que ventajosa ante la de su competencia, la señorita de bien. Pero sus previsiones no llegaron a buen puerto y la incidencia dio pie a un cambio en sus planes de futuro.

La alta sociedad española no tenía nada que ver con las quimeras que ella se había forjado desde Argentina vaticinando un mundo ideal en Europa. Aun así, a ella no le había ido nada mal, pero podría mejorarse, por supuesto. Todo era proponérselo. No le faltaban arrestos ni recursos y, si las cosas no iban en la dirección que anhelaba, se iría a París, su destino ideal al que aspiraba como la cota más alta en su ambición.

La vida de don Rafael no había sido fácil. Hijo único de viuda, nadie le había regalado nada. Él mismo, siendo un muchachito casi en edad de buscarse la vida, aprendió por su cuenta a leer y escribir y las cuatro reglas. Su madre le había sacado pronto de la escuela «para que no le pegara el maestro» y esta inconveniencia solo fue un acicate para buscar temprano y por sí solo un horizonte prometedor. La suerte le asistió al saber arrimarse al mundo de los negocios, en los que, asistido por su avispada visión y oportunismo, prosperó muy pronto aprovechando la dura experiencia que le había dado la calle. Supo sacar partido a la crisis económica en que se sumía la nación. Posicionarse en el bando ganador le dio la oportunidad de enriquecerse rápidamente tras la guerra.

Hasta que conoció a Aurora, nunca había pensado en el matrimonio, le iba bien como estaba y disfrutaba de la vida sin echar de menos la placidez de los hogares de otros que ya tenían hijos, y problemas, y falta de libertad. Cosas buenas y cosas no tan buenas. Solía acudir regularmente a casa de Rosario y se acostaba con Ramona, la hija mayor, una muchacha limpia y de buen ver cuya reputación aún no estaba muy maltrecha y en la que su madre encontró un filón para mitigar las carencias. Desde que don Rafael había empezado a frecuentar la casa, la muchacha se dedicó a él en exclusiva, por expresa condición del caballero, pero, a pesar del tejemaneje de la madre, no consiguieron liarlo. Tenía mucha mili para dejarse embaucar así como así.

Cuando se fijó en Aurora cambiaron sus esquemas. Acarició la idea de sentar la cabeza y, aunque en sus viajes a la capital siempre le enredaba algún amigo, deseaba dominar los bajos instintos y crear un hogar que le diera calor y estabilidad emocional. Dejó de frecuentar a Ramona, buena chica, algo apocada, a la que había tomado cariño. Se despidió de ella el día que consideró que sería la última vez que pisaba aquella casa, dejándole un buen dinero en compensación, que ella admitió con recato y sin objeción alguna. Ni una palabra que demostrara algún tipo de emoción, de consideración siquiera, posiblemente convencida de que no había lugar ni derecho alguno a manifestarse en ningún sentido.

Transcurrido un mes más o menos desde la despedida, la madre de Ramona, reacia a admitir la situación que les privaba de buenos duros, se presentó en su casa a la hora de la siesta encontrando a don Rafael en pleno sopor de la comida. La mujer exigía una satisfacción por el menoscabo producido a la hija, argumentando que por él había renunciado a casarse con un buen mozo que la rondó hasta que él se había puesto por medio. Don Rafael, sin escucharla ni atender las razones de aquella vil mujer, echó mano a su cartera y le ofreció un fajo de billetes, preguntándole con poco respeto si con eso quedaba satisfecha la honra de la chica. La mujer asintió sin levantar la cabeza. Como despedida definitiva, don Rafael le aconsejó que dejara de manipular a la muchacha y no le hiciera más daño, añadiendo, y esta vez su mirada fue como una sentencia, que si volvía a molestarle se acordaría de él toda su vida. La mujer desapareció sin más. Ramona era una buena chica cuya desgracia estaba encarnada en su propia madre, y por ella, que siempre había sido dulce con él, accedió don Rafael a zanjar así el asunto.

XIII

Se casan

Los preparativos en los que se empeñaba la madre de Aurora eran cosa superflua y el boato no se interpondría en sus deseos de agilizar el trámite, manifestó con mucha potestad el caballero, que deseaba unirse a Aurora de inmediato. Al final resolvió Aurora, poco amiga de alborotos, dándole la razón. Poco después falleció su madre y se arrepintió por no haberle dado el gusto. No tuvieron hijos y esa circunstancia no les desunió en absoluto, manteniendo su conveniente relación con respeto mutuo. Aurora obviaba sus reiterados y regulares viajes de negocios, así como él veía con buenos ojos a los poetas trasnochados y otros intelectuales que frecuentaban el salón y otras dependencias de su magnífica casa. Su esposa era una mujer inteligente, cultivada, generosa con los más desfavorecidos; eso le colmaba de orgullo amén de proporcionarle una libertad que no hubiese podido disfrutar de ser ella una mujer ociosa, convencional y dependiente. Aurora era una mujer sensacional que sabía estar en cada momento, dándolo todo. No le importaba dedicar su valioso tiempo a conversar con cualquiera que la requiriera en su casa o abordara por la calle con el propósito de demandar ayuda o, simplemente, para agradecerle sus favores; a todos atendía con gusto.

Don Rafael fue un gran benefactor de la Iglesia y eso abrió muchas puertas a su esposa, facilitando su labor altruista. Ella tuvo que bregar en campos autoritaristas a los que repudiaba, donde su esposo tenía cierto prestigio. Cuando terminó la guerra el panorama económico estaba colapsado. Él había sido hábil y supo rentabilizar y aprovechar los destrozos económicos y sociales que asolaban el país. No tuvo ningún escrúpulo para negociar en el mercado negro, siendo esta actividad la que le enriqueció vertiginosamente. Como hombre de negocios se había rodeado de lo más granado, introduciéndose en los círculos más pudientes y relevantes de la sociedad, lucrándose de forma rápida y desmesurada. Durante la guerra había sido proveedor intermediario de ganado para el Ejército del bando que resultó vencedor, y seguía siéndolo entre sus múltiples negocios, haciendo extensiva y más próspera su gestión hacia otros terrenos sociales donde la alimentación era un pilar fundamental, que bien gestionado reportaba rápidamente óptimos beneficios.

Doña Aurora, mujer refinada, de rostro sereno, con porte y fuerte personalidad, utilizó con buen provecho su posición y sus favorables circunstancias, en las que los racionamientos de toda índole no les afectaban. Supo sacar partido a la situación que facilitaba su caritativa labor, aprovechando la posición privilegiada de su esposo en el mundo de los negocios, así como de sus amistades y contactos. Utilizó estas influencias para socorrer a mucha gente perjudicada, pero, sobre todo, encubrió y ayudó a algunos intelectuales sin recursos a emigrar a Argentina y, mayoritariamente, a México, donde fueron recibidos con los brazos abiertos, según tenía noticias. Doña Aurora mantenía correspondencia con la revista mexicana *España Peregrina*, que pudo llevar a cabo por valija diplomática gracias a importantes contactos a través de Portugal. El núcleo de las cartas, siempre prudente e inocuo, le permitía seguir a intelectuales españoles en el exilio. Supo disimular muy bien la aversión que sentía por la oligarquía religiosa frecuentando todo tipo de feligresía. Se ganó el respeto en este importante y decisivo soporte, que utilizó con provecho, haciendo la vista gorda a su beligerante actuación y reafirmación de autoridad suprema ante injusticias promovidas, muchas veces por ellos mismos, en su propio beneficio. Obtuvo colaboración de personas con cargos influyentes que facilitaron llevar a buen término los asuntos más arriesgados.

Poco después de la partida de Juan Corví, abogado y amigo íntimo, colaborador de doña Aurora en labores humanitarias, recaló en estas tierras extremeñas don Desiderio, un cura aragonés destinado a suceder en su momento al anciano párroco de aquella iglesia. El nuevo sacerdote, hombre justo y con coraje, muy sensible a injusticias y alejado de las prácticas delatoras de algunos miembros de la Iglesia, trató siempre de ayudar en todo cuanto estuviese en su mano. Doña Aurora no era de frecuentar mucho la iglesia fuera de obligados actos indispensables a los que tenía que asistir por conveniencia, pero pronto llegó a oídos del nuevo párroco su gran labor benefactora. Este no tardó en interesarse por colaborar en su causa. Compensó con su apoyo la ausencia de Juan Corví, ampliando su labor hacia obras más complejas. No solo con alimentos y medicinas paliaron necesidades.

Aunque la generosidad de doña Aurora excedía muchas veces sus propios medios, don Rafael siempre se mantuvo al margen sin oponerse a ninguna iniciativa de su esposa. El servicio en su casa era excesivo. Ninguna otra casa de su condición contaba con tantos criados, quienes ocupaban su tiempo de cualquier forma. No había trabajo para todos, pero no sabía decir no cuando acudía una madre desesperada rogando que admitiera a uno de sus hijos para servir en su casa a cambio de la manutención. Muchas jóvenes aprendieron allí, en su casa, a bordar y coser. La vieja Josefina, fiel criada que ya lo fue de su madre, ya solo servía para esos menesteres y las enseñaba bajo el beneplácito de la señora, que proveía de telas, hilos y cuanto hiciese falta. En su casa aprendió a leer y escribir quien mostró disposición para ello. Era difícil mantener aquel tropel de criados, y no solo por cuestiones económicas. Intentaba colocar a los cualificados usando sus influencias en el difícil momento donde todo permanecía muy parado. No había día sin que alguien le pidiera algún tipo de ayuda. Su fiel criada le aconsejaba que moderara sus actuaciones o se le llenaría la casa de tantas miserias ajenas que no podría con ellas; también a ella le dolían tantas desgracias y trataba de suavizar ante el señor —que cada vez permanecía menos tiempo en la casa— la envergadura de la situación. Una mañana la vieja Josefina abrió la puerta a un zagal lloroso y sucio. Al preguntarle qué quería, contestó que solo hablaría con la señora. La mujer, renqueando y a regañadientes, aunque molesta por la insolencia del chiquillo, en lugar de echarlo lo hizo pasar. Le lavó la cara y lo sentó en la cocina delante de un tazón de leche caliente; era lo primero que ordenaría la señora cuando viera al chico.

Al entrar doña Aurora, el chiquillo saltó de la silla y se arrodilló delante de ella.

—Señora, han cogido a mi madre con una carga de habichuelas y la tienen en el calabozo. Mi padre dice que ya saldrá, pero con su reuma... —dijo mirándola directamente con aquellos inmensos osados ojos llenos de súplica—. Dicen que hay mucha humedad allí. A mi hermana, la han *echao* de la casa los señores porque dicen que les roba y solo se llevó un salchichón que devolvió mi madre a la mitad —explicaba, atropellándose, sin dejar hablar, mirando fijamente a doña Aurora mientras se rascaba los sabañones de las orejas, anclado con la rodilla al suelo cogido a su falda, hecho un mar de llanto y mocos, soltando frases como si le faltara el aire—. Mi padre no va a hacer *na* por sacarla —siguió implorando el niño, casi sin respirar— porque dice que le pega cuando estamos durmiendo, pero yo sé que no es *verdá* porque a veces hago que duermo y no me duermo y solo se oye a mi hermano pequeño llorar. Señora, vaya *usté* a arreglarlo, que a *usté* le harán caso, y yo vendré todos los días a hacer los *recaos*.

—No llores, venga, tranquilo. Levántate, no pasa nada. ¿Cómo te llamas?

—Me llamo Juaninacio y soy hijo de la Prudencia y Paco el Sordo; pero no es sordo, el sordo era mi abuelo; y..., y tengo una hermana mayor y dos más pequeños. Y mi abuela dice que *usté* puede ayudarnos —dijo de carrerilla, hipando y con mucha vehemencia, mientras se limpiaba los mocos con la manga, sin dejar de mirarla con sus inmensos y limpios ojos color castaña, rodeados de apiladas y húmedas pestañas largas y muy negras.

Ella, inclinada, le acariciaba la cabeza y tiraba de su brazo para incorporarle mientras disfrutaba de la locuacidad y desparpajo de aquel muchachito valiente. No solo sacó del calabozo a aquella mujer, lo hizo con muchas más.

Don Rafael respetó la decisión de Aurora, considerando ciertas ventajas, y no tuvieron hijos. Él no incidió mucho en los motivos, pensando que sus razones tendría, que tal vez, a sus treinta y nueve años, ya se consideraría mayor. Pero las razones de Aurora tenían una raíz más romántica. El primer amor de Aurora —un joven de buena familia, empleado de banca, muy apasionado y con salud quebradiza— murió súbitamente de un ataque al corazón. Aún no habían empezado las revueltas y ella permanecía ajena a los conflictos políticos que desembocarían unos años después en una guerra. Se le había caído el mundo encima mucho antes.

Con la sospecha de que pudiera estar embarazada, le sorprendió la noticia del fallecimiento de su prometido. Era muy joven y no dio espacio a reflexión alguna, preocupada por el menoscabo al que se vería sometida socialmente su familia. Sola, sin contar con nadie, en su precipitada ofuscación, sin darse tiempo a recapacitar atentó contra su propio cuerpo apretando su barriga con agresividad, una y otra vez. Dos días después su cuerpo respondió a la brutalidad. Aquella incipiente vida que había germinado dentro de ella salió de aquel cuerpo cándido en forma de coágulo, despertándola al grave sentimiento de la culpa y a la tristeza perenne. Mientras aquel trozo viscoso resbalaba desde su útero, rezagado, desprendiéndose lentamente, ella, agachada, observaba cómo aquel cuajarón que desataría el desorden de sus principios se resistía a separarse de su cuerpo. La sensación de vértigo provocó un vacío que le desgarraba el alma, apartándola de principios y convencionalismos que condicionaron su forma de ver las cosas. Sufrió y asimiló en solitario su angustia para el resto de sus días, su error irreparable, su pecado; el único del que se acusó en toda su vida. Se negó a sí misma el derecho y no deseó otros hijos que usurparan el lugar de aquella personita a la que no dio oportunidad y de la que se privó para siempre, renunciando, como castigo, a su mayor deseo desde niña. Había conocido el amor y también la pérdida y, lo peor, nunca sería madre; estaba de más el empeño de la familia por buscarle esposo.

Cuando Aurora conoció a don Rafael, hombre de apariencia importante que no la impresionó en ningún momento, no estaba en sus planes mantener un noviazgo; nunca le interesó ninguno de los pretendientes que la rondaron y ya no estaba para amoríos, ni siquiera —y menos aún— por conveniencia. Ni ella tenía predilección alguna ni mucho menos urgencia por encontrar esposo. Don Rafael, hombre de negocios prósperos, supo despertar algo en ella que la apartó de aquel empeño inconsciente de no fijarse en ningún hombre aun cuando la familia le hacía insinuaciones alusivas a su ya previsible perpetua soltería, que, al contrario que a ella misma, sí parecía preocuparles.

Don Rafael empezó a frecuentar la casa con notorios propósitos de cortejarla bajo el beneplácito y satisfacción de la familia de Aurora, que procuraba crear el ambiente propicio para que llegase, a ser posible rápidamente, a buen término el noviazgo. Desaparecían disimuladamente de la sala siempre que llegaba el caballero, con el fin de facilitarles una propicia intimidad.

Una de aquellas plácidas tardes otoñales, cuando Aurora y su madre bordaban al caer de la ventana, la madre, al ver aproximarse al pretendiente, desapareció de inmediato para que fuese la propia Aurora la que abriera la puerta, asegurándose de que nadie les interrumpiera en la sala. Don Rafael acudía con un ramo de flores que le escogieron en la floristería a su criterio, pues no se le había ocurrido interesarse por cuáles serían sus preferidas, y solo reparó en ello cuando le preguntaron, sin darle mucha importancia. El detalle y la mirada anunciaban la trascendencia de su proposición. Ella captó el mensaje. Hasta entonces no había sido muy consciente de que llegaría ese momento; tan solo se había dejado querer. Percatándose, azorada, de que la cosa se ponía seria, como un acto reflejo, interrumpió la ilusión en la mirada del caballero para, de algún modo, frenarle en su intención, defendiéndose de la consecuencia que podría traer el acatamiento que había mostrado hasta el momento y que pudo haber dado una imagen equívoca de sus intenciones poco encauzadas hacia un compromiso serio. Sin agradecer el gesto de las flores, como si no hubiese reparado en ello; sin siquiera invitarle a pasar, Aurora, con los ojos muy abiertos, sin dar lugar a que él se pronunciara, dijo, con una indocilidad desconocida en su mirada, que tenía que hablarle. A don Rafael, visiblemente emocionado por la grata impresión que le causó aquel gesto imperativo e imprevisto que denotaba arrojo y un carácter desconocido —hasta ese momento ella siempre se había mostrado recatada, muy en su lugar de señorita de bien—, un ardor, una sacudida le recorrió el cuerpo. Embriagado por un sentimiento visceral muy intenso, se reafirmó en el propósito de que esa mujer sería su esposa. Abandonó, distraído, como si el gesto superfluo no importara —aquel ramo casi le abrasó en las manos durante el trayecto—, las flores sobre la consola de la entrada, sin apartar ni un momento sus ojos de aquella mirada nueva, sorprendente, fiera y, cogiéndola por la cintura, asiéndola con firmeza, le dio un beso en su boca desprevenida sin dejar de apuntar la mirada a sus ojos, que no parpadearon. Ella respondió con los ojos dilatados y gesto enfurecido, haciéndole notar que su osadía, más que perturbarla, le había molestado. Se apartó bruscamente manteniendo una mirada incisiva durante unos segundos muy intensos, que él soportó estoicamente hasta que ella bajó la mirada. Don Rafael, sin mostrar el más mínimo arrepentimiento ni ofrecer disculpa alguna, preguntó si podía pasar, sin abandonar la efusión fija de su mirada y su actitud desafiante. Ella, ya más ponderada y como claudicando ante la euforia del gesto del caballero, que no se amilanó en ningún momento, le invitó a pasar.

Una vez en la sala, sentados y sin que la atmósfera diese un respiro a la emoción que se había suscitado entre ambos, Aurora insistió esta vez más tranquila y sin la exaltación de unos momentos antes, cuando su espontaneidad suscitó el irrefrenable impulso de don Rafael. Él sintió una excitación intensa, distinta a todas las emociones que recordaba. También en ella se había despertado un resurgir de sentimientos que no disimuló pasado el fragor del primer momento, que pudo parecer violento, pero fue muy oportuno. Él supo que ella tampoco era una mujer de las que juegan, y ninguno de los dos estaba para perder el tiempo.

—Tienes que saber que quedé embarazada de mi novio —dijo Aurora como si tuviese mucha prisa en confesarlo, expectante a la reacción del caballero, sin bajar la mirada—, ya sabes que murió. Y..., déjame que termine —continuó ella, al ver en él la intención de hablar—. Yo misma me deshice de la criatura. —Bajó la vista con gesto doliente y continuó—. No tardó en desprenderse aquel coágulo. —Aquí había melancolía y dolor en su mirada perdida, que se tornó vidriosa—. Con toda la necedad del mundo, apreté mi vientre, terca y necia. También quiero que sepas que nadie tiene conocimiento de este hecho. Solo tú, ahora, compartes mi secreto, mi pena más honda. También he de confesarte que no hay día que no me arrepienta.

Aurora, como si se hubiera librado de una carga, levantó la mirada sin ocultar sus ojos limpios y sinceros —más duros ahora después de reponerse a su quebranto— manteniendo la de él, que permanecía en silencio conteniendo la emoción, impresionado por la circunstancia de aquella mujer que ganaba en valores por momentos. Tras una leve pausa donde las palabras siempre serían más leves que su sentimiento, prosiguió, ahora con más calma:

—Quiero que sepas que yo podría ser madre soltera y el hecho de que no exista esa criatura no me exime de la mancha que vosotros, los hombres, tanto valoráis y tenéis en cuenta.

Él se aproximó un poco más. La miró con ternura y con la ilusión escrita en el rostro, viendo en ella tanta grandeza que tuvo que reprimirse mucho para no abrazarla.

—¿De qué te arrepientes, querida? ¿Del amor que gozaste...?

Antes de que él terminara la frase, ella se abalanzó verbalmente como una gata furiosa. Con el mentón bien alto, mirándole desafiante.

—¡Jamás! Jamás me arrepentiré. Si acaso, de no haberlo hecho mucho antes y que ese hijo hubiera visto la luz, aunque hubiese tenido que criarlo sola bajo un puente.

Aurora permaneció estoica mirándole a los ojos, sin orgullo, pero sí con mucho aplomo dando muestras de valor, sin visos de remordimiento por haber puesto en él su confianza; sin importarle el riesgo que conllevaba tal revelación. Aunque en un principio lo que le moviera, de una forma tan impulsiva y espontánea, fuera huir de un compromiso para el que no se sentía preparada, se lo hubiese confesado con la misma sinceridad, con la misma gravedad con la que aceptaba las consecuencias de sus actos, sus sentimientos y sus cuitas con la vida. No la avergonzaba, y así se lo hizo saber, el amor que compartió con el hombre al que aún, pasado tanto tiempo, seguía amando. El hecho de haber atentado contra lo más grande que le hubiese sucedido en la vida era lo que realmente la atormentaba.

Don Rafael, ante tamaña y cruda confesión innecesaria que pudiera dejarla en mal lugar, no pudo por menos que admirar aún más a aquella mujer de mirada intensa en la que había desaparecido la inocencia y aumentado la sinceridad y la transparencia como la más excelsa de las virtudes. Su bravo arrojo y su honestidad la despojaban de remilgos para cubrir las apariencias, dispuesta a asumir las consecuencias del riesgo provocando el seguro rechazo y sus efectos, en los que no reparaba ni importancia tendrían.

Un interés nuevo suscitó en él la determinación de convertirla en su esposa de forma inminente. Inmerso en un torrente de pasión, sin dejar de mirarla de una manera penetrante y apasionada, solo esbozó una sonrisa.

—Agua pasada no mueve molino. —Parco en palabras, duro y firme para los negocios, pero de corazón sensible, fue cuanto acertó a decir desbordado de ternura, sin apartar la mirada que también ella sostuvo.

Pasada la tensión del arrebato, don Rafael, pletórico, consideró que al fin había encontrado la mujer que, sin buscarla, deseó siempre. Le cogió la mano y la besó con ternura. Ella, sin inmutarse, siguió sumida en aquel aislamiento tan íntimo que él respetó. Recogida en el sillón de mimbre, recordó el momento cuando su novio, tan joven e inexperto como ella, la abrazó en aquella misma sala aquel día de primavera, cuando todos habían marchado al campo. La pasión que a ambos embriagaba había desatado el ardor, tan animal como su nula experiencia.

Don Rafael se había fijado, más que en su persona, que también, en las cualidades y posición que la adornaban; en su saber estar que la hacía especial. Por entonces él no estaba por la labor de buscar amor verdadero, de ese que alteraba el estómago y anulaba la razón. Aquel ya lo hubo sentido hacía años y la enfermedad se lo robó temprano quedando aquella parcela ocupada por un amor que idealizó y al que, seguro de no hallarlo en la misma medida, jamás buscó remplazo. Ahora, como si conociera a Aurora desde siempre y no quisiera alejarse nunca de ella, las sensaciones eran diferentes y no podría discernir en importancia.

Sensible a los sentimientos que la ocupaban, don Rafael se levantó haciendo gala del respeto que le infundía esta mujer que, lejos de la conveniencia, acababa de desnudar su alma sin miedo, sin pudores, sincera y valiente. Dio una vuelta por la sala para dar respiro y ocasión a Aurora a sobreponerse. Se detuvo ante un retrato enmarcado que colgaba de un cordón rosa pálido descolorido, y contempló con especial atención a la mujer de mirada entornada y sonrisa provocadora. Aurora, envuelta todavía en la tibieza de los recuerdos, se vio arrastrada por un interés repentino hacia el caballero que ganaba en las distancias cortas y al que adivinó una sensibilidad que nunca le hubiera adjudicado. Le agradó que observara con detenimiento el retrato. Como si quisiera sacar del anonimato a la mujer, animada por la atención que le dispensaba don Rafael, se aproximó.

—La tía Marianita, la de Buenos Aires —dijo con una leve sonrisa que podría denotar cariño, respeto, admiración o, quién sabe, tal vez envidia.

Don Rafael la miró intentando descubrir los sentimientos que le suscitaba el recuerdo de aquella tía, de mirada sigilosamente altiva, sorprendiéndose a sí mismo de su propio sentimiento hacia la gran mujer que le había encandilado y de la que no deseaba separarse nunca.

—Ella sí supo entender la vida —dijo Aurora aproximándose, suponiendo absorto a don Rafael en aquel rostro de belleza enigmática que habría despertado su curiosidad, ajena a los pensamientos que realmente le ocupaban—. Se marchó muy joven sin importarle nada de lo que dejaba atrás. Los motivos por los que lo hizo fueron muy cuestionados por la familia, echándose la culpa unos a otros; pero solo ella los sabía.

Aurora hizo una pausa y dejó reposar la mirada perdida hacia la ventana, mientras él miraba ahora el retrato con extraña cercanía. Pasado el lapsus, que no pasó desapercibido para don Rafael, Aurora continuó.

—Nos escribía cartas larguísimas hablándonos de las bonanzas de aquel lugar, donde la gente tenía una alegría distinta. Donde decía que era feliz con su trabajo y disfrutaba de su buena situación —comentó como con añoranza hacia algo que no había vivido. Después hizo una pausa y siguió hablando con un tono distinto, alejado de la musicalidad anterior, rota la armonía de su voz que antes parecía acariciar—. Hace cinco meses recibimos carta de un notario en la que nos comunicaba que, habiendo muerto en situación precaria y siendo nosotros la única referencia familiar que hallaron entre sus pertenencias... etcétera, etcétera. Ya ves..., la vida.

Entre el matrimonio todo transcurría de manera plácida y conveniente. Él, enamorado de aquella manera en la que el amor, ya ponderado, había dejado todo el espacio a la admiración, el respeto, el cariño y la satisfacción por compartir la vida con una mujer de sus cualidades. Ella, atraída por la caballerosidad de aquel hombre capaz de hacerla sentir importante solo con la mirada, convencida de que el amor se alejó con su primer novio, se había hecho el propósito de respetar a su esposo y corresponder al afecto, con toda la ternura y dedicación que una mujer inteligente y sensible es capaz de devolver a un hombre que la trata con la delicadeza y atenciones que harían feliz a cualquiera.

Se comentaba en el entorno que doña Aurora tenía un protegido. Un poeta enfermizo y poca cosa físicamente, de sensibilidad y talento excelsos para las letras, que no para otra cosa. La vida, tan injusta a veces, la había colocado en un lugar privilegiado, mientras que otros, la mayoría, en aquel ambiente inhóspito y deprimido, sucumbían a todo tipo de vilezas viéndose obligados a renunciar a la dignidad más absoluta para sobrevivir. Este poeta, Ignacio, de salud precaria y situación extrema en cuanto a recursos se refiere, salió de una tuberculosis gracias a su apoyo. Medicinas, cestos con fruta fresca y otros alimentos no faltaron hasta que se hubo repuesto. Pero, contra lo que las malas lenguas —siempre entre señoras envidiosas y ociosas— difamaban sin parar de denigrar con sus calumnias, entre la gente humilde y de buen corazón deudoras de su generosidad no se cuestionaban chismorreos sobre aquella notable mujer valiente y altruista. Aurora solo gozó de la poesía dedicada del poeta y de su conversación brillante en compañía de otros contertulios o a solas, muchos ratos.

Para Ignacio, de familia venida a menos por circunstancias, doña Aurora, doce años mayor, era algo más que su benefactora; la dueña de sus sueños, como le confesó un día cuando ella se evadió quitando importancia a su declaración, con argumentos que no herían, pero ponían en su sitio las distancias. El poeta se enamoró perdidamente de aquella mujer inteligente y sensible que sabía mirarle como nadie, aunque solo fuera apreciación suya. No era cierto que le hubiera dispensado un trato especial una vez restablecido, tan solo alternaba con él con la dedicación que estimaba, dada la sensibilidad del joven poeta. La conversación con él siempre fue placentera y ella tampoco renunció a prestarle la atención que deseaba, sin que dar muestras equívocas le preocupara. Jamás se privaba de satisfacciones pensando en las apariencias. El poeta era apasionado y en su inquietud primaba encontrar una razón que exaltara su alma con el sufrimiento de un amor idealizado. Su candor se había transformado en una osada ansiedad que no podría acallar por más tiempo, convertido en un anhelo constante, una necesidad imperiosa de escucharla y de su ya imprescindible presencia. El joven, en su obcecada inclinación a la pesadumbre, se lamentaba por no ser hombre pudiente para merecerla, arrepintiéndose después por sus necias conjeturas: ella era una mujer sensible en la que primaban las emociones, ¿cómo podría pensar que su condición humilde sería obstáculo? Envalentonado, pronto volvía a flaquear en sus descabellados propósitos, sintiéndose unas veces limitado y otras henchido por los mismos motivos, inmerso en aquella bruma confortante de su creatividad, donde campaba decadente su alma.

—¿Por qué esta limitación? ¿Por qué esta distancia? ¿Por qué, Aurora? ¿Por qué? —le dijo una tarde tras marcharse los demás contertulios—. Sabes que no podré avanzar en la vida sin tener cogida tu mano. Aurora, te necesito cada noche, cada día; cada momento de mi vida. Tú eres el motivo por el que me levanto, por el que respiro; la causa...

Aurora interrumpió aquel candor improcedente, aquella ristra de palabras que tan bien sabía ensartar y que ella no podía recibir con el sentimiento que él esperaba.

—Mi querido Ignacio, tienes un alma tan sublime, tan noble. No mires la senda que pisas y alarga tu mirada al horizonte. Que la gratitud no te confunda. Y, sí..., no digas nada. Ya sé que no es gratitud lo que te mueve, pero créeme, mi camino está trazado y al tuyo aún le falta. —Con su cálida voz y una caricia maternal en la mejilla, dejó Aurora clara su postura.

Aquella tarde de conversación envuelta en el humo del tabaco y mirada embriagada por el ardor que sentía por ella, Ignacio, empujado por la irritación de sus ojos, había dejado caer libres las lágrimas mientras la contemplaba con adoración sin que pasase desapercibido. Qué lejos quedaba de la realidad aquella sensación de ahogo del poeta ante su presencia, en su ausencia, en todos los momentos de sus días y sus noches embriagadas de poesía como un arma arrojadiza que le tenía inmerso en una necesidad de trasnochada melancolía, en el momento preciso en que posiblemente las mismas sensaciones otra mujer las hubiera suscitado. Necesitaba alimentar su espíritu debilitado y ella era el vehículo. Aurora conocía su necesidad, solo cabía esperar, el tiempo no se detenía.

Menos Ernestina, una poeta y mujer especial de apariencia hombruna y dueña de unos versos y una voz rota que cautivaba, los demás contertulios eran hombres. Solo ella adivinó la congoja de Aurora. Tal vez por la especial capacidad para detectar el sufrimiento callado. Su drama personal la dotaba de una sensibilidad que escondía por no sufrir menoscabo en su círculo mientras se fustigaba contra su propia naturaleza. Desde niña trató de mitigar el hastío que le producía que en la familia la llamaran loca y anormal por reírse de cosas que a los demás causaban tristeza o por desdeñar caprichos por los que suspiraban sus hermanas y sus primos. Estaba predestinada a sufrir las dentelladas de la vida. Lo supo desde el momento en que se sintió atraída por su vecina y comprendió que no tenía más espacio donde ser ella que en los límites de su cuarto. Todo aquel desvarío tenía una causa: su inconformismo; una pataleta contra las decentes normas abocadas al criterio de unos cuantos que regían el sentido del decoro, o algo así; moral, pureza..., había leído. Poco habían cambiado las cosas a pesar de los años. Ya había abandonado, incapaz en su afán, perdida la esperanza que fue marchitándose como su cuerpo.

En las tertulias departían sobre cualquier cosa. Tomaban café de buena calidad que don Rafael solo conseguía en mínimas cantidades para uso personal. Acostumbrados al caldo de achicoria o café de malta, era el único hogar donde el café era café de verdad, decía el boticario, que frecuentaba las tertulias motivado más por aquel aroma que por la tertulia en sí, tal y como confesaba con su buen humor, que siempre era celebrado. Aquel grupo de personas, catalogadas de bien, nada sospechoso, con cualquier motivo solían hacer una fiestecilla privada: un cumpleaños, el cierre de un negocio... Cualquier razón era excusa. El que celebraba llevaba magdalenas o rosquillas y se servía una segunda ronda de café y una copita de anís por cuenta de la anfitriona. Si don Rafael estaba en la casa, se unía a ellos. El ambiente se cargaba a veces con temas políticos que subían de tono aunque de antemano se habían propuesto no tocar.

También el tema taurino incomodaba a Aurora. Sin poder admitir que la magnitud del daño pudiera equipararse a la importancia del festejo, pensaba en el animal ensangrentado, dolorido, rabioso por un dolor gratuito. Era el único tema en el que no aportaba comentario alguno. No sería comprendida ni podría cambiar en sus mentes el concepto de la Fiesta, tan arraigado. Por respeto nunca mostró desagrado ante los comentarios y algaradas que suscitaba. No era su intención adoctrinar en nada; deseaba que todos se sintieran cómodos, sin vetos ni condiciones, pero trataba de desviar hábilmente la conversación sin que fuese notorio el giro. Solo Ignacio podría comprenderla, pero él, al igual que ella, evadía el tema abstrayéndose en sus papelorios, que siempre llevaba entre un libro, sin parar de garabatear en ellos.

El ambiente, muchas veces colmado de apasionamiento, solía ser inocuo. En aquella casa que no levantaría sospechas de ningún tipo comentaban inquietudes y debatían noticias, por lo general de actualidad, de ámbito cultural y social sin ningún fin que no fuese meramente el entretenimiento. Se comentaban las novedades literarias, con lo que doña Aurora disfrutaba especialmente, tomando nota para próximas lecturas. Acababa de salir la novela *La familia de Pascual Duarte,* de un joven escritor de ascendencia gallega y afincado en la capital, que pronto llegó a sus manos y disfrutaron comentando la crudeza de aquel argumento tremendo tan realista. Don Rafael, cuando acudía a su casa los días de tertulia, no siempre entraba a la sala donde se reunían. A veces se limitaba a saludar, retirándose educadamente haciendo notar que ese era el dominio de su esposa.

A la hora de concluir la velada, el poeta siempre se rezagaba intentando quedarse el último. Por eso se habían avivado los comentarios sin importar a doña Aurora, que no daba pábulo a habladurías ni le preocupaba ser ella misma el objeto de estas. Ignacio anhelaba que sus palabras fuesen solo para él, que su mirada no tuviese otras miradas que enturbiaran su deseo de exclusividad, del más absoluto acaparamiento de espacio y de sentimiento. Él era tan sensible, tan apasionado como ella no podría mostrarse porque no le correspondía ni alimentó nunca posibilidad alguna que pudiera alentarle.

Cuando algún tertuliano insinuaba que había algo entre ellos, ella, lejos de molestarse, reía y seguía la broma. Resolvía la situación con inteligencia quitándole importancia, incapaz de producir menoscabo en el ánimo del muchacho solo por guardar las apariencias.

«Solo importa cuando te mientes a ti misma», escribía. Se reafirmaba sin reparos, siguiendo los propios fundamentos en los que se sostenía. A doña Aurora le dolía otra mentira. Una mentira que la rompía muchas veces. Una mentira terca, no menos tozuda que la verdad más cruda. Una mentira tan verdad como todo lo que fue perdiendo en el camino: «Solo entonces importa. Cuando sobra todo, cuando todo falta porque la ausencia pesa más que los recuerdos; entonces... Cuando crees que dejarás de respirar al dormirte porque no encuentras el motor y el dolor se hace infinito, entonces... Entonces sí importa. Solo cuando crees que se acaba la vida y otro día el sol arremete con fuerza llenando de imposible energía el cuerpo que crees muerto, pero lo dejas mecer al viento. Entonces sí. Entonces sabes que eres parte de la vida y no puedes ir contra corriente».

Así lo reflejaría en las cartas a las que no recibía respuesta ni seguridad de que llegaran a su destinario.

Doña Aurora tenía un pesar muy hondo y vivía con ello como si de otra parte de su vida se tratase, sin dar muestra en absoluto de aquel amarre a la tristeza. Tenía un amor, un gran amor: Juan Corví, uno de los contertulios, muy ocasionales, que no solía acudir con regularidad para no perjudicarles provocando desconfianza en el supuesto ambiente inocuo de las reuniones. Un hombre de leyes muy comprometido y discreto en cuanto a su actividad humanitaria. Servando, su hermano, al que la guerra le cogió en tierras manchegas, donde la familia tenía hacienda, sí había participado activamente en el bando republicano y había cargos de peso en su contra. Nunca se pudo demostrar, pero era sospechoso de haber dado apoyo a una mujer norteamericana perteneciente a la Brigada Lincoln, con la que se le relacionó. Servando, tras la victoria de los nacionales, pudo regresar a su localidad natal esperando que no llegara hasta aquí el alcance de su participación, pero no había sido así. Los hermanos Corví fueron despojados de muchos de sus bienes, heredados de una familia de ascendencia italiana instalada en España a finales del siglo XVIII.

Hacía poco que Juan Corví había partido hacia un destino infernal. Antes de producirse el alzamiento militar que desembocó en la guerra, trató algunos temas profesionales con el marido de doña Aurora. No fue sino al terminar esta cuando se enamoraron. No fue un flechazo para doña Aurora, sí lo había sido para él desde el primer momento que la conoció, recién casada. Como una terquedad del alma que tardó mucho en confesarle y ella acogió como un quiebro a la lealtad que debía a su esposo. A pesar de negarse a admitir que aquella inclinación al bálsamo de su presencia tuviera más alcance, terminó por admitir que rechazar otra oportunidad al amor era un insulto a la vida. Ambos habían llevado a cabo ciertos tejemanejes; hicieron llegar a los presos alimentos frescos que les preservaran o aliviaran de la tuberculosis y otras enfermedades. Entre esos presos estaba el hermano de Juan, Servando. Cuando se anunció la intención de enviar un cuerpo de voluntarios al frente ruso para luchar en el bando alemán en aquella división llamada con un nombre difícil de memorizar y que fue comúnmente denominada la División Azul, Juan se alistó con el fin de que le conmutaran la pena a su hermano Servando, enfermo de tuberculosis y con pocas posibilidades de sobrevivir en las duras condiciones de cautiverio. A Juan le obsesionaba dolorosamente que un día le dieran la noticia de que había muerto, pero mucho más que día tras día tuviese que soportar la humedad de las paredes, la falta de atención médica conveniente. A pesar de sus contactos y la gran amistad que tenía Juan con un comandante del Ejército, persona de valores y buenos principios, que pateó despachos y gestionó con mucho interés y empeño arriesgando su propia posición, no se obtuvo el indulto. Aunque la intervención del militar sí sirvió para que el trato fuese considerado y se le atendiese médicamente con los recursos que pudo conseguir, que no fueron pocos. Juan se alistó en aquella unidad con resolución, sin dudar en ningún momento, con la premisa de sacar a su hermano de la cárcel a cambio de su propia condena. Servando no llegó a disfrutar la libertad que la enfermedad y el imposible trámite atropelló.

Don Rafael y doña Aurora alternaban su armonía conyugal mientras sus mundos seguían girando alrededor de la propia intimidad de cada uno, respetando aquella inercia de la vida sin que ninguno de los dos hiciera uso de su derecho a cuestionar. A don Rafael no le había pasado desapercibido cómo Juan miraba a su esposa y cómo ella, aunque sabía disimularlo, no podía evitar aquel brillo en la mirada en su presencia. Pero por encima de todo don Rafael deseaba que su esposa fuera feliz. Por generosidad y también por conveniencia. No quería perderla. Aunque alguna vez hubiese cosas que le dolieran, no quería exigir lo que no estaba a la altura de su correspondencia.

Interrumpiendo su partida, que solía durar hasta bien entrada la noche, don Rafael se retiraba aquella tarde obligado por una indisposición. Al doblar la esquina, llegando a casa, vio como Juan Corví, con paso apresurado, unos metros delante de él, enfilaba en la misma dirección. Una lasitud le atropelló, una sensación extraña. Lejos de pensar en saludarle, don Rafael dio media vuelta y se alejó como si hubiera percibido tintes íntimos en aquella visita donde él no tenía cabida. Restando importancia al dolor de espalda que hacía unos minutos le obligó a dejar la partida, paseó toda la tarde por el collado ocupado en unos pensamientos, en unas reflexiones que jamás habían tenido tal protagonismo. Pasear entre las encinas envuelto en la brisa de finales de primavera era un placer del que se sentía muy lejos de disfrutar, y no solo por el dolor de espalda que parecía agudizarse. Como un *flash* revelador sin opción a duda se había presentado la clarividencia. Aunque trataba de luchar contra los pesimismos, la tempestad que removía sus entrañas era un fenómeno nuevo en el planteamiento y curso normal de su acomodo.

Don Rafael pasó la tarde reflexionando en qué consistía la vida y si no había equivocado el sentido de la misma. Jamás antes había albergado nada que pudiera parecerse a ese ridículo sentimiento, como catalogaba los celos, ni el orgullo fue nunca motivo de cavilaciones. No dejaba de pensar en lo que suponía que estaba pasando entre Juan y su esposa. Sabía que ambos llevaban entre manos gestiones con finalidad de ayudar a gente de distintos estratos; él mismo había participado directamente en alguna ocasión. Toda su seguridad se vino abajo, invadido por una ponzoña que le hizo sentirse muy pequeño. Lo que nunca pareció importarle, ahora le escocía. Aún podría llegar a tiempo de truncar algo inevitable en la parcela más íntima de su matrimonio, pero su mente recogió sus piernas insensatas, que ya casi estaban tornando. Una ráfaga de inconformismo anuló sus propios principios, de los que hacía gala considerándose hombre de costumbres liberales. Nunca había sentido tan cercano aquel verdugo, inquilino nuevo en su conciencia. Acató la situación sin darse opción a recapacitar sobre lo que sería inevitable, fuera cual fuera su postura. Consideró ridículas sus cavilaciones, tal vez agarrándose ahora a la duda conveniente que no había dado cabida en su arrebato. Pronto se percató de que aquellas triquiñuelas de su mente eran patrañas de mal perdedor. El dolor no se había calmado y la fuerza mayor le encaminó hasta su casa.

Fue esa tarde, cuando todo parecía estar más o menos tranquilo después de una ajetreada mañana. Doña Aurora había comido sola. Su marido comía fuera cerrando negocios y después tenía su partida sempiterna que se prolongaría hasta bien entrada la noche. Llegaría tarde a casa. Se dejó llevar por el sopor recogida en la mecedora frente a la ventana de aquella sala, cálida en invierno y de ventilación agradable en verano. Ahora, a finales de primavera, aquel ventanal abierto a los aromas de la hierba y a los murmullos renovados dejaba pasar esa luz contaminada por los verdes intensos que habían teñido los claros de las primeras hojas; los colores, los olores y las formas que antes habían disfrazado las diferentes estaciones y sus contrastes; el crujir del manto de hojas secas en otoño; los ruidosos gorgoteos de los pájaros en el verano, el croar de las ranas; el invierno y sus silencios; el crujir de la nieve enmascarando con aspecto fantasmal los desnudos árboles. Absorta en las sensaciones de otros tiempos, no se dejó llevar por la melancolía, que casi siempre sabía atajar a tiempo. Llamaron a la puerta y Aurora volvió a la realidad. Josefina había salido a algún recado y le fastidió romper su reciente acomodo. Al otro lado de la puerta, Juan, con una mirada triste y cómplice, parecía preocupado. Le alegró verle, pero sintió un escalofrío al interpretar su mirada. Lo llevaba escrito en la cara. Lo que tenía que decirle, aun sin decirlo, le hizo sentir como si una inercia poderosa la arrastrara a un pozo oscuro. Entró, cabizbajo y abatido, sin que ninguno de los dos se hubiera pronunciado.

—Aurora, ya tengo la fecha. La partida es inminente — dijo con no poca tristeza.

Ella le acarició las mejillas con las dos manos y correspondió a su desconsuelo con un beso. Después le abrazó perdida entre las limitaciones de los deseos y la realidad. Sin decir una palabra salió de la estancia unos momentos y volvió con una tila. Juan tenía la mirada fija en la ventana.

—En la lista de los voluntarios, qué falacia; yo, voluntario a una guerra. Hasta he estado a punto de hacerme falangista, al final no ha hecho falta —dijo, esta vez con un tono más templado—. Servando siempre fue un romántico —siguió hablando sin abandonar su postura frente a la ventana testigo de tantas cosas—, pero le tocaron unos tiempos difíciles. Mi madre siempre decía que había sacado la vena sensible de su hermano. El tío Amadeo murió en París en un cuartucho infecto. Mi madre decía que, aunque ella era pequeña y parecía que no entendía, su hermano Amadeo siempre le contaba sus inquietudes, y que un día le dijo que había sentido la llamada del arte y allí no se daban condiciones, que si quería hacerse un hueco como artista tenía que ir a París. El tío Amadeo se juntó con malas compañías; eso decían. Pero Servando... Servando siempre fue un muchacho ejemplar. ¡Maldita guerra!

—Eran otros tiempos. Entonces aún se podía elegir —acertó a decir Aurora, que metió el dedo en la llaga sin querer. No ayudaba mucho incidir en el principio de la obligación.

—Sí, eran otros tiempos. Mi madre contaba que su padre montaba en cólera cada vez que en la casa se hablaba de Amadeo y que, aunque nunca lo confesó, se culpaba por no haber hecho nada cuando su mujer le rogaba que fuera a París a buscarlo, pero, claro, tenía tanto de señor como de cazurro, eso decía mi madre, y nunca dio su brazo a torcer argumentando que, si no habría de ser hombre de provecho, cuanto más lejos, mejor. Después tuvo que ir a traerlo, ya muerto. Ya ves, los errores de la vida... Yo no voy a permitir que mi hermano se pudra en esa celda.

Juan recuperó la compostura, miró a Aurora y provocó en ella una mueca de sonrisa que disfrazó el gesto de compasión dando paso a una sucesión de caricias y besos como único consuelo.

—No sé si tenemos que hacer una instrucción preparatoria... en unos días..., ya sabes —dijo Juan al soltarse de sus brazos.

Sin más gestos ni palabras, Juan se marchó con su carga. Ella, haciéndola suya, se quedó un rato frente a la ventana buscando el punto donde él minutos antes fijara la atención, hasta que oscureció sin darse cuenta y llegó su marido que la miró de otra manera. Aurora mencionó la visita de Juan y su motivo, y don Rafael, atenuado el dolor de espalda, apenas pudo controlar su congoja mientras ella, apretada el alma, buscaba, como él, alivio.

Recién estrenado el verano, a Juan Corví y a doña Aurora se les oscureció la vida. Juan se marchaba hacia el terror de una guerra que ni siquiera era la suya, pero así lo había dispuesto él mismo y no hubo, en ningún momento, flaqueza alguna que le tentara con la más mínima duda. Sus ideales, muy opuestos, estaban a mucha distancia de la decisión que había tomado; de aquella aberración en la que se disponía a participar libremente. Su sacrificio era doble; no habría territorio ni espacio donde esconder toda la rabia contenida por verse obligado a dar un paso hacia las antípodas de sus principios.

Todos los días a las diez de la noche, tanto si la noche era clara —que miraba las estrellas y pensaba si serían las mismas que vería Juan— como si llovía —imaginando chuzos de punta sobre el pobre Juan en aquellas tierras duras donde su cuerpo tendría que abrirse paso desempeñando el disparate de la muerte sin sentido—, ella miraba hacia arriba pensando si aquel cielo sería el mismo cielo para ambos. Le imaginaba agotado, resistiendo, arrastrándose en un espacio inhóspito entre la sangre de sus compañeros, si es que aún permanecía con vida. Aurora gritaba ante el mismo Dios, que Juan denominaba ausente, que era hora de devolverlo a casa. Después tendría que soportar la noche larga y se distraía recordando las pocas ocasiones que tuvieron de abrazarse, de sentirse; de dar rienda suelta a un amor comprimido que tardaron mucho en liberar, rezagado el momento que les condenaba a la renuncia. La estremecía el recuerdo de la noche que se amaron en aquel mismo salón, donde las tardes plácidas de tertulia les daban la oportunidad de mirarse furtivamente a los ojos sin recato ni cuidado alguno, pese a la presencia de los demás, que equivocados distraían la atención hacia las persistentes y dolientes miradas del joven y enfermizo poeta.

XIV

Parte Juan Corví

Aquella tarde la lluvia había refrescado el ambiente y Aurora encendió la chimenea. Aunque no era temporada, le apeteció disfrutar la calidez que daban las llamas. Le había pedido a Juan que se quedara. También él deseaba que llegara ese momento. La fina lluvia que persistió durante toda la tarde empezaba a arreciar. Como un telón, les aislaba de un exterior aunado al momento injusto en el que les tocó vivir. Sus caricias hablaban en silencio, ajenas a pesadumbres; suaves y tibias, aceleradas y ardientes, descaradas; tristes, oscuras, cuando afloraba el dolor por la inminente partida. Los ojos color avellana de Juan, que a la luz de las llamas se tornaban dorados, se enturbiaron. La lluvia seguía golpeando con furia los cristales. Aurora avivó el fuego. Una llamarada iluminó la estancia y pronunció aquellos ojos como brasas. Las manos, como palomas atrevidas, se abrían paso entre sus ropas. No habían saciado su ansia primera cuando oyeron tocar en la puerta con apremio. Recomponiéndose acelerados, se apresuraron ambos sin reparar en lo comprometido de la situación; sin importarles quién pudiera estar al otro lado de la puerta o mirando a través de una ventana al otro lado de la calle. Allí, en el umbral, empapado, jadeante, lloroso y con visibles muestras de fosca desesperación, el joven poeta, Ignacio, como un fantasma corpóreo, llevaba en su mirada perdida y suplicante una tristeza eterna, perenne y muy oscura. No solo la lluvia inclemente había forjado aquel aspecto sepulcral. Emanaba la melancolía convirtiendo al triste y calado joven en un ser casi etéreo que amenazaba con romperse tan solo con el desdén de un trato inadecuado. Aurora lo cogió por la cintura mientras sujetaba el libro que el poeta llevaba bajo el brazo. Entre ambos lo llevaron al salón frente a la chimenea, donde hacía unos momentos su amor ardiente, interrumpido, perdió la ocasión de desatarse. Entre ambos resolvieron, sin hablarlo, atenderle como lo más inmediato y apremiante. Lo desnudaron entre ambos; le pusieron ropa seca entre ambos. Aurora le trajo un caldo caliente que sorbió con desgana el infeliz muchacho. Su mirada lánguida, suplicante, no dejaba de apuntar a Aurora con aquellas pupilas tristes y aturdidas desde el fondo de unas cuencas violáceas, mientras apretaba con su mano temblorosa y débil la de ella. Un hondo sentimiento despachaba las palabras que no podía coordinar ni articular, aleteando confusas, sin concierto. Ni siquiera su condición de poeta hubiese podido, con vocablos, decirle cuanto sus ojos le dijeron. Entre Aurora y Juan le llevaron a una cama. Tras acomodarlo, Aurora puso junto al fuego el libro. Una edición en piel preciosa con grabados dorados, toda una joya: *Werther*, de Goethe. Juan, sorprendido por la belleza del volumen, consideró que no era buen momento para un tema que le fustigase más el alma, y sugirió a Aurora que lo guardase y no se lo devolviera en un tiempo.

—Seguro que él no recordará que lo llevaba y, desde luego, no es la lectura más recomendable en su estado —le dijo, con buen juicio.

Ya había entrado el día cuando Juan se marchó sin importarle —no reparó en ello— que le vieran salir de la casa, al igual que a Aurora poco le importaba dar explicaciones a su esposo del porqué de la presencia del poeta enfermo durmiendo en la casa.

Habían resultado fallidos los últimos intentos por la liberación de Servando. El comandante amigo que había usado toda su influencia por conseguir su liberación poniendo en riesgo su prestigio no consiguió hacer nada por Servando al estar bajo la tutela de un comisario que tenía personal ojeriza al confinado, siendo a su vez este comisario cuñado de un coronel con autoridad incuestionable por su inflexión y máxima dureza al que nadie refutaba orden.

Ya se habían marchado todos tras la tertulia, a la que tampoco acudió el poeta, cuando Juan Corví llamó a la puerta. Don Rafael andaba por tierras gallegas y la fiel Josefina se había retirado, aunque no era obstáculo para que Aurora se desenvolviera con total naturalidad en su presencia. Al otro lado, Juan, triste y abatido, la miró con amargura. Ella, sin atisbo de prudencia, empujada por un impulso natural, le abrazó allí mismo. Se amaron. Se amaron sin medida, sin reparos ni censuras, con todo el poderío de la naturaleza arrebatada y libre. Mientras Aurora le abrazaba, él buscó en sus muslos aún lozanos lo que hallaría sin resistencia. Ella, con una sensación de delicioso desmayo, sucumbió hasta el mármol frío del zaguán, que les pareció mullido y cálido. Él le habló triste y pausado, mientras su pasión se desbordaba por sus ojos, por su boca, por sus manos. Aurora sintió como si tuviese corazones latiendo desbocados por todo su cuerpo.

Saciaron de gozo la quemazón primera. Acertaron a levantarse y, acomodados en el diván de la sala continuaron su pasión aplazada tanto tiempo. Aquellos senos ávidos, cimbreantes y aún turgentes, que él supo despertar acariciándolos como nadie, se convertirían en el vicio más acérrimo al que su mente tuviese acceso allá en las duras tierras que le esperaban. Trepó por su cuerpo, mientras ascendía con toda el alma. Ella, entregada, subyugada al amor que ocupaba todos los dominios absolutamente, mordió su boca como si quisiera marcarle para siempre. Fueron las más maravillosas horas, en las que morían para seguir viviendo. En las que los besos marcarían los límites de su reciente llama esquiva, atropellada y tardía. Todo el espacio de la tierra sobraba bajo su pasión flamante. Todos los abrazos no podrían contener a unos corazones que habían permanecido mudos mucho tiempo. Juan quiso sembrar dentro de Aurora lo que un día germinó y ella malogró sin ocasión a reparar su falta, la única importante. Sintió en sus entrañas la misma fuerza de aquel amor de juventud que la despertó a la vida, como un día le confesara al que iba a ser su esposo con ánimo disuasorio sin efecto. Enamorada de nuevo, ya no rendiría cuentas a nadie. Ahora, sin serlo, era libre, y la libertad dolía.

Apenas unas horas después de su delirio, él saldría hacia un destino que le alejaría de ella, tal vez para siempre. Así lo eligió él y así lo aceptó ella asimilándolo sin concederse ni un suspiro; ni el más mínimo flaquear ante su compromiso, escondiendo sus temores, su dolor; como un mero trámite que exigía la vida.

Antes de partir, Juan fue a despedirse de nuevo al mediodía. La magia de la noche anterior se hizo añicos con la aspereza de aquel momento crudo que los rompió sin compasión.

Solo una caricia, unas lágrimas, un beso y un último te amo, poderoso, que desgarró, como un quejido, la entereza camuflada de Aurora. Ella, desde su puerta, le iba perdiendo sin que su brazo extendido tuviera a qué aferrarse, mientras la figura de Juan se alejaba y su sombra se iba perdiendo en el suelo después de haber vuelto la esquina.

Todas las palabras, todos los requiebros que le dedicó Juan, quedarían como único asidero ayudándole a soportar la ausencia en los momentos de desasosiego donde el vértigo y la zozobra se habían instalado sin resquicios.

Aquella noche, la última; la noche que marcaría la distancia a la que no podrían poner remedio; la noche que resultó fugaz, pero eterna, Juan, impresionado por la pasión desmesurada con que respondía la mujer que más había amado, la meció con susurros:

—Me gustas desnuda y vestida, despierta y dormida, puta y beata, alegre y triste. ¡Cómo te amo!

Todavía aquellas palabras la estremecían con la misma intensidad. Aún buscaba aquella sacudida para tolerar las noches infinitas a solas, unas; al calor de un esposo que trataba de soportar con dignidad los recelados sentimientos de su esposa, otras. Los límites de su entereza flaqueaban a menudo imaginándole entre cuerpos maltrechos, malherido, resistiendo a la inquina del sufrimiento las noches vacías con olor a soledad entre los desgarradores zumbidos de la guerra, o inmerso en el tétrico silencio de agridulces recuerdos. Aurora sentía la semblanza de su noble rostro siempre presente como un bálsamo. Su alma viuda y trasnochada disfrutaba el efímero gozo contra el sentimiento de soledad que le oprimía las entrañas. Continuó con su entrega a la causa; con sus agradables tertulias, único asidero donde aplazar su desaliento. Solo Ernestina sabía la causa de sus lagunas, de su mirada perdida y sus ausencias. Su extravío nada tenía que ver con la falta del joven poeta al que se echó de menos y tampoco la abordaba ya por la calle con su lánguida mirada de enamorado eterno. Doña Aurora lo extrañó con cierta nostalgia y un raro sentimiento, contenta porque Ignacio, que hasta pareció rejuvenecer e incorporarse al mundo de los vivos, se hubiera enamoriscado de una jovencita muy lozana y complaciente a la que dedicaba sus últimos versos más apasionados.

Juan, entre la inmundicia, la calamidad, el frío y el barro —su campo, su lecho y todo su horizonte—, acorralado en la tristeza delirante de un frente sin sentido, ya no podía prescindir de lo único que le aislaba de aquella tiranía: el recuerdo de Aurora suavizando el horror; el ansia testaruda sobreviviendo a todas las miserias, a todas las penas insalvables a las que se sobreponía por ella. En su delirio febril, en medio de las tiritonas, cuando los sonidos de la guerra no sabían de silencios, enajenado soltó el arma y se aisló del mundo rastrero. Acarició en el aire el rostro de Aurora, tan fresco como aquella mañana cuando la viera por primera vez en la iglesia en compañía de su reciente esposo, arrodillada frente al Santísimo Crucificado. Cubría su rostro con un velo de encaje negro cuya transparencia permitía distinguir una leve humedad en los labios. Era la mujer más bella de la tierra, y hasta del cielo, pensó, prendado por aquel rostro como una imagen esculpida en mármol. Instalado en la hostilidad del frente, donde su corazón rebelde encontraría en sus recuerdos la más dulce de las guaridas, buscó, torpe, atropellando el grosor de su casaca, atender con nerviosismo el deseo efervescente con el roce de sus manos congeladas para calentar su gélida carne que el empuje de su sangre caliente aceleraba. Allí, abandonado en el silencio del estrépito, con toda la importancia del recuerdo, imaginó el cuerpo ardiente de Aurora encendiendo la noche obstinada. Aún podía sentir el goce de su cuerpo tibio, ignominioso y prohibido, ese escándalo glorioso. Sus manos, heladas, torpes, no lograron desabrochar los botones de su casaca. La necesidad, urgente, campaba con creciente tono sin esperarle. Aquella humedad, que brotó caliente y se enfrió cristalizada, hizo pedazos el único momento. No hubo cabida a las promesas que le hiciera la esperanza desprovista de vigencia. El rostro de Aurora, un capricho reticente, se alejaba repitiendo con su boca enamorada las palabras de aquella noche eterna: «Tan solo deseo lo que tú desees. Cuanto tú quieras será lo que yo quiero». Sin que él pudiera controlar las lágrimas que ella atajó sin consentir que la tristeza asomara. Fue aquella su noche. La noche que empezó con el crepúsculo y se prolongó hasta el amanecer. Un amanecer tan hermoso como apremiante; tan limpio como sucia se presentaba la vida, que a veces no avisaba para poder tomar con tiempo todo lo presente a bocanadas y resarcirse con todo el derecho de las deudas futuras. El amanecer había caído como una losa, testigo de la sombra monstruosa que crecía entre ambos.

Inmerso en el pánico, lloraba con hipados sonidos gélidos y torpes entre la nebulosa de su aliento y los disparos, soportando la desmoralización de unos compañeros sin salida, como él, arrastrándose en el frente luchando contra sus propias ideas antibelicistas, contra un pueblo que les había ayudado y cuya abnegación había sacado de la miseria a los niños españoles que pisarían en algún lugar de aquel suelo generoso que ellos profanaban.

Apenas podía distinguir el trasiego agitado de sus compañeros de trinchera. Los diez dedos amputados, aun así, no lograron atajar la gangrena. La noche de antes su compañero se había arriesgado, llegaban rumores alentando la deserción. Le prometió que aquel manojo de cartas llegaría, seguro, a su destino.

Un martillear de pesimismos ocupaba la mente de Aurora, sin noticias. Ni una carta después de aquella, primera y última, desde Alemania, fechada dos días después de su partida, en la que anunciaba que permanecerían un tiempo en instrucción y que no sabía cuándo saldrían hacia el fatal destino. Envuelta en la soledad más honda, Aurora sentía la pureza de los ojos dorados de Juan iluminados por el fuego, sus manos suaves, su sonrisa triste y sus palabras quebradas. La realidad la sacaba de su estupor obligándola a tropezar con la crudeza: sus manos, callosas y heridas entre el barro y las armas, no podían alcanzarla. Supo esconder aquella pena en la que naufragaba sin flaquear ni un solo día, dedicada a la labor que desde antes de finalizar la guerra se había impuesto: ayudar en todo lo que pudiera a los más desfavorecidos, a los perseguidos injustamente. Aunque para ella jamás el fin justificara los medios, sí aprovechó los negocios ilícitos de su esposo en beneficio de su cruzada. Para don Rafael, parapetadas sus expectativas en la estación de aquel tiempo pasado, seguía el curso de la vida donde todo transcurría de aquella extraña manera. Miraba a su esposa con más arrobo que nunca buscando en las rendijas de la esperanza su oportunidad, que no estaba perdida.

XV

Confusión y desorden

José nunca fue el mismo desde que regresó de la feria de ganado. Precisamente aquel año que el Ministerio de Agricultura editó una estadística de ferias y mercados de ganado donde figuraba la ganadería familiar entre las más importantes, había sido su primera ocasión. Don Rafael había hecho de cicerone aquella primera vez que José había acudido solo, sin su padre. Lo que nunca había hecho con Hilario, el padre del chico y dueño de la finca ganadera —hombre ponderado en costumbres, serio y más sobrio e intachable—, se permitió don Rafael con el joven con el fin de agasajarle e iniciarle en ese ambiente con visos más mundanos.

José también había vuelto ufano y feliz con una joyita para su mujer, mucho más modesta que la que adquirió don Rafael, por supuesto; pero a Encarnita, su mujer, le alegró muchísimo el detalle, sobre todo, por inesperado. No era costumbre en la familia derrochar en detalles fuera de fechas señaladas y, por entonces, ni en esas permitía Hilario, el patriarca, dar muestra de ostentación en su casa mientras otros no tenían ni pan que llevarse a la boca, considerándolo una aberración en la que no incurriría aquella familia donde no se tomaban decisiones económicas particulares alegremente. José también estaba satisfecho con su propio gesto. Le hizo sentirse importante, como iniciado en el círculo de los hombres con poder y mundología.

Hasta entonces, cuando él y su padre iban a la feria de ganado siempre lo hicieron en plan austero, centrándose en los negocios únicamente y regresando con premura al conseguir los objetivos. Así había sido siempre desde que José empezó a acompañarle y no concebía otra forma de actuar hasta que don Rafael le había ilustrado enseñándole a sacar partido a la vida más allá de la estricta obligación.

Su padre, satisfecho con la gestión realizada por José, había considerado, como venía madurando desde hacía algún tiempo, que era hora de delegar en sus hijos. Aquella misma tarde les reunió, anunciándoles que, como la salud no le acompañaba y ya estaba cansado, y les creía muy capaces, les cedía las riendas. José, orgulloso de la confianza que había despertado en su progenitor, se había sentido henchido de vanidad. Una inyección de estímulo le proyectaba hacia una responsabilidad para la que seguramente no estaba preparado, permitiéndole instalarse socialmente en la condición de hombre de negocios como don Rafael, al que envidiaba. Su vida había tomado un nuevo rumbo y la prosperidad de la hacienda no fue su único objetivo. Intentó desde el primer momento emular a don Rafael, debía estar a la altura y alternar, como era conveniente y oportuno, para hacerse respetar en ese mundo. Pronto había empezado a no discernir, mezclando la obligación con el ocio, buscando excusas para viajar a la ciudad argumentando la conveniencia de relacionarse para abrir nuevos mercados. Habiéndose ganado la confianza de su padre, este había bajado la guardia y empezó a disfrutar de la tranquilidad en compañía de su esposa, y a cuidarse ambos de sus respectivos achaques, sin más preocupaciones.

Los repetidos viajes a la ciudad, a veces —las más— difíciles de justificar ante su hermano Agustín, que junto a él había tomado las riendas de la hacienda familiar, empezaron a ser asiduos. Encarnita, su mujer, cuanto más viajaba José, más orgullosa se sentía suponiéndole más importante. Al principio José había tratado de coincidir con don Rafael en sus esporádicas visitas al burdel, pero pronto había tratado de evitarlo cuando le resultó desagradable estar a su sombra, suponiéndose con el suficiente dominio y desenvoltura como para ir por libre, y beneficiarse de las atenciones directamente sin cuestionarse hasta dónde eran suscitadas por acudir en calidad de amigo del que era su mentor en estas lides. Las escapadas se multiplicaron. Siempre que coincidía con él procuraba repetir en las próximas semanas. No tardó en sentirse más cómodo e independiente ante aquellas muchachas, a las que él les importaba muy poco, pero que actuaban como si fuese el hombre más distinguido de la tierra, cosa que le dio seguridad y agrandó su ego llevándole, incluso, a actuaciones ridículas muchas veces.

Doña Mirta se dirigía a él para saludarle en alguna ocasión, siempre desde su oportuna discreción. Gesto este que le colmó de satisfacción y vanidad, creyéndose tan importante como el que más. Sin embargo, no había logrado la desenvoltura ni seguridad que el criterio de la *madame* requería para poder tener acceso a agenda reservada. Lo cierto es que doña Mirta nunca estuvo por la labor de trastocar sus esquemas, no entraba en ellos reservar a Sarita. Muchas veces, las más,

Sarita, la chica que un día le cogió la mano y le dio lo que nadie le había dado, estaba ocupada. No tenerla disponible le irritaba, pero, como le había dicho don Rafael, ese privilegio no se solicitaba, se obtenía cuando se demostraba que se era merecedor de tal dispensa, y doña Mirta lo concedía cuando lo creía oportuno. José dio vueltas al asunto. ¿Cómo estaría a la altura para conseguir tal deferencia? Acudía con regularidad a la casa dejando allí sus buenos cuartos; le trataban con mucha consideración, casi como a don Rafael, podría decirse. ¿Por qué no era él merecedor de tal privilegio?, se preguntaba obsesivamente. Se había dejado bigote y utilizó calzas en los zapatos para parecer más alto y respetable; incluso había empezado a ser remilgado con el paño de los trajes, que hasta entonces siempre había elegido el propio sastre a su antojo o conveniencia, pues siempre hubo confianza y satisfacción mutua y nunca se había puesto faltas ni reparos. No había sido ese detalle que importara a su padre, que jamás fue melindroso ni presumido, y tan solo, como era costumbre, se acudía al sastre cuando era preciso como medida necesaria para vestir con decencia y un mínimo de apariencia, nunca con ánimo de presumir ni aparentar.

José había tratado de sonsacar a las chicas intentando averiguar qué era lo que hacía ganar tal privilegio. Hasta se hubo atrevido, tratando de acelerar la prebenda llamando su atención, a regalar una joyita a doña Mirta, que no le ofreció personalmente porque no era fácil acceder a ella si no era por voluntad de la señora. Había solicitado su deseo de encuentro con la *madame* a una de las chicas y no le aseguraron nada:

—Tal vez el próximo día, no desespere. Doña Mirta le tiene en gran estima, no lo dude, don José—, le había dicho una de las chicas, prometiéndole una segura atención, como si fuese el encargo más interesante que considerar; siempre con su perpetua sonrisa y una voz melosa, aunque sus arrumacos no consiguieron calmarle.

José, obsesionado con Sarita, seguro del efecto que habría causado su obsequio en doña Mirta, esperaba haberse ganado su confianza, considerándose por fin dentro del privilegiado lugar de los clientes preferentes. Convencido de ser merecedor, había estimado llegado el momento de formar parte de la exclusiva lista de caballeros con opción a disponer de chica con agenda propia, cuando cuál fue su decepción. Le recibieron haciéndole sentir como si hubiese llegado al mismísimo paraíso. Esperó que de un momento a otro apareciera doña Mirta para agradecer su detalle y agasajarle con tan pretendido favor poniendo a Sarita a su disposición para las citas previamente concertadas, cuando, con una encantadora y dulce sonrisa, la preciosa muchacha que lo había atendido le llevó hasta la sala interior y le devolvió el regalo sin abrir. Como era habitual, doña Mirta jamás flaqueaba, siguiendo sus propias normas a rajatabla. José quedó desconcertado, sin palabras. La muchacha, sin dejar de dedicarle zalamerías, trató de quitar importancia al incidente, le había convencido para que no tuviese en cuenta el rechazo.

La *madame*, que siempre obraba con buen juicio, tenía muy claro cómo debía proceder y no pensaba ceder en su propósito. Sus objetivos estaban muy claros. Siempre había rechazado a sus pretendientes; sus aspiraciones iban más lejos. Allá en su tierra, los hombres, melosos y azucarados al principio, engreídos e infieles después, marcaron la desgraciada vida de su madre. En guardia, no pensaba poner en peligro por ningún hombre su trayectoria meteórica en España.

Se había despedido de su madre asegurándole que triunfaría. Esta, convencida de su prometedor futuro, le pidió que no fuera en vano el sacrificio y la distancia.

XVI

Aparece Crisanda María

Crisanda María, joven argentina de anodino carácter, fue siempre una envidiosa de la popularidad de Mirta. Desde muy jovencita trató de emularla en todo. Ahora, cuando escuchaba los comentarios de la madre, vanagloriándose de lo bien situada que estaba su hija en Madrid, todo su empeño era atravesar el océano para encontrar su misma suerte. Mirta nunca le había tenido simpatía, la ninguneaba cuando con torpeza la muchacha hacía por llamar su atención. Poco le importaba a Mirta por entonces que copiara sus vestidos y su color de barra de labios, pero, cuando su madre le preguntó por carta si podía darle sus señas, se lo prohibió terminantemente. No deseaba que la encontrase y, desde luego, no movería ni un dedo para facilitarle las cosas. Había luchado para instalarse y construirse una identidad, y no arrastraría ningún lastre del pasado, pensó Mirta, contrariada por la intención de aquella joven de la que apenas tenía recuerdos.

La joven recibió la negativa con rabia, pero lo tomó como un acicate que la alentaba a emprender su aventura y hasta pasó por su ilusoria mente la posibilidad de vengarse algún día. Vendió la máquina de coser, herencia de su abuela, y compró el pasaje. Siguiendo los pasos de su mentora, convenció a un amigo aficionado a cantar tangos, sin oficio ni beneficio, que no hacía mucho que había ganado un concurso local y ya se creía alguien. El muchacho, un cabeza loca algo engreído, acababa de perder a su madre y las relaciones con el padrastro eran malas. No dudó en acariciar la idea de embarcar con ella en la aventura. Sin mucha reflexión vendió el acordeón de su padre, lo único de valor que podía considerar suyo, y decidió acompañarla convencido con sus premisas. Nada tenía que perder.

A Mirta le incomodó mucho saber por su madre que Crisanda María había embarcado para España, aunque estimó insignificantes las pocas posibilidades que tendría de dar con ella ahora que ya no residía en la capital. La pareja de ingenuos llegaron a Madrid cargados de ilusión y esperanza, pero encontraron un entorno tan deprimido y ceniciento que el mundo se les cayó a los pies. La miseria era la tónica general para el pueblo; las perspectivas de supervivencia se veían amenazadas por la carestía. Introducirse en los sectores florecientes de la sociedad era impensable, y malvivir mendigando, denigrante. Pensaron llegar hasta Francia; incluso valoraron la posibilidad de volver a su país, pero conseguir el dinero para los pasajes sería difícil. Recorrieron los escasos locales de ocio que permanecían abiertos, tan desolados como el entorno, buscando trabajo. Los vestigios de lo que habían sido aquellos establecimientos quedaban anulados por la atmósfera sombría que los habitaba. El argentino, con su pelo engominado, su chaleco de raso negro que le había dado suerte y su diploma que le acreditaba como ganador del concurso de tangos del club de barrio, buscó una oportunidad en varios locales, donde le dieron largas con la esperanza de poder contratarle pronto. Decepcionados, se acercaron a una parroquia buscando ayuda, según les habían recomendado. Su aspecto cuidado y saludable y su juventud tampoco se lo ponían fácil; eran muchos los damnificados y pocos los recursos.

Bien parecida y con bonita figura, pero muy lejos de la inteligencia y astucia de Mirta, Crisanda María no podía aspirar a los ambientes que había frecuentado ella. Cogió una pensión en la periferia y logró la complicidad de la posadera, que le permitió recibir a señores, con discreción. Mientras no paraba de trabajar, el amigo realizaba chapuzas por un plato de comida; con su apostura y su arte entretenía a los vecinos, que tan bien acogían cualquier gesto que les alegrara un poco la vida. Cuando estaban a punto de reunir el dinero de los pasajes para volar a París, el argentino enfermó gravemente y ella no podía abandonarlo así. La posadera, que intentaba introducir a su hija en unos círculos más burgueses, por miedo a la delación que se daba por todas partes, le manifestó su disconformidad con las prácticas que realizaba en la habitación dejándole ver sus prejuicios y principios morales, haciendo alarde de su honorabilidad, que hasta ahora parecía no haber tenido en cuenta. La muchacha tuvo que desalojar la habitación y llevó al cantante al Hospital de las Hermanas de la Caridad. Lo atendieron por misericordia, pero a Crisanda María le dio la impresión de que no era bien acogido y dejó de visitarlo con la peregrina idea de que pudieran obligarla a sacarlo de allí; para entonces apenas podía comer, por lo que acudió al Auxilio Social. Alquiló una habitación con derecho a cocina y retrete, hasta que intimó con el dueño de una pensión que le propuso arrendar un cuarto donde podía recibir a señores. La proposición era muy golosa para el posadero: un medio para obtener beneficios y asegurarse los favores gratuitos de la atractiva argentina, sin riesgo alguno, sintiéndose cubierto; su cuñado, un importante dirigente de Falange, le llevaría clientes y le protegería si se diera el caso. La chica era bien valorada, su idiosincrasia la hacía especial y su carrera prosperaba. Hasta se permitió alquilar la habitación de al lado con puerta que las comunicaba, consiguió más clientes y trató de relacionarse por su cuenta. El dueño de la pensión le cortó las alas de su ambición amenazándola; tenía influencia para hacer que la detuvieran en el momento que lo creyera oportuno, y Crisanda María era muy consciente. Mientras todo transcurría, no dejó de escribir cartas a su madre en las que fabulaba éxitos inexistentes con los que soñaba mientras los relataba, con la doble intención de que llegaran a la madre de Mirta y esta se los hiciera llegar a su hija.

Conoció a don Rafael cuando este viajaba a la capital por negocios, por medio de un amigo que la visitaba. A pesar de que él no lo deseaba y rehuía esta clase de servicios fuera de sus hábitos, llevado por la inercia que conllevaba el cierre del negocio, cedió a la invitación por no molestar al cliente empeñado en que conociera a la chica, a la que consideraba especial. Aquella muchacha argentina de rasgos agradables, joven, limpia, y de apariencia cándida, le recordó a doña Mirta y le cayó bien. Crisanda María le pidió ayuda, quería salir de allí, pero don Rafael conocía al dueño de la pensión y no quería problemas con Falange. No la ayudaba más allá de enviarle algún cliente de confianza. Escondiéndose de la realidad, Crisanda María se esforzaba por arañar oportunidades, sin querer admitir que su ambición escapaba a sus posibilidades. Harta del cerco al que la sometía el dueño de la pensión, logró hacer llegar a don Rafael recado para que la visitara y le pidió ayuda encarecidamente. Él era reacio, pues cierto ridículo pundonor le cohibía de manifestar a doña Mirta su efímera relación con la muchacha, pero decidió ayudarla y la recomendó. Doña Mirta, a la que no le venía mal una joven tras la reciente marcha de Sarita, agradecida siempre a don Rafael y confiando en su buen gusto, sin conocer la identidad de la muchacha, accedió sin reparo alguno. Crisanda María se acercó al sanatorio donde había dejado al argentino y le informaron de que hacía días que había fallecido. Estaban muriendo como chinches por el tifus, le dijo la monja. No tuvo ningún cargo de conciencia, pensó que no podía haber hecho más por él.

Agradecida al caballero, aspiraba a cambiar su suerte en otra ciudad, donde esperaba que todo le fuera más favorable. Doña Mirta atendió el compromiso con don Rafael, que le había rogado que la admitiera, sin sospechar la coincidencia que hace bueno el proverbio de lo pequeño que es el mundo. Crisanda María llegó a la provincia de Badajoz y fue acogida con frialdad por doña Mirta, a la que su presencia le cayó como un jarro de agua fría. La impresión al encontrarse ocasionó distinta confusión en ambas. Doña Mirta, que la había reconocido antes, disimuló la sorpresa y pensó que, si la rechazaba, la muchacha podría perjudicar su imagen contando de ella cuanto le viniera en gana en las cartas, lo que irremediablemente llegaría a oídos de su madre. Fingió un natural encuentro y, bastante escueta, le hizo prometer que jamás hablaría de ella en sus cartas si quería un sitio en su local. Crisanda María, sin reponerse del asombro que le ocasionó el encuentro, le agradeció la generosidad y le aseguró que nunca la mencionaría.

Instalada en los límites que deseaba preservar, doña Mirta la trató igual, tal vez algo más distante, que al resto de las chicas; apenas se relacionaban más allá de lo imprescindible. Crisanda María abandonó su pretensión y cejó en su intento de propiciar tropiezos con ella por la casa; dejó de suscitar cercanía cuando algunas veces coincidían a solas durante la cena. Ninguna de las demás mujeres de aquella casa supo nunca que les unía el origen y el pasado. Aquel secreto le causaba bastante incomodo a doña Mirta, molesta por no tener todo bajo control. Para Crisanda María aquel mutismo se le pudría dentro tejiendo un odio que iba creciendo, desbancando a la envidia. Doña Mirta, una tarde que las circunstancias propiciaron que se quedaran a solas, se dirigió a ella amablemente:

—Va para tres meses que estás entre nosotras, Crisanda María, no creas que no sufro cada vez que te miro y finjo no conocerte de antes. Tal vez me equivoqué al no confesarlo y ahora, comprenderás, es tarde para hacerlo. Es mejor así, aquí las cosas son difíciles, la gente tiene necesidades; nos envidian porque no pasamos penurias y por otras razones obvias. —Antes de que la chica reaccionara, doña Mirta, con una sonrisa en los labios y la mirada perdida, empezó a rememorar en voz alta las bonanzas allá en su patria, la de ambas, pretendiendo que la hermandad del origen suavizara la tensión que había entre ellas—. ¿Recuerdas la alegría de las calles de nuestro pueblo en los festivales? —Doña Mirta se abstraía con una sonrisa y la mirada perdida, incluso se permitió el deje en el acento tratando de sacar provecho a su gesto cercano—. ¡Cuánto regocijo! Nada que ver con las humildes y escuetas fiestas de estos lugareños.

—Echo de menos los cines. Es lo que más añoro —dijo Crisanda María. Después se puso a llorar recordando que una tarde, al poco de llegar a Madrid, entró a uno en sesión continua y vio las dos películas hasta varias veces—. No pienso regresarme allá —dijo mirándola con opacidad, cambiando el gesto de debilidad de hacía un momento.

—Si querés llorar, llorá —hacía mucho tiempo que doña Mirta no usaba ese lenguaje que ella misma se había prohibido—. Dime ahora cuanto quieras decir. Las vueltas de la vida... Después de esta conversación, tú y yo seguimos sin conocernos de antes de que entraras por esa puerta.

No dijo nada más. Recomponiendo la compostura, cambió la actitud y se levantó dando por zanjado el momento de la condescendencia.

La muchacha negó con la cabeza y calló para sus adentros. También el trasiego la había hecho suspicaz y no dejó de calibrar si había sinceridad en su expresión o doña Mirta buscaba conformarla con artimañas. Aun a pesar de sus reservas, aquella conversación suavizó aquel velo de resentimiento que corroía su inconformismo. Ya no le costaba tanto reprimirse y omitir el encuentro al escribir las cartas a su madre sin que siguiera creciendo la enconada ansiedad.

XVII

La debilidad vence

Aquella noche el ambiente en la casa estaba algo alterado, las muchachas se preparaban para una visita especial. El grupo de cazadores procedente de la capital inauguraba la temporada de caza en el coto de una de las fincas extremeñas más importantes. Aquellas fechas eran motivo de buenas expectativas también para la gente del pueblo aledaño, empleada puntualmente. Leopoldo, uno de los caballeros que componían el grupo, casado con una mujer de exacerbadas costumbres católicas y de familia en muy buena posición y bien relacionada, se estrenaba en el deporte cinegético y en los demás rituales que lo conformaban.

Sin tomarse demasiado en serio el motivo principal de la reunión, los cazadores gestionaban ofrecimientos y favores. Se alardeaba, como tónica general, de sus ascendentes negocios. Era importante rivalizar demostrando el alcance de sus influencias y sacar partido de ello. Después del almuerzo a la costumbre, los ojeadores se adelantaron hacia el otro extremo y se realizó el sorteo. Preparados, jaleaban con entusiasmo haciendo previsión de las piezas con el hombre que recargaría la escopeta. Ya había sonado la corneta. Se suspendía la conversación. Poniéndose en guardia tras el parapeto esperaban las perdices, dispuestos a abatirlas con pique y presunción vanidosa.

Leopoldo, que no había imaginado así una jornada de caza, no se desenvolvió mal, contra su pronóstico y el de los demás, que bromeaban con que no era capaz de acertarle a un elefante y cosas por el estilo. Para ser su primera vez, abatió varias piezas. Le habían dejado las escopetas, a las que apenas dedicó más atención que la de conocer el mecanismo. Estrenaba unas buenas botas para la ocasión, preparado para patear el monte. Su idea de la jornada era disfrutar del medio y cobrar las piezas en plan salvaje; que les «enviaran» las perdices no le pareció ni justo ni satisfactorio. Sin noción del tiempo, dejaron de sonar las escopetas cuando empezaron a aparecer los ojeadores. Apenas se mostraba interés por las piezas cobradas, como tampoco se extendieron en comentarios sobre las incidencias, como si no les importara el evento más allá de otros intereses que allí fraguaban. La cacería era solo una excusa para rivalizar y conseguir empresas, pensó Leopoldo al que todo parecía sorprenderle.

Durante la cena, en la misma finca, se repitieron los comentarios jocosos encaminados a lo que les esperaba después en la ciudad. Todos menos Leopoldo, neófito en ambas prácticas, se dispusieron para la otra «caza», que esperaban desde que concertaron el evento. Por supuesto, le arrastraron con pocos ruegos; aunque cansado y sin ganas, tampoco quería parecer un plasta.

—Venga, Leo, no nos decepciones. Seguro que no te has visto en otra. ¡Qué chicas! Lo mejor de lo mejor. Si es que tienes miedo a la loba de tu mujer, nadie fuera de aquí va a enterarse. El que más y el que menos...

A parte de los propios miramientos que le sujetaban, Leopoldo temía la reacción de su esposa si este desmán llegaba a sus oídos. Los demás parecía que no tenían reparos. Tal vez sus mujeres pudieran considerar con normalidad ciertas prácticas, pero él estaba advertido y por todos era conocido las malas pulgas que se gastaba el suegro. Además, Leopoldo no tenía ningún interés en ello, pero, la primera vez que era invitado en este prestigioso círculo, no debía señalarse entre aquellos hombres a los que tan solo le unían los negocios y a los que temía por su lengua viperina sensible a indiscreciones. No podía ir contra corriente ni darles motivos para ser comidilla; a pesar de suponerles unos caballeros, su depredación verbal, con poco escrúpulo en cuestiones de picaresca si con ello pasaban un buen rato, bien pudiera darse, temía sugestionado por un ambiente en el que no se sentía a gusto.

En el burdel fueron recibidos con mucho aparato. A las chicas, acostumbradas a hombres discretos que por lo general solían venir solos, la algarabía que formaba aquel grupo les rompía la monotonía. Leopoldo, un poco apartado, se limitaba a ser mero espectador de aquella bulla gloriosa, rechazando cordialmente las continuas invitaciones. Doña Mirta departió con entusiasmo conduciendo con maestría el ambiente y supo respetar la reserva de Leopoldo sin dudar en acompañarlo. Con el fin de entretenerle alejado de un ambiente en el que no se sentía cómodo, le condujo a la sala más privada, donde su conversación inteligente y fluida le envolvió gratamente, sin que ningún otro propósito rondara a ninguno de los dos. Doña Mirta dejó muy buena impresión en Leopoldo.

A Leopoldo los negocios le llevaron de nuevo a la zona. Tras varias cavilaciones, se atrevió a visitar a doña Mirta a horas intempestivas, un mediodía. Ella, apartándose de los cánones que se había impuesto, le recibió sin apenas maquillaje y mucha naturalidad, mostrándose encantadora y cercana. La amistad se estrechó sin que tuviera lugar ningún tipo de contacto carnal entre ellos. A pesar de su frialdad y su estoico tesón, doña Mirta sucumbió en un momento en que, segura en su poderoso asentamiento, bajó la guardia y se enamoró de aquel hombre que la adoraba sin pedirle más favor que su presencia. Leopoldo, después de una ardua lucha contra sí mismo, valorando el riesgo, le ofreció la posibilidad de abandonar sus prácticas y ser su mantenida en la más absoluta reserva, pero ella tenía los pies en la tierra y, aunque enamorada, sabía que el tiempo y las circunstancias podían doblegar la voluntad de aquel hombre. No había atravesado un océano para ser la segunda y envejecer, posiblemente sola, en quién sabe qué condiciones. Pero se olvidó de sus normas y fundamentos y, lejos de rogarle que no volviera, se enganchó a él aferrándose a un amor que la dominaba. Vivieron con discreción una historia maravillosa y secreta hasta que la envidia y el rencor pusieron las armas de la venganza ante Crisanda María, que nunca llegó a conformarse con el trato que le dispensaba doña Mirta.

Esa tarde don Leopoldo había llegado antes de lo previsto. Doña Mirta dejó su café a medias y le recibió de inmediato. Crisanda María aprovechó la ocasión propicia y puso en el bolsillo del abrigo del caballero un pañuelo con las iniciales de doña Mirta, marcado con el carmín de sus propios labios. Cuando ella fue consciente del alcance que pudieran tomar las consecuencias, ya no tenía posibilidad de recuperarlo y rezó para que el caballero se diera cuenta y se deshiciera de él, sin que sus plegarias surtieran efecto.

La esposa de Leopoldo no tardó en mover los hilos que la llevaron a conocer la identidad de doña Mirta y, sin que él pudiera remediarlo, el suegro intentó cerrar el burdel. Don Rafael intervino y consiguió que no llegaran a buen puerto las represalias. Crisanda María, arrepentida, consciente de la magnitud de su desmesurada venganza, se apartó buscando servir en alguna casa lo más lejos posible donde sus recursos le llevaran. Respetó el compromiso y jamás habló de Mirta en sus cartas ni tampoco intentó saber de ella.

Resultó muy difícil rechazar a un hombre capaz de pagar por pasar el tiempo tumbado junto a ella sin más exigencia que sentir su respiración y sus palabras; renunciar a su franca sonrisa, a sus caricias, a la piel morena de sus muslos entre los suyos blancos; a su apostura de hombre cierto y entregado cuando su pecho masculino palpitaba acabando en torrente en la misma hondura de su vientre; a sus mandíbulas cuadradas que se movían anunciando protección; a su perfil perfecto exhalando el humo a contraluz. Mirta, que nunca antes se había permitido dejarse encandilar, se rindió al donaire y la nobleza de aquel hombre que supo tomarla de la mano e invitarla a bailar la primera vez que se encontraron a solas en la intimidad de su habitación, sin más atrevimiento que rozar su cintura, aquella primera vez que Mirta alojó su cabeza en el hueco de su cuello aspirando ese olor a jabón y a lavanda, vulnerable a los caprichos de la pasión.

Aquel mundo de fastuosidades acabó cuando Mirta flaqueó y se dejó llevar por las pasiones, faltando al férreo propósito que la había encumbrado. Mirta no dejó de escribir larguísimas cartas a su madre; aquella mujer que pasó arrastrándose por la vida y quiso para su hija un mundo diferente, en una tierra diferente. No habían pasado ni dos meses desde que la vida se trastocara cuando doña Mirta enfermó gravemente y el burdel entró en decadencia a pesar de que don Rafael no las abandonara. Mirta acató las contradicciones del destino cuando fue consciente de que no podía esperar nada de Leopoldo. Se abandonó soñando abrazos ciertos que se confundían con aquellos disolutos y falsos que también fueron un regalo.

Leopoldo, a pesar de que su voluntad y deseo más ferviente estaba en volver a verla, se sometió obligado a su mundo, que se erigía sobre unos cimientos que no podía burlar, y solo pudo enviarle algún dinero. En las largas noches cuando el viento silbaba rencoroso al otro lado, Mirta, en la ancha soledad de su cama inmensa, soñaba con acurrucarse en el hueco cálido del cuello de aquel hombre bueno que nunca la podría hacer su esposa. Las lágrimas furtivas, por libre, acudían sin permiso convirtiendo en humano aquel corazón que siempre había sido impermeable. Sucumbió a los momentos débiles y socavó su carne ávida animada por su recuerdo, envuelta en aquella emanación de fugaces deslices de su mente, que había claudicado incapaz, envenenada de extravío.

Era doña Aurora la única que la visitaba en el hospital y velaba por ella desde que su esposo le confesara su existencia pidiéndole que la ayudara en lo que pudiera para que no acabara sus días en la soledad más absoluta. Doña Aurora no dudó en acudir a confortarla, dedicándole todo el tiempo posible sin reparar en consideraciones ni prejuicios. Las conversaciones profundas, crudas, entre aquellas mujeres diferentes fueron el único bálsamo para Mirta, encerrada y abnegada en la cárcel de aquel cuerpo, aval en su paso por la vida. Ninguna bajó la vista cuando hablaron abiertamente de temas espinosos que a ambas afectaban. En ningún momento el arrepentimiento afloró como arma redentora; ninguna contempló la opción porque no le salió de las entrañas. Fueron sus propias confesiones las que las confortaron, liberando del secreto sus almas. Doña Aurora percibía el declive de aquella mujer aún joven y hermosa, indefensa, con un sentimiento que iba más allá de la mera compasión. Recordó a su tía Marianita, la de Buenos Aires, que tal vez no habría tenido una mano amiga que la confortara en los últimos momentos. Imaginó a Juan sufriendo en la más absoluta soledad del alma, sobreponiéndose a un dolor que le roía el corazón.

Las últimas cartas de Mirta a su madre le fueron devueltas, por defunción del destinatario, a la casa de doña Aurora, donde había establecido su domicilio epistolar. Doña Aurora continuó la correspondencia escribiendo ella misma las propias cartas de la madre fallecida, en las que seguía manifestando su contento por sus logros, animándola a seguir su camino tal como ella deseara, dándole su bendición y transmitiéndole tranquilidad por su buen estado.

No renegó nunca Aurora ni consideró un sacrificio permanecer junto a Mirta todo el tiempo posible. Mientras ella había conducido con acomodo su vida, esta mujer luchaba, tal vez atropellando y quién sabe la magnitud de sus faltas y sus errores, pero siempre con arrojo y a cara descubierta. Ambas, desde lados diferentes y avatares muy distintos, habían vivido los excesos, la fiesta y el luto de la vida.

Alucinada por la fantasía de la débil Mirta, doña Aurora siguió escribiendo al dictado las cartas, sin destinatario; leyéndole las que ella misma escribía supuestamente recibidas de su madre, a los pies de la cama del hospital, hasta que se le apagó la vida.

XVIII

El éxodo de José

José había iniciado su amargo éxodo. Tenía por delante un camino incierto, sin clara consciencia, como si se hubiera perdido en una hostil historia ajena. Nunca se sintió solidario con la causa de aquellas gentes que huían escapando de las consecuencias de sus actos, valoraba alegremente con su simple criterio de aquella forma peyorativa la osadía de arriesgar la estabilidad por ideales. Así lo manifestó siempre cuando se hablaba con pesar en la familia de la mala suerte del primo Jerónimo, un ingeniero comprometido ideológicamente con la República, acusado de adhesión a la rebelión sin que se pudiera demostrar participación alguna, por el simple hecho de haber estado afiliado al sindicato. Jerónimo había sido denunciado por el cacique del pueblo, que le tenía ojeriza. Ahora, en el bando ganador, el cacique tenía poder para hacer y deshacer a su antojo, aunque en realidad la ponzoña la tenía con Hilario, tío de Jerónimo, al que seguía sus pasos esperando algún traspié que Hilario no dio nunca. Este, prudente, siempre se guardó cuidando las formas sin comprometerse a nada y obligando a sus hijos a ir a misa los domingos y a no dar motivos que los señalara. El alcalde le tenía ojeriza desde que eran unos chavales, jamás pudo perdonarle que en los rifirrafes de juventud siempre saliera perjudicado. Lejos de olvidarlo, se juró venganza y era su momento.

José, esperanzado ingenuamente, como si los destinos de los desgraciados tuvieran un único núcleo en el país vecino, pensaba que se tropezaría en Francia con su primo Jerónimo, huido precipitadamente en plena guerra y del que nunca tuvieron noticias. Hilario no se había implicado dando la cara por su sobrino, suponiendo perdida la causa. Tenía una familia por la que velar y no quiso remover el asunto, evitando que también a él le salpicara la injusticia que se extendía sin control. Tan solo había pedido ayuda al médico —un hombre bien relacionado, con buena reputación, íntimo amigo desde la infancia, que le debía favores— para que le echara una mano a Jerónimo facilitándole la salida de la provincia hasta el límite aragonés con Cataluña; lo máximo que pudo hacer.

Jerónimo esperaba encontrar a un francés, ingeniero como él, con el que había coincidido profesionalmente. Este había venido a estudiar el terreno con vistas a un proyecto de cuyo equipo ambos formaban parte. No habían acabado el estudio topográfico cuando estalló la guerra. El ingeniero francés pudo salir con premura, pero antes le había dejado su dirección por si algún día lo necesitara. Nunca se supo si lo hubo logrado.

Hombre seco, de formas arrogantes y carácter hostil, Jerónimo llegó a los Pirineos mezclado con los exiliados que se iba encontrando, pero guardando las distancias, como si quisiera apartarse de ellos. Era un hombre huraño. Aun solidario con las desgracias ajenas, que eran las suyas, no le resultaba fácil relacionarse. No dejaba de sentirse un privilegiado, su caso era distinto, disponía de una dirección concreta donde, con toda seguridad, sería bien acogido, pensaba, convencido de que él no había salido a la aventura: tenía destino. Instalado en su contumaz voluntad de sentirse lejos de aquella corriente, mantenía su actitud soberbia al intercambiar alguna palabra con aquellas personas, a las que poco importaban su altivez ni sus pretendidas diferencias. Pronto dejó de sorprenderle cómo algunas personas abandonaban sus maletas en las cunetas; el llanto cansado de las mujeres obligadas a desprenderse de sus recuerdos, los lamentos convertidos en una letanía natural; el desfallecimiento camuflado de aquellas gentes que andaban mecánicamente intentando convencer a los exhaustos niños para que siguieran avanzando, prometiéndoles que el destino, ese destino sin horizonte ni objetivos, estaba cerca. El trayecto era largo y Jerónimo no tardó en integrarse totalmente en el ambiente, compartiendo, consternado, la magnitud de aquel fenómeno que les unía a todos en la misma desgracia. El hastío ya no rezumaba desesperación, como si la suerte compartida transformara en racional acatamiento lo aberrante. Los testimonios de aquella gente, con la que no quería intimar para no implicarse en su desventura tan distinta, eran tremendos. Jerónimo sentía alivio dentro de aquel remolino furioso cada vez más apaciguado. Era consciente de la tibieza de su suerte al ir libre de cargas entre la incertidumbre y el miedo de aquellas personas empujadas hacia el infortunio, cargadas con bultos imposibles donde llevaban sus escasas pertenencias; con niños que arrastraban sus pies con un lamento silencioso plasmado en el rostro. Jerónimo lloró denunciando la injusticia de cuantos testimonios escuchaba. Qué lejos aquellos preceptos de garantías individuales, cuando la única aspiración ahora era un poco de descanso y algo de comer. El trasiego amargo de sus pasos entre el barro y la niebla, y sus absurdos prejuicios le apearon a la fuerza de la distancia en la que se había instalado. El sentimiento de miedo y rabia se suavizó aliviado con el consuelo de la solidaridad: pisaba la misma senda, se agazapaba con el mismo pánico. Las necesidades y el cansancio le hicieron sentirse más próximo a las desgraciadas gentes, que había considerado en desventajada circunstancia. Comprendió por qué el médico, en aquel momento de confusión, le había insistido en que no compartiera con nadie su destino. Aquella hilera de desgraciados caminaba sin horizonte hacia una incógnita y podrían seguirle buscando el abrigo de su suerte. Cada cierto tiempo escuchaba alguna palabra cansada a los transeúntes, que seguían andando por inercia, secos de ilusión, arrastrando sus pasos y sus vidas. En los retazos de conversaciones que escuchaba al paso, detectaba la desgana que acarreaban como sonidos de duelo sin apenas escucharse ya entre sí. Sentado en la acequia donde todos paraban a beber y llenar sus cantimploras, echó la vista a las huertas baldías en aquella zona fructífera, donde también habían llegado los efectos desastrosos del abandono de los campos.

La noche caía ensombreciendo aún más el ánimo. Jerónimo se separó del grupo adentrándose en la espesura hasta que el cansancio le hizo agazaparse al abrigo de un buen tronco de pino negro de copa habitada. A solas, como si así recuperara una dignidad tan perdida como la del resto de la gente que se acurrucaba en los bordes del camino. Al amanecer, los sonidos del bosque le pusieron en guardia. Donde todo era belleza, una funesta soledad le hizo añorar el lúgubre tránsito de la hilera de personas que había dejado atrás, preocupado por cómo habrían pasado la noche. No se escuchaban murmullos. Alterado, desanduvo los pasos con carrerilla nerviosa hasta volver el recodo y comprobar con alivio que las gentes empezaban a removerse iniciando la dura puesta en marcha. Se dirigió instintivamente hacia una mujer que arrancaba hierba para limpiar el vómito que su hijo había arrojado sobre el raído abrigo de su hermano. Jerónimo sacó su cantimplora y limpió la cara lívida del muchacho. La mujer, que llevaba escrita en la mirada la huella de las miserias que no tendrían origen en aquel deambular, se afanaba de una manera doméstica por poner orden ejerciendo su papel de madre, atusando las cabezas de sus hijos y ofreciéndoles un poco de pan y algo de embutido. Jerónimo le habló unas palabras que ella recibió con una sonrisa triste, y se pusieron en marcha. Les esperaba un duro trasiego por los montes, y la compañía era su única aliada.

José, unos años después, tuvo más suerte que el primo Jerónimo. La guerra había terminado y su andadura fue más leve, pero no menor su compromiso de otra índole. Lloró con un llanto quebrado que se rompía en su garganta seca y áspera. Lloró por su alma peregrina que no hallaría descanso. Lloró por cuanto dejaba atrás y por lo que, por perdido, no dejaba. Lloró porque, a pesar de haberla maquinado torpemente en el primer arrebato, no tendría lugar ni ocasión para la venganza; porque jamás tendría valor ni arrojo si la oportunidad se presentara. Desde que le dejaron, cerca de la frontera, solo tenía que andar unos kilómetros y esperar al próximo contacto en el punto señalado: un mojón marcado con una cruz roja oculta en la parte posterior. Todo estaba organizado con precisión, pero en la práctica los pasos no habían salido tal como se habían ideado y tuvo que sufrir más de un contratiempo, que fue superando hasta llegar a este punto.

Fue muy duro despertar de la ignorancia. José, instalado en el acomodo del que había disfrutado hasta entonces, no había sido consciente de la magnitud de lo que estaba pasando. Su padre nunca se había decantado políticamente ni señalado en ningún aspecto, sabiendo mantenerse imparcial sin importarle ganarse ciertas antipatías de quienes le consideraron un cobarde. Jamás se había significado mientras pudo evitarlo, previniéndose ante los inesperados desenlaces que pudieran avecinarse. Su prudente actitud le ayudó a conservar su hacienda sin menoscabo.

José tuvo mucho tiempo para pensar. Comprendió ahora el odio que se alojaba en la mirada de aquel hombre de estudios y dudosa trayectoria durante la guerra, para el que la obligación de mantener un silencio envenenado era una humillación, y al que su padre había dado trabajo a cambio de comida, cobijo y unas míseras perras, para poco después deshacerse de él por miedo. Al despedirse, el hombre, mirando a José, había dicho que el acatamiento era la mayor denigración a la que se sometían las personas con ideales y principios. Solo ahora comprendió José el rencor que había en sus ojos.

José llevaba tiempo dándole vueltas a la cabeza junto al mojón cuando se aproximó un coche. A su altura, aflojó la marcha. Aquel ronroneo de motor ralentizado le dio una tranquilidad liberadora anulando el pesimismo, y los demás sonidos perdieron importancia. Abriendo la puerta, casi en movimiento, le hicieron una seña de apremio para que subiera sin demora. Intercambiaron la contraseña una vez arriba y ya en movimiento. Extrañó a José la seguridad de aquellos dos hombres de gorra calada a los que apenas se les veían los ojos, y que sin duda le reconocieron como el hombre que tenían que recoger. José los miraba con cara de confusión mientras el chófer, ante la parsimonia de José, que no era otra cosa que extrañeza y miedo, le instó a que dejara el dinero que no habían exigido antes porque el tiempo apremiaba y no ofrecía su aspecto recelo alguno.

Entre el desconcierto y el baqueteo por aquel camino escarpado, José no pudo estimar el periodo transcurrido. El conductor frenó en seco por indicación imperativa del malencarado compañero, sin dar opción a comentario alguno por parte del confuso José, y le dejaron en pleno bosque donde terminaba el camino.

—Cogiendo esa senda, cuando claree el bosque sigue el camino, el terreno te irá indicando cómo avanzar. Te vendrán a buscar sobre el mediodía. ¡Suerte! —dijo como única instrucción el hombre sudoroso de barba cerrada, gorra calada hasta los ojos y cara de malas pulgas, que parecía llevar la voz cantante mientras permanecía acurrucado y abrazado a su vientre con síntomas de dolor de barriga.

José se apeó rápido sin opción a manifestar su deseo de continuar con ellos, y no por afán de compartir su suerte, sino por no hacer frente al devenir en solitario. Arrancando bruscamente le desearon de nuevo buena suerte ya en marcha, y desaparecieron para siempre aquellos hombres cargados de tantas miserias y pánico como él mismo, posiblemente. José hubiera deseado seguir el trayecto aunque la hostilidad le hubiera acompañado, pensó mientras miraba como se alejaba aquella camioneta donde se había sentido seguro.

Había andado un buen trecho del camino, del que apenas fue consciente sumido en unos pensamientos tan descorazonadores que no sintió cansancio, hambre, ni ninguna otra sensación física que pudiera justificar su angustia. El ronquido de un gamo le sacó del ensimismamiento y solo entonces fue consciente de lo bello y frondoso de aquella senda llena de vida. El crujido de las hojas anunció que alguien se aproximaba. Sin darle tiempo a ponerse en guardia, un hombre salió a su encuentro en el recodo del sendero. El sobresalto y la alegría se atropellaron. El hombre, aseado y ataviado con unas ropas diferentes, sin más saludo ni otro gesto, le extendió la mano que sacó del bolsillo al verle. «Por qué vienes desde tan lejos», dijo sin tono de pregunta, después de haberse presentado como Roque. José, en un principio, aturdido y sumido en el desconcierto, quedó paralizado y mudo sin saber discernir entre la confusión y el recelo; reprimió las ganas de ponerse a llorar y contestó a la contraseña con la frase que le iba dando acceso a cada paso, a cada avance en su odisea: «A ver la luz, compañero». Como muestra de calor, tan necesario tras la supuesta dureza del camino, Roque le apretó el hombro mientras caminaban y le dijo que estaba entre amigos, consiguiendo disipar de su rostro el gesto de desconfianza. Solo entonces José bajó la guardia reaccionando al calor de aquel guiño reconfortante, sintiéndose arropado. Compadecido por la vulnerabilidad que mostraba escrita en la cara, el hombre esbozó media sonrisa despertando un incipiente entusiasmo en el cansado semblante de José. Roque le habló del trabajo en la finca, de la convivencia entre españoles; siempre en tono acogedor intentando confortarlo, a sabiendas de que si llegó hasta allí cargaba con no poco pesar. Al salir de la zona boscosa, enseguida se encontraron inmersos en los viñedos de la próspera hacienda, lejos del abandono y la desidia que asolaban la mayoría de los campos que había dejado atrás.

A José le impresionó aquella extensión interminable de viñedos a los dos lados del camino que se prolongaba hasta donde alcanzaba la vista y a distintas altitudes, por lo que los vinos resultaban de sabores variados, le explicó Roque señalando la superficie. Aquella finca, donde la labor de la cuadrilla española era muy apreciada, gozaba del privilegio de ser una de las más consideradas por el oficial intermediario encargado de proveer de vino a los alemanes.

Roque condujo a José hasta Mateo, el español que hacía las veces de capataz de una de las partes más productivas de aquella hacienda. Este, bastante seco y conciso, en actitud muy distinta al hombre afable que le acogió en el camino, sin mostrar ningún tipo de interés por su persona, le explicó las condiciones de trabajo, de conducta y convivencia a las que tenía que someterse desde ese momento, sin dar pausa ni lugar para preguntas u objeciones, siempre en tono airado. José, aliviada la preocupación, se mostró confiado. Desapareció el hastío y el cansancio. Tuvo la percepción de no ser él mismo la persona que asentía, que respiraba o veía a través de sus ojos displicentes, donde apenas quedaba curiosidad. Su vulnerabilidad afloró y la disposición primera para soportarlo todo quedó en mera indolencia. Entre aquella gente extraña, la sensación de haber tocado fondo se manifestaba por primera vez.

Todos los días, tras la dura jornada, José, molido y exhausto, caía en la cama como un fardo, agradecido por los duros momentos de trabajo que le liberaban del cargo que martilleaba incesante sin dar tregua a su pesar. Procuraba descansar al máximo mientras los demás hablaban de cosas de la guerra. Los duros pasajes y anécdotas de toda índole que relataban los compañeros, con dolor y emoción, hacían pensar a José que no habían vivido la misma guerra. Ausente, con todo el sinsabor y la insoportable amargura por su mala suerte, José se debatía en desesperados pensamientos contradictorios, preguntándose qué hacía allí instalado en la ignominia de la que no podía librarse.

En la cuadrilla de campesinos temporales había de todo: hombres nobles, honrados, llevados por sus ideas o la mala estrella; otros de peor calaña que nada tenían que perder; fugitivos todos.

José se hizo afín al círculo de Roque, siendo este el que puso interés por arroparle, compadeciéndose de aquel hombre que no parecía merecer tal suerte. Todos habían cruzado los Pirineos huyendo de la cárcel o de peor destino. El cabecilla, Mateo, el capataz de la cuadrilla de españoles, tan malencarado como arriesgadas y peligrosas sus ideas, era un hombre más bien bajo de complexión media y un color canela en el rostro, donde sus pobladas cejas oscuras le daban un aspecto hosco. Le temían, se decía que era un asesino. Roque, el compañero que había recogido a José en el camino y que desde el primer momento le ofreció su apoyo, le contó que no era cierto, tan solo había sido un pendenciero, pero que no le importaba que esa fama le precediera, es más, la fomentaba en toda ocasión que se presentara, consiguiendo un respeto más allá de su condición de capataz. Mateo fue el precursor. Había llegado hasta allí conducido por un francés, oriundo, al que la guerra sorprendió en España y con el que vivió serias circunstancias. Otro de los confinados era Pepe el Manco, un exrecluso capaz de reventar una caja fuerte en circunstancias apremiantes; un hombre que impactaba con su mirada y nunca aportaba nada cuando se hablaba de las dificultades o las peripecias del difícil éxodo del que todos tenían experiencias que compartir. En sus ojos había mucho dolor callado; había soportado el «paseo», que también sufrieron varios miembros de su familia, y nunca aclaró si consiguió huir antes, o llegaron a dispararle, sobreviviendo a los disparos. Era cuanto se sabía de él. Jamás habló de ello, pero nunca se quitaba la camisa en presencia de nadie y ese detalle alimentaba comentarios.

José llevaba quince días trabajando. Era evidente que no estaba acostumbrado a la dureza de aquellas faenas. En su finca nunca se había sometido con tanto rigor a jornadas excesivas ni horarios tan estrictos. Solo lo había pasado tan mal en una ocasión, cuando la sequía les obligó a llevar al ganado a muchos kilómetros y al regreso tuvieron que enfrentarse a los lobos. Tras seis días ininterrumpidos de trabajo, disfrutaban de uno libre para descansar, ir al pueblo, o dedicarlo a la colada, aseo personal o lo que considerasen oportuno. José necesitaba todas las horas para dormir y reponer fuerzas, pero no podía dejar de seguir a Mateo y sus partidarios. Quería unirse a los planes de los que le había hablado Roque en confianza. Tenía que estar al tanto de todos los detalles de la confabulación forjada de la que, con mucha generosidad, le habían hecho partícipe. A él no lo necesitaban para nada, más bien sería un estorbo, pero no podía permitirse quedarse fuera y desperdiciar esa oportunidad única, posiblemente, para llevar a cabo su propósito. Llevaban varias semanas madurando la idea cuando José llegó a la finca. Una noche, José, extenuado, como todas, en vez de echarse al jergón, se acercó al corrillo con cierta cautela. No estaba seguro de ser bien acogido, pero Roque, después de obtener el beneplácito de Mateo con la mirada, con un leve apretón en el hombro en señal de aceptación, le hizo un hueco dedicándole una mueca de complicidad. No había la más mínima reserva en compartir secretos de unos a otros. Allí nadie temía ser delatado; se daba por hecho que el traidor sería hombre muerto, de darse el caso.

Los planes de Mateo eran muy precisos. Disponía de información de primera mano para dar un buen golpe en la modesta joyería del pueblo, que, al pasar desapercibida, nada tenía que temer del expolio alemán. Mateo sabía que guardaban allí, circunstancialmente, desde el principio de la ocupación, por miedo a que los alemanes lo interceptaran en París, joyas y lingotes de oro de mucho valor. Desde que su amigo francés diera a Mateo la información confidencial, este no había dejado de pensar en ello. Recién terminada la guerra Mateo había ayudado a atravesar los Pirineos al idealista francés herido; le cuidó, le salvó la vida. Su mediación, después, había propiciado la posición de Mateo en la finca; además urdió y respaldó una trama de contactos para cobijar a más de un furtivo. Este francés, de ascendencia catalana, filántropo idealista, parco en palabras, inteligente y de grandes aptitudes, que también arrastraba sus pesares, aquella noche, cuando el vino propició que ambos hablaran demasiado, compartió con Mateo que en la joyería de su tío se guardaban fondos de muchísima importancia sin que nadie, y menos los alemanes, tuviera conocimiento: un gran depósito de oro y joyas, que debía ser preservado del posible saqueo en París. Aquel pequeño pueblo apartado, que gozaba de la confianza debido a la falta de resistencia entre oriundos y soldados, había sido valorado como el lugar idóneo, y el humilde joyero había sido elegido como el custodio secreto que no levantaría sospechas. Jamás hubiera imaginado el francés que Mateo discurriría llevar a cabo el atraco, alentado por su indiscreta información.

—Allí hay oro para comprar media Extremadura —dijo Mateo mirando a José, con tono exagerado para animar a los hombres, mientras le taladraba con sus ojos amenazadores en señal de advertencia. Al pronunciar ese punto de la geografía, era patente que personalizó la advertencia.

Por la información que poseían, tenían posibilidades. Si las circunstancias no se presentaban adversas, podrían hacerlo la noche siguiente, víspera de domingo, que coincidía con el día que partían los camiones alemanes. El éxito de la operación consistía en la huida y lo tenían todo controlado. Llegarían a la carretera a unos dos kilómetros, según la información que Mateo había recabado y contrastado. Allí estaba el apeadero donde habitualmente descansaban en hilera los camiones que saldrían de madrugada con destino a España para volver cargados de cereal.

A cada uno le movían unas ilusiones, unas obligaciones, y a todos la esperanza de llevar el plan a buen término. Habían superado circunstancias imposibles en su vida, y esta no era más difícil.

—Si la suerte nos asiste, será el golpe definitivo, estad seguros —dijo Mateo intentando dar ánimos y disipar el miedo.

Todos asintieron y reinó el silencio. Mateo deseó suerte añadiendo buenos augurios para restar tensión, a lo que todos correspondieron reconociendo su eficaz liderazgo. Según las previsiones, volverían con un bolsillo bien repleto para empezar una nueva vida en cualquier lugar seguro, lejos de la tiranía que les impedía regresar a sus orígenes; menos José, que no tenía que ocultarse y sí dar la cara.

La excitación de José subía por momentos. El plazo para restituir la deuda corría. No podía dejar pasar ese tren que la providencia había puesto en su camino. Estaba muy cerca de reparar su falta, de devolver la honra a su familia, de poder abrazar a sus hijos y a su mujer. Sobre todo necesitaba volver a mirar a los ojos a su padre. Más que la racional necesidad de satisfacer un compromiso, era una necesidad más allá de la obligación impuesta.

Esa noche José no dejó de pensar en aquella fatídica mañana: Agustín había ido a buscarle, por orden de su padre, a su recién estrenada casa al otro extremo de la finca. La fatal noticia y la mirada de su hermano, apesadumbrado y hundido, no le partió en dos como lo hizo la colérica expresión de su padre, al que hallaron esperándole de pie junto al letrado al que escoltaba la guardia civil. José revivió aquel momento, y con la rabia también se le encendió el ánimo, aunque tenía tanto miedo como ganas de llevar a cabo la operación. El entusiasmo le había impedido dormir. Sin hacer caso a las recomendaciones de Roque, había permanecido alerta sin bajar la guardia por si decidían hacerlo sin él, la idea le obsesionaba.

Prudentes, se desenvolvieron con normalidad durante toda la jornada disimulando la excitación por el inminente propósito. Mateo, que ya lo había advertido, hizo un gesto amenazador, simulando abrir su enorme navaja mientras imitaba el característico sonido.

—A la mínima, el que ponga una traba o dé un problema, le descerrajo vivo.

Con esa advertencia quedaba todo claro y los cuatro se prepararon sin titubear. Mateo, artífice y cabecilla de la operación; Pepe el Manco, el imprescindible, sin él no había nada que hacer; Roque, hombre serio, prudente y generoso al que todos apreciaban, y José, el más atormentado, al que más le urgía, según él mismo manifestaba ingenuamente, que saliera bien. Todo dependía de aquella operación. Todo, hasta su propia vida dependía de ello. Si no lograba su objetivo, había resuelto quitarse la vida. Una de las primeras noches en la finca, cuando el mundo se le había oscurecido de manera tan alarmante que ni siquiera la fuerza que le insuflaba la ineludible obligación le mantuviera con ánimos, se puso a gimotear sin poder evitar que Roque le escuchara, y este se acercó intentando consolarle, aunque ninguna razón le confortara. Su pena, su desasosiego, aquella zozobra sin fisuras que no le permitía ni un solo momento de paz, no había pasado desapercibida a nadie, pero solo Roque era sensible y empático con su amargura; los demás, soportando las propias, se habían hecho impermeables.

En aquel pueblo tranquilo, tal vez con actitud más inteligente suponiendo esfuerzo vano la resistencia, jamás se había dado muestras de discordia ni trataron de engañar al intermediario proveedor de vino como en otras poblaciones, manteniendo contentos a los altos estamentos alemanes, siendo correspondidos con confianza y medidas menos drásticas. Los soldados alemanes, gracias a la condescendencia ganada por la generosidad de sus bodegueros y su nula manifestación de odio, convivían con los oriundos sin muestras de hostilidad.

El atraco se desarrolló sin problemas, sin dificultades imprevistas; aquella noche el pueblo parecía pasmado. No hubo contrariedad ni complicación para burlar los accesos, y la caja fue pan comido para Pepe el Manco, que se bastó con las herramientas que portaban. Era evidente que aquel depósito, a pesar de lo valioso del contenido, estaba tan desprovisto de protección como la imagen de precariedad que daba con la finalidad de no levantar sospechas. La caja fuerte, bastante corriente, apenas ofreció resistencia, según criterio del «artista», que conocía bien los puntos débiles. Preocupados y expectantes, cuando se abrió la caja fuerte, todos, menos Pepe el Manco, resoplaron aliviados secándose el sudor. No podían creer que hubiese resultado tan sencillo. El factor de la confianza, y el hecho de no llamar la atención con indiscretas medidas de seguridad, había sido determinante para que Mateo y su cuadrilla pudieran llevar a cabo tamaña proeza. Los recursos para ocultar el botín eran bastante inadecuados: unos sacos ocultos bajo las pellizas, bien sujetos desde el cuello hasta la cintura quedando visible el preciado bulto. La brillante luz de la luna en aquella noche de otoño no fue muy cómplice, aun así, no tuvieron problema en camuflarse. Los cuatro fugitivos, ya con el valioso y pesado botín, atravesaron agazapados la calle, con dificultad, pero sin problemas. Ahora venía lo peor. Podrían burlar la vigilancia, pero llegar hasta la carretera no era fácil. Empezaba a pintar el día y el tramo era largo. José, el más débil, contra lo que pudiera esperarse, no era el más rezagado; le movía una fuerza extraordinaria, como lo fueron las circunstancias que le habían llevado hasta semejante trance. Todos estaban eufóricos por el éxito del golpe y por lo esperanzadora que se presentaba la huida. Llegando a la cuneta, a Mateo se le rompió la cuerda que sostenía el botín y el ruido a punto estuvo de poner en guardia al centinela, pero afortunadamente pudieron resolverlo sin llamar la atención.

Ocultos entre los ralos matorrales de la cuneta, al otro lado de los camiones, comprobaron con estupor que la información no era correcta. Los camiones estaban posicionados en dirección contraria, posiblemente cargados. El frío húmedo de madrugada había animado a los chóferes y, menos uno de ellos que aún dormía en la cabina del último camión, los otros dos habrían pernoctado en el pueblo. Mateo valoró la arriesgada posibilidad de volver a la finca con el botín y planear de nuevo la huida dos semanas después, cuando los camiones, vacíos, se dispusieran en la dirección oportuna, si es que lo hicieran, que tampoco estaba seguro. Amanecía y no era fácil camuflarse. Si conseguían llegar a la finca sin ser vistos, ocultar el botín conllevaba gran dificultad y riesgo. Sin conocimiento de la magnitud real que se estaba viviendo en Alemania, Pepe el Manco apuntó que, si eran hábiles y se movían con destreza y discreción, podrían camuflarse entre la carga, llegar hasta Alemania y volver después en los mismos camiones hacia España. Mateo tenía sus dudas, pero el tiempo apremiaba y quedarse era poco menos que una sentencia. Roque no votó decidiendo acatar la decisión de la mayoría. Pepe el Manco y José optaron por subir a los camiones y arriesgarse, con un poco de suerte lo suponían factible y no veían opción. Una vez dentro, todo dependía de la buena estrella de cada uno. Mateo envió a Roque a comprobar la dificultad que entrañaba acercarse hasta los camiones sin ser descubiertos. Cuando volvió tras la inspección, Roque informó con optimismo de que todo parecía presentarse increíblemente sencillo. El único conductor ocupaba la cabina del último camión y roncaba como un demonio.

Las lonas fueron fáciles de sesgar por el lado opuesto a la carretera. Primero cargarían el botín, alojándolo con cuidado a través de la abertura, después subirían con sigilo y se camuflarían entre la carga: sacos de cereal, como habían supuesto. Mientras divagaban con sus exposiciones, escucharon ruidos de motor; la cosa apremiaba. Concluyeron que individualmente se camuflarían mejor, y que la ventura amparase a cada uno por separado. Dos de ellos tenían que compartir camión, y Roque dijo que iría con José; le preocupaba que no superara el trayecto, y, si le cogían, le harían hablar. Instintivamente, sin discrepancias, se apresuraron hacia los camiones despidiéndose con la mirada.

Con desagradable sorpresa, Roque comprobó que en la caja del último camión, el que ellos ocuparían, el trigo no estaba ensacado. Un vehículo se aproximaba y José le miró sorprendido y aterrado. Roque reaccionó de inmediato animándole, diciendo que les tocó el mejor, que el grano suelto propiciaría mejor camuflaje y bastante confort. José, escéptico, dijo que sí, si eran capaces de respirar dentro. Los finos tubos huecos de metal que había previsto Mateo, por si acaso, les vendrían muy bien, apuntó Roque para animarlo, con una seguridad de la que realmente carecía. Todo había salido sorprendentemente bien hasta que se toparon con aquel contratiempo: la posición de los camiones en dirección contraria.

No les fue difícil subir a los remolques sin que el soldado de guardia se percatara, el viento había arreciado y fue su cómplice confundiendo el traqueteo. Se acomodaron con sigilo para no despertar al chófer, instalándose sin mayor dificultad. Sin consciencia real de lo que estaba pasando en Alemania, su mayor preocupación era cómo afrontar la llegada a destino. Si llegaban de noche, lo tendrían difícil; si era de día, las dificultades aumentaban y las posibilidades de éxito disminuirían considerablemente. Tendrían que bajar antes de descargar y esconderse en los bajos del camión, ajenos a las medidas de seguridad con las que tendrían que enfrentarse.

Permanecieron dentro de los camiones sin comunicación entre ellos y con la seguridad de no volver a verse, quién sabe si nunca. Roque y José tuvieron tiempo suficiente para preparar el acomodo. Tumbados sobre el grano o inmersos en él, según conviniera, decía Roque intentando crear un ambiente alejado de pesimismos, hasta que llegó el vehículo y permanecieron inmóviles. Tras el frenazo se oyó hablar en alemán con distención a varios hombres, durante unos minutos. El coche que había traído a los chóferes arrancó y, seguidamente, estos, sin dar lugar a exploración alguna, confiados después de registros rutinarios que siempre resultaban baldíos o tal vez porque andaban retrasados, subieron a los camiones sin demora. Dentro del volquete del camión, expectantes ante un previsible rastreo, los hombres se aliviaron al escuchar los portazos y la vibración de la puesta en marcha que anunciaba la inminente partida. Camuflados, con el miedo en el cuerpo por si los soldados les descubrían, se dispusieron para el largo viaje. Empezaba su odisea más expuesta, más arriesgada y peligrosa de todos los avatares sufridos por José hasta el momento.

A José le tranquilizó que Roque le acompañara. Mantener el control no era fácil. Se lo agradeció de nuevo e intentó dormir un poco, tal como le recomendó su compañero. Llegar hasta allí no había resultado muy difícil y les esperaban, con toda seguridad, situaciones peligrosas a las que tendrían que enfrentarse lo más descansados posible. Eufóricos por el éxito se apretaron los brazos en señal de victoria y empezaron a hablar distendidos. Contaron anécdotas graciosas. Roque relató entre risas como un año, a un mes del día de la Ascensión, sacaron en procesión a la Virgen para hacer una rogativa por la sequía. Todos, grandes y chicos, todos abandonaban sus quehaceres para participar. No había labor más importante que seguir en procesión a la Virgen, rogando por un buen chaparrón. Su vecino, eufórico, había gritado que la echaran por sus garbanzos al pasar a la altura del reseco terreno, que siempre había soportado bien las sequías, pero ese año la planta empezaba a amarillear antes de tiempo. El sacristán, que dirigía los rezos cantados, no dudó en desviar la procesión por en medio del sembrado. Los más respetados iban delante, y detrás de los más viejos, mezclados, los demás. La fila rigurosa pronto se desperdigó esquivando las secas matas que arañaban las piernas de los niños y enganchaban las medias de las mujeres. Los garbanzos, ese año, ya no necesitaron el agua. Roque y José reían la ocurrencia hasta que la risa se sofocó de golpe al escuchar motores de coches que se aproximaban a gran velocidad, pitando sin cesar. Los camiones, aminorando la marcha, se orillaron al lado de la carretera. José dijo que, probablemente, ese trasiego tuviese que ver con el asalto. No era probable, el dueño de la joyería no tendría más remedio que ocultarlo hasta comunicarlo a París, le dijo Roque, tal vez para tranquilizarlo. José se puso en guardia intentando desplazarse hacia el lateral del camión para respirar mejor. Hasta entonces habían permanecido tumbados todo el tiempo sobre el grano, sin moverse, respirando el aire que entraba por el hueco entre el lateral y la lona, pero el miedo propició el nerviosismo dejándole sin resuello. Para distraerle, Roque le dijo que después le daría una nota con la dirección de contacto de un joyero de Barcelona que les recogería la mercancía en la misma frontera de los Pirineos. Contacto que ya tenía Mateo asegurado desde sus tiempos en la cárcel, antes de haber planeado ningún atraco; nunca desestimó que fuera de utilidad algún día, ya había renunciado a una vida tranquila dentro de los cauces normales.

Roque comentó a José que aquella operación no había sido tan espontánea, ya llevaban tiempo madurándola cuando él apareció; que Mateo lo tenía todo muy estudiado, pero la confusión en la dirección de los camiones había complicado el plan. Esperando la ocasión para admirar el botín con tranquilidad, luchaban contra el traqueteo, contra la atmósfera de polvo, contra el espacio, contra sus pensamientos, contra el ánimo turbio que aún tendría que oscurecerse mucho más. Roque continuó hablándole de Mateo, de lo planificado que todo estaba cuando apareció él y que, pese a lo que pudiera parecer, tenía buen corazón y no quiso dejarle fuera. También le indicó que no era casual que estuviesen juntos trabajando en aquella hacienda agrícola, y que también a él se lo debían. Roque trataba de que José hallase sosiego dándole conversación para que no pensara, y aliviar aquella angustia del encierro suavizando su inclinación al pesimismo. Le preguntó por los planes más inmediatos que tenía cuando llegaran a España, a lo que José respondió con un silencio que cargó de dolor el ambiente. Roque, arrepentido por haber incidido en la dolorosa herida, respetó su mutismo sin insistir.

Los camiones redujeron la marcha. Roque se aproximó, no sin dificultad, hacia el lateral opuesto, intentando sacar la cabeza al exterior para ver qué ocurría. Como no daba noticias, José, expectante y evidentemente inquieto, preguntó qué pasaba. Empezaba a manifestar síntomas claustrofóbicos y solo acababan de iniciar la aventura, pensó Roque, preocupado.

—Nada. No te preocupes, estamos en medio de la nada. Habrán parado a descansar un rato —dijo Roque tratando de transmitirle una tranquilidad que él no tenía.

Con los camiones parados corrían el peligro de poner en guardia a los soldados si notaban cualquier movimiento bajo la lona. Gracias al ánimo que le infundía Roque, José lo iba soportando; de no haberle acompañado, posiblemente ya se hubiera arrojado del camión hacía tiempo.

Los camiones reanudaron la marcha. Siguieron horas difíciles de soportar. A José le admiraba la templanza de Roque; su capacidad de dominio, sus acertadas palabras que conseguían infundirle tranquilidad y seguridad; su silencio, tan oportuno a veces. Además, jamás le había hablado mal de un compañero. No era derrotista ni cobarde ni alardeó nunca de nada cuando los otros relataban batallitas y situaciones difíciles en las que más de una vez se vieran envueltos. Era un hombre cabal al que las circunstancias habían llevado hasta allí, podría decirse, por las sinrazones de la vida. Como la mayoría, puso en manos del azar su rumbo, sin que rendirse fuera opción a la que tuviera derecho. La actitud pusilánime que siempre había mantenido se había transformado en una fuerza que no podía atribuirse como mérito propio; la vida ya traía trazado el curso sin opción a iniciativas que forzaran el destino, pensaba convencido.

El tiempo transcurría lento, pesado, peligroso. El traqueteo del camión, el calor... El grano cosquilleaba, picaba, pinchaba, adherido por todo cuerpo; era complicado moverse. La limitación, ya asimilada, permitía permanecer estático a Roque, pero para José el incomodo era insalvable y no paraba de quejarse. Empentaron los tubos de los que se habían provisto para respirar dado el caso, entre los bordes de la lona y los laterales del volquete. La amplitud que propiciaron con ello procuró un respiro importante que acogieron con el alborozo de una batalla ganada. José, a pesar del alivio que facilitaba el resuello, no conseguía mitigar la angustia. Comenzó a manifestarse la crisis claustrofóbica. Roque intentaba calmarle indicándole cómo debía respirar, cómo estirar las piernas, incluso en qué debía pensar.

El hambre estaba camuflada. El estómago parecía cerrado, pero había que hacer un esfuerzo y comer algo. Roque forcejeó y al fin sacó su fiambrera. El queso desprendía un fuerte olor que cargaba aún más el ambiente; mezclado con el polvillo del cereal, propiciaba una atmósfera irrespirable. Los pañuelos con los que se cubrían la boca y la nariz, ya estaban húmedos y molestaban más que aliviaban. Era conveniente ir lo más ligeros posible, dando prioridad a la valiosa carga difícil de camuflar. El miedo les secaba la boca y debían racionar el agua que empezaba a mermar considerablemente. José luchaba por respirar a bocanadas imposibles por donde Roque había elevado la lona. Con mucha calma, Roque, que no podía mostrarse abatido ni bajar la guardia, peleando contra la actitud nerviosa y la angustia irrefrenable de José, le fue indicando cómo debía acomodarse para conseguir una posición adecuada antes de disponerse a comer algo.

XIX

Las confesiones

La permanencia se hizo insufrible incluso para el paciente Roque, que ya no podía disimular el agotamiento que venía acusando mucho tiempo; empezaba a claudicar su temple forzado. José se mostraba torpe y ansioso; estirar las extremidades era toda una proeza que Roque celebraba siempre intentando elevar su maltrecho ánimo. De forma espontánea, José rompió en un sentido llanto que no sorprendió al compañero, que esperaba la reacción desde hacía horas; casi desde los primeros momentos que se hubieron instalado en aquel inhóspito, reducido e insoportable espacio a prueba del talante más sereno. Apaciguadas las primeras muestras de la desesperación, José se limpió los mocos y el grano adherido, con el mismo pañuelo con el que se venía protegiendo, y empezó a hablar visiblemente compungido.

—Toda mi desgracia, la losa que ha caído sobre mi vida y la de mi familia, fue por su culpa —dijo con el ímpetu primero que le dio la rabia, pero pronto sus músculos se relajaron y dejó notar un sentimiento de tristeza, cambiando su dura expresión por un desasosiego suave, como si le hubieran abandonado las fuerzas—. Ella se apoderó de mi voluntad, de mi vida. Ya no veía más allá de sus ojos. Ya no me movía si no era pensando en obsequiarla... Todo para hacerla feliz. Era mi ilusión, era mi vida. Me hizo enloquecer —siguió gimoteando, exteriorizando la congoja.

Aquella mujer le había arrastrado hasta límites extremos. José se había dejado engañar, llevando a la ruina a toda la familia. Urdir viajes que justificaran sus salidas a la ciudad, maquinando siempre su próxima visita, era su mayor afán. Elucubraba constantemente cómo hacer negocios rápidos y lucrativos sin considerar, como era norma en su padre, el buen hacer dentro de la legalidad. Todos los movimientos se convertían en la espiral que le condujera hasta la gloria de sus brazos.

—Como mi padre ya no estaba al pie del cañón, fue fácil realizar algunas empresas no muy limpias que él jamás hubiera consentido. Mi hermano Agustín, centrado en la parte más dura y más pesada, nunca se metía en nada concerniente a la administración. Bastante tenía con controlar los terrenos donde pastaban las reses; que no faltara el agua en los momentos de sequía; asegurarse de que todo estuviera en orden; atender cada uno de los problemas que surgían día a día, que no eran pocos —continuó José, en actitud pesarosa.

Cada indeciso amanecer, con niebla, húmedo rocío, cayendo nieve o chuzos de punta, su hermano Agustín estaba allí el primero para iniciar la jornada. Los animales eran lo más importante, y su cuidado y atenciones, su mayor prioridad. Permanecía hasta última hora, ya bien entrada la noche, para acomodar el ganado procurándole las mejores condiciones hasta el día siguiente, donde aguardaban esas mismas reses a las que dedicaría su primer saludo, su primera sonrisa. Sin domingos ni fiestas de guardar. Una labor monótona y esclavizada en la que ponía todo su esfuerzo, su ilusión. Sin una mala cara ni una queja, perseverando por la prosperidad y buen gobierno sin tener en cuenta sacrificios ni intereses personales. Siempre confiando en su hermano José, admirándole y respetando sus movimientos y razones; como su padre, tan orgulloso de haber encontrado en sus hijos la sucesión perfecta; como el resto de la familia. Todos orgullosos y tranquilos: el cabeza pensante de José, con su inteligencia y capacidad, estaba al frente.

José, desde que se tropezara con Sarita en el burdel regentado por doña Mirta, utilizó para su beneficio personal su posición de administrador junto a su hermano Agustín, que nunca planteó problema alguno, pues tenía confianza ciega en él.

—Equivoqué mi camino —siguió relatando José con un rictus de amargura, haciendo pucheros como un niño—. Empecé a recortar aún más en gastos. A escatimar a mi hermano Agustín, con excusas que yo procuraba que no entendiera, las partidas más elementales para el buen funcionamiento de la explotación ganadera. Siempre le hacía cómplice con el silencio haciéndole ver que todo era necesario y, sobre todo, le recomendaba que no diera cuentas ni hiciera comentarios para que no sufriera la familia, en especial a nuestro padre. Él nunca replicaba ni me pedía explicaciones de nada. Pero aquella muchacha, Sarita; bueno, ese era su nombre de guerra, un día vi en los papeles que se llamaba Milagros. Mi favorita, con la que convenía al despedirme, torpe de mí, la cita siguiente para no encontrarla ocupada y sufrir con ello, aunque no sirviera para nada. La que sabía contentarme y engatusarme con sus sabias argucias. A la que colmaba de regalos extras. La que sabía darme todo cuanto necesitaba un hombre para olvidarse del resto del mundo y conseguir que nada fuera de ella tuviera importancia. No era la más guapa, ni la más alta, ni la más vistosa, ni la más simpática, ni la más graciosa; fue la que me tocó en suerte un día; desde entonces ya no supe mirar a otras ni quise otras caricias ni otros brazos. Consiguió que confiara en ella, que creyera su cicatera historia.

Roque le escuchaba haciendo cábalas sobre el previsible final.

La chica había venido desde tierras gallegas; desde un pueblo pesquero donde su familia, como la mayoría, se dedicaba a la pesca. Habían perdido cuanto tenían al fallecer su padre en una galerna infernal. Aquel endiablado vendaval se había quedado con todo. Su madre malvendió las pocas propiedades que tenía para hacer frente a los pagos de la barquita sardinera que no hacía mucho tiempo habían comprado; la que había destrozado la lengua de mar, según relataron los compañeros de otras barcas más sólidas, que, con mejor suerte, pudieron salvarse de aquella endiablada tempestad inesperada. Sus vidas desde entonces habían sido un devenir de tragedias e infortunios. Con gran esfuerzo, la madre le cosió algunas ropas aparentes y consiguió un pequeño préstamo para mandarla a Zamora, la ciudad más próspera dentro de la proximidad, donde emigraban los jóvenes en busca de futuro, esperando que encontrara un trabajo y ayudara a la familia.

El trasiego del camino no fue una grata experiencia para la muchacha, que no había salido nunca de su pueblo, según le relató ella misma a José, que con cada pasaje de su tragedia se enamoraba un poco más, alimentando su ansia de abrigo y protección.

Ya en el término de Zamora se alojó en una posada de mala muerte donde la violaron, le robaron y de la que, lejos de auxiliarla, la echaron a escobazos por no poder pagar. Los tiempos eran muy difíciles y deshacerse de un bocado de pan era quitárselo de la boca a los propios hijos. Su aspecto deplorable llamó la atención de una mujer entrada en años, enlutada y de gesto apacible, que la hizo pasar a su casa proporcionándole aseo y algo de comer. La mujer le aconsejó que con su juventud y belleza podría prosperar en la capital, pero tendría que llevar cuidado a quién se arrimaba. Dudó antes de decirle que, si no fuera por lo lejos que quedaba el lugar, le recomendaría un sitio donde pudiera ganarse bien la vida, e insistió en que, con su figura y lozanía, lo tenía asegurado. La muchacha, motivada por la ilusión que recobró en ese momento, le rogó que le diera las señas. Según comentó la mujer, a su sobrina le iba muy bien, y era posible que pudiera colocarse si se presentaba como una pariente de Zamora, entregándole el recorte del remite de su última carta como prueba, y después ya resolvería el entuerto cuando anduviera colocada. Para hacer el favor completo la acompañó hasta la taberna del pueblo, paso de camionetas de mercancías donde descansaba algún conductor antes de continuar camino. La mujer se acercó a uno de ellos que llegaba hasta Badajoz, le dijo si podría llevarla y en voz baja añadió que la chica no tenía dinero. Él, mirándola lascivamente, respondió que no le importaba, que le cogía de paso y la llevaba a donde fuera menester. Llegó a destino no sin haber pagado en carne el trayecto, lo cual, después de lo vivido en la pensión, apenas le fue difícil soportar.

La muchacha se sinceró con él cuando estuvo segura de que haría cualquier cosa por ella, con el fin de conseguir sus maquiavélicos propósitos. No tardó en urdir una rocambolesca historia ficticia que fue engrosando sin compasión.

—Un día la encontré gimoteando, bueno, más bien fingiendo que disimulaba las lágrimas; pero eso lo supe después. ¡Qué bien representaba los papeles, la muy...! Me dijo que no quería decirme nada. Yo insistí y entonces me dijo que había recibido carta de su hermano pequeño diciéndole que su madre estaba muy enferma, que todo el dinero que ella fue enviando lo habían gastado en botica y que necesitaban más.

Esas confesiones habían despertado en él un ansia, una urgencia por remediar sus problemas. Conmovido y gallardo con la situación, de forma burda y acelerada echó mano de su cartera, quedándose con lo necesario. Hábilmente, ella rechazó el dinero con esa astucia de la que era poseedora; después, cuando él, empecinado, lo dejó sobre la cómoda, prorrumpió en llanto. Un llanto distinto a todos los llantos que él había escuchado. Sarita estrujaba la mano de José contra su pecho mientras le daba muestras de agradecimiento y humildad, desarmando a José, tan sensibilizado con su causa como entregado a ella incondicionalmente. Aquella historia despertó la ternura y avivó las sensaciones que nunca había sentido. Deseó sacarla de allí y quererla y cuidarla siempre. En aquel mismísimo momento lo hubiese dejado todo por ella de habérselo pedido.

Roto el silencio que alimentó el desorden, José siguió hablando, liberándose con la catarsis. Aquella descarga desesperada alivió el peso de su conciencia. Roque hizo cuanto pudo por tranquilizarle. Una vez tomado el camino de la confianza, como paliativo remedio de su dolor, siguió hablando ya más calmado haciendo cómplice de su historia a Roque, que le escuchaba y apretaba su brazo en señal de solidaridad y consuelo.

—Me marché de allí con el firme propósito, con la más sincera promesa de que nunca la abandonaría; que siempre estaría a su lado. Le juré que nunca volvería a pasar miserias mientras yo viviera. Pobre tonto, ¡cómo la creí! Qué fácil le resultó embaucarme.

Más tranquilo, José intentaba estirar las piernas mientras Roque, como si temiera que de un momento a otro volviera la desesperación, seguía apretándole el brazo transmitiéndole sosiego.

La calma fue efímera, José volvió a manifestar su desconsuelo prorrumpiendo de nuevo en llanto, esta vez, como un lamento sereno. No quería dejarse llevar por las emociones, pero resultaba inevitable, volviendo a agitarse por momentos. Mientras relataba el pasaje iba rememorando cómo su torpe conducta, su memez, puso en peligro la estabilidad económica de que gozaba su familia en aquellos difíciles tiempos en que, hasta entonces, habían sido unos privilegiados al amparo y buen gobierno de su padre.

Los esfuerzos de Roque no lograron recomponer de nuevo el maltrecho ánimo de José. Volvía a campar libremente, sin más tregua, la angustia y la desesperación. No continuó explicando como, con todo el efectivo del que pudo disponer, volvió a los quince días al local para reunirse con Sarita. No era el momento propicio. Como era previsible, ella estaba ocupada con otro cliente. La circunstancia le exasperó. El hecho de ayudarla económicamente le inducía a considerarse con dominio sobre ella. Elevó el tono de voz exigiendo un derecho que no era tal, e inmediatamente, dos de las chicas, asiéndole con mucha delicadeza por ambos brazos, entre sonrisas y zalamerías, le condujeron a un reservado. Le informaron de que Sarita pronto estaría a su disposición y que, mientras tanto, no le dejarían solo ni un momento. Le ofrecieron ocuparse de sus deseos ellas mismas; incluso las dos estaban dispuestas presumiendo que no echaría de menos a Sarita. Él se puso un poco violento rechazando con brusquedad su bienintencionada propuesta, que consideró soez. No había ido hasta allí para eso, les dijo. Su propósito y razón era otro y estaba bastante contrariado de que no la avisaran de inmediato anunciándole que él había llegado. En su delirio, repetía una y otra vez que ella dejaría todo si sabía que la estaba esperando. Las chicas que intentaban solventar el incidente no consiguieron apaciguar su empecinamiento. Enseguida apareció la *madame* y las muchachas desaparecieron. Le rogó un poco de paciencia, recomendándole que no debía ir así por la vida, y menos en los tiempos que corrían. Esto último, casi en tono amenazante, aunque con la voz modulada y la sonrisa puesta. La *madame* le dejó claro que su actitud no era tolerable en aquel respetable lugar, donde no se permitía el más mínimo altercado. También le informó de que, si se le hacía un poco tarde, disponían de habitaciones para estos casos. Las chicas jamás pasaban con un cliente toda una noche si no estaba a la altura de la prohibitiva tarifa especial.

—No es la primera vez —argumentó doña Mirta envolviéndole con su aterciopelada y pausada voz— que un caballero, ya sabe usted que los hay que vienen de lejos —decía, mirándole fría a los ojos, dando ya por extinguido el enfado—, pernocta tranquilamente en una de nuestras alcobas individuales en las que no falta detalle para descansar con toda comodidad y confort.

Sin haber conseguido adoptar una postura totalmente serena, José se precipitó a decir que debía regresar esa misma tarde, por la mañana tenía quehaceres que atender. Dejando clara su postura, doña Mirta se retiró cuando consideró que José se había calmado. Contrariada con la actuación de José, valoró seriamente la lamentable circunstancia que la forzaría a plantearse el hecho de restringirle la entrada a aquel muchacho que, pareciendo noble, podría acarrear algún problema con su ímpetu incontrolado. Desde luego, tenía pensado informar de los hechos a don Rafael. Si él le había llevado hasta allí, significaba que la confianza era digna a tener en cuenta, y no tomaría ninguna medida con la que el caballero no estuviera de acuerdo o no creyera oportuna, por supuesto. Don Rafael era un pilar importante en muchos aspectos.

Al quedar José a solas acudió la discreta muchacha del servicio doméstico con una bandeja. Estaba al corriente del rifirrafe y José le inspiraba compasión. Había conocido a hombres como él que perdían la familia y su dignidad al hacerse asiduos, sin tomar aquel recreo como tal, destrozando su vida. Aun así, se mantuvo en su línea de irrevocable discreción; no podía hacer otra cosa, ni siquiera estaba segura de si era correcta su apreciación. La muchacha sabía que arriesgaba mucho, tal vez para nada, porque, además, por lo poco que conocía a los hombres, sabía que ninguna advertencia suya serviría para hacerle ver la realidad, incluso su consejo podría volverse en su contra.

José no la miró ni reparó en las pastas y el anís con que le obsequiaba. Se sentía dolido y humillado. Al fin apareció Sarita, la mujer que había provocado su desvelo y su ira. Ella se le echó en los brazos gimoteando, mientras le abrazaba y besaba su cuello con apremio. Todo con mucho arte y astucia, queriéndole hacer ver, y consiguiéndolo, que el tiempo que hubo pasado sin él fue una tortura. José, habiendo suavizado con la poderosa presencia de Sarita los efectos de la ofensa, le apremiaba para que le hablara de su enojo; de cuál era el motivo que la tenía tan dolida. Tan maestra en esas lides y ante un hombre tan inexperto y fatalmente enamorado, a Sarita no le fue difícil camelárselo y conseguir, sin ningún reparo ni escrúpulo, que dejara el dinero que llevaba encima. También le advirtió que no comentara nada, pues allí nadie estaba al corriente y, si llegaba a oídos de doña Mirta, la mandaría de inmediato a su pueblo para que estuviera con su familia, con poco más que lo suficiente para cubrir los gastos del viaje. Contento por la confianza que Sarita había depositado en su persona, le aseguró que de su boca no saldría ni una palabra que pudiera perjudicarla.

Sarita volvió a relatarle lo calamitoso y urgente de las circunstancias en que se hallaba su familia allá en su pueblo gallego. No dejaba de gimotear, mirándole con esos ojos suplicantes y vivos que le desarmaban. Siguió relatando la desesperada situación: sin el medicamento, al que era difícil acceder por evidente precariedad económica, su madre no duraría mucho. El coste era tan desorbitado que ni siquiera habían valorado la posibilidad de adquirirlo, expuso con mucho poder de convicción, a un hombre que, muy sensibilizado, dijo que intentaría volver la próxima semana con todo el efectivo que pudiera conseguir.

La desgraciada andanza de la chica no hizo sino acrecentar en José la admiración y su pasión por ella. Aquella muchacha le había despertado a un mundo que ni siquiera sabía que existía, ofreciéndole un torrente pasional del que ya no podía prescindir. Lejos de ella sería difícil vencer las horas de todos los días, las lagunas en las que se habían convertido las noches. Las incidencias del día a día en la hacienda no distraían su obsesivo celo. No podía mantener a raya su delirio, aquella fogosidad que ella le había despertado y solo con ella podría satisfacer.

Antes de marcharse, siguiendo las instrucciones, incluso el dictado de la inteligente muchacha, aunque con su propia redacción más brillante, José dejó un escrito para la *madame* en el que se disculpaba por su fatal comportamiento, rogando su perdón y dejando clara la firme promesa de que jamás se repetiría. Volvió justo a la semana siguiente como le había prometido a Sarita. Fue recibido de inmediato por la muchacha. Ella sabía muy bien cómo jugar sus cartas y no quería enfurecerle si no era en su propio beneficio. José portaba la cantidad de dinero que pudo conseguir, no sin esfuerzo. Sarita, como siempre, se arrojó a sus brazos gimoteando y besuqueándole, agradeciendo su gesto con promesas imposibles que él recibía emocionado creyéndola a pies juntillas.

Impaciente, José acudió a la próxima cita un día antes del convenido. Sarita estaba ocupada. Él no admitía que pudiese darse la previsible circunstancia a la que tenía que aclimatarse sin rechistar, haciéndosele insoportable aquella espera que no se aliviaba con las atenciones de la siempre oportuna y discreta camarera, solícita y atenta para hacer más llevaderos estos intervalos de tiempo que él consideraba improcedentes dada la importancia de su persona. Las elucubraciones andaban por libre sin raciocinio, sin tregua a sus nefastos pensamientos. Con impertinencia, transgrediendo la discreción que predominaba en el lugar, preguntó a la muchacha con quién se ocupaba Sarita. La chica le miró con dulzura compadecida por su ingenuidad, y dijo que nunca le llegaban esas informaciones. La dulce y siempre discreta moza se atrevió a sostenerle la mirada. Una lágrima humedeció sus ojos desazonada por la ansiedad de José, que no reparó en el detalle. De haberse mostrado él receptivo y con una actitud más serena, le hubiese puesto en antecedentes; no de lo que estaba pasando, que lo desconocía, pero sí recomendándole prudencia y más frialdad para valorar la situación. Aquel hombre, que parecía tan cándido e indefenso, le había despertado cierta compasión, hasta cariño.

La discreta joven —en su papel de sombra servicial, en su anonimato, en aquella atmósfera donde era invisible—, tras las largas madrugadas, se iba a la cama y soñaba con un hombre que se fijase en ella a pesar de ser sencilla y poco vistosa en ese entorno donde todos se dejaban embaucar por el oropel y las apariencias. Necesitaba el calor de unas caricias aunque fuesen artificiales; palabras que la sacaran de su tedio, de aquella feroz soledad donde las falsas promesas no le llegaban; necesitaba una ilusión, aunque esta fuese irreal, como todas las pasiones que se prodigaban a su alrededor; sentir en su piel las sensaciones que imaginaba produciría el amor que vendían estas mujeres y ella deseaba regalar. Necesitaba una esperanza y este hombre desvalido le había despertado ternura, sueños a los que tenía derecho. Aunque sabía que Sarita no era trigo limpio, como todas lo sabían y tapaban para que no llegara a oídos de doña Mirta, de haber conocido el tejemaneje que llevaba entre manos, se hubiera arriesgado aun sabiendo que, cerrado en su obcecación, él no la hubiese creído y la posibilidad de que floreciera un sentimiento limpio entre ellos no se hubiera dado jamás.

Sarita acudió zalamera, despejando de la mente de José los pesimismos. Su sonrisa volvía a estar perpetua por y para él, como la primera vez que le tocó por azar y ya no pudo prescindir de ella. Su mundo giraba alrededor de sus cada vez más frecuentes visitas a la ciudad, difíciles de justificar muchas veces. Después de los momentos de pasión José no conseguía olvidar que la mujer que amaba, su novia, como él la consideraba, habría dado los mismos mimos, las mismas caricias a otros hombres. Él ya no se sentía parte de aquella lista de clientes; él era algo más, mucho más. Él era su hombre y estaba dispuesto a cualquier cosa por sacarla de allí. Estos pensamientos obnubilaban su mente; le torturaban sin dejarle ver más allá del envolvente y fatídico huracán en que se había convertido su vida.

Ese día Sarita no enfocó la conversación hacia su tragedia personal. Ese día ella fue discreta y supo conducir la situación impidiendo que sacara el tema de la falta de exclusividad a la que él creía tener derecho. Lo más importante era mantenerle enamorado, confiado y dispuesto a todo. La prudencia, la cautela; todo un engranaje de estrategias que aseguraban el éxito con hombres tan ingenuos como lo era José: un filón a explotar.

Obsesionado, muy sensibilizado con la situación de Sarita, José, un hombre cabal, como él mismo se consideraba, tenía que resolver el problema de la mujer que amaba. Arrestos no le faltaban y económicamente encontraría la viabilidad, ahora que no tenía que dar cuentas a su padre, y su hermano Agustín apoyaba todas sus decisiones. Lo primero es lo primero, pensaba, con la sensación de ser el quijote que resolvería los problemas de su amada.

Sarita llevaba aquella empresa con mucho tiento, se jugaba mucho; tenía que ser muy hábil. Su frialdad no podría disculparse por mucho que hubiera sufrido en la vida. Su primo lejano, Luis, un contrabandista a pequeña escala con el que había tenido algún escarceo, la había seguido hasta allí y la tentó con la posibilidad de desplumar a algún cliente; tenía un plan perfecto para conseguir dinero fácil y escapar a América. Solo tenían que elegir bien a la víctima y José daba el perfil perfecto: potencial económico del que sacar tajada, cándido, inexperto, enamorado.

José siguió hablando, le confortaba desahogarse mientras intentaba lograr el acomodo entre el grano. Roque le escuchaba mostrándose interesado; hablar lo distraía y era más fácil controlar su ansiedad.

—Sarita, aquella tarde... estaba tan guapa... Me dijo, muy contenta, nada más verme, mientras me abrazaba melosa: «Tonto, tonto, si eres lo que más quiero». Después se puso seria y mirando a la ventana dijo que tal vez pudieran solucionarse los problemas y ella podría abandonar aquel lugar que la tenía atada sin remedio. Me habló de... un negocio... Que sería libre para dedicarse solamente a mí. Yo, tonto de mí, creí que mis súplicas al cielo al fin daban respuesta. Todo lo que soñé estaba a punto de hacerse realidad. Le pregunté de qué trataba ese negocio que iba a darnos la libertad y la dicha. Sarita bajó la voz, como si cuanto fuera a decirme fuese un secreto que solo yo debiera escuchar. Me miró con sus ojos oscuros y brillantes y me convenció de que yo, solo yo, era el elegido, porque me amaba, y dijo que pronto me daría detalles. Así me reafirmé mucho más en la seguridad de que mi preciosa niña deseaba salir de allí tanto como yo, despedirse de aquella vida deshonrosa; vivir junto a mí como mi mujer el resto de nuestras vidas. Ya venía yo tiempo cavilando cómo podría dar el lugar a Sarita en mi vida; ella era mi mujer, así lo sentía; era lo único claro que tenía en mi cabeza. Nada me separaría de ella. —José hizo una pequeña pausa y un gesto de complacencia iluminó su rostro. Continuó mientras Roque le escuchaba en silencio—. Sabía atender mis necesidades, calmar mis pasiones, acompañarme en la vida. Cosa que nunca había tenido con Encarnita. Era mi horizonte; ya no podía vivir sin ella. Lo que más me preocupaba era darle aquel tremebundo disgusto a mi madre, que andaba muy delicada. Mi mujer y mis hijos saldrían adelante. Sin embargo, mi padre... Ese, ese era el mayor inconveniente. No creo que él admitiera de ninguna manera esa ofensa a mi mujer, a toda la familia. Mi padre, al que todos teníamos mucho respeto, sí era el mayor obstáculo para poder empezar mi nueva vida. Nunca aceptaría que conviviera con otra mujer que no fuera con la que me casé, después de dejarla embarazada, siendo unos críos; sin haberme dado Encarna ningún motivo; ella siempre fue una buena esposa, sin nada que reprocharle, apoyando en todo a la familia. Tenían que comprender que no había tenido la vida que tuvieron otros; una juventud, rondar a otras muchachas. Me encontré de pronto encerrado en un matrimonio cuando no sabía ni lo que significaba; con dos críos y una muchacha desconocida que empecé a conocer entonces, cuando ya no tenía opción para elegirla.

José se derrumbó pensando en cuánta falta le hizo su tía Juliana aquellos días. Tal vez, si hubiera vivido, se habría confiado a ella y aquel desatino dueño de su voluntad que le privaba de raciocinio podría haberse atajado, pensaba, mientras Roque respetó su pausa y se aunó al silencio, recolocándose entre el grano.

Hacía unos años que había fallecido la tía Juliana, poco antes de empezar la guerra. Hermana mayor de su padre, soltera, los había criado a todos y siempre sintió debilidad por él; el pequeño, lugar que adjudicó a José cuando nació y mantuvo aunque posteriormente naciera su hermano Prudencio. Ella siempre le consideró el más vivo y listo; al que siempre tapó y encubrió todas las travesuras, secundando y celebrando cualquier decisión que él tomara. Le apoyó cuando siendo un crío se casó con aquella niña que se hizo mujer como una hermana más en la familia. Se hizo cargo del cuidado de los mellizos, como había hecho con él y sus hermanos, y dio seguridad a aquella muchacha asustadiza para la que todo era nuevo y sorpresivo. La tía Juliana fue la que convenció con su machacona insistencia a Hilario para que José estudiara, consiguiendo que accediera a las clases de un maestro particular al que acudían muchachos de las mejores familias con posibles, sacando buen provecho.

Esa mañana, después del maravilloso encuentro con Sarita el día anterior, era especial para José. A mediados de septiembre el sol brillaba como en pleno verano abriéndose paso entre las montañas del este. Ese día José no se había dirigido directamente hasta la caseta de los aperos, en la que su hermano solía dejarle alguna nota, se dirigió apresurado hasta aquellos prados que despedían el verano, donde Agustín peleaba como el que más para sacar adelante las reses, que no se saciaban con la rala hierba, siendo preciso traer, antes que otros años, el complemento necesario para que no bajaran de peso. Agustín se extrañó al verle. Pensó que habría pasado algo en la familia; tal como estaba su madre, era muy posible que un día se levantaran con la fatídica noticia de un inevitable desenlace. José le tranquilizó en ese aspecto y pasó a informarle de que las motivaciones que le llevaban hasta allí nada tenían que ver con el núcleo familiar, o sí.

José era consciente de que lo que quería anunciar, para una familia educada en las buenas costumbres y moralidad de la Iglesia, sería un golpe difícil de asimilar. Aun en contra de su férrea y contumaz voluntad, de haber confiado en alguien, tal vez hubiese recapacitado con más calma antes de dar los pasos que le llevaran a la irremediable tragedia.

José, entre la congestión del llanto y lo viciado del ambiente, apenas podía respirar a bocanadas por el resquicio de la lona cada vez más desgarrada, mientras Roque intentaba desatar los nudos que la aseguraban a los laterales. Logró recuperar el resuello y siguió hablando.

—Me fallaron las fuerzas para abrirme con mi hermano y resolví el trance hablándole de mi preocupación por las dificultades económicas de la hacienda sin importarme acrecentar su desazón, que ya era mucha. Preparé el terreno para que firmara sin recelo cuanto documento fuera preciso, abusando de su confianza ciega en mí, como los demás. Ojalá hubiera confiado en alguien que me abriera los ojos. Pero estaba ciego, solo pensaba en llevar a cabo su plan cuanto antes —musitó, pensando en Sarita, con los ojos congestionados por el polvo y las lágrimas, habiendo desaparecido la rabia que hacía unos momentos le insuflaba fuerza—. Yo solo era capaz de pensar en ella y en cómo conseguir mis propósitos a toda costa, sin tener en cuenta consecuencias. Nunca se me pasó por la cabeza que no fuera verdad todo lo que me decía. Ni por lo más remoto podía pensar que peligrara nuestra hacienda. Estaba ciego y solo quería acelerar las cosas para tenerla para siempre. —José se hundió de nuevo. Roque, con el alma encogida al reverdecer el oscuro sentimiento que anidaba en sus entrañas, permaneció callado respetando su dolor; nada podía decir que mitigara su pena.

Un día que José y don Rafael se encontraron fortuitamente, pues ya no se frecuentaban fuera de los negocios, teniendo conocimiento de las asiduas visitas y leves altercados que José hubo protagonizado en la casa de doña Mirta, le había dicho que creía que andaba equivocado, aun sin saber nada de los manejos de los que era víctima. Le recomendó que se alejara de aquel círculo en el que se estaba metiendo y que pudiera llevarle por un camino peligroso del que no sería fácil salir, pero José, que incluso se sintió ufano creyéndose envidiado, no atendió a los consejos, cegado totalmente. Solo anhelaba apartar de aquel lugar a Sarita, sin dudar de los sinceros propósitos de la muchacha ni del sitio que deseaba que ocupara en su vida. Eso no lo dudaba ni por un momento.

Aquel fatídico día Sarita le esperaba con el plan bien urdido, pero él no era capaz de ver la menor maldad ni intención perversa en ella. Le recibió cariñosa y aduladora, como siempre. Después, en la distancia, dolido, acabado, rememoró todos los momentos y valoró de otra forma el brillo de satisfacción en sus ojos. El pobre iluso adjudicaba el fulgor de su mirada a la misma felicidad que a él le embargaba; pero aquellos ojos rezumaban complacencia por ver que los planes iban bien encauzados. Mientras le miraba con aquella carita inocente y le acariciaba con sus gestos estudiados que tan bien sabía adoptar, le dijo que su primo había venido a visitarla para darle nuevas de la familia y a recoger, como hacía regularmente, el dinero que ella aportaba para paliar las necesidades.

—José, lo he pensado mucho. Desde aquel día que te cogí de la mano y entraste por primera vez por esa puerta, un poco asustado —Sarita le tomaba con ternura por la barbilla y le miraba a los ojos haciéndole un mohín al que él correspondió sonriendo tímidamente, reconociendo el recato de aquel primer día cuando don Rafael la eligió por él—, algo me dijo que tú eras el hombre que me sacaría de este lugar. Desde aquel día no ha pasado ni uno en el que no soñara con salir de aquí junto a ti, para estar juntos toda la vida. Sé que tú me quieres y yo ya no podré querer a otro, ¿sabes? ¡Vámonos juntos! —le dijo, muy segura.

Tenían que hablar de cosas importantes con relación a su futuro, el de ambos, dijo a la despedida. José no puso impedimentos para volver en breve, no hacía mucho que disfrutaba de uno de los primeros coches del pueblo y tenía autonomía para desplazarse sin problemas y cubrir los pocos kilómetros que le separaban de la ciudad.

El del médico fue el primer coche que hubo en el pueblo. Dado que tenía que atender varias pedanías, y la vieja Guzzi, con mucha historia, le daba problemas, aprovechó una ocasión, como le había dicho aquel día a su amigo Hilario, el padre de José.

—Estoy hasta los cojones de que me deje tirado en medio de la nada, sobre todo en invierno. Las he pasado putas más de una vez. Y mira que le tengo cariño. Desde que el italiano la dejó en la fonda... Mi madre no quería que la usara, siempre me decía: «Hijo, no me gusta que uses el vehículo de un muerto». Pero entonces me sacó de algún apuro.

—Usar el vehículo con que se ha estampado alguien no es buena cosa; las sombras vagan y puede que se alojen donde lo tienen fácil —apuntó Hilario.

—A mi padre le costó sus buenos duros arreglarla; el italiano había dejado un mes sin pagar. —El médico soltó una carcajada—. Aún me acuerdo de la cara de mi padre cuando se enteró de la noticia. «¡Ah, cabrón, que te has ido sin pagar!», dijo, y mi madre, que se le había mudado la cara, le recriminaba diciendo que más había perdido él. Yo la necesitaba y tampoco era caso ponerse melindroso.

El médico, hombre pragmático y generoso, siempre dispuesto cuando se le necesitaba, al hacer efectiva la herencia de sus padres compró un Ford de segunda mano con buen motor y muy buena apariencia, envidia de muchos. Pronto convenció a Hilario de la conveniencia de hacerse con uno. Sus hijos le convencieron de la necesidad. Aunque Hilario era reacio a destacar, bien es cierto que habían perdido oportunidades; la dificultad para desplazarse perjudicaba el negocio.

Habían quedado al día siguiente por la mañana. Sarita no quería que la distancia obrara enfriamiento en la voluntad de José. A esas horas, la taberna, un lugar oscuro que olía a enranciado, apenas frecuentado entre semana, estaba vacía; aún no había llegado ninguno de los escasos parroquianos que solían ir a jugar a las cartas y beber vino peleón. Era imposible imaginar manifestación alguna de alegría en aquel lugar observando a los taberneros, ásperos y antipáticos, que, más que agradecer la entrada de los clientes, parecía que ya se les debía algo solo por cruzar la puerta. José, impaciente y nervioso, había cambiado varias veces de sitio antes de que ella llegara ante la atenta y desagradable expectación de los desocupados taberneros, que no dejaron de cuchichear y de lanzarle injustificadas miradas de enojo.

José seguía con aquel monólogo amargo habiendo perdido la noción del tiempo. Roque le escuchaba atento, muy sensibilizado con su tragedia mientras le limpiaba la cara retirándole el grano que se le adhería a las lágrimas y a los mocos, al mismo tiempo que seguía empujando la lona con la otra mano para que el aire le llegara con más efecto.

—No la había reconocido, pero era extraño que una mujer así entrara en aquella taberna. ¡Qué garbo, qué señorío! ¡Qué guapa estaba! Parecía otra, lo juro; y dudé un momento, pero iba derecha a mi mesa mirándome fijamente. Enseguida reconocí sus ojos; esa mirada que solo había visto en ella.

Entró decidida, como la más elegante y distinguida señorita, dejando fascinado a José. Vestía traje de chaqueta gris, una blusa de seda color salmón que conjuntaba perfectamente, y salones negros de tacón medio. Cubría su pelo, dejando caer un mechón negro sobre la frente, con un pañuelo gris perla que le daba un aspecto de artista de cine. La cara, lavada, sin apenas maquillaje, enmarcaba unos ojos más pequeños, pero más intensos. Sus labios, que parecían más finos, apenas dibujados por un carmín suave, anunciaban una leve severidad. Nunca los había dejado ver sin aquella máscara perenne que se los delineaba por encima del límite natural, dándoles un grosor artificial que favorecía la pretendida sensualidad. José vio en su rostro un aspecto más sereno y terrenal que le desconcertó y le reafirmó en su percepción de la importancia de aquella mujer a cuya voluntad estaba sometido de buen grado. Aquella imagen, que le daba cierta distinción, encandiló de tal forma a José que se hubiera tirado de cabeza, con más vehemencia aún, a donde le condujera esa mujer de la que ya jamás podría separarse. Se sentó frente a él, que, sin levantarse, no había dejado de mirarla como un simplón hombrecillo paralizado por la impresión. Resuelta, miró hacia el mostrador y pidió un sifón. El tabernero, que parecía un hombre sometido y sombrío, libre de la vista de su mujer, sonrió pícaro y cómplice al acercarse a la mesa, suponiéndoles amantes ilícitos. Ella correspondió discretamente mientras José, obnubilado, ni siquiera reparó en el tabernero.

Lo primero que hizo la inteligente y hábil muchacha, usando su infalible mirada que desarmaba a José, fue coger su mano apretándola con suavidad y con mimo fingiendo un entusiasmo cómplice en el que la ilusión crecía por momentos. Decidida y segura le dijo que, de llevar a buen fin los planes, podrían marcharse juntos muy pronto. José tan solo asentía estupefacto, visiblemente alelado ante las promesas de vida en común que ella le ofrecía. Él solo tenía que apoyar su propuesta sin riesgo alguno, según aseguraba ella con mucho énfasis. A José le invadían sensaciones nuevas limitando el raciocinio, incapaz de valorar fríamente la drástica decisión que estaba a punto de emprender. Con actitud torpe y poco avezada, acertó a decir que haría todo lo que fuese necesario, porque lo que más deseaba era estar con ella y disfrutar de la vida juntos. Cuando Sarita estuvo segura de haberle convencido, pasó directamente a explicarle los infalibles planes que les proporcionarían la dicha. Su primo, el mediocre traficante, el amante al que ella definió como un sagaz hombre de negocios al que solo le unía el lazo de parentesco y su gratitud por la ayuda que prestaba a su familia, tenía un proyecto muy seguro en vistas, pero necesitaba un socio importante como garante para llevarlo a cabo. José, aparte de la expectante perspectiva que les uniría para siempre, se sintió poderoso. La complicidad que veía en sus ojos iba más allá del amor y del cariño. Afloró un sentimiento de camaradería que le insufló seguridad como hombre capaz de estar a la altura resolutiva por la que ella le admiraría.

Segura de su éxito, Sarita siguió con la explicación. El negocio era opíparo y muy seguro. Necesitaban un capital con el que avalar la infalible operación, y con premura, antes de que se les adelantaran. Una vez resuelto y con el dinero en la mano, repartidos los beneficios con su primo, había pensado saldar las cuentas de su madre y marchar a América para empezar una nueva vida juntos, si él quería, le dijo sin soltar su mano, utilizando todo su encanto y sin dejar de proyectar sobre él su estratégica mirada, que hábilmente modulaba dando un énfasis acorde con el tono de sus palabras, ejerciendo un poder innegable donde no tendría lugar voluntad que anulara tales efectos. A José se le saltaron las lágrimas de la emoción. Los sentimientos agolpados no daban lugar a la prudencia que requería la importante proposición. Ella, segura de la reacción del bisoño caballerete, le dijo, convencida de que no lo haría, que lo pensara tranquilamente, que era un paso muy importante y decisivo el hecho de abandonar su vida y marchar a tierras lejanas, pero que tuviera en cuenta que era la única solución posible para poder disfrutar una vida juntos. Le aseguró que no existía riesgo de su capital para llevar a cabo la empresa; la presentaba tan segura que no cabía lugar para reparos ni dudas por parte de José. Añadió, escenificando como solo ella sabía, que no arriesgaría el patrimonio del hombre de su vida si hubiese la mínima duda de la seguridad en el negocio; que era puro trámite su firma para poder hacer realidad sus sueños, los de ambos; que después, cuando las aguas se hubieran calmado, volverían y él podría hablar con sus hijos y recuperar su cariño. Sin soltar la mano de José, anunció que precisamente su primo estaba a punto de llegar, pues lo esperaba aquella misma mañana, y podrían hablar del tema los tres, por si tenía alguna duda.

Él, mientras seguía embrujado por el reflejo de aquella luz que iluminaba de manera especial sus ojos, apresuradamente dijo con aplomo que duda, ninguna, pero que sí le gustaría conocer a su primo. Esa respuesta es la que ella, ellos, los «socios», esperaban del previsible José. Sarita, mientras esperaban al primo, no dejó de hablarle de los maravillosos planes que tenía en México, donde vivía un tío emigrado al finalizar la guerra que les facilitaría el acomodo en las prometedoras tierras en que empezarían de nuevo y serían muy felices, y quién sabe si un día se llevaría a sus hijos con él, dijo abordando un tema espinoso que a última hora pudiera frenarle. José, bajando la mirada, no se pronunció al respecto. Ella acabó diciendo que el tiempo todo lo cura mientras buscaba su mirada sin permitir que decayera el optimismo. La media hora transcurrió rápidamente para José. Su estado de entusiasmo se había acrecentado y hubiese dado los pasos precisos en ese mismo momento, movido por la ilusión desmesurada que le proporcionaba los maravillosos planes de su novia, como él la consideraba.

El resquicio de sol que entraba por la puerta de la taberna abrigando la espalda de José se oscureció de pronto endureciendo la mirada de Sarita por un instante. Enseguida el entusiasmo los encendió de nuevo cuando alzó la vista y sonrió con emoción. La presencia del primo la levantó de su silla. Su aspecto no ofrecía confianza alguna, pero se mostró simpático y educado esforzándose por ofrecer una imagen de hombre de bien. Inmediatamente pasó a adular a José y manifestarle su aprecio por cuanto significaba para su prima y lo agradecido que le estaba toda la familia por la ayuda que generosamente les proporcionaba. José, que no cabía de gozo, se mostró orgulloso pidiendo con alegría más vino al tabernero.

Sarita y el amante no habían dejado nada en el aire. Si José respondía como era previsible, no debían dejarle que regresara solo. Era conveniente que el primo lo acompañara y volver con los documentos firmados. Las fincas pasaban al poder del primo mediante cesión en términos muy concretos. Sería fácil obtener la firma sin que él leyera los documentos exhaustivamente, al igual que él conseguiría que su hermano Agustín, al que convencería de lo necesario del trámite, los firmara seguro de la buena gestión de su hermano, al que jamás cuestionaba. El primo ya tenía un comprador al que exigieron, bajo cláusula, a petición de Sarita como condición indispensable, un plazo para que José tuviera derecho a recomprar la finca o parte al nuevo dueño. No debían arriesgarse; con la cabeza fría José podría leer atentamente los documentos y la operación pudiera fracasar, incluso incurrir en riesgo de delito penal si eran denunciados. Para evitar ocasión de que pudiera ponerse en peligro la firme resolución de José, los amantes se ratificaron en la conveniencia de que él le acompañara. Estaba todo estudiado y controlado. No habían dejado nada en el aire. No fue difícil convencerle explicándole los detalles de la ideada operación, argumentando que llevar a cabo la empresa exigía premura antes de que alguien se les adelantara. El primo le acompañó hasta su casa y, con mucho éxito en la estudiada treta, regresaron con los documentos firmados por el hermano. El corrupto notario, al tanto de los antecedentes políticos indirectos de Hilario que le taparían la boca y haciendo uso de las maniobras legales, ultimó la venta con el comprador definitivo dejando todo concluido antes de que pudiese irse al traste la operación. El comprador, un terrateniente muy potente de la capital, bien relacionado, sin escrúpulos, amigo del notario, ya había firmado los documentos sin hacer acto de presencia. La pareja controló a José cegado por la confianza y la ilusión desmesurada que le producían las promesas de su amada, durante el tiempo necesario para registrar y ultimar la legalización, distrayéndolo en la ciudad con cualquier motivo, que él supo justificar en su casa aprovechando que su padre andaba bastante delicado de salud aquellos días. Una vez concluido todo el proceso legal, los crueles y despiadados amantes, ya con el efectivo que les resolvería la vida, pusieron un océano de por medio. El mismo océano prometido que hubiese cruzado el burlado José junto a ella buscando una vida plena. Ellos, los pérfidos amantes, la disfrutarían mientras que él se hundía en la deshonra y la vergüenza.

Sarita, como despedida, solo dejó un sobre cerrado para José, en su habitación, segura de que, cuando él fuera a buscarla para sacarla de allí y marcharse juntos, ellos ya estarían en mitad del océano. El sobre contenía una copia de los documentos legales y una nota informándole de la situación en la que le recomendaba que buscase solución para poder recuperar sus tierras en el generoso plazo que ella misma exigió como condición indispensable. También se disculpaba por el daño que le hacía. Nada más.

Ante la tremenda confesión de José, Roque, con lágrimas en los ojos, muy sensibilizado con su padecimiento, creyó oportuno depositar en él su confianza y, a pesar de no ser muy amigo de confesiones, se sinceró con él. La situación era propicia y además, de manera recíproca, necesitó destapar con él su no menos truculenta historia y hacerle de este modo confidente de unas vivencias que no había compartido con nadie.

—Yo soy soltero, nunca me casé. Y no me casé porque la chica que me gustaba, la que me robó el corazón, se casó con otro; no sé si más guapo, pero sí más listo y decidido. Otro que supo camelársela sin precisar esfuerzo. Él tuvo el arrojo que a mí me faltó siempre en la vida —comenzó a relatar así lo que fue su vida y la desgracia que le llevó hasta allí.

Lucía, que así se llamaba la muchacha que enamoró a Roque, siempre llevaba aquellas trenzas oscuras y apretadas que cruzaban con mucha gracia sus hombros rectos, firmes, como si debajo de la ropa llevara una percha. Su tez no era clara como codiciaban las mujeres de su entorno, que envidiaban la piel clara y cuidada de las mujeres de posición social favorecida; el rostro lustroso, tan ansiado, también lo lucía su vecina Fefa, pues su madre no la dejaba salir al mediodía a «tomar los soles», pero a Lucía, que por naturaleza la tenía aceitunada, le importaba bien poco, al igual que a las demás chiquillas de su entorno.

Roque siguió hablando con un rictus impasible, que no frío ni indiferente; la expresión que siempre mantenía fueran cuales fueran las circunstancias. Ni el espacio, ni el tiempo, ni las vicisitudes, ni toda la sordidez de los momentos vividos hasta entonces habían alterado la intensidad de sus recuerdos.

—Tenía la piel distinta, oscura. Sin embargo, a mí me gustaba la piel de Lucía; una piel moruna con lunares esparcidos como pequeños bodoques perfectos, que yo adivinaba por todo su cuerpo; la prefería a la de otras chiquillas. Nunca defendí que yo la veía guapa cuando los amigos decían lo contrario. Hasta para eso fui cobarde. —Esto último Roque lo dijo como para sí.

Lucía no era la más envidiada por las amigas ni la más deseada por los chicos, pero sí era popular, infundía cierta admiración por sus ideas chispeantes y sorprendentes. Lograba ser el centro de los corrillos acaparando el interés de todos con su oscura fantasía y su arte para convencer. Mantenía con mucha vehemencia que todas las madrugadas vagaban espíritus sedientos de apoderarse de los pensamientos de la gente para dirigir sus vidas, y que cuando uno se despertaba en mitad de la noche rompía aquella facultad liberándose de la maniobra usurpadora. Todos la escuchaban dando por hecho la veracidad de sus historias. Roque, más leído que ninguno y más ducho en el alcance ilusorio de la fantasía, aún admiraba más aquella facultad que la distanciaba de todos y acusaba una línea infranqueable entre ella y su apocada persona.

Lucía, a la que solían tildar de rara, tenía algo en su mirada que volvía loco a Roque cada vez que se la cruzaba; le resultaba interesante y mágica. Solo pensar en la posibilidad de rozarla le estremecía. Se sentía engullido por la seguridad que Lucía derrochaba, acentuando su timidez. Cada vez que descargaba sobre él todo su encanto, su gracia exquisitamente peculiar, se sentía tan pequeño que deseaba que se lo tragara la tierra. Su rostro comprendía los rasgos más perfectos que Roque pudiera imaginar. Sus cejas, casi unidas, gruesas pero bien dibujadas, leve y elegantemente puntiagudas, enmarcaban unos ojos oscuros, penetrantes. Cuando le miraba, con «aquel mirar» seguro, profundo; esa mirada inteligente, descarada y atrevida, una corriente le recorría todo el cuerpo suministrándole una flojedad que le paralizaba; como estar ante un poderío turbador que le sumía en un mundo aparte; un espacio donde las sensaciones le inundaban de un abandono placentero del que no deseaba salir. Nadie la miraba como él, ella lo sabía y por eso no le importaba que sus cejas fueran motivo de guasa. El boticario, que proveía a Roque de libros que él devoraba, le dijo un día al verla pasar que antiguamente en Roma estaba de moda ser cejijunto. Roque esbozó una sonrisa de satisfacción y se sorprendió gratamente cuando el boticario también hizo mención a su nariz, que nacía recta desde la frente, achacando al rasgo una herencia griega, tomando el casual rostro de Lucía como demostración del alcance de su conocimiento, pensó Roque, sorprendido. Reparó, con cierto sentimiento de injusticia, en que nada había dicho de los labios, excesivos y ligeramente inclinados hacia abajo y que al anochecer se tornaban morados y parecían más duros, y que cuando sonreía se abría el cielo. Después sintió satisfacción al adjudicarse para él solo el prodigio de ese disfrute. El boticario hizo alusión al oscuro vello que cubría los brazos y piernas de la niña, que, lejos de desagradar a Roque, le resultaba una interesante seña de identidad que la distinguía; pero vio el arrobo con que el joven la miraba caminar calle abajo y calló de manera fulminante sin que Roque, aliviado, pudiera advertir la causa.

Roque leía todo lo que caía en sus manos, que era mucho, como él mismo valoraba agradecido al boticario, que le iba pasando las novelas y ensayos que engrosaban aquella biblioteca objeto de su admiración. No cabía el concepto de envidia cuando el sentir innato de acatamiento a la carencia lo anulaba. Su madre le decía que iba a salir loco con tanta lectura, advirtiéndole, con no poco énfasis, que jugara más y leyera menos. La recomendación no iba encaminada al perjuicio que su propensión a la lectura pudiera ocasionarle, sino como un mensaje subliminal en menoscabo a su tendencia a frecuentar al boticario; hombre solitario del que poco se sabía. Había recalado en aquel pueblo hacía unos años junto a su padre para hacerse este cargo de la farmacia, cargo que él siguió desempeñando a su muerte. Ella decía que era un tísico, adjudicando al adjetivo cierta connotación poco honrosa, y siempre lo miró con malos ojos suponiéndole dado a inclinaciones malsanas, cuando el pobre hombre, al que la muerte de su madre siendo un niño le fomentó el apocamiento, debía la sequedad de su pierna izquierda a una infección de poliomielitis, antes de aprender a andar.

A Roque la lectura le alejaba del entorno deprimido. Apareció el desencanto que despertó el inconformismo del que antes carecía y empezó a soñar con los lugares que aparecían en los libros. Anhelaba alejar a Lucía de aquel ambiente y poner a sus pies un mundo distinto. Una forma de vida diferente como suponía que sería el curso de las vidas allá en la ciudad que tanto le impresionó cuando fue con sus padres al notario tras la muerte de su abuela para tomar posesión de la herencia. Aquel día, su padre, contento porque habían resuelto los trámites legales y se embolsarían unas perras con la venta del terreno, le compró la enciclopedia que Roque tanto ambicionaba y nunca supuso a su alcance. Su apocamiento creció al no saber canalizar sus insatisfacciones e inquietudes, confundiéndolas con torpeza y desatino. Alimentaba su espíritu inconformista abstraído en la lectura y ahí acababa todo aquel mundo de posibilidades. Muchas tardes, cuando los otros chiquillos iban a bañarse al río, él se quedaba sentado en el poyete de su puerta, bebiéndose los libros, regocijado con las vidas de otros, en las que a menudo encontraba un resquicio de comprensión y similitudes imposibles.

Aquel día a Lucía no la dejaron ir al río porque no había hecho la digestión, eso dijo cuando pasaron a buscarla; la verdadera razón fue el castigo a no salir ni a la puerta de la calle, como muchas otras tardes, que por su rebeldía le había impuesto su madre. Como atrevida que era, salió. Roque estaba sentado en el poyo, en la puerta de su casa, dos más arriba, ensimismado con la lectura. A ella no la condicionaba casi nada y no se dejaba intimidar fácilmente; optó por el desacato sin ni siquiera valorar la reprimenda. Aunque no se acercó de inmediato, sí lo observó durante un tiempo sin que él fuera consciente, pues la suponía bañándose en el río con los demás. Se acercó sigilosa. Él, percibiendo sorprendido su presencia, sintió un ardor que le subía por el cuerpo; un peso enorme que le bloqueaba sin opción a huir de su propia actitud taciturna, paralizándole absolutamente. Una cosa era estar cerca de ella entre otros y otra muy distinta que estuviera allí, cara a cara y a solas. Lucía se sentó en el suelo, a su lado, sin interrumpirle. Mirando al frente, compartió su silencio cuando él no era capaz ni de respirar; mucho menos de atreverse a mover la cabeza para mirarla; ni de reojo se atrevió. Intimidado, inmóvil, percibía su olor, su respiración. Su presencia, tan próxima, tan real, tan poderosa, le ocasionaba una sensación de desmayo, sin ser capaz de articular una palabra; mucho menos le permitía seguir centrado en la lectura, como simulaba. Con el mismo silencio, que no se hubo perturbado en ningún momento, ella se levantó y, sacudiéndose las piedrecitas que se habían adherido en los muslos desnudos, se fue hacia su casa. Entonces él si se atrevió; miró como se alejaba su silueta esbelta, que parecía arrastrar una raíz desde el suelo, desierto ahora, donde había permanecido. Y él hubiera querido retenerla hasta que disfrazado de valiente dejara su asiento y la alcanzara, la tomara de la mano, le hablara y la tocara, le sonriera y la besara. Ella, sin volverse, tal vez decepcionada por no haber cruzado ni una palabra o, por el contrario, movida por un respeto hacia la atmósfera de introspección de Roque, que le despertaba cierta envidia por anteponer su mundo interior a todas las muestras de extroversión de los demás, se perdió en la puerta de su casa.

Roque se escondía entre las páginas de historia y así se daba una tregua y podía dejar dormida su conciencia sin instigarse cada día con su propia flaqueza. Leía, leía todo el tiempo libre para no hacer frente a lo que le esperaba fuera, en el mundo; aquel mundo tristemente descubierto no hacía mucho. La lectura, su refugio, le protegía; le alejaba de la hostilidad que él mismo alimentaba reafirmando los límites que le condenaban a sufrir las pequeñas tiranías tan grandes. Aparte de novelas, en las que descubría mundos fascinantes, leía su enciclopedia, su bien más preciado, con verdadera devoción. Le impresionó la gallardía y valor del Cid Campeador. Envidiaba su coraje, resistiéndose a admitir que fuese de carne y hueso como él; heroico, recto y leal siempre, tal como lo presentaba la historia. La euforia que le producía el conocimiento se transformaba en protesta hacia lo que le rodeaba, a la realidad de sus miserias; como un revulsivo a su propio acatamiento al que inexorablemente le devolvía su ambiente. Enfrascado en la emoción, emergía de entre los pesimismos con clarividencia: si se dejaba amilanar por la apatía de la realidad, volvería al punto de partida. La lectura se había convertido en una mentira deliciosa. Era su vicio, su salvación y su veneno. La calle, donde la penuria no lograba reprimir la alegría de los chiquillos con sus juegos y su algarabía, se estrechó pronto, pero aquellos restringidos límites albergaban lo que más quería y lo único que deseaba: Lucía.

Para Lucía también Roque era especial, pero una barrera insalvable les mantenía alejados. Él despertaba en ella un sentimiento contradictorio que escapaba a su dominio. Insatisfecha, luchaba contra los convencionalismos de su entorno y su propia concepción de la realidad, con su imaginación, la única arma a su alcance. Siempre reacia a acatar lo que admitiría sin remedio, aquella rebeldía que ambos padecían era canalizada con actitudes y anhelos diferentes. Mientras para ella era un clamor a la ambición, al desacato, a él solo le reafirmaba en su incapacidad para soportar el día a día.

La familia de Lucía —sus padres y sus dos hermanas pequeñas, junto a sus primos, los dos hijos de su tía Pepa que murió de fiebres, quedando casi huérfanos al partir su padre a buscarse la vida fuera— vivían temporalmente en la casa de la abuela. La suya estaba inhabitable desde que al final del invierno el peso de la nieve le hundiera el tejado, que aún no había sido reparado. Las carencias, el ambiente deprimido que imperaba en aquellos años de escasez, no condicionaban la inocente alegría de los chiquillos, que jugaban, se peleaban y reían en la calle alejados de pesares y recriminaciones, perdiendo la noción del tiempo hasta que eran reclamados por las voces de sus madres. El mundo interior de Lucía era muy rico y usaba la fantasía para suplir las privaciones de su entorno. Todo a su alrededor podía servir para transportarla lejos. Tan lejos como pudieran llevarle las alas de su imaginación mermada por falta de perspectiva, creando su mundo aparte. Esa perspectiva que Roque tenía a su alcance y no sabía usar. A Lucía le gustaba mirarse en la luna del espejo mientras restregaba de rodillas el suelo de cemento, áspero en algunas zonas, liso en otras, de la habitación de su abuela, la que después, al llegar la normalidad tras hacer habitable su propia casa, seguiría compartiendo. Le gustaba dirigir la mirada desde el suelo y subir hasta hacerla chocar con la imagen de su rostro reflejado. Aquel espejo, biselado en los bordes con un margen adornado con ramitos de florecillas, salteados por puntitos pequeños que no eran otra cosa que cagadas de mosca, era la puerta central del armario donde encontraba, nada más abrirla, un neceser de madera pintado de azul turquesa y decorado con un ramo de flores y un cierre de latón, que utilizaba la abuela todas las mañanas para asearse y en el que había horquillas, peines, cintas... y un peinador de tela amarillenta, muy manido, rematado por una puntillita bastante deteriorada en los bordes, que siempre se ponía sobre los hombros para evitar que los pelos le cayeran encima de la ropa. A Lucía le fascinaban los espejos, que usaba como una ventana a la fantasía. Jugaba creando amplios ambientes que distorsionaban el espacio, entreabriendo la puerta de aquel armario que chirriaba con un sonido agudo amortiguado según el volumen del contenido. Al mover la puerta del armario, la luna del espejo trastocaba el espacio que parecía multiplicarse, propiciando escenarios distintos que la alejaban felizmente de los límites de la estancia. Una mañana, mientras frotaba el suelo fantaseando con sus historias, miró fijamente su rostro reflejado en esa luna como una puerta hacia otra dimensión; permaneció, soportando con la mirada fija, hasta que, a punto de parpadear, el rostro reflejado se transformó en el de su abuela Nemesia; la otra abuela, la madre de su padre, a la que recordaba siempre postrada y a la que nunca quería dar un beso. Esa misma tarde la abuela fallecía y ella guardó para sí la coincidencia.

Aquella mañana de domingo que Lucía, retozona, se resistía a salir de la cama compartida, con la cabeza en los pies del colchón entre sus dos hermanas más pequeñas, su abuela —a la que siempre consideró como su única abuela, la que batallaba con todos, día a día, y con la que se quedaría a vivir cuando quedó habitable su propia casa— la apremiaba para que se levantara. Como cada año por estas fechas, tenía que llevar a casa del médico, en agradecimiento por sus servicios, un cesto repleto de los primeros tomates, entreverados y rugosos, escogidos a primera hora en la huerta. Aunque desde que murió su marido, un enfermo crónico de pulmón, ya no frecuentaba el médico con tanta asiduidad la casa, la abuela continuaba con aquel compromiso de muy buen grado, que en otros tiempos había cumplimentado también con un pollo o un conejo de su corral.

Lucía, protestona y enfurruñada, cargó sin opción con el cesto. Licenciosa entró sin detenerse directa hasta la sala interior, más soleada, donde solía recibir el médico los días más frescos. No encontró a nadie. Modosa y prudente, retrocedió hasta el amplio zaguán, donde una de las puertas daba a la consulta oficial del médico. Desde allí, como si acabara de entrar, saludó levantando la voz, anunciando su presencia. Desde otra de las puertas, más al interior, una voz femenina le daba permiso. La puerta de donde procedía la voz, entornada, invitaba a curiosear. Una mujer, a la que no podría poner edad y que no se parecía a ninguna otra, se vestía al trasluz. La elegante y reciente esposa del médico ladeó la cabeza para mirarla, le dedicó una sonrisa, que Lucía solo distinguió por la blanca media luna que se dibujó en el rostro, y la invitó a pasar. La luz filtrada por la rendija de la ventana bordeaba su silueta dándole un halo mágico, como a las Vírgenes de las estampas, pensó Lucía embelesada contemplando como se vestía la mujer de piel pálida y perfecta, ahora que sus ojos se habían acostumbrado a la oscuridad. Resbalaba por su esbelta figura una combinación de raso color *beige* con grandes adornos de encaje en los bordes. La mujer volvió a mirarla manteniendo la sonrisa y continuó poniéndose prendas que la convirtieron en una persona. Lucía, discreta, cargada con el cesto de los tomates, observaba con asombro apoyada en el marco de la puerta sin atreverse a dar un paso más, aun considerándose autorizada. La poca luz en el interior, que contrastaba con la luminosidad de los espacios anteriores, no le permitieron hacerse una idea exacta de la disposición del mobiliario ni del conjunto del dormitorio, acaparando toda su atención aquel armario poderoso de caoba; su magnífica luna ovalada convertida en plata, donde se miraba la mujer para vestirse. Lucía quedó fascinada por ese armario imposible. Jamás hubiera imaginado que pudiera existir tanta belleza concentrada en un mueble. Para Lucía, un armario era siempre un misterio que deseaba desentrañar. Se sentía muy atraída por aquella intimidad reveladora, sobre todo por los de las casas importantes como aquella, donde el mobiliario otorgaba el ambiente fascinante con el que a veces soñaba. Cuánto podrían revelar sobre sus dueños los armarios; qué de emociones podrían suscitar sus contenidos. La mujer terminó de vestirse y, rompiendo el encanto, posó su mano sobre el hombro de Lucía conduciéndola a la sala, donde le ofreció un puñadito de caramelos de anís.

Al salir a la calle Lucía se acercó a la ventana que supuso la de aquella habitación y se quedó parada junto a la reja barrigona —que, más que protección, suponía un adorno que embellecía la fachada—, como si quisiera anclarse en aquel lugar privilegiado. En su mente empezaron a bullir ideas que la aturdían y la empujaban a volver a entrar y registrar no solo aquel armario repleto de abrigos de buen paño, novedosos vestidos y blusas de seda, sino también la cómoda, donde habría ropa de cama con preciosos bordados y puntillas almidonadas, perfumadas por un ramito de tallos aromáticos atados con una cinta de raso, como había visto en la casa de los señores donde su madre limpiaba. También los contenidos de las mesitas de noche, y los bolsillos de las batas que colgaban del perchero, en los que, con toda seguridad, habría pañuelos de hilo con las iniciales bordadas. Un vacío le impedía volver hasta su casa y aclimatarse de nuevo a unas carencias que antes no le habían importado.

Al llegar a su casa se quedó parada observando los barrotes de la rudimentaria reja incrustada en los laterales y el alféizar de la humilde ventana. Rezumaba herrumbre por los resquicios de aquella herida donde el hierro mostraba oxidada su desnudez, manchando con el accidentado transcurrir el blanco de la cal hasta perderse entre los huecos y los desconchones. Un impulso la hizo retroceder como si reparara por primera vez en sus miserias. Salió corriendo hasta llegar al río y lloró silenciosamente sin saber por qué. Siguió corriendo por aquel borde esponjoso de hierba fresca y no paró durante un buen rato. El nudo que le aprisionaba la garganta se convirtió en alegría cuando se tropezó con los chiquillos de la calle y se unió jovial a sus juegos. Después, al recogerse, volvió la tristeza y el desencanto. Su caprichosa ponzoña la condujo hacia la cámara, donde tantas veces retumbaran las risas con sus hermanas y sus primos y ahora se refugiaba buscando soledad. La escalera, rudimentaria y oscura, llegaba hasta el espacio abierto donde el ventanuco constituía una bocanada de aire que no alivió aquel sentimiento de apatía por el que se había dejado asaltar.

Roque, con una sonrisa melancólica en los labios, secos y agrietados, siguió hablando sin reparar ya en los baches del camino, casi liberado de la realidad que les amenazaba. Absorto en sus recuerdos, se regocijaba con las sensaciones que percibía con tanta proximidad.

—Recuerdo cuando su abuela, a la que tanto quería, se puso mala y estuvo varios días sin conocimiento, antes de morir. Un día fui con mi madre a visitar a la familia. Lucía, con su carita muy cerca, inclinada sobre ella, respiraba el resuello que salía de la boca de la abuela. Su madre nos apartó a un rincón y nos dijo que se pasaba horas observando su respiración. Después, ella, Lucía, me dijo que había querido saber a qué olía un cuerpo muerto. Y me lo dijo clavando sus oscuros ojos en mi alma, sobrecogiéndome con aquella capacidad de oscura seducción que tenía sobre mí. Ahora entiendo que lo que ella esperaba nadie podría dárselo. Era mucha mujer aquella niña —dijo esto último para sí. José se había dormido y él siguió recreándose con el recuerdo de Lucía.

Aquella extraña ocurrencia era una prueba de su inteligencia superior, pensaba Roque, al que infundía mucho respeto y una tremenda admiración, y también una distancia insalvable. Lucía hablaba de espíritus, apariciones de difuntos y otras cosas que emocionaban despertando curiosidad y espanto a los demás, a los que no importaba de dónde sacaba aquellas historias. Cuanto más leía Roque en los libros que le prestaba el boticario, más misteriosa se tornaba Lucía, a la que ya no podía ver como la niña que le despertó un día la pulsión de la pubertad.

En el velatorio de su abuela, Lucía permaneció sentada en un rincón, como alejada del siseante rumor que creaban los comentarios de familiares y vecinos en aquel fondo siniestro de llantos —algunos forzados— sin altibajos, como una letanía aburrida sin final. Lucía se mantuvo durante mucho tiempo cabizbaja, instalada en unos pensamientos que nadie podría imaginar. Roque, observándola a cierta distancia, la suponía inmersa en las tinieblas de sus oscuras reflexiones. Cuando ella se levantó adoptando una postura humana, que no tenía sentada en aquella silla del rincón, Roque, disimulando su intención, se aproximó con sigilo y se acomodó en ella. Sintió el calor de su cuerpo como una corriente que le hizo estremecer. El regocijo primero se tornó en una herida dulce; como un mordisco de sensualidad en el alma que le hizo sentirse perdido.

Lucía, su Lucía, la niña que le había procurado emociones al borde de lo irrealizable; la que le despertó un deseo carnal que no pudo sentir por ninguna otra, empezó a tontear con Pedro, un amiguete de la calle. Un año mayor que Roque, recio y más alto, astuto, ocurrente, dicharachero, Pedro era el que mejor jugaba a las chapas, a las bolas, al trompo... Roque, convencido de que no tenía nada que hacer, ni siquiera consideró la más mínima posibilidad.

La tos espabiló a José sacándolo de su modorra. Se frotaba los ojos con ahínco removiéndose sobre el grano con evidentes muestras de incomodo. Roque salió de su ensimismamiento y trató de impedírselo deteniendo su brazo con firmeza. Cogió la cantimplora, humedeció su pañuelo y le limpió los ojos con toda la delicadeza que le permitía el zarandeo y la lucha por mantener tensa aquella lona infernal entre el traqueteo continuo. Aquel espacio, denso, tupido y asfixiante, se había convertido en una cámara insoportable. José, tras una pausa, después de encontrar cierto asueto dentro del malestar, rogó a Roque que siguiera hablándole de la desventura que le llevó hasta allí. Contento de que José abandonara la inclinación a la queja en la que se había instalado, Roque siguió hablando:

—Lucía me miraba de una forma especial. Yo lo notaba, pero también sabía que Pedro, aunque tonteaba con las otras, más vistosas y descaradas, me la robaría. Estaba seguro. Yo no tenía valor ni arrojo para competir con él.

Hizo una pausa y se guardó para sí otro recuerdo: aquellas tardes alargadas de verano cuando la alegría de la infancia aún les hacía sentir libres. Una de aquellas tardes, la más especial que recordara: jugaban al escondite, el ambiente era festivo, al día siguiente era la procesión de la Virgen de la Asunción, nunca lo olvidaría. En el arrebato de la carrera, se confrontaron. Habían quedado parados mirándose a los ojos y ella le dio un beso espontáneo, fugaz, rozando sus labios con toda la osadía que guardaba para los momentos oportunos, sin que ningún tipo de falso remilgo le impidiera manifestar sus impulsos. Aquel beso, húmedo a medias, trastocó su inocencia y le arrojó directamente al mundo de la feliz angustia.

Aún podía percibir el olor a vinagre de su pelo recogido de forma tirante y acabado en aquellas macizas trenzas; el olor que emanaba de su cara camuflado entre el olor a fresco de la calle, un olor a hogaza de pan recién hecho; aún lo podía sentir resguardado en su cerebro, al que no le hacía falta estímulo para revivirlo. Roque evocó otros momentos felices: cuando su padre traía un saco de harina por Semana Santa para hacer buen pan y dulces. Algunas veces aquella harina era blanquísima y suave, otras, más oscura y áspera. Su madre la alejaba de la humedad del suelo para conservarla y se gastaban bromas para celebrar la bonanza. En esos momentos en que se respiraba la opulencia se sentía más cercano y cómplice con ella. No volvían a disfrutar de aquel tiempo de bálsamo y alegría ni de una harina de calidad hasta noviembre que mataban el cerdo y, si el año había sido bueno, no tendrían que compartirlo.

Lucía, tras el feliz tropiezo, había continuado el juego como si no hubiera pasado nada. Roque, sin embargo, quedó paralizado tras el dichoso encontronazo que le sacó de la realidad, instalándole en una tibieza de sensaciones donde su cuerpo pareció adoptar disposiciones contradictorias. Como si un pájaro saliera gorgoteando de su pecho siguiéndola de una forma imposible y descarada, sin poder frenar aquel enervamiento de sus músculos que dejaba al aire la pujanza en otras partes. Aterrado, sintió como se le incendiaba el rostro. Ya no continuó con el juego. Después de aquellas sensaciones se sintió transparente; como si todos pudieran reconocer su debilidad y su aturdimiento. Tras la pausa por su inmovilización, le dio vergüenza aparecer fuera de lugar y se marchó a casa dando un rodeo, con toda esa pesada carga que le impedía desamarrarse de sí mismo y ser como los otros. Taciturno y vencido, el mundo, demasiado grande, le recordaba su condición de desahuciado, incapaz de asumir la lucha feroz que exigía la vida. Entró en su casa y se acostó directamente, sin cenar, con la sensación de no volver a salir a la calle en mucho tiempo. En el resguardo seguro de su cuarto rememoró el momento, como hizo después muchas veces a lo largo de su vida sin que el tiempo restara un ápice de intensidad a la emoción primera. Aquella sensualidad en el arrebujo de su cama brotó como el mayor regalo de la vida, despertándole por primera vez al éxtasis al que también los hombres como él tenían derecho. El momento del gozo fue efímero. Pronto se volvió espinoso, consciente de que nunca haría nada por demostrarle a Lucía lo que sentía por ella; jamás tendría la hombría suficiente para abrirse paso en aquel mundo que le tenía cautivo de su necia incapacidad. Al día siguiente el sol no restó importancia a sus pesares, todo volvía a tener la misma trascendencia, el mismo peso. Los errores y vergüenzas volvieron a ocupar el mundo desde el momento en que puso un pie en la calle, donde los conflictos insalvables le esperaban.

Roque intentaba propiciar encontronazos con Lucía que nunca más tuvieron lugar. Guardaría para siempre, estremeciéndole siempre, aquella invasión salvaje que le abrió alas y le lanzó al abismo. Ella jamás volvió a besarle, jamás volvió a mirarle como solo ella sabía mirarle; como le había mirado aquella tarde cuando el cielo de color de noche le envolvió y, como siempre, solo había acertado a huir.

La turbadora complicidad de sus ojos de niña misteriosa desapareció. La madurez, la decepción, el curso aciago de la vida, empujaron a Lucía a asumir que nada tenía que esperar de aquel muchacho taciturno, torpe, sin arrestos. Roque, dominado por un miedo a la vida al que nunca se sobrepondría, incapaz, dejó que las cosas sucedieran sin esperarle.

Crecieron. Aquel tiempo de callejeo y pescozones a contrapelo se transformó en obligaciones más severas. Casi sin darse cuenta, todas las chicas tenían aspectos diferentes. Todo parecía haber cambiado mientras él, anclado en las mismas sensaciones y nulas ambiciones, se sentía atrapado en la indolencia sin acertar a plantearse cosas serias. La pasividad de su propia actitud ante lo que le rodeaba le sumió en un ensimismamiento del que no se libraría nunca. Dejándose llevar, consciente de que las sombras que envolvían su vida no tenían visos de desaparecer, albergaba la peregrina esperanza de que por arte de magia todo cambiara un día a su favor. Esa rebeldía callada quedó en abnegación; en sacrificio y total renuncia a cuanto podría aspirar, conformado en la dejadez de su acomodo.

Hacía tiempo que tenían la sensación de que el viaje se estaba prolongando demasiado. Hasta ahora solo el ruido de los aviones les recordaba que había una guerra ahí fuera, desde hacía un rato los sonidos bélicos se hacían más cercanos. Era recomendable cambiar la postura e ir posicionándose. Los camiones hacían maniobra. Roque se giró con brusquedad y se arrastró hasta sacar la cabeza por debajo de la lona. Estaba oscuro y había silencio. Escuchó a los chóferes y después los portazos en las cabinas. Parecía que se alejaban caminando. Después de un rato de incertidumbre sin que nada se alterara, dedujeron que habían parado a pasar la noche. Les despertó el trasiego que indicaba que se reanudaba la marcha. El paraje había cambiado considerablemente, lloviznaba y hacía frío. El destino debía estar cerca. Reptaron por encima del grano para desanquilosar los músculos. Aquel ejercicio les reportó unos minutos de actividad, después de horas dormitando en mala postura, que agradecieron sus viciados cerebros. Comentaron las impresiones donde acudía el desconcierto. Buscaron el acomodo y Roque retomó el monólogo, aunque sin ganas. José, expectante, deseaba saber qué había ocurrido, qué desgracia le había llevado hasta allí.

—Ya puedes imaginar —continuó Roque con desgana—, se casó con el otro. Yo no me atreví a decirle nunca lo que sentía por ella y seguramente se cansó de esperar. Cuando volvimos de la guerra, se casaron. Yo aún andaba pensando cómo decirle muchas cosas. —Se le quebró la voz y su mirada se empañó. Parpadeó unas cuantas veces, dio un respingo y continuó—. Pues eso, que mientras yo no me atrevía ni siquiera a dirigirle la palabra, ellos se casaron —dijo con una musicalidad distinta, con un apremio doliente.

Lucía y Pedro se habían hecho novios mientras Roque parecía que no se daba cuenta; mientras se convencía a sí mismo de que sería así como estaba dispuesto, manteniendo la peregrina e ilusoria idea de que un milagro podría cambiar las cosas a su favor. La tristeza, la apatía, le seguían invadiendo, reafirmándole en su terca postura apocada. Incapaz de reaccionar, inmerso en un pozo sin salida abrigando la esperanza de que el azar se la devolviera si así estaba dispuesto, si no, no era necesario esfuerzo, se mantenía en su cómoda línea de acatamiento. Así apaciguaba su ánimo para poder soportarse, cada día. Ella ya no le miraba igual, y cuando pasaba por su lado en compañía de amigas fingía carcajadas queriendo demostrarle que se sentía feliz y que si un día le dio muestras de interés o le mostró algún afecto fue cosa de niños y aquellos tiempos habían pasado. Cuando se tropezaban a solas, ella, arrogante, le devolvía el escueto saludo. En algunas ocasiones se mostraba esquiva, mirando hacia otro lado.

La complicidad que posiblemente nunca existió y solo fue una gloriosa percepción ilusoria en la mente de Roque definitivamente desapareció por los límites de la impasibilidad. Su torpeza, su cobardía, su desidia y abandono soterraron sus anhelos sin luchar por ellos.

Los camiones seguían camino sin pausa y ellos se habían habituado a la situación como si los propios pesares que les habían arrastrado hasta allí superaran con creces el peligro en el que estaban embarcados. Roque no podía extender más la historia, la tregua que se había dado explayándose en detalles no podría cambiar la realidad, ni evitar contarla aliviaría la mancha en su recuerdo. José, atento, empezaba a impacientarse.

—Aquella tarde… —como si los recuerdos quisieran permanecer callados, obligado a sesgar aquel rezague, Roque retomó la confesión— iba del brazo de Pedro. Llevaba un vestido muy bonito. Iban a la verbena. Me fijé en que ya no se acentuaba tanto el vello oscuro de sus brazos y que sus cejas ya no estaban tan juntas. ¡Qué guapa estaba…! Pedro no era hombre para ella, pero yo, tampoco. Lo pensé entonces y lo sigo pensando ahora. Ninguno de nosotros era hombre para ella. Yo, menos que ninguno; no tenía nada que hacer. Tampoco me miró. Me había resignado a perderla. Bueno, perderla… Nunca fue mía —volvía a decir, ahora sin intentar convencerse con disculpas que ya no tenían sentido ni cabida—. Pero ese día, no sé qué me pasó por la cabeza. A punto estuve de acercarme y agarrarla del brazo, incluso di un paso al frente, pero ¡no! No acerté a dar el siguiente y ahí sentencié mi destino. Ahí me juré que no era para mí; que no la merecía.

Aquel día, su corazón, que latía amenazando desbocarse, no había conseguido insuflarle el arresto necesario para dar el paso. Se paralizó como otras veces, como tantas en las que las palpitaciones solo consiguieron reafirmarle en su incapacidad. Seguía siendo aquel cobarde, aquel idiota que solo servía para coger la azada y mirar los montes y los árboles desde abajo, desde suelo firme donde se sentía libre de compromisos insalvables para con su propia incapacidad más absoluta.

Se sintió vil escudándose en las circunstancias, regresando a las miserias de sus limitaciones sin hallar un mínimo de indulgencia hacia su falta de arrojo; obligado a seguir aquel juego macabro al que le arrastraba la vida.

Roque permitió con su apocamiento que Lucía consintiera aquel cortejo de Pedro. Empujada por la pasividad que él mostraba para comportarse como un hombre, aceptó aquel noviazgo por inercia, por resolver un trámite de la vida antes de que pasara su momento, convencida de que él jamás se atrevería. No se dejaría arrastrar por su indolente conducta mientras transcurría el tiempo viendo pasar la vida desde los límites de su casa. Una mañana, antes de despuntar el sol, empujada por un impulso, Lucía le esperó asomada a la ventana para darle los buenos días vestida solo con una toquilla sobre su camisón desabrochado en sus dos primeros botones, por donde discurría un canal blanco en el que se adivinaba el fuego; el pelo suelto como una catarata oscura sobre los hombros y un brillo insinuante en los ojos. Sin importarle parecer procaz, usó el arrojo y el descaro para sacarle de la sombra de su apocamiento, sin que la turbación que inundó a Roque tuviera más efecto. Envuelta en la atmósfera de sensualidad furtiva, aquel gesto de desesperado intento era la única arma a su alcance. Él, atajando el sobresalto de su corazón acelerado, como toda respuesta, disimulando su azoramiento siguió su camino sin detenerse correspondiendo con un escueto «buenos días». Se le había cortado el aliento y ni siquiera pudo alcanzar a pronunciar su nombre. La sonrisa que Lucía llevaba puesta, solo para él, se fue borrando mientras le miraba alejarse, descompuesta por aquel desaire que la vilipendiaba hasta lo más bajo. De nada había servido la osadía de su provocación. Tal vez anduviera equivocada, pensó, y aquella impresión suya de que él estuviera interesado por ella solo fuera una apreciación errónea; era la única forma de interpretar tanto desaire. Con la hiel en la garganta, Roque continuó por el camino del fracaso al que sus piernas temblorosas ya estaban acostumbradas. Justificó su necedad convenciéndose de que no podía estar a la altura de una mujer como Lucía, y aceptó su limitación con alivio después de encontrar motivos que le ofrecieran un resquicio para defenderse de sí mismo.

Roque siguió hablando con pocas ganas, pero tenía que distraer a José hasta llegar a destino.

—Cuando estalló la guerra todos los amigos de la calle fuimos al frente menos Paquillo, que era hijo único de viuda, y cojo. Recuerdo aún, como si fuera ayer, a su madre, gritando muy contenta calle abajo: «No hay mal que por bien no venga, no hay mal que por bien no venga...». Y yo pensaba: «Será al revés». Siempre pensé que ese refrán estaba mal dicho. Regresamos ilesos, todos, por suerte. Pasamos la mayor parte del tiempo en puestos de poco riesgo lejos de la primera línea de fuego; ninguno de nosotros podemos decir..., bueno, al menos yo nunca tuve la sensación de que peligrara mi vida. Sin embargo, pasaron cosas muy feas en el pueblo mientras estuvimos fuera y siguieron pasando después, pero corrían tiempos difíciles y nadie hablaba de ello; solo en corrillos y con prudencia, pero sí escuché barbaridades mucho peores que lo que había vivido yo en la guerra. No recuerdo haber tenido consciencia de la crueldad de la guerra hasta que pasó. Ya ves.

José se adormiló y Roque cambió el gesto y recordó en silencio.

Roque y Pedro sufrieron la guerra codo a codo, apoyándose en todo. Dos hombres a los que les unía la amistad desde niños y una rivalidad inexistente; cosas que tiene la vida, diría Roque sin que aquella circunstancia le ocupara con un mal pensamiento hacia Pedro. Otra de aquellas noches de la guerra, donde la vida se rompía y todos se sentían cobardes, Pedro, entre temblequeos y rechinar de dientes, volvió a compartir con Roque las ganas que tenía de abrazar a Lucía. Él asintió y dijo que lo que más deseaba era volver a escuchar a los pájaros. Roque, como tantas veces, encontró un mezquino alivio porque otros decidieran por el curso de cuanto a él pudiera afectarle, dejando obrar al azar al que ni siquiera daba ocasión en su favor.

Al finalizar la guerra todos habían reanudado con menos alegría el curso de sus vidas, con más carencias y preocupaciones. Los campos, muy desatendidos, tardaron en dar fruto de nuevo. Todo se tornó más precario y ceniciento; más mísero y difícil. Cuando comer cada día era una aventura; cuando las cartillas de racionamiento no alcanzaban para atender las necesidades más primarias, había que ingeniárselas para sobrevivir. En los corrillos donde se confiaban experiencias y anécdotas, Pedro confesó que una noche, apenas transcurrido un mes de contienda, aterrado, se había encomendado a la Virgen del Socorro. Aquella noche infernal, todos menos Roque —y no por valor, sino por aquello de su indolente actitud dejando en manos de la providencia los designios— hicieron ofrecimientos para cumplir si volvían sanos y salvos. Aquella noche, que no acababa nunca, mientras cavaban trincheras muertos de miedo, entre los estallidos de las bombas y el olor a quemado que traían las pavesas que oscurecían el fulgor de la luna, Pedro prometió que se casaría con Lucía si salía ileso. «¡Como tiene que ser! —pensó entonces Roque, resignado a seguir la corriente que le marcaba el destino—. Estará escrito que así sea».

Lucía no se sintió embargada, como hubiese sido normal, por emoción alguna durante aquel noviazgo de medio pelo. Roque lo notó en sus ojos aquel día cuando, al volver de las faenas, la encontró en la calle hablando de la nueva con su madre. El corazón le dio un salto y se le puso en la garganta. Su madre dijo que tenía que apartar la comida del fuego propiciando la ocasión para que se quedaran a solas. Ella, su madre, con esa intuición y ese dolor mudo que él desconocía, comprendía, pero callaba. Pasmado, Roque, con aquella inclinación taimada a esconderse cuando el azar le ofrecía ocasiones, solo dijo:

—Buenos días, Lucía.

Aunque esta vez sí se atrevió a mirarla a los ojos manteniendo la mirada, le pesó el silencio que no acertaba a romper y su atrevimiento no tuvo más espacio. Lucía, avergonzada después de su osada aparición la otra mañana en su ventana, bajó los ojos y no se atrevió a decir una palabra.

—Espere madre, que voy *pa* la casa —resolvió Roque.

Antes de que los pasos, torpes, le mandaran seguir a su madre, separó en dos el ramillete de espliego que solía traer para congraciarla y le entregó el más generoso a Lucía, que seguía manteniendo baja la mirada. Su madre calló, siempre callaba, pero buscaba sus ojos con rabia en los suyos, para hablarle, y él los esquivaba.

Lucía acató sin más. Siguió los pasos pertinentes tras el breve noviazgo interrumpido por la guerra y, como corresponde, sin vacilación alguna, se dejó llevar por la corriente ultimando el humilde ajuar doméstico que llevaría como dote al matrimonio.

Pedro y Lucía se casaron una mañana fría de domingo. Una mañana aterida donde la escarcha esperaba rezagada; donde los sentimientos que anidaban en el alma de Roque se convirtieron en cristales punzantes que le atravesaban. Durante la ceremonia a Lucía le invadió un pesar, una extrañeza: a partir de entonces sería este hombre lo primero que vería al despertar cada mañana; frente a ella en la mesa, siempre. Pensó en aquel dicho, que el tiempo todo lo cura, lo que no hizo más que acrecentar la desazón. Cuando se dio cuenta, el cura había terminado y brotó la tristeza con aspecto de sonrisa al mismo tiempo que las felicitaciones. La noche de antes su madre le había dicho que era normal que no pudiera conciliar el sueño, y ella solo la miró como si fuera una extraña.

Esa mañana Roque no se levantó de la cama hasta la hora de comer y reprimió con indolencia un llanto prohibido al que ni siquiera tenía derecho. Roque fue comparando los cambios, los matices de la luz del amanecer rompiendo la oscuridad de la noche larga. Forzó a sus ojos nublados escudriñando las rústicas paredes de su cuarto. Aún permanecían en el mismo sitio los agujeros rebeldes en la pared, que siempre encontraban el lugar después del encalado; las manchas de humedad, siguiendo tozudas la misma trayectoria; las vigas cuidadosamente pintadas por su madre siempre por primavera al acabar las lluvias, antes de encalar la fachada y pintar de azul los alféizares de las dos ventanas que daban a la calle. Una de aquellas ventanas, la suya, le llevó el rumor del trasiego alegre de los vecinos que iban a acompañar a Lucía y a Pedro aquella mañana. Roque no salió de la casa en todo el día. Su madre lo miraba de reojo sin preguntarle nada; una vaga tristeza tejía en su rostro una amargura solidaria, un dolor que hubiera querido, multiplicado, para sí misma a cambio de librarle a él de ese insufrible pesar que ceñía su corazón sombrío y acongojaba su garganta. Ella le observaba adivinándole ajeno a su expectativa de madre dolida y entregada. El padre, que había salido de su extrañeza cuando su mujer le dijo que Roque no tenía bien el cuerpo esa mañana y por eso no acompañó a su amigo en su boda, ajeno a la tensión que podía cortarse en el ambiente, hablaba de unas cosas y de otras mientras en su rincón, al lado de la chimenea, retomaba la pleita, su labor en los ratos de descanso. La sufrida madre, removiéndosele en las entrañas lo que sabía que le ardía dentro a su hijo, sufría su silencio mientras barría las cenizas dispersas hacia los rescoldos, que respondían chisporroteando. Apenas si se hablaron ese día. Mientras el hijo, que se había sentado más tarde a la mesa, comía ausente y lento, apoyados los codos sobre la mesa, ella, alterada por el desorden que suponía en su cabeza, le dio un escobazo al gato pegajoso, que protestó rebelde. Al maullido, Roque giró la cabeza, regresando, y la madre escondió su atención limpiando con toques airados las pavesas que se habían posado sobre el oscuro chaleco del padre; un reflejo cargado de disconformidad ante la enajenación de aquel hombre tranquilo que no sabía mirar adentro. Consumieron el tiempo de tregua, administrando cada uno su mutismo a su manera. Ya no había solución y acataron como dogma natural cada uno su destino: él, como el hombre vencido sin luchar, y ella, su madre, como la luchadora sin campo donde batallar.

Pedro y Lucía se fueron a vivir a la casa de un tío de Pedro, al principio de la misma calle donde se criaron; donde habían jugado; donde no había habido sombras mientras hubo inocencia; donde todo fue precario y gris, pero les envolvía la alegría cuando aún no eran dueños de sus actos; donde todo transcurrió lento y sin consciencia clara del irremediable paso del tiempo. Aquella misma calle por donde habría de pasar Roque todos los días arrastrando sus pasos abnegados y su soledad indolente.

La siguió viendo cada día, algunos, varias veces. No pudo apartarla de su cabeza. Tampoco pudo arrancar jamás de su corazón aquel sentimiento, ni capaz fue de poner tierra por medio. Cuando se encontraban en algún sitio él ya estaba preparado para sufrir su desdén. Aprendió a simular que no reparaba en ella, a fingir que la ignoraba, como hacía ella. Como si un desierto inmenso los hubiera separado un día con la incertidumbre de un nuevo encuentro. Como si nunca hubiera clavado sus misteriosos ojos en él transmitiéndole mundos que él no conocía, sensaciones nuevas que ahora la soledad le traía y la nostalgia usaba para devorarle. Aceptó sin rebeldía los límites, los muros insalvables que cualquiera arañaría en un trepar imposible por conseguir posicionarse al otro lado.

José, impresionado por la desventura de aquel hombre que no aparentaba su propia cobardía, dijo emocionado que él nunca había sentido tales turbaciones por la mujer que le arrastró a la desdicha. Sorprendido por la sensibilidad de aquel hombre de apariencia pacífica y tranquila, cuya trayectoria fue tan desgraciada, y lleno de curiosidad, insistió en que le hablara del motivo que le hizo salir de su acomodo. Roque, aunque siguió hablando para complacerle, sentía el alivio que rompía aquella hondura incrustada del silencio.

Había hurgado en los recovecos de los sentimientos perpetuados, como única referencia a la que aferrarse buscando su identidad. Confesaba con detalle, así, inconscientemente; buscaba una comprensión ajena que le descargara de aquel peso; como si escribiera en el aire, esperando que el viento los arrastrara desenredándolos de su alma.

—Un día sombrío... Recuerdo que caía una lluvia fina, pero todos los días eran ya iguales. Mi madre, que venía de la calle con aquella actitud desconsolada que me dolía, recordándome que yo era el culpable de su pesar, traía la cara tan triste como el luto con el que la conocí y que nunca se quitó. —Aquí Roque hizo una pausa como retractándose; como si no le saliera del alma continuar, pero José estaba expectante y no pudo eludir contarle lo que le dijo ese día su madre—. Me dijo que había oído que Pedro pegaba a Lucía. Lo dijo así, bajito, como de pasada, como si estando obligada a contármelo no quisiera que me enterara. —Acudió una oscura expresión que ensombreció su rostro y se hizo la pausa. José no dijo nada.

Su madre, mientras le comunicaba lo que sabía que le llegaría al alma y le dolería como un ascua candente, le observaba de reojo tratando de que no notase en ella lo que ella no quería que notara. Aunque él siguió atizando la lumbre como si nada, fingiendo que no le importaba hasta dolerle, le había conmocionado. Sintió, no por primera vez, pero sí con un sentimiento de culpa más férreo, que era el hombre más miserable del mundo. No haber tenido los arrestos necesarios para dar a Lucía una buena vida le producía asco hacia sí mismo. Su madre también simuló una distancia con la noticia, consciente de que ambos sabían que sí le importaba. Un nerviosismo, una angustia, un vacío insoportable, no le dejaba comer, no le dejaba dormir, no le dejaba vivir. Esa madrugada salió a la calle como si necesitara la negrura de la noche para equipararse a ella, a su enojo permanente con la luz del día que pronto vendría a desenmascarar su vagar atrevido. El viento ya había oreado los efectos de la fina lluvia y el olor de la tierra invitaba a respirar a bocanadas que limpiaran su alma borracha de tribulación. Los pasos, taciturnos, le llevaron hasta la puerta de la casa de Lucía. Anduvo disimulando, intentando escuchar algo que delatara el drama que se vivía allí dentro. No oyó nada, solo las voces de su interior que le incitaban a empujar y traspasar aquella puerta y encontrarla. Deseó como nunca ser su esposo y yacer junto a ella, y abrazarla, y decirle que la amaba y... llorar; llorar con ella como lo venía haciendo en solitario desde hacía mucho sobre unas manos endurecidas por el campo, lo único que acertó a curtir la vida. Se acercó a la puerta y la empujó movido por un acto reflejo incontrolado. Le amparaba la noche. ¿Qué inercia le llevó a empujar la puerta que suponía cerrada? La misma que le impedía golpearla hasta tropezarse con sus caras. No pudo soportar su cobardía y con ella regresó vencido hasta su casa.

Roque, repuesto tras concederse unos instantes, continuó relatando su historia a José, que permanecía expectante y cómplice.

—Cada vez que pasaba por su puerta, sin atreverme a parar aflojaba el paso y afinaba el oído por si escuchaba algo. Me torturaba pensar que no tendría arrojo para entrar y defenderla si escuchaba algún lamento de Lucía o algún asomo de violencia. La fachada de la casa de Pedro y Lucía no era blanca como las demás, no necesitaba encalarse al pasar la primavera —siguió alargando el relato que prolongaba inconscientemente con detalles superfluos como si rehuyera llegar al desenlace—, su fachada era distinta, la habían cubierto de piedras unidas por cemento; un capricho de Pedro, que siempre tenía que dar la nota y aquel año de buena cosecha se permitió el gusto. Seguía siendo el mismo que cuando era un chaval, tratando de destacar con esa seguridad que le hacía superior, según creíamos todos por entonces; el mismo que se creía que llevaba a todas de calle y avasallaba a los amigos con su chulería.

Roque paró en seco y dijo que la garganta le dolía. Se resistía a poner palabras a lo que aquella maldita noche sentenció su vida para siempre.

«Por mi culpa; por no ser un hombre, por no haber hecho bien las cosas cuando aún tenían remedio», pensó para sí, soportando el peso de su silencio.

La fatídica noche; no muy oscura, pero sí endemoniadamente fría de final de otoño; de madrugada, cuando Roque se retiraba después de regar la huerta, al pasar por la casa de Lucía la oyó llorar. También escuchó a Pedro que hablaba sin levantar la voz, pero con un tono cruel, endemoniado. Roque se detuvo en la ventana y la escuchó suplicarle que no le pegara. Sin pensarlo, dobló la esquina y fue a la puerta de atrás que solía estar cerrada solo con el picaporte. Sin soltar la azada entró por la puerta que daba directamente a la cocina, hasta el dormitorio donde Pedro, de espaldas, descamisado y descalzo, la tenía cogida por el pelo dándole patadas. Sin el más mínimo lugar a reflexión, sin reparar en consecuencias, Roque le propinó un fuerte golpe en la cabeza con la azada.

Pedro cayó, fulminado, sin ocasión a reconocer a su asesino. Un chorro de sangre fluyó de su cabeza bombeando de manera feroz. Paralizado, Roque, en aquel momento grave, solo acertó a desviar la mirada hacia la cómoda, donde reposaba el ramillete seco de espliego que le había entregado a Lucía poco antes de su boda.

Hasta el vientre se le aflojó a Roque al rememorar las sensaciones de aquella noche. Después de un tiempo donde la amargura se apoderó del poco coraje que aún le quedaba, consciente de la impaciencia de José, siguió hablando. También él necesitaba compartir lo que nunca había confesado. José, muy atento a la expresión de su rostro, mientras se tapaba la boca con las manos en actitud de pavor, ya se anticipaba al desenlace.

—Sí, le quité la vida con la *azá*. Jamás había visto una sangre salir de un cuerpo de ese modo. Solo el borbotón de la garganta del cerdo, el día de la matanza, salía con tanta fuerza. Con la misma velocidad con que se le escapó la vida, que demasiado disfrutó sin merecerlo, el muy canalla —dijo con rabia frotándose la cara con toda la palma de la mano reseca, como si, volviendo a revivir con frescura todo lo acontecido, pudiera borrarlo para siempre.

José apreció por primera vez en su rostro una mueca de rencor, de rabia. Roque se sobrepuso al momento de debilidad. Concluyó diciendo que después de aquello ya no fue el mismo, que ni los días ni las noches fueron ya nunca iguales. José le manifestó su admiración por ser capaz de mantener el temple. Jamás hubiera imaginado tamaña tragedia a sus espaldas. Roque le contestó que la procesión iba por dentro.

La mirada de Lucía le había atravesado con su fosca impasibilidad. Las negras pupilas, ocupando todo el iris, emanaban una extraña opacidad. Su proceder, pausado, no reflejó angustia ni desesperación ni dolor, ni un gesto que delatara espanto. Aquella frialdad despertó en Roque un pavor que le perseguiría siempre. Fría, como un témpano; sin un ápice de compasión ni un gesto de indulgencia, le empujó hacia la salida sin mediar palabra. Roque cruzó la puerta envuelto en el escalofrío eterno que le produjeron aquellos ojos duros que le helaron la sangre. Las piernas le llevaron, temblorosas y torpes, hasta su casa. Nadie transitaba a esas horas la calle que alojaba la tragedia. Ni un testigo que pudiera acusarle de lo que él, a pecho descubierto, hubiera querido confesar al mundo para que el mundo dispusiera. El cómplice y aterido albor del día le amparó, casi con pena, por aquella calle sola adornada por el velo brillante del rocío que coronaba los cantos y cubría las matas de la orilla. El amanecer escarchado, único testigo de sus apresurados y aturdidos pasos, quiso huir dando lugar rápidamente a la mañana inocente de aquel día que se presentó criminal y largo, muy largo. Cuando su madre le vio entrar reprimió un grito que quedó congelado en su garganta. Su mirada ausente y ceñuda, y la ropa salpicada de sangre lo dijeron todo. Ella, a la que solo le había sobrevivido aquel hijo y por el que hubiese dado la vida, calló, comprensiva, sin mostrar su espanto.

Aquella noche, antes de que su hijo saliera hacia la huerta, se había levantado a prepararle algo para comer por si sentía hambre. Le acompañó hasta la puerta para despedirle, como otras veces, en la noche cerrada. Mientras se recogía, tiritando, la toquilla contra el pecho para protegerse del fresco, le dijo:

—Los perros aúllan como nunca, malditos animales que huelen la muerte. Ten mucho *cuidao*, Roque.

Asomando la cabeza, la mujer, con medio cuerpo dentro del cobijo de la casa, había vuelto a mirar, hacia la izquierda, después hacia la derecha por donde el tétrico fondo de la oscuridad más absoluta perdía la silueta de Roque. Miró después hacia el cielo oscuro. Sin que desapareciera el espanto doméstico en sus ojos, miró al firmamento y quiso instalarse allí arriba para otear los horizontes invisibles y guiar los pasos de su hijo, tratando de calmar sus miedos. Se retiró tras la puerta que le guarecía del pavor que no sentían los hombres cuando salían a esas horas para hacer uso de su turno y aprovechar el agua de riego sin otros temores que los que propiciaba la voluntad de la naturaleza.

El infernal concierto de los perros había seguido acompañando a Roque hasta el collado. Su madre ya no pudo conciliar el sueño.

Roque, absorto en unas circunstancias donde era conducido por su padre sin que su voluntad contara, acongojado camino abajo con paso ligero y en silencio, a una hora escasa después de la tragedia, recordó lo que vaticinó su madre esa misma madrugada despidiéndole en la puerta. Le había dicho, con recelo, escudriñando en la oscuridad, que los perros barruntaban la muerte.

Después de lavarle las manos con muchísimo cariño y quitarle la camisa mientras él permanecía pasmado, ella había avisado a su padre poniéndole en antecedentes de lo que ni siquiera había confesado Roque y flotaba elocuente en el aire. El atribulado padre no pudo, como ella, reprimir un llanto amargo. El hombre se había vestido apresurado y en silencio. Un proceder mecánico le empujaba a dar los pasos para acompañarle a dar cuenta de los hechos. Su madre, como una leona que defiende a su prole, se puso delante de la puerta. Su desgarro enmudeció a los hombres. Con unas sensaciones muy distintas cada uno, no se atrevieron a decir palabra. Ella, muy entera, mirando inquisitiva al padre, dijo que de ninguna manera iban a entregarle. Preparó apresuradamente un hatillo con algo de comida y unas mudas, sacó sus zapatos de los domingos, le puso la pelliza reservada de su padre y metió en su bolsillo los cuatro duros que tenían ahorrados. Roque, mientras el destino seguía decidiendo, vio en su madre a la heroína de todas las historias no contadas. Como despedida, le había dicho que huyera muy lejos y que buscara su camino: el camino de un hombre bueno. A Roque se le rasgaron las entrañas. La abrazó amparándose en el retrasado llanto del niño que no supo llorar a tiempo, y fue consciente de que aquel delirio iba en serio. Su padre, aun no estando de acuerdo, movido por la angustia y la precipitación del momento, sin reflexión ni demora lo abrazó y lo empujó hacia la puerta. Dieron una vuelta para no pasar por la puerta de Lucía. Antes de girar hacia la izquierda, Roque miró aquella fachada estrafalaria que alojaba el horror, donde la mujer por la que lo hubiese dado todo, si es que fuera dueño de su persona, condenada como él a un futuro incierto, estaría pasando sola el peor trago de su vida. Quiso apartar de su mente aquella sensación que le había congelado el alma momentos antes y deseó mitigar su angustia con el abrazo que jamás le daría. Miró a su madre y ambos volvieron la vista hacia la casa de Lucía. Comprendiendo el pesar por la mujer que quedaba sola y desvalida, su madre hizo un gesto de asentimiento manifestando en sus ojos una promesa cómplice y callada.

Su padre, adivinando su zozobra, le cogió el brazo y lo encaminó empujándole a doblar la esquina.

Permanecieron en silencio mientras los pasos, que para Roque tenían un sentido mecánico e incierto, su padre los orientaba hasta la hacienda de un primo que podría ayudarles. Este, durante la guerra, había arriesgado mucho ocultando en su carro a un joven desertor al que ayudó a huir a Francia, donde tenía familia. En agradecimiento, según le había contado el primo a su padre en sumo secreto, le dejó una dirección para que recurriese a él si un día lo necesitara y el azar le hubiese mantenido a salvo. El primo de su padre, sensible y compungido por la desgracia familiar, se ofreció a llevarle hasta la ciudad donde conocía a una persona con contactos y disposición para llevar a cabo la huida. El padre les acompañó un trecho, con el mismo silencio, con la misma carga que los tres compartían, hasta que el primo le recomendó que volviera con su mujer, no sin antes hacerle la promesa de que dejaría a su hijo en buenas manos. El padre, nervioso y abatido, no acertaba a bajarse del carro, hasta que su primo casi tuvo que empujarle. Abrazó fuerte a su hijo y entre enmudecidos sollozos, con la voz entrecortada y una mirada desprovista de la firmeza de su madre, le deseó buena suerte. Empezaba a chispear. El camino forzaba los pasos de aquel hombre humilde de pensamiento y obra, mientras se tropezaba con algún vecino con los que intercambió saludos. Sin volverse, soportó el nudo amargo que atenazaba su garganta y le encogía el corazón, mientras trasegaba la senda salpicada de turbios goterones que chocaban sordos, contra el polvo del camino.

—Desde entonces ando huyendo —prosiguió Roque cada vez más apesadumbrado—. Y así sigo, cargando con este pesar. —De nuevo hizo una pausa y cabeceó reafirmándose en su decisión errónea—. Sufriendo mi equivocación. Por no hacer más duro su sufrimiento, hice caso de mis padres. Mi madre tenía terror, mucho miedo a la cárcel. Su padre murió allí al acabar la guerra y le horrorizaba pensar que su hijo pudiera sufrir aquel calvario, me dijo por el camino mi padre. Prefería no volver a verme nunca, me había dicho al despedirse. Y sabía que no me volvería a ver nunca; lo vi en sus ojos y ella no se equivocaba nunca. —Roque se mordió los labios para no romper en llanto y tras una leve pausa continuó—. Estaba blanca como la leche. Me abrazó y ya no pronunció una palabra, pero no bajó la vista hasta que volví la esquina empujado por mi padre. A saber el trago que tendría que soportar cuando fuera a la casa de Lucía, como me había prometido con la mirada, también eso me atormentaba.

Roque se revolvió como pudo entre el cereal y empentó con dificultad el tubo entre la lona y el borde del lateral del volquete. Respiró a bocanadas avariciosas. Con desesperación y rabia renegó de su indolencia ante la vida, que, enfundándole en un ser que odiaba, con su osadía feroz le había condenado para siempre y sin remedio a aquel ultraje: darle la vida.

—¡Maldita la hora! Yo quería confesar mi delito. Purgar mi culpa. Salir libre después de cumplir mi condena. Apechugar con mi suerte respondiendo a mis actos por una vez. Tener un poco de sosiego el resto de mis días. Poco, eso sí; el que se puede tener cuando le has segado la vida a un hombre y has dejado viuda a la mujer que quieres.

Roque no siguió relatando más detalles sobre la tragedia que motivó su fuga ni los cambios de rumbo que surgieron en la huida. Un rictus de amargura anunció que no deseaba seguir hablando. José respetó su silencio y miró para otro lado, enfrentándose de nuevo a su tragedia que volvía a ocuparlo sin respiro.

Lucía no lo había mirado con los mismos ojos, ciertos y profundos. No era aquella misma mirada segura y gallarda de otros tiempos. Se había transformado en un fosco pozo donde no anidaba miedo, ni siquiera dolor, ni agradecimiento ni pena, ni rencor ni rabia. No había nada que pudiera transmitir a Roque un sentimiento al que agarrarse y le alejara de la zozobra que le suponía ignorar lo que pasaba por su mente. Ojalá le hubiera maldecido. Al menos así podría afrontar la situación con una lógica, pensaba Roque, seguro de que aquella frialdad, aquella arrogancia ante la vida, no podían darla los avatares. Nunca hubiese podido mirarla después con la misma ternura, con la misma devoción y apasionamiento con que lo había hecho siempre. Aquellos ojos, los mismos ojos pétreos que adivinaba en las estatuas que aparecían en los libros, anunciaban con su templanza cruel, inhumana, lo que él no supo detectar ni sufriría. Roque había salido de la casa traspasado por la invasión de la férrea crueldad del silencio. Por primera vez no se echó la culpa a sí mismo y cargó sobre la vida una responsabilidad que le eximía.

Cuando Roque, empujado por Lucía, salió de la casa, ella, que no había dicho una palabra, tuvo el cuajo de poner una camisa al marido yacente sobre un charco de sangre negra y pastosa, al que nunca admiró ni llegó a querer. Removió aquel cuerpo con la misma apatía como el sinsentido en el que la vida le había dado la oportunidad de decidir cuando las dudas no tenían cabida. Se había apresurado a admitir que su reducido mundo solo se expandiría con aquel torpe movimiento: acatar, el día que Pedro, seguro y ufano, precipitado por la promesa que hizo en medio de los miedos de la guerra, le dijo, como el que habla del tiempo, que había que pensar en la boda, poner fecha. «Pero ¿cuándo me ha preguntado si quiero casarme con él?», hubo pensado entonces Lucía mientras correspondía a su prepotente mirada chispeante y chulesca donde las demás veían salero y gracia y ella percibía necia arrogancia y fanfarronería. Sin embargo, era normal, si eran novios... O ¿qué esperaba de la vida? Era notorio que andaban juntos y Pedro ya llevaba más cuidado con las otras. Algún día tendrían que casarse, solo eso. Suficiente en aquel mundo ceniciento, donde las ilusiones se habían perdido por las esquinas de la precariedad, que no solo abarcaba lo material. Pero jamás había sentido sensación alguna de cuanto esperaba del amor durante aquel noviazgo absurdo donde nunca hubo desvelo en las ausencias ni sacudida de la sangre en presencia, ni un palpitar de corazón.

Lucía subió las escaleras oscuras dejando el rastro ensangrentado de sus huellas. Al abrir la puerta de aquel hueco del tejado donde se secaba el embutido y colgaban de una vara la uva y los melones, le asaltaron los recuerdos de alegría de otros tiempos en la cámara de la casa de su abuela, donde se escondían y jugaban cuando eran pequeños; donde se sintió sola por primera vez, entre sus hermanas y sus primos; donde subía en solitario para huir de no sabía qué y buscaba sin saber qué. Allí se encerraban condensados todos los recuerdos; allí descargó a solas su primer llanto existencial cuando la vida le enseñó a distinguir las diferencias entre las personas.

Su cabeza, fría, siguió administrando la cordura sin espacio al desconcierto. Buscó entre los esquivos recuerdos la alegría atronadora de las risas infantiles. Vinieron a su mente las reprimendas de su madre cuando no hacía las labores a su gusto; los tirones de pelo cada vez que le desenredaba la melena rebelde tras el aclarado con vinagre para mantener alejados a los piojos; los remiendos en las ropas de los que nunca había renegado hasta aquella mañana contemplando cómo se vestía la mujer del médico. No hubo un mal ni buen pensamiento para Roque, el hombre que acababa de liberarle del bestial marido y jamás fue capaz de brindarle otra vida. Había olvidado su mirada perpleja y bobalicona de aquel día, hacía una eternidad, cuando ella misma le besó furtiva pero segura, lejos de la desidia y la tristeza que la instalaría sin misericordia hasta este paso amargo. En aquel taimado momento, las risas y los buenos ratos aparecieron esquivos entre fantasmas, a los que decía adiós y para siempre.

Hasta allí, desde su infancia que ya apuntaba maneras, le había llevado el áspero transcurso de la vida, donde no hubo grandes problemas ni carencias mientras no hubo consciencia general que lo indicara; donde las quejas calladas quedaban mudas como un principio de rebelión injustificada. Lucía se dejó llevar por aquella indolencia, conducida por el hastío. Un vacío permanentemente instalado hacía opaca y empañada de un aterrador silencio su memoria. Como si, no existiendo otra salida, fuesen esas las pautas marcadas a las que le empujaba el momento. Asaltó su mente la consciencia atroz que condujo sus movimientos y su voluntad, sin dudas ni congojas. Con calma y resolución cogió una soga de esparto, tan áspera como su vida, y la dispuso como había visto hacer a su padre, en el mismo gancho dispuesto para colgar el cerdo, que aún no habían estrenado. Con frialdad y pasmosa tranquilidad hizo el nudo como había visto hacerlo. Se subió a la silla sin que las piernas ni el alma le temblaran. La misma silla que le correspondió como parte del ajuar, en la que se había sentado desde muy joven para revolver la carne picada de asqueroso olor a crudo que nunca soportó y que año tras año, sin oposición posible, se veía obligada a mezclar para hacer el embutido. Se frotó el cuello con las manos manchadas con la sangre, fría, de aquel cuerpo que ya no era, como nunca lo fue, el del compañero que deseaba. Era el momento: salvaje, oscuro, decisivo. Colocó la cuerda en su garganta sin que el frío por la resolución la recorriera. La cegaba la necesidad de liberarse de sus insatisfacciones y sus tormentos; de sus culpas y sus soledades. Solo una tela de rencor hacia la vida la ocupó. Al otro lado del ventanuco, lejos, muy lejos, el agradable sonido de una lluvia suave prometía olvido. Empujó la silla.

Su decisión no fue tomada a raíz ni como consecuencia de los hechos, aunque sí los precipitara. Ni la participación de Roque, el hombre que hacía mucho tiempo que solo era como el sigilo del silencio que llena de rancio vacío el espacio, ni el hombre desangrado, al que ningún sentimiento le atara, tuvieron protagonismo. Inmersa en una vorágine a la que no pudo ni quiso adaptarse, buscó lo que la vida, con sus sombras, le negaba. Quiso liberarse de la traición que suponía ser superviviente de sí misma adelantándose a los designios; hacer uso de su opción al abandono del apático espacio, dejándose arrastrar por lo que la esperaba al otro lado, donde la soledad sería distinta. Nadie tenía la culpa de su desesperanza y todos fueron culpables empujándola a salir de la absurda espiral que a otros absorbía sin que la rebeldía despertara.

Tras las dramáticas confesiones los dos hombres, liberados de la soledad del silencio que encerraba sus cargas al compartir las tragedias que el tiempo no había conseguido limar engordando el pesado lastre, quedaron exhaustos.

Adormecidos por el traqueteo, relajados después de tamañas confesiones, despertaron sobresaltados por un sonido sordo. Roque respiraba pegado al hueco de la lona amortiguando el golpeteo con los brazos cruzados por debajo de la barbilla sobre el lateral del camión. Se asomó y comprobó espantado el motivo del golpe: uno de los compañeros se había arrojado al margen de la carretera. Roque creyó reconocer el color verdoso de la chaqueta de Pepe el Manco, que iba en el camión del medio. Se le encogió el estómago. Aquel punto lejano, como un fardo olvidado, cargaba con un botín importante y un montón de esperanza truncada. La dureza del trasiego y el miedo a afrontar lo que les deparaba el destino, sin oportunidad posible a desandar lo andado, ganó la partida. No dijo nada a José, no quiso inquietarle más. Le alivió comprobar que el conductor de su camión, que era el último, no se hubiera percatado. José miró a Roque expectante por saber qué había pasado y este le mintió, le dijo que uno de los camiones había atropellado a un animal. No podía acrecentar su desazón y pasó solo el trago. Aquel incidente podría minar aún más la moral de José, y Roque ya no tenía fuerzas para insuflar unos ánimos que él mismo hacía mucho que había perdido. El miedo le empujó a hablar de manera compulsiva. Extraviando la mirada, dijo que albergaba la ilusión de marchar a América, desde allí podría escribir a sus padres para que supieran de él; emprender, en otras tierras más amables, una vida tranquila donde tener la oportunidad de ser otro. José, que callaba, anhelaba la vuelta a casa antes de que expirara el plazo para recuperar parte de la hacienda. Ansiaba llegar a tiempo para reparar su falta y que todo volviera a ser como antes. La desesperación ensombrecía su existencia más allá, mucho más allá de su propia vida, que ya poco le importaba si no podía cumplir su compromiso. Ganar aquella pugna era un propósito que no daba lugar a otras suertes del destino.

La espada de Damocles sobre sus cabezas no les permitía alejarse del pasado para afrontar un presente tan incierto como peligroso, al que habrían de desafiar con toda la energía y el valor de que fueran capaces. El futuro era una quimera enturbiada por el miedo, por la angustia al inmediato desenlace. La desazón ante los acontecimientos que se avecinaban no daba tregua. Mantener la calma era cada vez más complicado. Roque usaba las palabras para hacer ruido y que José no pensara, pero también su fortaleza tenía límites.

Demasiado tiempo en aquel imposible espacio donde al cambiar la postura, cada vez con más esfuerzo, el efímero acomodo apenas ofrecía confort. Conscientes de que lo más duro estaba por llegar, la preocupación acentuaba la angustia y dejaba al descubierto el miedo.

El ruido de los aviones se percibía amenazante. La velocidad de los camiones empezó a ralentizar. Se escuchaban otros motores, murmullos, trasiego de ciudad. Allí, en la montaña donde habían permanecido, no llegaba mucha información. Solo tenían consciencia de las últimas noticias recabadas por medio de los contactos en la frontera de los Pirineos.

—Vamos a rezar, José. Es bueno en estos casos —dijo Roque con un tono solemne y mostrando una vulnerabilidad hacia las circunstancias que no había mostrado antes.

—¿Y qué rezamos? —contestó José cagándose literalmente en los pantalones.

—Lo que sepas, qué más da; pero reza, José, reza. —Roque, que hasta entonces había podido controlar la situación, empezaba a flaquear sin atisbos de control.

Previniendo, antes de que mermaran las fuerzas y se anquilosaran perdiendo elasticidad los músculos, Roque había sesgado la lona por todo el perímetro del volquete con el fin de poder escapar por el lugar más conveniente, llegado el momento.

Una bomba estalló muy cerca casi al mismo tiempo que sonaron las sirenas. Los camiones zozobraron, pero no fueron alcanzados. Aminoraron la marcha y después siguieron un buen trecho. Roque se asomó con sigilo y el ambiente le sobrecogió: las fachadas, deterioradas por visibles efectos de bombardeos, presentaban un aspecto fantasmagórico; apenas unos transeúntes cruzaban azorados la calle cenicienta, que parecía surcada por la violencia y el miedo. Soldados, soldados por todas partes. El camión redujo la marcha. Roque pensó en su madre y se encomendó a la Virgen del Perpetuo Socorro considerando que había llegado el momento de la verdad. José, muy alterado, se movía de forma extraña. Roque, pendiente de los ruidos del exterior, estudiaba la situación sin percatarse del drama que agobiaba a José. Hacía un rato, según dijo entre sollozos, había soltado de su brazo la cuerda del saco donde guardaba el botín, que al instalarse habían dejado enganchado en el lateral. Mientras Roque dormitaba, José había cogido el suyo para recrearse contemplando el contenido. Los vaivenes del trasiego propiciaron que el fardo se hundiera perdiéndose en la blandura succionadora del montón de grano.

Las maniobras indicaban que los camiones estaban estacionando. José emitía sonidos guturales; se movía con arrebato pudiendo dar imprudentes señales de presencia bajo la lona. Roque trataba de impedirlo intentando atajar sus movimientos, haciendo uso de todo el acopio de paciencia que pudiera asistirle en aquellos momentos complicados, tan desesperados como decisivos. José no dejaba de manotear intentando llegar hasta la bolsa perdida, irrecuperable sin remedio mientras se apretaba la boca para no toser. El botín se habría hundido hasta una profundidad insalvable y lo apremiante, ahora, era huir. Aquel accidente fue un varapalo que hundió totalmente a José diluyendo sus esperanzas. Hasta entonces había sentido dolor, vergüenza, desesperación, miedo, pero esa amargura que se manifestaba físicamente, como un cuchillo atravesando su garganta, eso no lo había sentido antes. Mientras Roque trataba de limpiar el grano adherido en la nariz y la boca de José, rogándole que no tosiera, este mordió el brazo que intentaba reducirle. Roque contuvo el grito y le golpeó sin fuerza, necesitaba dominar la situación de forma apremiante, el tiempo transcurría.

La grave situación se recrudecía. José seguía cabeceando sin concierto, inmerso en su incontrolable desesperación. Roque, armado de una paciencia insólita intentando apaciguar su desazón, rasgó la lona de nuevo para que José respirara directamente del exterior, haciéndolo a bocanadas ansiosas. No había consuelo para José, le preocupaba más aquel bulto perdido que su vida; aquel valioso fardo que acababa de extraviar era el salvoconducto para recuperarla, y sin él ya nada tendría sentido. Sin el botín no podía restablecer la normalidad recuperando parte de lo que había perdido. Así, vencido y acabado, no podría volver. Su tragedia no tenía límites; ni siquiera abandonarse a la muerte era una opción. Su compromiso era más allá de su propia vida, que poco le importaba si no podía restituir del menoscabo a la familia.

Roque no solo asumía la responsabilidad de resolver la situación, cavilando en unas condiciones extremas que hubiesen acabado con la entereza del más templado, tenía que consolar a un hombre totalmente hundido e incapaz de serenarse; rescatarle del estado de ansiedad que le impedía razonar. La situación era tan tensa, tan complicada e insoportable, que a punto estuvo de tirar la toalla. Con toda la magnificencia de la que estaba tocado desde niño; donde la renuncia fue siempre una constante, donde jamás había tenido conciencia de dominio sobre nada, donde solo le amparó el cariño de su madre —y esta era como la tierra seca, que solo removiéndola se mostraba generosa, en aquellas tierras castellanas duras y sobrias donde primaba una absurda austeridad y rudeza a la hora de mostrar cariño—; Roque sacó fuerzas de flaqueza e hizo frente a la situación.

—¡José, escúchame! —exclamó, mirándole fijamente con el rostro encendido, mientras apretaba su brazo, clavándole las uñas—. Con mi parte hay suficiente para los dos. Sosiégate o te mato ahora mismo —concluyó, mientras estrechaba la cara de José con ambas manos, mostrando una ira apaciguada mucho tiempo.

La severidad y firmeza consiguió serenar a José de manera fulminante.

Aún luchaban por conseguir serenidad cuando les alertó un rifirrafe. Una algarabía les despertó a la alarmante realidad del exterior a la que tenían que hacer frente. La expectativa del peligro que les amenazaba fuera relegó sus íntimas tribulaciones. Roque, aterrado por primera vez ante los ojos de José, no se atrevía a asomarse. José notó su debilidad, el inesperado espanto que había invadido a aquel hombre al que creía invulnerable. Una fuerza inusitada aprovisionó a José del valor que no había usado hasta el momento. Acarició el rostro de Roque y le dio las gracias por cuanto había hecho por él. Roque repuso su ánimo, apretó el hombro de José y sacó la cabeza por la lona. Los soldados rodeaban el volquete del primer camión donde seguramente aún se alojaba Mateo. Reptó hacia el otro extremo y comprobó que los camiones estaban aparcados junto a la fachada de un almacén, por tanto, por ese lado no había vigilancia. Roque, mientras clavaba sobre José una mirada tan implacable que no daría opción a replica alguna, le ordenó que se deslizara inmediatamente por aquel mínimo espacio y huyera con discreción, consciente de que tendría agarrotadas las piernas y el grano adherido a la ropa mojada por los orines y demás le delataría, pero era la única salida antes de que les descubrieran. José no dudó, sabía qué era lo que tenía que hacer para tranquilidad de Roque. Amparado por una voluntad y un aplomo insólito, sacó los pies por la abertura deslizándose despacio apoyado en la pared que le cubría. Tenía las piernas anquilosadas y los brazos le dolían, pero administró la calma y, con una seguridad inusitada, logró bajar sin ser descubierto. Agazapado entre los bidones que había junto a la pared, consiguió tomar cierta distancia. Ninguno de los dos, en aquel decisivo y trascendental momento, reparó en el botín.

Empezaba a oscurecer. Sus piernas, temblequeantes, respondieron con acierto intentando doblar la esquina. Antes, se atrevió a volver la cabeza. El último camión, en el que hacía escasos minutos Roque batallaba con fiereza para sacarle de su angustia, estaba rodeado por soldados que apuntaban con sus armas y gritaban con tono espeluznante, a saber qué barbaridades. A José se le puso el corazón en la garganta. Supuso que Roque habría intentado escapar por el lado opuesto para desviar la atención de los soldados, procurándole la oportunidad de huir.

José, sin fuerzas, enajenado, sin voluntad ni juicio, luchando por no perder el conocimiento, acertó a volver la esquina dejándose caer desmayado resbalando sobre la pared. Una costra reseca le había congelado los ojos y la garganta. Aplazó el grito que se le pudría dentro desde aquel día que se alejó de su casa, solo y asustado.

Un hombre, con actitud sigilosa, aprovechando lo angosto y solitario de aquella calle vacía, levantó a José, asiéndolo por las axilas, y lo arrastró unos quince metros hasta una casa ruinosa.

Después de beber cortos sorbos de agua y aliviar mínimamente su garganta de la resequedad, José durmió toda la noche hasta el mediodía siguiente en aquella casa vacía y desvencijada donde el hombre que le rescató la noche de antes le había cobijado. Despertó débil, pero algo repuesto. Su aspecto era lamentable. Se incorporó intentando recuperar la forma de sus endebles piernas, consciente de que su propia inmundicia era el menor de sus problemas. Palpó sus bolsillos y comprobó aliviado que conservaba la documentación y la navaja. En su ofuscación, no recordaba el último pasaje que le había llevado hasta allí. Empezó a husmear y confirmó su percepción de estar en una casa abandonada. Orientado por la luz que provenía del fondo, anduvo hacia un patio interior invadido por la maleza. En un rincón de aquel patio asilvestrado, un hombre apilaba restos de muebles. Le tranquilizó reconocer al hombre que le había rescatado en la calle la noche anterior y le invadió la inquietud al recordar a Roque. Esbozando una sonrisa, el desconocido, sin abandonar su quehacer, le dijo algo en un idioma que no entendió. Al ver que José no articulaba palabra y parecía mostrar cierto recelo, añadió que él también huía, sin que tampoco esto último José pudiera entenderlo. El desconocido, mientras seguía trajinando con la leña, le hizo una seña indicándole que se acercara, sin dejar de hablar aparentando naturalidad, ofreciendo confianza. Una serpiente —la banda en zigzag que adornaba su lomo anunciaba que era una víbora peligrosa— salió de entre la leña enfilando hacia el hombre ajeno al peligro. José, instintivamente, sacó la navaja. Al abrirla el ruido estridente sobresaltó al hombre, al que un acto reflejo le hizo reaccionar propinándole un porrazo con el madero que llevaba en la mano. Quiso la fatalidad que aquel trozo de mueble llevara clavos, resultando un golpe mortal. José permaneció de pie por espacio de unos segundos antes de desplomarse fulminado. La sangre chorreaba por su rostro mientras sus ojos, muy abiertos, se clavaban en los de un hombre desconcertado que había actuado instintivamente en su propia defensa.

SEGUNDA PARTE

XX

Aparece Águeda

Aquel año de la Expo 92 en Sevilla, de las Olimpiadas en Barcelona y tantos acontecimientos en España, Águeda acababa de dejar Simbradoia[1] para instalarse en aquel pueblo levantino de interior junto a su hermana y el esposo de esta, de momento, hasta poder independizarse como pretendía desde que, estrenada su mayoría de edad, había tomado la decisión de salir de su pueblo. Su padre había cedido al fin, no de muy buen grado. Tenía muchas posibilidades de empezar su vida laboral como secretaria de dirección de una empresa dedicada a comercializar accesorios para el automóvil, en la misma ciudad donde vivía su hermana. Le entristecía alejarse de su gente y de su tierra, pero le motivaba la ilusión de su primer empleo. También la expectativa de una nueva vida era un estímulo importante. En su limitado pueblo portugués poco podría progresar y, aunque iba a echar de menos aquel entorno, necesitaba salir de allí en busca de un futuro, como hicieron sus hermanos en su momento. Los dos varones se habían establecido en Lisboa, y su hermana, la mayor de los

[1] Pueblo ficticio portugués

cuatro, también se había instalado, ya casada, en una ciudad española donde su novio había encontrado un futuro prometedor. Los abuelos paternos eran españoles, y en casa siempre se había hablado con fluidez el idioma, siendo un acicate importante para dar el paso. Águeda quería empezar a trabajar y era una oportunidad para abrirse al mundo, aunque lejos de su maravilloso pero restringido pueblo natal. La rigidez de su padre, que no atendió a las razones que esgrimía con mucha cordura su madre, no le había permitido marchar con su hermana hacía un año, cuando esta lo hizo con su marido, recién casada. A pesar del empeño que puso el matrimonio, hasta ahora no había habido forma de convencer al padre. Ahora, consecuente y avenido, ya no podría ni quería retenerla; deseaba un buen futuro para la más pequeña, la más lista, voluntariosa, inteligente; la más buena de los cuatro, como siempre mantuvo desde que era pequeña. Cuando los padres escuchaban que engendrar hijos a cierta edad era peligroso porque se corría riesgo de malformaciones, se miraban con complicidad, orgullosos y llenos de satisfacción.

No fue una niña que llamase la atención físicamente, pero Águeda tenía un encanto especial que la hacía sobresalir sobre sus hermanos, más guapos, más simpáticos y abiertos. Sin llegar a ser desgarbada, su cuerpo, desmesurado para su edad, al crecer fue tomando equilibrio y su altura pasó a ser más un atractivo que un defecto. Su padre decía que los dos primeros días de vida que pasó llorando porque la leche materna no le alimentaba los había recuperado con creces al tomar la leche artificial recomendada por el boticario. Su rostro ovalado enmarcaba una mirada profunda, descarada, que, pudiendo resultar insolente, transmitía serenidad. Tan pragmática y cabal que a veces asustaba su raciocinio poco acorde con su edad. Una suave rebeldía muy convincente le permitía mantener su criterio sin el menor esfuerzo; nunca tuvo que ceder ni un ápice. Sabía persuadir, sobre todo a su padre, que valoró su coherencia y sensatez desde muy pequeña. Manifestó muy pronto sus inquietudes con gestos desconcertantes que mostraban su independencia y suficiencia apuntando maneras, como aquel día que se alejó buscando soledad para leer, y su padre, que desde que tuvieron lugar los incidentes no la perdía de vista, después de buscarla por toda la casa la halló en el desván. Engullida entre las ropas en el fondo de un arcón, se recreaba con un libro ilustrado, de aventuras. «¡Qué!», exclamó, a la llamada. La voz sonó tranquila, contundente y segura. Su padre, sorprendido pero aliviado, recriminó su travesura por el susto que les había dado. Ella levantó la mirada, que hasta el momento no había apartado del libro, y muy seria, frunciendo el ceño con claro gesto de fastidio, espetó con tono sereno: «¿Tengo que decir siempre a dónde voy?». Advertía así que hacía uso de su derecho a autonomía.

Respuestas como esta ya habían dejado de sorprender a su padre, que lejos de reprenderla, le hablaba como si de un igual se tratara, poniendo en evidencia un respeto que no manifestaba a los demás hijos. Mientras a sus hermanos les costaba conseguir ciertas cosas, ella, perceptiva y práctica, de una forma natural y sencilla, convencía sin esfuerzo. Tenía esa picardía ingenua y fresca que cautivaba a su padre desarmándole continuamente con sus ocurrencias. Sus respuestas y actuaciones desconcertaban a todos menos a él, que, convencido de su raciocinio, solía decir que la niña tenía uso de razón desde que nació. Sus padres ya habían entrado en una edad en la que no esperaban más hijos cuando ella vino al mundo; también fue la mayor alegría para su abuela Águeda, que ya creía que la cadena de las Águedas, tras varias generaciones ininterrumpidas, se había roto. La abuela bautizó con su nombre a su primera hija, que murió de neumonía siendo adolescente, y esperaba que su otra hija, la madre de Águeda, respetara la saga con su primera niña, pero no fue así.

Los tres hermanos, con poca diferencia de edad entre ellos, eran mayorcitos cuando Águeda nació, y siempre la trataron como el juguete de la casa. A pesar de esa protección y ese cariño excesivo, Águeda, la preferida de su padre, nunca abusó de su lugar privilegiado.

Cuatro años tenía Águeda cuando su tío abuelo, único hermano vivo de su abuela, fue hallado muerto detrás de los corrales de la casa. Olía a aguardiente de guindas; junto a su cabeza, una piedra puntiaguda manchada de sangre; las sábanas que se secaban al sol, descolgadas por un extremo y con rastros de haber sido manoseadas; todo apuntaba a que, ebrio, enredado entre las telas, habría caído golpeándose fatídicamente. No hubo testigos y así se zanjó el fatal suceso. Solo la pequeña Águeda había presenciado el suceso, pero ninguna consecuencia parecía anidar en la mente de la niña, a la que no pareció afectarle aquel pasaje del que la protegió su familia, propiciando la distancia con los hechos.

A la pequeña no le había gustado el desvarío oscuro en la mirada del tío cuando la acariciaba. Percibió un halo turbio que no se parecía a la tristeza ni a ningún otro sentimiento. Guiada por el instinto donde no cabía la culpa, rápida e instintivamente se agachó y cogió una piedra. Ni turbación ni ningún otro vestigio que la aproximara a las consecuencias tenía cabida en su mente limpia. Amparada por esa virtud innata para protegerse, sin consciencia de tener que defenderse, dentro de aquella atmósfera que la eximía de culpabilidad, abrigó la sensación de que su padre la defendería. Anomalía y extrañeza ocupaban la distancia que la separaba del mundo de los mayores. Un reflejo natural había marcado los pasos precisos: los jadeos del moribundo la incomodaban. Sin inhibición alguna, a punto estuvo de volver a golpearle para no tener que volver a hacerlo nunca más, pero la mano alzada del viejo cayó al suelo desplomada; el movimiento se hizo silencio; la boca entreabierta buscando un último resuello se había paralizado. El temblor compulsivo de su pie izquierdo también había cesado. No apuntaban implorantes sus extraños ojos de color plomizo, los torpes balbuceos habían enmudecido.

Una introspección arrastró a la pequeña hacia un viaje interior en el que se perdió, ajena, eximida de la escabrosa acción: las sábanas habían traído la aparición violenta, con su agitar travieso.

Aquella fatídica mañana había despertado soleada. Su madre la dejó detrás del corralón de la casa, como otras veces, después de tender las sábanas blancas —que a veces parecían azules, como decía la niña—. Allí la pequeña solía jugar al sol del mediodía hasta que llegaba su padre. Aspirar el olor a limpio de las sábanas mientras las atravesaba rozándolas con sus manitas sucias de jugar con la tierra le encantaba, como carcajearse en respuesta a la reprimenda de una madre enojada. Aquellas pantallas inmensas, mecidas por el viento, se hicieron transparentes. Una sombra exagerada dibujaba una silueta que se distorsionaba y se perdía y se aproximaba al vaivén. Aquella caricatura feroz apareció a este lado del escenario. Prendido de la tela, el anciano se desplomó de rodillas a su altura, la cogió de la faldita tirando hacia sí mientras balbuceaba palabras que la niña no entendía, pero sí que una malévola atmósfera embriagaba el ambiente fantasmal. A la pequeña le asustó su rostro desencajado; la tempestad que traía su mirada; el trepar tembloroso subiendo por su pierna. Segura, se agachó y cogió la piedra sin dejar de mirar aquellos ojos como extrañas ascuas. La sangre descendió hasta alojarse entre la cuenca hundida del ojo izquierdo y el hueco del tabique de la nariz huesuda del anciano, formando un remanso siniestro. No volvería a molestarla nunca más: esa fue la sensación que ocupó su inocente sentido libre de culpa. Asistida por la razón de la consecuencia, no hubo confusión en su mente. No tendría que valorar peligro ni importancia más allá de su lógica actuación, donde solo fue vehículo de su defensa, segura de sus pasos que entendía precisos y correctos, con toda naturalidad.

Un pálpito apresuró al padre. A distancia, el agitar de las descolgadas telas dejaba ver a intervalos una extraña secuencia. El hombre, ya sin vida, yacía a los pies de la pequeña, que, en *shock* emocional, mantuvo la mudez y la mirada fija.

La piedra puntiaguda manchada de sangre aún permanecía muy apretada en la mano de la pequeña Águeda. Su padre la arrancó de su manita mientras ella, impermeable a sus palabras y caricias, permanecía rígida sin dar muestras de emoción alguna; un bloqueo conveniente la había paralizado. Sin reparar en el amparo de su padre, seguía observando el charquito de sangre asemejado a la tela que se formaba en la taza de chocolate caliente.

No pasa nada, no pasa nada, decía el angustiado padre doblando acelerado la esquina, soportando en brazos la rigidez de la niña. Solo la madre y la hija mayor fueron conocedoras de los hechos, que callaron para preservarla de todo perjuicio. En el arrebato, la ofuscación y la ignorancia, resolvieron ocultarlo. Los atribulados padres pensaron que era lo adecuado, lo más conveniente. En aquel pueblo pequeño donde se conocían todos, hubieran sido comidilla de comentarios y el peso del estigma señalaría siempre a la niña, argumentaba su madre. La vigilaban mientras dormía, mientras jugaba. En todo momento era perseguida y observada discretamente para comprobar si daba muestras de algún trastorno que pudiera haberla afectado. Los resortes innatos de su mente la habían convencido de que nunca había pasado. No dio en absoluto indicios de haber vivido tal experiencia, solo un ligero extravío en la mirada algunas veces, pero eso no era nuevo, mantenía su padre. Ni siquiera cuando alguno de los hermanos hacía alusión al fatal incidente se le apreciaba inquietud o reacción alguna. La hija mayor, a sus catorce años, opinaba que debían llevarla al médico, pero los padres pensaban que era mejor —ya que la niña no daba muestras y parecía haberlo olvidado— no remover y dejar las cosas tal como estaban. Nadie más tenía conocimiento de cómo se produjeron los hechos y, dado que a la niña no le había afectado, preferían que permaneciera siendo así, considerando que tal vez fuera peor el remedio si se le hacía revivir de alguna manera el suceso y, además, los hechos transcendieran. Solo la expresión de la abuela, ante la extraña muerte de su hermano, parecía afligir a la pequeña Águeda; como si solo tuviera relevancia aquella pena ajena a unos hechos que parecía ignorar. Convencieron a la anciana para que delante de la niña no dejase ver su aflicción por el suceso, porque luego tendría pesadillas, argumentaban, llevando cuidado por protegerla de lo que la abuela no podría controlar, hasta que el tiempo se ocupó de anular aquel impulso de manera natural.

El silencio y la duda acompañaron mucho tiempo a los tres que guardaban el secreto, sin derecho, pensaba la hermana sin más opción que encerrarlo dentro de ella acatando la voluntad de sus padres.

Había llegado el día de la marcha de Águeda. Aunque estaba acostumbrada a desplazarse a diario para ir a estudiar a la ciudad más próxima, fue muy diferente subir esta vez por esa escalera metálica del autobús, a la que nunca había prestado tanta atención. Aquel escalón, una línea que la separaba de todo lo que amaba, la empujaba hacia su odisea. El corazón le palpitaba y hasta sintió un pinchazo en la espalda. Subió la primera con toda intención, tratando de evitar prolongar por más tiempo las recomendaciones y consejos. También a ella se le partía el corazón a pesar de las expectativas que le suscitaba su nuevo destino. Viajaba sola, una sensación estimulante que en algún momento dejó de serlo. Tembló de emoción por la aventura, lejos del acomodo y cuidado de sus padres; lejos de sus paisajes y rincones; lejos de sus recuerdos; lejos, aunque no tanto en la distancia, muy lejos. Empezaba a tomar relevancia un sentido oportuno que alteraba el orden de las cosas.

Águeda se sentó en el asiento junto a la ventanilla en el lado desde donde sus padres, expectantes, alargaban el cuello con avidez para localizarla. Leía en sus labios las últimas y consabidas recomendaciones que ya no escuchaba ni era necesario porque las sabía de memoria. El autobús arrancaba sin remedio y su padre quedaba hundido con la partida de su pequeña —siempre sería su pequeña—, a la vez que ilusionado por lo que significaba para ella.

La excitación que le hacía temblar las piernas dio paso a la emoción ante todo lo nuevo que al otro lado le esperaba. Destino: Sesimbra. Desde allí tomaría dos autobuses más hasta llegar a la ciudad española donde le esperaba su hermana. Lo más lejos que había viajado, sin contar aquel viaje de fin de curso a Sevilla hacía unos años, fue a Lisboa, la capital, donde se daban opciones culturales y otras que jamás podría disfrutar en aquel lugar reducido donde nació y se había criado. Aquel rincón minúsculo, donde le estaban vetados muchos privilegios, la emocionaba cada día con su paisaje especial que no hallaría en otros donde pudiese acceder a muchas cosas que también ambicionaba. El aire limpio y la tranquilidad del campo eran imprescindibles como base para una vida plena, sostenía ante sus amigas cuando ellas, locas por instalarse en una ciudad, a ser posible grande y cosmopolita, lo obviaban sin valorar lo que tenían. Águeda apreciaba y defendía a ultranza la vida en contacto con la naturaleza, por encima de otros valores que consideraba alternativos y al alcance puntualmente.

Pasaron por el camino que iba hacia su primera escuela, y las flores silvestres que lo bordeaban le recordaron el día que descubrió los saquitos en las patas donde guardaban el polen las abejas a las que observara sin miedo a las posibles picaduras que no recordaba haber sufrido nunca. Precisamente aquel mismo día la maestra había hablado de ello y celebró la coincidencia. Las casas de la ladera se iban quedando pequeñas. Los árboles se despedían cada vez más acelerados y borrosos. Buscó con avidez, girando la cabeza cuanto pudo, su pequeño santuario; una roca enorme de piel rugosa vestida con colores imposibles. Le tocaban el corazón aquellos seres calientes de aspecto frío, como ella catalogaba a las piedras. Aquel megalito estaba allí desde siempre, como decía su abuela poniendo el énfasis que la caracterizaba siempre que fabulaba convencida de la veracidad de cuanto decía: «¡Allí nació, desde las entrañas de la tierra!».

Solitario y gallardo, el peñasco sobresalía de las demás rocas que parecían huir de la soberbia belleza que las diferenciaba. Aquella roca majestuosa, adornada con líquenes de tonalidades distintas en cada uno de sus lados y rendijas, parecía desearle suerte y despedirse con tristeza. Hasta le pareció que se movía para darle el último adiós antes de dormirse para siempre. Aquel peñasco que se dejó escudriñar y palpar sus fisuras y la rugosidad de su piel; como si se hundiera en la tierra, había permitido amablemente que le sobrepasara. Seguía siendo tan esplendorosa como el primer día que la descubrió, fascinada por su belleza e importancia. Arañados con piedrecitas puntiagudas y el esfuerzo de sus pequeñas manos firmes y tenaces, había grabado en las oquedades más ocultas y difíciles, con paciencia y tesón, los nombres de los animales que iban desapareciendo de su vida, resguardándolos de la celeridad del mundo. Morita, la cabra que nació un año exacto antes que ella, fue la última en quedar registrada en aquel listado esculpido en los huecos apenas accesibles. Como si se resistiera a ser olvidado, su monolito permanecía alzado, solo, cada vez más solo, hasta perderse de sus ojos. La distancia arrebataba la ocasión de próximos momentos al tiempo que anudaba el lazo que siempre la uniría a ese rincón, a ese paisaje que jamás podría sustituir.

La nostalgia tuvo prisa por hacerse notar con descaro y desconsideración, inundándola de desasosiego; una sensación de ausencia que hasta el momento no había sentido; como una congoja que la hacía morir un poco. Escapaba a velocidad imposible aquella loma verde retrotrayéndola al recuerdo de la abuela Águeda, de quien heredó el nombre y un mechoncito de pelo blanco en la nuca. A Águeda le gustaba echarse a la boca aquellas hierbas más verdes y aterciopeladas que masticaba Morita, la vieja y cansada cabra por entonces. La abuela se lo recriminaba alertándola de que podrían ser venenosas, pero ella, a sus espaldas, taladraba con cautela, profanando el verde con las curvadas marcas blancas que dejaban sus incisivos; como si, así, despacito, ningún veneno se atreviera. Las mismas hierbas que comía Morita acababa ella masticando con menos energía y regusto. Si a la cabra no le pasaba nada, tampoco tendría por qué pasarle a ella, pensaba convencida. Morita la miraba con sus inmensos ojos; cada vez con uno según el lado en que estuviese situada; con aquellas curiosas y sorprendentes pupilas horizontales que eran como un perfecto rectángulo que abarcaba toda la extensión de su córnea. Algo que siempre desconcertó a Águeda: ¿cómo elegía la visión preferente?, ¿cómo podía prestar atención a la derecha, cuando su otro ojo acaparaba la panorámica de la izquierda? Morita la atendía por la derecha y por la izquierda sin inmutarse, totalmente ajena a sus cavilaciones, con la misma naturalidad con que sus sencillos movimientos la acercaban a la más jugosa y suculenta zona para seguir pastando con deleite, lentamente, sin pausa. Disfrutaba de su tranquilidad pasmosa con aquel irregular movimiento de sus mandíbulas, sin tener en cuenta las divagaciones peregrinas de la curiosa niña que la rodeaba inquisitiva intentando resolver aquel enigma. Le gustaba imaginar que podía inmiscuirse en la nebulosa de los pensamientos de cabras. Mientras, la cabra seguía rumiando ajena a las elucubraciones, moviendo violenta la cabeza de un lado a otro, tal vez molesta al sentirse observada con tanta obstinación.

La carretera, salpicada de baches, no privaba al chófer del autobús de su carrera monótona, sin poner el menor cuidado por esquivarlos, pensaba Águeda molesta mientras adivinaba, más allá de la loma, el pedacito de tierra que tanto costó hacer fructífero al abuelo Abilio, según le había contado la abuela una mañana de principio de verano mientras esperaban que Morita se saciara. El recuerdo le sacó una sonrisa rememorando cómo la abuela lo contaba divertida. Describía al abuelo, al que Águeda no llegó a conocer, testarudo y noble, y contó con todo detalle aquel tropiezo con el cura. Pudo ser un buen disgusto, según aseveraba la abuela modificando el rictus amable de su cara, mientras cabeceaba y sonreía balanceando los pies que colgaban desde la hierba fresca del linde que sobresalía delimitando las tierras.

El trozo de tierra en cuestión, cuajado de piedras, ubicado en la zona de terreno catalogado como secano, era incultivable. Empecinado y muy trabajador, el abuelo Abilio se propuso hacer de aquel pedregal una tierra fructífera en sus ratos libres, costase lo que costase, seguro de sacar partido al secarral. El caso es que todos los domingos por la mañana, bien temprano, antes de la misa dominical, a don Desiderio, el cura, le daba por pasear por aquel paraje, buscando probablemente inspiración para la homilía. El primer domingo que don Desiderio sorprendió a Abilio cavando aquella tierra, le requirió imperativamente desde el camino. Abilio, respetuoso, dejó su azada y anduvo los metros precisos hasta acercarse lo suficiente para verse las caras y escucharle. Don Desiderio le largó toda serie de recriminaciones enfocadas a su grave culpa.

—Usted —se dirigió a él con ese tratamiento, de usted, cuando siempre fue Abilio a secas—, ¿no sabe que el domingo es día de gracia y descanso? ¿Usted no conoce el tercero de los mandamientos de la ley de Dios, que el Señor nos envió a través de Moisés? ¿Acaso desconoce los deberes de obligado cumplimiento que le manda la Santa Madre Iglesia?

Abilio, mientras con la gorra en la mano en señal de respeto, se secaba el sudor, intentaba justificar el porqué de su desacato a las leyes de la Iglesia. El párroco, que no estaba por la labor de escuchar sus explicaciones irreverentes y sin relevancia alguna, con impulsivo acaloramiento blandía el bastón dejando clara su autoridad con la radical plática:

—¡Haga usted el favor de apresurarse hacia su casa y adecentarse como Dios manda para ir a misa y cumplir con su deber de buen cristiano! —Le clavó la mirada mientras, ofuscado y colérico, sombrero en mano sobre el bastón, esperaba el inmediato acato que no se produjo.

La expresión frenética y amenazante del párroco podría amilanar a cualquiera; a cualquiera menos al abuelo Abilio, que había bregado mucho en este mundo y ningún cura de vida regalada le impondría cómo administrar su tiempo, cuando su única finalidad era poder llegar a cumplir con todas las tareas precisas para sacar adelante a su familia. Abilio solo podía sacar partido de aquella tierra yerma si antes la limpiaba de cantos y maleza, y el domingo era el único día libre que disponía para dedicarse a ello. Durante el resto de la semana no podía faltar a sus puntuales obligaciones, que no daban respiro.

Al domingo siguiente, Abilio, olvidado el incidente, había vuelto a su ardua tarea siendo de nuevo sorprendido por el párroco. Esta vez, mucho más colérico y furioso, como endemoniado, el cura volvió a vocear desde el camino, a lo que él hizo oídos sordos y continuó su labor sin prestarle la más mínima atención al sacerdote, que, asemejado a un bodoque negro sobre la línea del camino, se desgañitaba impotente. Abilio, temiendo la presión a la que pudiera verse sometido, rogaba para que el cura no se atreviera a acercarse. Don Desiderio, ante el osado desacato de aquel insolente, testarudo, empecinado incomprensiblemente, desobediente y blasfemo, empezó a bajar apresurado pisándose y tropezando con la sotana, obstinado en su terco empeño. Vociferaba en tono inquietante descargando con ira su amenazante sermón, clamando la palabra de un Dios soberbio que, con toda seguridad —pensaba Abilio—, nunca se pronunciaría en aquellos términos. Siguió con su colérica retahíla de improperios, frenético ante la insolencia que mostraba Abilio sin el más mínimo atisbo de atención y sin abandonar en ningún momento su labor. El cura, a la mitad de camino hasta llegar a Abilio —a saber qué pensamientos pasaron por su mente—, se dio media vuelta y desapareció. Abilio persistía firme en su actitud, sin reparo de conciencia ni tribulación alguna ante un hombrecillo que no representaba ante él, lo que, amparado en la autoridad de la Iglesia, pretendía.

Al siguiente domingo Abilio seguía en su empeño. El cura pasó de largo sin siquiera detenerse. Probablemente pensó que no tenía sentido insistir, desperdiciando su esfuerzo y sus palabras en postular por las almas baldías, o, posiblemente, le asustó el peligro que tenía provocar a un hombre tenaz. Abilio se irguió para secarse el sudor y vio al párroco por el camino sin pararse en ningún momento; siguió cavando con media sonrisa y un furor renovado en su ánimo, pero se quedó con las ganas de gritarle, socarrón, si había olvidado el principal objetivo de la Iglesia: llevar a las ovejas descarriadas al redil.

Ocho domingos más duró el laborioso trabajo hasta conseguir adecentar la tierra para poder sembrar en ella. El párroco no volvió a molestarle. Ni siquiera se atrevió a darle las quejas a la abuela, como hacía con otras mujeres que no conseguían, a pesar de sus presiones, arrastrar al marido. La abuela sí frecuentaba con regularidad y devoción la iglesia, cumpliendo, con sus dos hijas limpias y atildadas dentro de la humildad de sus posibilidades y a tono con las precariedades que se daban, cada domingo y fiestas de guardar. El abuelo Abilio, hombre de coraje, no se dejaba amilanar así como así; sabía muy bien cuál era su lugar; a qué Dios debía rendir cuentas cuando llegara el momento. Un Dios muy lejos de aquel párroco soberbio e inepto; un Dios que le daba la fuerza cada día para seguir en la brecha y les mantenía sanos y alegres; un Dios por encima de infiernos y otras patrañas, lejos de amenazantes sermones que solo pretendían amilanarles manteniéndoles dóciles y abnegados. Porque, para tener buenos sentimientos y ayudar a quien pudiese, no necesitaba la mano firme de ningún hombre que le observara amenazante amparado en su autoridad. Así pensaba Abilio y, aunque no estuviese muy de acuerdo con ciertas prácticas de la Iglesia, jamás intentó disuadir a su esposa de su inclinación devota.

Unos tonos violetas y grises ocultaron el sol cálido del mediodía, como si también el cielo estuviera enfurruñado. Águeda no consiguió deshacerse de aquella tristeza que la había abordado desde el principio. La luz tristona, que amenazaba tormenta, anuló su débil propósito de entereza. El paisaje se transformó en urbano al llegar a Sesimbra. El verano anterior había sido la última vez que estuvo allí, con amigos, pasando el día en la playa. Cuando era pequeña también frecuentó esas playas en familia, pero pronto empezó a masificarse con el turismo, y su padre, más reacio, mostraba menos entusiasmo a pesar de que le gustaba disfrutar de vez en cuando del buen marisco que allí se daba. Águeda guardaba unas sensaciones especiales de una tarde de inicios de primavera en el cabo Espichel, junto a sus padres y sus hermanos. A los cinco años, aquel lugar desolado le produjo una impresión fantástica que nunca olvidó. Lloviznaba, una bóveda oscura ocupaba el cielo y daba un aire fantasmagórico al lugar, donde solo ellos transitaban aquella explanada que se extendía desde la iglesia del santuario separando las dos alas inmensas de alojamientos para peregrinos, que parecían no estar en uso desde hacía tiempo. La luz mortecina daba un toque lúgubre al desolado entorno. Arreció la lluvia y se levantó viento. Su madre le ajustó la capucha del impermeable y aligeraron el paso. Ella, un poco rezagada, observaba las ventanas desahuciadas de vida de aquellos alojamientos abandonados. Una de las ventanas tenía una hoja abierta y golpeteaba a cada empellón de la ventisca agitando hacia el exterior el andrajoso visillo que jugaba con el viento. Qué habría detrás de aquellos marcos deteriorados por la desidia de la soledad y el abandono, pensaba mientras su familia se apresuraba por alcanzar el cobijo del coche.

Águeda no había vuelto a ese lugar y le hubiera gustado visitarlo bajo la perspectiva de adulta, posiblemente muy distinta al romántico recuerdo de infancia.

El autobús tuvo una avería casi llegando a Sesimbra, el lugar de enlace para coger el siguiente, lo que originó un importante retraso que motivó la pérdida del que la llevaría hasta el próximo destino. Tendría que alojarse en aquel lugar y coger el de la mañana.

Llamó a sus padres desde una cabina, les dijo que todo iba bien, después, elevando un poco la voz, simuló que no les oía y colgó, no quería entrar en detalles preocupándoles con la incidencia. A sus casi diecinueve años ya podía desenvolverse sola, pensó con ironía. El autobús les llevó hasta la puerta del hotel recomendado por el conductor para pasar la noche. Ella prefirió caminar un rato por aquel lugar del que tenía recuerdos, antes de registrarse. La tarde se había precipitado y empezaba a oscurecer. Enseguida le llamó la atención la disposición de otro hotel y la curiosidad la llevó al interior. El lugar tenía mucho encanto. Construido en plena ladera, desde recepción se bajaba a las plantas con vistas maravillosas al mar en todas las habitaciones. En los pasillos, grandes ventanales daban a zonas ajardinadas. Decidió quedarse y madrugar por la mañana. Instalada en la habitación 504, consideró que fue una decisión muy acertada. Abrió la ventana, enmarcada con doble hoja mallorquina, que encuadraba un horizonte en el que a esas horas solo se distinguía un espumoso mar blanco. Sintió como aquellos azotes que rompían en la oscuridad la llevarían al umbral de los senderos felices, bajo la magia y el influjo de aquella habitación oculta al mundo que existía al otro lado. El mar, agitado, retumbaba en sus oídos como un crujir de felicidad. Respiró a bocanadas avariciosas como si quisiera tragarse aquellas ráfagas salvajes fuera de su alcance. La bravura del Atlántico encrespado y espumoso se elevaba a cada obstinado embiste de aquel mar alumbrado por la luna. Se sintió independiente, intrépida, rebelde, soñadora, enardecida, en la noche perfecta. Se sentó en el banco de madera a modo de escritorio debajo de la ventana y observó sin noción del tiempo la agitación del mar que rompía la oscuridad invitando a pasar juntos la noche. Con toda su furia, sus estallidos blancos salpicaban de emoción aquel misterio como una llamada a la poesía. Aquella ventana daba paso a una realidad mágica que la tenía atrapada:

... el espectáculo seguía
desafiante, descarado, arrebatando de cuajo mis temores en la oscuridad
emborrachándome con la bravura blanca
que anunciaba tiempos nuevos...

Aquella noche representó muchas cosas: la primera que pasaba fuera de casa con total autonomía; la primera que no dio cuentas de dónde estaba ni con quién; la primera frente al pórtico del tiempo que le invitaba a su nueva vida, embargada de euforia; la primera que lloró por nada o por todo, sin saber qué le tenía atenazada la garganta.

Situada en un limbo transitorio, en el que deseaba permanecer siempre y en otros momentos salir pronto, el ensalzamiento la invitaba a llorar. El confuso alivio dio paso a una responsabilidad sobre no sabía qué, mientras sensaciones imposibles poblaban su alma colmada de delirio. Un conflicto emocional la invadía de sentimientos nuevos acorralando su cordura. A punto estuvo de abrir la puerta que daba a la singular terraza desprovista de balaustrada, y resbalar por la oscura y escarpada pendiente hasta llegar al mar; aquel mar blanco, misterioso, donde la atrevida espuma la envolviese en la vorágine de su hechizo; perseguir tiempos que no existían a la altura de su delirio incontrolado. El éxtasis que la trasladaba sin remedio hacia el enardecimiento, tan equívoco como la noche, producía al mismo tiempo una lucidez donde el momento sublime marcó un punto de inflexión en su vida; la locura de una noche que dejaba a la orilla todo lo pasado, latiendo al compás de las sensaciones que traía el sonoro silencio, el mar, y la noche. Sintió lo pequeña que era ante la inmensidad del mundo, y lo contrario. Un extraño concepto la obligaba a desprenderse de no sabía qué, amarrada a un llanto sin motivo. Vinieron a su mente imprecisas sensaciones de aquel viaje a Sevilla, unos años antes, cuando aún no conocía el sentido de la resignación tan oportuno para comprenderse como pudiera entender a otros. Hasta entonces jamás había tenido la impresión de haber deseado algo que no pudiera obtener. Cuando sus amigas hablaban de cumplir un deseo, ella solo deseaba palpar, exprimir los momentos, consciente de que se esfumaban sin remedio; ninguna ley natural podría detenerlos. Por primera vez, durante aquel viaje de adolescente, dio paso a emociones incontrolables sin que su cerebral actitud ofreciera resistencia. Toda la seguridad que administró de niña empezó a tambalearse entonces. Allí se presentaron las primeras dudas que la hicieron sentir frágil ante la virulencia a la que estaba expuesta simplemente por existir. La vulnerabilidad empezaba a campar en un ánimo de hierro donde nunca tuvo cabida. Al regreso de aquel viaje de fin de curso, la fatal noticia de que su abuela había fallecido mientras ella disfrutaba en tierras andaluzas, abrió otro frente a su estrenada flaqueza.

Al amanecer se tumbó sobre la cubierta de la cama y durmió un par de horas. La exaltación cayó bajo el influjo de un sueño. Secuencias inconvenientes aturullaban su mente sin atinar a ahuyentar el pesimismo. Un ensimismamiento venenoso la llevó a hurgar en las sombras; buscar en los recovecos de su infancia como un puzle de imágenes inconexas, ambientando la atmósfera dentro de un contexto hostil: un hombre tendido, muerto; gotitas de sangre salpicando sus calcetines; su abuela, gesticulando con mucho aparato, le decía que la muerte venía por caminos raros muchas veces, y cuando su madre se la llevaba tirando de su mano, regañando a la abuela, esta seguía desgranando la ristra de sus dilucidaciones sin necesitar ser escuchada, y entonces ella regresaba la mirada y no sentía extrañeza.

«Como siempre, al salir el sol todo cambia alejando a los fantasmas que habitan las brumas de la oscuridad», pensó, liberándose de las sensaciones nefastas e imprecisas que el poder inmenso de la luz había deshecho. Aquellas ráfagas imperiosas tan inseguras como fugaces, borbotones de matices imposibles entre brillos déspotas y efímeros que herían con su belleza tirana, tonos descarnados de perfiles brillantes marcados por la luz apremiante del amanecer, conseguían sin esfuerzo abrirse paso con todo el rigor de su fuerza aplastante.

Después de desayunar salió apresurada hacia el punto de partida en la puerta del hotel recomendado por el conductor el día anterior, y en el que habían pernoctado el resto de los viajeros con mismo destino. Ningún pasajero en la explanada donde debían aguardar al autobús. Águeda se recriminó una vez más su necio apremio que menguaba momentos recortándolos fútilmente, coartándolos en exceso añadido por el vicio a retrasarse de los demás. La sensación de encontrarse en un territorio nuevo, a explorar, seguía administrándole esa sacudida de energía; esas voces manifestadas con silencio donde solo cabía observar, sacar partido a todo: a los retrasos injustificados de los demás; a las situaciones imposibles y desesperadas; a las sabias respuestas ingratas, muchas veces.

Águeda se acomodó en un banco arrinconado donde rebotaba el primer rayo de sol y desde donde observaba las piedras desubicadas, alejadas de su origen; separadas de su núcleo, de su nexo materno sin respeto ni consideración, con la superflua finalidad de remodelar un espacio. Una pareja interrumpió su cándida cavilación con un saludo que la integró en lo prosaico del momento. Los primeros que salían del hotel hacia el autobús que esperaba en la explanada; un hombre y una mujer de buen aspecto, entrados en años, con toda la algarabía festiva y las ganas de disfrutar y sacar partido a todo escritas en la cara.

XXI

Nuevo destino

No le gustó el barrio donde vivía su hermana, pero eso era de esperar, ella misma era consciente de su predisposición a ello.

—Te acostumbrarás, ya lo verás. Al principio tampoco a mí me gustó mucho, sin embargo, ahora, me encanta vivir aquí. No me mudaría de barrio, ¿sabes? Aquí lo tengo todo cerca y no queda lejos el centro —le dijo su hermana para animarla, mientras ella la miraba agradecida intentando borrar de su rostro la decepción que le había causado el entorno—. Estás cansada del viaje. Échate un rato. Descansada lo verás todo de otra forma —insistió su hermana mientras le frotaba cariñosamente el brazo y la empujaba hacia la habitación que tenía dispuesta para ella desde hacía casi dos años, desde que salió de su pueblo portugués con toda la ilusión de recién casada.

Bajo el prisma empañado de nostalgia, a Águeda todo le parecería oscuro y deprimido. Echaba de menos a sus padres, a sus amigos; los rincones de su querido pueblo que añoraría cada día, a cada paso que las grises aceras marcaran el itinerario sustituyendo a los caminos que acababa de dejar. El magnífico horizonte que había disfrutado cada mañana se había transformado en una fachada donde algunos balcones acaparaban todo el protagonismo con los vivos colores de los geranios, la flor preferida de su abuela, y siempre que su vista buscaba aquel refugio, la recordaba. La abuela se permitía decir cuanto se le antojaba en los últimos años, lejos de aquella prudencia que siempre presidió sus silencios, hablando del pasado viniendo o no a cuento sin intención de inculcar pesimismos en la mente de la niña. Hablaba, ensimismada, de cosas oscuras, de la muerte, sin considerar la inconveniencia. Pero la pequeña Águeda estaba blindada, tenía esa facultad extraordinaria para sacar solo lo positivo de cualquier situación. Aún muy pequeña, le encantaban aquellos monólogos que suponía emotivas confesiones de adulto. La hacía pensar, soñar en extensiones mucho más amplias que sus limitadas vivencias; la transportaban fuera de la realidad construyendo en su mente conceptos nuevos. Una tarde somnolienta de mayo, acurrucada en su regazo al calorcito del sol que entraba a través del visillo, la abuela le contó por primera vez como fue el martirio de santa Águeda, aquella santa por la que un día fue bautizada con su nombre su antepasada. Según mantenía, pero nadie le hacía mucho caso, la abuela de su abuela, su tatarabuela, la primera Águeda en la estirpe, procedía de Italia, de Sicilia; concretamente de Catania —«Catonia», decía siempre ella—. La habían bautizado con ese nombre en honor a la mártir, de quien siempre fue muy devota la familia. Una santa que prefirió la tortura y la muerte antes que entregarse a los pecados de la carne. El martirio de santa Águeda fue de una crueldad espeluznante, le decía dramatizando el tono acorde con sus gestos exagerados y un espanto reflejado en los ojos —con la misma teatralidad e intensidad que ponía siempre—, añadiendo, con tristeza, que su madre siempre quiso ir a la tierra de sus antepasados, pero nunca hubo ocasión. Esto último siempre lo decía bajando la vista con actitud resignada. Esa historia con respecto a su procedencia había dejado de tener protagonismo, con mucho pesar para la abuela consciente del desdén y escaso interés con que la escuchaban.

Águeda había nacido cuando sus padres ya no esperaban más hijos. La abuela, dichosa, dijo que aquel alumbramiento había sido por intervención de la santa, recalcando que, como a la mayor no le habían puesto su nombre, faltaba el eslabón, la continuidad que perpetuara la cadena, y aseveraba convencida que la niña nació con gracia. La pequeña Águeda, triste y sensibilizada por la impotencia de su abuela, le aseguró que ella la creía y que iría cuando fuese mayor a tierras sicilianas, y la abuela sonreía confortada por la noble intención de la niña, segura de que no olvidaría su promesa. Otra de esas tardes plácidas, cuando el sopor adormecía a la pequeña en su regazo, la madre, con aquella inclinación por vigilar a la niña, sorprendió a la enardecida anciana relatándole historias de infiernos y demonios. Escandalizada, recriminó a la abuela el hecho de inculcar en la mente de la niña aquellas cosas. «Que después sueña», le dijo, enfadada y negando con la cabeza dándola por imposible. La pequeña, mirando a su madre con esa mirada donde no cabía el recelo ni la estupefacción, y sí mucha curiosidad y descaro; con todo el atrevimiento de la inocencia, mostrando su enfado por la interrupción impertinente, dijo:

—¡Pero si son historias muy divertidas, madre...! Déjale que me cuente o me voy de esta casa!

Su madre quedó perpleja con la contestación. Cualquiera de sus hermanos se hubiese acongojado ante las desagradables narraciones de la abuela, pero la niña no atropellaba su inmadura mente con información que pudiera atribularla. A ella le gustaban las historias alejadas de las ñoñerías para niños. Un filtro en su cerebro modificaba las cosas a su conveniencia, segura de que todo tenía explicación lógica.

Águeda se adaptó como un camaleón en aquella ciudad. No había ido allí a disfrutar de los espacios ni de los ambientes, se autoconvencía. Como hubo reconocido en el hotel donde despertó a otros amaneceres, ya era otra.

Habían pasado dos años y ya estaba aclimatada al trabajo, al lugar; a vivir con su hermana y su cuñado, que esperaban un hijo. Pero no duró mucho más esa estabilidad. Empezó a rondar por su cabeza la idea de marcharse de esa ciudad que no terminaba de convencerle. La inercia de la vida la empujaba hacia la emancipación total. Sí, es lo que deseaba, elegir su espacio y administrar su vida en todos los ámbitos, desprovista de todo cobijo que no se procurase ella misma. Águeda no tuvo problemas para conseguir un puesto de administrativa en una ciudad no muy lejos de donde vivía con su hermana y su cuñado. Tenía por delante unas largas vacaciones y al finalizarlas se instalaría en la nueva localidad, incorporándose al nuevo puesto de trabajo.

Los primeros días de vacaciones, Águeda los disfrutó con sus padres en su pequeño pueblo portugués. Los amigos más íntimos estaban fuera y el ambiente parecía muy distante. Le impactaron los cambios en el pueblo en tan poco tiempo. Aquel terreno donde emergía su gran piedra de los secretos, que había permanecido virgen, intacto, desde quién sabe —desde siempre, como decía la abuela —, estaba limpio y aplanado. Sin mostrar ningún interés por el plan urbanístico que se proyectaba, buscó por los alrededores y creyó adivinar a su roca soterrada en un majano, bajo el montón de piedras más pequeñas, anuladas, reducidas a un montón impersonal, desprovistas de la historia de cada una. Deseó removerlas todas, rescatarla, proporcionarle espacio para que pudiera respirar la mañana y adormecerse al mediodía y orearse al fresco de la noche, como había hecho desde siempre, «desde que el mundo es mundo», como decía la abuela. Una congoja la invadió arrebatándole la alegría que había supuesto volver a sus rincones, a su añorada tierra idealizada que empezaba a parecerse a otras tierras.

En esta última visita, ya planeando el viaje a Sicilia, se interesó por las partidas de nacimiento de sus antepasadas y no pudo encontrar datos más allá de su tatarabuela nacida allí mismo, sin más indicios. Se le saltaron las lágrimas. Posiblemente, como mantenía la abuela, la anterior en la estirpe procediera de tierras sicilianas.

Águeda pudo constatar, no sin algo de tristeza, que ya no le resultaba tan duro alejarse de su pueblo. Deseó anular las nefastas emociones vividas en este viaje para no empañar las primigenias y que siguieran perpetuadas para siempre. Allí mismo empezó a planear el viaje a Sicilia que había prometido a la abuela. No haber tenido ocasión de despedirse de ella le daba un tinte acongojante al propósito, avivando el deseo de reparación. No podía refrenar el impulso que otras veces se vio templado por la incapacidad y falta de oportunidad. Era el momento. Al regresar de Italia dejaría aquella ciudad tibia donde vivió sus primeros tiempos de emancipación junto a su hermana. Aquel lugar donde todo era lo que parecía; donde el calor o la lluvia no tenían relevancia; donde se salía a la calle cada día, cada cual a sus asuntos, y lo que menos importaba era el horizonte o la transparencia del cielo; donde no escuchar a los pájaros no daba qué pensar.

Catania era su destino. La emoción la tenía sumida en un estado de excitación y, por qué no, también algo de miedo. Miedo a no cubrir las expectativas; miedo a romper con aquella quimera; miedo a defraudar no tanto a la memoria de la abuela como a sí misma. La noche anterior, mientras preparaba la maleta henchida de emoción, pensaba que lo que la abuela mantenía con vehemencia en cuanto a sus orígenes tal vez fuera producto de la imaginación de una antepasada que hurgó en las raíces de su nombre dando pábulo a unas fantasías que transmitió como realidad, pero eso no importaba, cumpliría su promesa; pisaría aquella tierra homenajeando a su abuela y a todas las antepasadas que hubieran deseado hacerlo. Y si nada le hablase de sus antepasados, no importaría; presentaría sus respetos a la imagen de la santa y allí donde quiera que estuviese la abuela agradecería su gesto. Solo por eso, merecería la pena.

Águeda solo hizo partícipe a su hermana, haciéndole prometer que no diría nada a sus padres, a los que había dicho que pasaría las vacaciones con una amiga en la costa sur de España.

Había llegado a Madrid la noche anterior. Por la mañana salió del hotel con ilusión y con tiempo más que suficiente. Llegó al aeropuerto sin que ninguna incidencia pudiera originar retrasos ni precipitaciones. Sus reparos y aprensiones al medio siempre postergaron la decisión de emprenderlo. Un viaje tan largo, de tirón, flotando en el aire dentro de un armazón tan pesado, violando las leyes de la gravedad, no le ofrecía confianza. Se arrepintió de haber reservado el vuelo a

Roma en lugar de uno directo a Catania; había considerado más seguro hacerlo así, en su momento. Se incautó de folletos para ir documentada sobre Sicilia, donde constaba que Catania era la segunda ciudad más importante.

El vuelo transcurrió sin incidencias. El aeropuerto Leonardo da Vinci, en Roma, más conocido como de Fiumicino por estar ubicado en los límites de esta población, le resultó enorme y moderno, donde no cabía reminiscencia alguna de la Roma histórica, sí homenajes a Leonardo. Se sintió una hormiguita entre el trasiego de gentes variopintas que no dudaban ni miraban hacia atrás, seguras de sus pasos. Tuvo que pedir ayuda varias veces hasta posicionarse en la terminal de los vuelos nacionales para embarcar hacia Catania. Nerviosa, no se atrevió, aunque tenía tiempo, a asomarse al exterior y respirar el aire libre de Roma; ni siquiera para ver de cerca la grandiosa estatua de Leonardo da Vinci sosteniendo el tornillo aéreo. Se alegró de haber elegido ventanilla para este vuelo. La recomendación de que se sentiría menos expuesta y más entretenida en el pasillo, dada su aversión a volar, no le pareció muy acertada durante el largo viaje hasta Roma. Habiendo perdido un poco el recelo, necesitaba tener el control del espacio. Afortunadamente hizo buen tiempo y fue un placer disfrutar del cielo azul donde campaban borreguitos sobre el mar. Pasados los primeros minutos de inquietud, disfrutó dominando el mundo entre las nubes. Impresionada por la vista ante sus ojos, no podía creer que al fin estuviera volando rumbo al lugar idealizado por la abuela. Le impresionó divisar la montaña entre las nubes, adivinando en el declive inclinado de la cima el cráter más importante. Había visto el hilito blanco arrastrado por el viento en fotografías y pensó en la posibilidad de ser testigo del enojo del volcán en ese momento. Interpretó el zigzaguear de los caminos como heridas en ascendente hacia la cima. La emoción no cejaba, ante aquella panorámica real, distinta a las imágenes de las fotografías. Imaginó los subterfugios desde las profundidades abriéndose paso hasta la boca del volcán como respiradero del ardor bajo aquellas aguas independientes, cercando un terreno al que parecían abrazar. En unos minutos aquella tierra dejaría de ser una promesa.

Al fin aterrizaba en el aeropuerto Fontanarrosa, en Catania. Miró a su alrededor y respiró el aire como si le llegara directo desde la montaña, que se erigía majestuosa entre la bruma que ocultaba la cima. Según consejo de la guía turística, debía coger un autobús que la dejaba en la Piazza del Duomo; una vez allí decidiría hacia dónde ir. Lo primero, dejar el equipaje en el hotel, próximo a la plaza, según había comprobado en el mapa, pero ese propósito fue pospuesto al bajar del bus, impresionada por la historia que rezumaba por todas partes a pesar de que sabía que la ciudad había sido reconstruida varias veces debido a las devastaciones que produjo el volcán. Cargada con el equipaje, se adentró en la plaza. Sus ojos, como platos, no dejaban de observarlo todo con avidez. Le llamó la atención el suelo oscuro de roca volcánica. Antes de dirigirse a la catedral se acercó a la monumental fuente en medio de la plaza, en la que destacaba un poderoso elefante construido con basalto negro sobre un pedestal de mármol blanco, a cuyos lados caía una cobertura con signos esculpidos con precisión, coronado por un obelisco que terminaba con una cruz; conjunto creado por el arquitecto Vaccarini. Después leería la famosa leyenda descubriendo datos históricos y simpáticos detalles de U Liotru, como todos llamaban al simbólico elefante, emblema de la ciudad. En las esquinas de la plaza, unas farolas con pie de esculturas representativas contaban historias de personajes populares. Estaba impresionada por los palacetes que circundaban la plaza.

No le resultó difícil entenderse con la gente; con ayuda de un diccionario y lo que había estudiado durante unos meses, era suficiente para manejarse con soltura en aquella ciudad donde lo desconocía todo. La santa, Águeda o Ágata, como también se la nombraba, parecía estar presente; según le dijeron, aún quedaban reminiscencias del carnaval, en el que tenía mucho protagonismo. Entró al hotel, donde también la presencia de la santa era patente. No estaba mal aquel recinto tan clásico y distinto. Desde la ventana casi podía acariciar las fruslerías en el ángulo de la pared, recargada de bustos y motivos con el color ceniciento del suelo de la plaza, sobre una pared asalmonada como una bocanada de aire. Resopló sobre la cama como si hubiera vencido la segunda etapa de su aventura; la primera había sido el trayecto y las vicisitudes de su introspección, tan necesaria. Todo lo que sabía de la santa era lo que le había contado su abuela y le vino muy bien que en recepción vendieran libritos biográficos.

Nació en Catania en el seno de una familia patricia, en la primera mitad del siglo III. Fue martirizada en una de las persecuciones a los cristianos. Águeda había entregado su «honra» a Jesucristo. La negativa de la joven enfureció al emperador Quintiliano, encaprichado con ella, que ordenó que la torturaran y le cortaran los senos, por haber rechazado su amor. Desde entonces es invocada con gran fervor cuando el Etna se manifiesta.

A la mañana siguiente Águeda madrugó con mucha expectación por entrar en la catedral. Mientras desayunaba continuó documentándose.

La catedral fue construida en estilo románico en el siglo XI sobre las ruinas de unas termas romanas. Fue destruida y reconstruida varias veces debido a las erupciones del volcán Etna. La fachada, obra también de Vaccarini, cuenta con columnas de dos órdenes diferentes y con una escultura de santa Ágata en la puerta principal. En la cúpula de la Catedral, se observa uno de las mejores muestras del estilo barroco por su fuerte carga ornamental...

Acababa de recabar datos interesantes, como que en Catania se implantó la primera universidad de Sicilia fundada por Alfonso V de Aragón, descubriendo la influencia española por el paso de los conquistadores desde que se iniciara en el siglo XIII la expansión de la Corona de Aragón por el Mediterráneo.

Impresionada todavía por los motivos que adornaban la extraordinaria fuente en medio de aquel conjunto magnífico que componía la plaza del Duomo, quedó fascinada por la riqueza de detalles de la magnífica catedral, en cuyos laterales brotaban las estatuas como centinelas; en la fachada, reconstruida después de un terremoto, según había leído, las filas de columnas corintias se erguían como bastiones solemnes; pensó que los ornamentos geométricos la hacían sobria dentro de su estilo y se rio de sí misma por su osada apreciación. En la hornacina sobre la puerta principal, la bella escultura representaba a la santa. Imaginando que la miraba con los ojos de la abuela, le dedicó la emoción del momento. Después de recrearse en los detalles de la composición, entró en el templo. Según había leído, además de los restos de santa Águeda, en ella reposaban los restos de otras personalidades como el músico Bellini y miembros reales de la Corona de Aragón. Absorta, buscaba con interés, aunque sin prisa, la capilla de la santa y no se recreó excesivamente en las pinturas y demás detalles.

Águeda era una pueblerina y no podía disimularlo; el recato y la falta de naturalidad en sus movimientos la delataban. En aquella ciudad cosmopolita, donde, como en toda gran ciudad, no faltaría la picaresca, era posible que algún vividor se fijase en ella, y andaba prevenida. Se le acercó un joven hasta casi rozar su hombro. Sacándola de su ensimismamiento, le preguntó si era española. Predispuesta a rebelarse a cualquier tipo de abordaje, molesta por el sobresalto que le causó el osado gesto, respondió con un escueto «¡no!», en un tono que no invitaba a la conversación. Aquel muchacho hablaba español y, a pesar de que podría ser de gran ayuda, ella mostró cierta reserva, manteniendo una actitud distante, incluso despectiva. El chico la siguió sin que le pasara desapercibido el gesto a Águeda, que vigilaba con recelo hasta que lo perdió de vista. Suponiendo que el muchacho, ante la frialdad que le demostró, ya habría abandonado su afán por seguirla, se detuvo en un ábside bastante concurrido por devotos aferrados a la reja, lo que daba muestra de haber llegado a un punto de interés. Frente a ella se encontraba la capilla donde se veneraban las reliquias de santa Águeda. El muchacho, sin mostrar desánimo por su airada forma rayando en la mala educación, se aproximó y le susurró, como por respeto al lugar:

—¿Sabes que santa Águeda fue enviada a un lupanar por no claudicar a las exigencias sexuales de Quintiliano?

Águeda, instalada en su actitud poco amigable, predispuesta a no dejarse embaucar por ningún hombre tal como le recomendó su hermana alarmada por el viaje que iba a emprender sola, sorprendida nuevamente por el atropello, le adjudicó una intención inoportuna. No le gustó la forma ni el comentario; aunque la información era verídica, percibió cierta connotación desagradable. Águeda le dijo que deseaba seguir la visita a solas por la catedral, «si no te importa», añadió con soberbia, alejándose, pensando en volver después cuando estuviera más despejado. El joven se percató de que había causado mal efecto en la desconocida y, arrepentido, pero sin insistir, dijo elevando un poco la voz:

—¡Cómo quieras! Pero antes dime tu nombre. Yo soy Samuel.

Ella, que ya le había dado la espalda, volvió la cara, le miró mostrando desinterés por su nombre y por su persona, y contestó manteniendo su actitud y sin detenerse:

—Yo soy Águeda, como la mártir y, por supuesto, afortunadamente tendría a mi alcance recursos para huir de aquella tiranía.

Dejó algo desconcertado al muchacho, que abandonó toda insistencia ante aquella chica cerril, que, a pesar de todo, le había hecho gracia por su extraña actitud defensiva.

Continuó el recorrido por la catedral y se detuvo ante el altar, al que no dedicó mucho tiempo, ávida por situarse de nuevo en el ábside derecho donde se ubicaba la capilla de la santa. Volvió a encontrarla tupida de fieles que la veneraban tras la reja. Según le informaron, para su disgusto, la cancela solo se abría en fechas puntuales, que no coincidirían con su estancia en la ciudad. Frente al camarín de la santa, donde se guardaban las reliquias, tuvo la sensación de que no representaba la figura cándida y mártir que ocupó la memoria de su abuela. No le gustó el esmaltado rostro sonrosado, saludable y sonriente que denotaba complacencia y satisfacción con el que la representaron, ni el atuendo abigarrado de joyas, ni la corona colmadísima de piedras preciosas, ni que el busto estuviese alzado sobre aquel pódium rico y ostentoso repujado con metales preciosos; ni aquellos querubines o ángeles guerreros que parecía que la protegían a destiempo. En su mano derecha, cuyos dedos apenas se veían ensartados por anillos, sostenía una vara de flores plateadas que terminaba en una cruz a rebosar de piedras preciosas engarzadas. En la otra mano, recargada igualmente de joyas, sujetaba un escrito cuyo texto tampoco podía distinguir. Sobrecargado, el espacio asfixiaba la esencia de una santa. Ella había esperado una imagen sencilla, de rostro virginal y triste gesto de dolor. Sintió una extraña repulsa hacia las prácticas cristianas que troceaban los cuerpos de los santos, repartidos en relicarios por diversas partes del mundo y a los que se hacían ofrendas valiosísimas como en este caso. Pensó volver otro día a otra hora menos concurrida y observar con más cuidado todos los detalles que ahora se le escapaban. Al salir reparó en que en ningún momento había pensado en su abuela, ofuscada en su tozuda sensación de desapruebo, ante la representación de la santa.

En recepción le informaron sobre una excursión al valle del Etna para el día siguiente a primera hora, por si era de su interés. Se apuntó, por supuesto. Ya tendría tiempo para otras cosas, pensó muy contenta por la oportunidad de llegar hasta un lugar tan interesante del que existían leyendas como que en su interior las fraguas de Hefesto fabricaron accesorios que adornaban a los dioses, y que las erupciones eran causadas por el monstruo Tifón.

La excursión guiada hacia la zona del Etna la hacían varios días a la semana en aquella época. Temprano, como era su costumbre, bajó a desayunar. Lo hizo copiosamente, uniéndose después en el *hall* al grupo que se iba congregando con cierto enredo en espera de que llegase el guía. Una pareja de españoles se defendía en un precario inglés, comentando que el año pasado habían multado a un grupo de personas que casi llegaron por su cuenta y riesgo hasta la cima, cuando eso estaba totalmente prohibido.

El guía, un hombre de mediana edad y de aspecto poco cuidado, que parecía cansado, llegó con retraso. Se presentó como Valerio y sin más dilación, de forma mecánica y con una rapidez inapropiada, habló superficialmente del lugar a donde se trasladarían en breve, añadiendo unas sugerencias que parecían recomendaciones de manual y que él repetía como una letanía de obligado cumplimiento, por las que nadie mostraba mucho interés. Les condujo hasta la plaza de la catedral, el punto de partida donde se unirían más personas. Más pausado, considerando la condición variopinta de los visitantes y esforzándose un poco, dio unas ligeras pinceladas sobre la historia de la basílica. Reseñó que en el año 1169 fue casi totalmente destruida por un terremoto, que solo dejó intacta la zona del ábside, y que, en ese mismo año, fue dañada por un incendio. Otro suceso catastrófico fue el terremoto de 1693, que lo dejó todo en ruinas. Posteriormente se reconstruyó en estilo barroco sobre el original normando, del cual aún quedaban rastros, como parte del crucero y los tres ábsides. No entraron al interior, pues no formaba parte del itinerario. Fue cuanto Águeda pudo entender ayudada por la información de los folletos que previamente había leído, de toda la explicación rutinaria que les dio el guía, al que nadie interrumpió con preguntas u observación alguna.

Dejaron los campos de viñedos hasta llegar a un paraje yermo, como un paisaje lunar, donde se ramificaban distintos senderos. Apenas había pasado una hora y media, según pudo apreciar muy entretenida con el panorama, sorprendida por la cantidad de casas que poblaban el valle. Les esperaba el guía especializado, vulcanólogo, para quien hubiera contratado la ruta de ascensión por accesos fáciles hasta la cima, desde donde se dominaría toda la ciudad, aunque solo llegarían hasta un cráter secundario para evitar los gases. No era su caso ni el de la mayoría del grupo, que limitaron la visita a escuchar la descripción del guía sobre aquel paraje instituido hacía unos años como Parque Natural del Etna. El suelo, ceniciento y pedregoso, daba una imagen desolada acorde con lo abrupto del día. Hacía mucho viento en la zona y nadie quiso ir a explorar las cuevas de lava. El guía habló de la fauna y la flora, de cómo nació el volcán en activo más alto de Europa... El día era desapacible y un grupo de gente, animados por cuanto se refirió, concertó de manera informal visitar otro día el valle del Bove.

Sin apenas datos, solo el testimonio de la abuela, que siempre mantuvo que sus raíces provenían de allí, Águeda no encontraría en aquella ciudad decadente, que a veces le resultaba oscura y sucia, referencia alguna a la que aferrarse para hallar algún cabo que le vinculara. Solo contaba con la peregrina descripción de un palacio señorial, en algún punto de esa ciudad, y la ciudad estaba llena de pequeños edificios históricos. Ni siquiera los apellidos más antiguos, que pudo recabar de sus antepasados, ofrecían resultado alguno en las superficiales investigaciones que hizo en la parroquia, donde le atendió un cura muy simpático que no le ofreció muchas esperanzas de éxito en sus pesquisas. Le habló del rechazo que algunas familias mostraron hacia los conquistadores, y poco más, ofreciéndose para acompañarla a visitar a una señora longeva que conocía historias antiguas. La familia les dijo que había perdido la cabeza y apenas hablaba, pero que sí la habían escuchado relatar la antigua historia que contaba su abuela sobre una joven enamorada que huyó con un soldado español disfrazada de hombre, al ser este rechazado por su familia. El cura le dijo que había muchas anécdotas de ese tipo, la hostilidad era general hacia los españoles por entonces.

Considerando que había pocas posibilidades de encontrar una pista certera, al tercer día Águeda decidió dedicarse exclusivamente a hacer turismo. Esa mañana, siguiendo los consejos del recepcionista, visitaría los mercados. Se encaminó a la plaza del Duomo, justo detrás se extendía el mercado de la Peschería, en pleno centro de la ciudad. Desde las calles adyacentes se escuchaban los sonidos, los gritos acelerados de los vendedores, cada uno con más fuerza que el vecino, a los que Águeda no entendía ni una palabra. Reclamaban a voces la atención de los turistas y lugareños entre palabrotas que también se prodigaban entre ellos en medio de risotadas y que eran acogidas con buen humor por los clientes. Era como un escaparate folklórico del lugar. Permaneció un rato a cierta distancia como mera observadora, disfrutando de la algarabía, el colorido y, por qué no, del olor característico con el que no tardaría en familiarizarse. Las imágenes plateadas sobre los puestos levantados sobre caballetes, bidones, cajas, y una sensación salada de mar, la empujaron a disfrutar del ambiente desde dentro.

El lugar, pleno de encanto, se extendía desde el espacio al aire hasta debajo de las bóvedas de las murallas húmedas y sombrías, propiciando fantasear con la historia. Inmenso, parcelado, la luz lo revivía con movimiento, agitando los colores de los toldos entre las sombras, dando a cada puesto una tonalidad, una personalidad distinta. La húmeda capa brillante del pescado, sus ojos abultados y tersos, hablaban de su frescura. Se encontró muy cómoda entre aquel jolgorio de colores, voces y olores. Menos ella, que parecía pasmada e indecisa sorteando la celeridad de los demás, todos parecían moverse en dirección segura aunque fueran y vinieran de un puesto a otro. La atmósfera era perfecta para perderse entre gente variopinta entusiasmada con los productos que degustaban allí mismo. Le llamó la atención una cabeza de pez espada que no haría muchas horas surcaría el mar con destreza. Como una obra de arte, su interminable boca terminada en sable coronaba una cabeza recién cortada, enhiesta y elegante, sobre la misma superficie de madera donde se partía en rodajas su tronco. Despedazada su carne asalmonada, un ojo, testigo atento, descubría sin extrañeza su propio hueso.

La concurrencia, entre alegres comentarios y gestos de satisfacción, saboreaba con deleite almejas, ostras, mejillones, erizos... Águeda pensó en cómo sería aquel mercado en invierno y pudo imaginar a la gente, vestida incómoda con abrigos, tomando el bocado fresco, convencida de que en aquel mercado la actividad continuaba en toda época. El ambiente era un júbilo continuo; los gritos de los vendedores, las risas, las conversaciones; la selección, previa ojeada a varios de los puestos antes de decidirse a pedir los fresquísimos productos; el placer de compartir las sensaciones con los desconocidos que a veces se disculpaban por los roces involuntarios, con desenfado y la sonrisa puesta. En la expresión de los vendedores no parecía existir preocupación por la posibilidad de que concluida la jornada quedaran excedentes; como confiados en que toda su mercancía sería despachada, pensó Águeda, que no dejaba de escrutar con alegre extrañeza aquellos rostros curtidos por el mar y la vida. Indecisa, siempre se le adelantaba alguien más ágil que solicitaba con seguridad unas almejas, unos mejillones... Desistió con la premisa de que volvería provista de toallitas húmedas para limpiarse las manos, que sí llevó pero nunca usó.

Águeda volvió al mercado al día siguiente buscando la algarabía de aquel ambiente extraordinario. Sentía muy cercana aquella atmósfera distendida donde la vida se mostraba relajada y alegre. Aquel cálido lugar mediterráneo le hacía sentir mundana y solitaria, al mismo tiempo. Había llegado a la ciudad para unos días movida por una promesa, y encontró un mundo acogedor insospechado que le cambió la percepción de muchas cosas. Inmersa en estas sensaciones, creyó ver entre el tumulto al fotógrafo impertinente de la catedral y le apeteció compartir con él su alborozo. Sorteando a la gente intentaba abrirse paso entre la concurrencia. Un cliente del hotel, al reconocerla, suponiéndola inmersa en algún incidente desagradable, la cogió por el brazo frenando así su persecución atropellada. Con visible preocupación, le preguntó que de qué huía. Ella, molesta por la interrupción que le impidió llegar hasta el muchacho, se detuvo rendida y agradeció el gesto, claudicando en su empeño. Águeda siguió andando entre la gente, más pausada e incómoda por la incidencia, habiendo perdido la esperanza de alcanzar a Samuel. Desanimada, entró por el arco que cobijaba el mercado en su parte techada, dio una vuelta sumida en la contrariedad y pronto buscó de nuevo el exterior donde se prolongaban los puestos y la actividad de los vendedores, que no paraban entre cajas reponiendo pescado, alguno aún vivo, y gritando la bonanza de su fresquísima mercancía. Sorprendida por aquel repentino interés que le suscitaba alcanzar a Samuel, reconoció que había sido grosera con el chico en el desafortunado encuentro en la catedral. Le apetecía charlar con una persona joven que hablara su idioma y compartir el entusiasmo que la embargaba. Volvió a dejarse llevar por el bullicio, absorbida por el rumor y el limpio olor a mar y a muelle. Mezclada de nuevo entre el barullo, distraída con el frenético ritmo de los transeúntes, sintió como la tomaban del brazo firmemente. Se volvió con rudeza y desagrado en el rostro, pensando que otro de los clientes del hotel pretendía protegerla.

—Bueno, siento que mi presencia te disguste tanto... —dijo el muchacho pesaroso por volver a desagradarla.

Águeda, feliz por el oportuno encuentro, esbozó una sincera sonrisa que alivió al chico.

—¡No! ¡Qué va! De verdad. Me alegra mucho verte, de hecho, estaba pensando en ti en este momento. Te vi entre la gente, pero..., ¡uf!, qué aglomeración, no pude alcanzarte. Me apetecía charlar contigo. Me encanta este lugar.

Congratulado por su cambio de actitud, Samuel se ofreció de guía para mostrarle los mejores puestos donde degustar allí mismo los manjares del mar, invitándola a ostras como desagravio a la mala impresión primera. Águeda, que no las había probado nunca, aunque siempre imaginó tomarlas con champán en un ambiente más tranquilo y selecto, aceptó la invitación. Aquella textura viscosa, con sabor a olor a mar —definición que chocó a Samuel—, le provocó una sensación extraña algo desagradable. Samuel, cargado con su cámara, observaba divertido cómo gesticulaba, pero reprimió las ganas de hacerle una foto por si acaso provocaba su enojo; ni se atrevía a pedirle permiso. Le ofreció un vaso de vino blanco y la animó a no rendirse, aún le quedaban tres. Águeda tomó estoicamente la media docena y admitió después que no le habían gustado.

Samuel había venido a Italia siendo adolescente desde una pequeña población castellana, en España, para vivir con sus abuelos paternos al morir su madre por las secuelas de un trágico accidente en el que había perdido a su padre, meses antes. Creció sin hermanos bajo la tutela de unas personas mayores, de cultura muy dispar y costumbres imposibles para un muchacho de su edad. Tras alguna pincelada muy superficial, centrándose principalmente en hablar de su reciente afición a la fotografía, se mostró interesado por la razón que la llevó a ella hasta Catania. A Águeda no le apeteció, en ese momento, contarle la verdadera motivación por la que había viajado hasta allí y dijo que vino buscando trabajo para practicar el idioma. No pensaba mentir, solo fantasear un poco antes de contarle la verdad. Samuel la miró con expresión de contento y le dijo que sabía de un hotel donde buscaban una española con estudios administrativos y conocimientos del idioma. Ella, aunque no pensaba considerarlo, se mostró interesada y continuó la broma mientras él la seguía informando, entusiasmado. Se trataba de un hotel muy céntrico donde un amigo trabajaba esporádicamente en gestión de mantenimiento. A solas en su hotel, Águeda valoró la idea más en serio y se dijo: «¿Por qué no?». Le quedaban diecinueve días de vacaciones antes de incorporarse a su nuevo empleo en una población nueva buscando una vida nueva, y decidió atreverse con aquella locura; el dinero ya se estaba agotando y un trabajo le facilitaría prolongar la estancia. En el poco tiempo que llevaba en la ciudad se había enamorado de la idiosincrasia de la gente. En aquel lugar las asperezas de la vida parecían mitigarse adoptando tintes mundanos algo estrafalarios, donde la simpatía y extroversión podían con todo. Los gritos y gesticulaciones, sin escandalizarla, sí le sorprendieron al principio. Le gustaba la forma distendida de meterse en las conversaciones de los demás sin que ello provocara extrañeza ni malestar. El personal del hotel pronto se había mostrado cercano y familiar. Esa espontaneidad, a la que no estaba acostumbrada, cambió algunos conceptos abriéndola con otra perspectiva al mundo. El primer día, la camarera le había recomendado que no dejara prendas por la noche en el balcón, Águeda olvidó la recomendación y una mañana encontró su camiseta blanca manchada de carbonilla. Como si la conociera de toda la vida, al segundo día ya le había preguntado a gritos si echaba de menos a «tua mamma», adjudicándole carencias afectivas. Ella que aún no se había acostumbrado a la idiosincrasia, se ofuscó un poco al ser motivo de atención de los clientes. No tardó en aclimatarse y disfrutar de la sencillez y de las deliciosas exageraciones de la gente.

Águeda se dirigió al hotel indicado por Samuel, al día siguiente. Ya en recepción, se paró un momento recapacitando, preguntándose qué hacía allí; su propósito inicial no era instalarse en la ciudad. No tardó en reafirmarse siguiendo aquel instinto, resuelta y sin dudas que enturbiaran la decisión. Se necesitaba un administrativo —hombre, preferiblemente—, de nacionalidad española con conocimientos del idioma italiano y la preparación suficiente para desarrollar el cometido. Vivlor[2], la cadena española de hoteles, acababa de comprar el establecimiento, que pensaban dirigir desde España. Aunque en su documentación figuraba su origen y nacionalidad portuguesa, en su currículum constaba su ascendencia española y la vida laboral en el país —aún no se había nacionalizado—. Su elemental conocimiento del idioma italiano y su propósito de mejorarlo fueron decisivos. El director, un español serio y correcto, había mostrado cierta reserva al no coincidir exactamente el perfil con el que buscaban, pero se dejó llevar por su intuición y le dio la oportunidad de demostrar que podría desempeñarlo. Muy decidida, en ese mismo momento mostró su disposición para incorporarse.

Solo con pisar aquella tierra, llegando hasta la misma capilla de la santa, Águeda había cumplido su promesa. Ahora, dejándose mecer por el azar que la llevó buscando raíces, no pensaba desperdiciar la oportunidad. Aquella ciudad rezumaba un encanto que le atraía; el templo abierto que conformaban los edificios y las calles cargadas de historia era un acicate que la reafirmaba en la idea de instalarse. La atraía iniciar allí, en aquel lugar distinto, su camino en solitario. Se abría un despertar delirante para sus silencios, que empezaban a perder protagonismo. Esa tarde Águeda llamó por teléfono a su hermana y le dijo que no pensaba volver por una temporada; aunque estaría de prueba una semana, se sentía segura de conseguir el puesto.

Desde la terraza del hotel, Águeda observaba el cielo y respiraba el aire buscando diferencias que no hallaba. Aun teniendo muy presente la esencia de sus raíces, no echaba de menos nada; ni a sus padres, ni a sus hermanos, ni a otras personas o lugares.

---

[2]Empresa ficticia

El insomnio pronto empezó a asaltarla con miedos nuevos, tal vez dormidos. Emociones que conspiraban contra ella en la confusión de la noche. Una percepción efímera y escurridiza le exigía reconocerse y admitirse como persona de a pie, como un día le dijera aquel sevillano con el que conversó casi toda la noche en la fiesta de final de curso, donde alumnos y profesores de ambas localidades compartieron espacio y alegría. Por entonces le costó canalizar las emociones que le producía estar inmersa en el túnel gozoso que la hacía sentir débil, rompiendo sus sólidos esquemas. Conocer a Diego, su primer amor, platónico, al que tal vez nunca más volvería a ver y ya solo era un esporádico recuerdo, le hizo admitirse vulnerable a sensaciones a las que se creía inmune e insensible; a esas pasiones espontáneas a las que sucumbían con facilidad sus amigas, para las que ella parecía estar blindada. Ni siquiera el ambiente de la noche, que invitaba a abandonarse a lo prohibido, la hacía flaquear en aquella ciudad maravillosa.

De aquel chico que conoció en Sevilla, del que apenas sabía algo más que su nombre, guardaba un recuerdo como de arena, perecedero. Otro recuerdo, un peligro que últimamente le acechaba —menos inocuo, más confuso y dañino—, empezaba a ocasionarle cierta inestabilidad emocional, que no se hubiera permitido de no haber derrumbado ese muro infranqueable que la hacía inmune a los peligros, peligros que últimamente tan solo conseguía aplazar. Se tambaleaba la fuerza poderosa que siempre la mantuvo a salvo. En lo confuso de la noche larga, pensó en todos los caminos que la habían llevado hasta el momento, reconociendo dudas donde siempre hubo certeza. Una zona oscura transformaba en confusión la abrumadora seguridad que siempre la asistió.

Amanecía y el bullicio de los más madrugadores despertaba la calle. Pronto se alejó de oscuros pesimismos a los que no deseaba atender por ahora. Todas las sensaciones que la habían enardecido aquella noche se perdieron arrastrando los efímeros pensamientos nefastos incompatibles con el sol brillante.

Águeda se estaba adaptando bien al trabajo. Dominaba a la perfección el español y había hecho progresos con el italiano. Los miembros de la dirección, tanto local como española, estaban satisfechos con su labor. Además, su porte no pasaba desapercibido. Ese detalle, aunque se suponía que no era relevante para cumplir su función, sí tenía peso a la hora de decantarse por una u otra persona.

Los días transcurrían plácidos en aquella ciudad, inmersa en lo que jamás podría ser rutina, sorprendida continuamente por aquellos edificios cargados de historia. A Samuel, tímido e inseguro, le gustaba Águeda –más alta, más segura– y no era consciente del aburrimiento que empezaba a producir en ella su anodina personalidad. Desde aquella tarde que tomaron un *cannolo* en medio de la calle, despertó en ella cierta grima tener que soportar su locuacidad a cuatro carrillos. Águeda había decidido decirle que prefería espaciar los encuentros, no quería fomentar con aquella asiduidad unas ilusiones equívocas en el muchacho. Samuel, antes de que ella tuviera ocasión, se anticipó proponiéndole una excursión a Rocomaccio[3], una pequeña población próxima al «gigante bueno», como llamaban al volcán, que a principios de siglo fue prácticamente destruida. A Águeda le entusiasmó la idea y dijo que sí, posponiendo por el momento confesar su intención de dejar de verse con

---

[3]Población ficticia

tanta frecuencia. Había visitado la zona un día desafortunado recién llegada a la ciudad, y desde entonces siempre deseó volver.

Salieron a primera hora en el coche de Samuel y llegaron aproximadamente una hora y media después. El trayecto fue ameno disfrutando los paisajes que Samuel iba señalando con información precisa. Águeda le miró mientras le apretaba el brazo con gesto cariñoso, agradecida por muchas cosas, entre otras, por la posibilidad que le brindó al recomendarle aquel trabajo que le había dado la oportunidad de seguir en la ciudad. Samuel, que desde que salieron había buscado su mirada varias veces esperando una mínima muestra de entusiasmo, sonrió complacido.

El camino, ya en las inmediaciones, no era muy bueno. Se habían apartado de las rutas recomendadas por expreso deseo de Águeda, que prefirió bajar del coche dejando las sendas más frecuentadas, para desviarse libremente a su capricho. Buscar la mirada de la montaña reportaba una extraña paz. La distancia ofrecía una atmósfera tranquila, una superficie como un abrupto mar paralizado. Bajo aquella piel áspera, atrapadas en el pánico de una resistencia inútil, se hallaba confinado el horror y el sufrimiento. Águeda deseaba palpar aquellas cicatrices sobre la superficie rugosa; sentir en su palma el calor ancestral de las entrañas de la tierra sepultada, que aún buscaba las fisuras para respirar y dar paso a los brotes rebeldes, buscando el sol tras la lluvia. Sumida en la angustia de aquel horror, pensó en las heridas del tiempo, en Pompeya: mujeres, hombres, animales, niños; en todos los seres vivos sorprendidos por la turba de cenizas, petrificados bajo el manto mortífero. Deseó levantar aquella corteza y escarbar para tropezarse con la gente y sus enseres, con la fauna sorprendida por el pánico y el fuego; llegar hasta las sensaciones de su agonía instantánea.

Águeda, ensimismada en sus fantasías, intuyó con todo realismo como una sombra sibilina se perdía tras los cimientos de un vestigio ruinoso. Se apresuró siguiéndola mientras Samuel, ajeno a sus percepciones, se entretenía haciendo fotos y eligiendo piedrecitas desprendidas de magma solidificado. Águeda circundó aquella pared deteriorada por donde se ocultó la sombra sin encontrar ningún rastro. Sintió escasa la distancia entre aquella superficie áspera y el arrasado suelo más abajo, donde percibía vida sepultada. De allí emergió la sombra, pensó fantasiosa sintiéndose atraída por el lugar, por el misterio que lo impregnaba, por aquella ráfaga oscura que se perdió en el viento ante sus ojos.

Mientras anduvieron por aquellos caminos que un día fueron sendas asoladas por la tragedia, Águeda sintió el inminente deseo de volver sola. Durante el trayecto de regreso, embebida en sus fantasías, habló lo justo y no compartió con Samuel la visión que había tenido. Deseaba volver a la soledad de su habitación en el hotel y recrearse con las emocionantes percepciones que le causó el lugar. No podía apartar de su mente el enigma suscitado por aquella sombra perdida tras los restos de la pared ruinosa, segura de que no fue producto de su imaginación.

Águeda salió temprano. Era su primer día libre entre semana y salió dispuesta a disfrutar del paraje difícil de encontrar sin visitantes. Deseaba adentrarse en solitario en aquel lugar yermo y desolado. Sentía como si algo que la hubiera esperado siempre la llamara. El paisaje le infundía respeto más allá de la magnitud de lo que era y representaba. Águeda alimentaba la predisposición al misterio que flotaba en el ambiente, con aquella inclinación a las emociones fuertes. Un grupo de turistas ascendía en autobús hacia el valle del Bove. Se ofrecían excursiones de todo tipo. Hasta llegar al cráter era posible, comprobó sorprendida. Alejada de los grupos, se detuvo antes de las rutas de ascenso, donde las señalizaciones indicaban prohibido el paso sin guía, y caminó hasta la parte más desolada del pueblecito de la ladera; el punto donde se había manifestado la furtiva sombra unos días antes. Desde allí la vista era magnífica. Las nubes jugaban con la luz del sol y era entretenido ver la hilera de gente, como hormiguitas, perdiéndose por aquel sendero, en ascenso hacia la cima. Necesitaba escuchar los ecos del olvido; sentir el calor de aquellas piedras, en silencio. La seductora conmoción ante lo desconocido la mantenía en un estado de excitación. El espacio, envuelto de un cierto misterio a plena luz de aquel día, que, habiendo amanecido encapotado y triste, se tornó soleado y cálido, la había acogido como si la esperase. Predispuesta a la fantasía, percibió rumores perdidos en el viento; como ecos perceptibles que alimentaban su imaginación sugestionada. Sentada sobre esas piedras cargadas de memoria, ideaba a qué profundidad se encontrarían los seres aterrados que no pudieron escapar a la barbarie. Quiso imaginar la incandescencia de los ríos feroces inundando de terror el curso de la vida de aquellas gentes; el momento más cruel donde el horror fuese la única sensación de un ser vivo; saciarse del pánico ajeno poniéndose en la piel de los que solo tuvieron la opción del abnegado acatamiento; adivinar la amargura horripilante; sentir cómo aquellas garras imposibles les arrastraban hacia el infierno; la magnitud del dolor que nunca podría constatar la historia.

Libre de aquella trepidante excitación, respiró y miró al cielo, instalada y perdida en los lugares olvidados a la orilla de la razón. Apoyada sobre la pared intuía voces, presencias. Se tumbó sobre las tibias losas de lava, reconfortada con aquel calor que rozaba sus piernas. Le sobrecogía el embrujo de aquel momento mágico. Arrullada por el sopor de la cálida mañana, quedó adormilada. Como en un ensueño, brotó la magia y se enredó con la realidad: un olor a muerte seca envolvía aquella silueta, que cubría con un velo el rostro y todo su cuerpo, menos los pies, ennegrecidos, cuyas plantas sangrantes parecían la única parte viva de aquel espectro. La presencia se acercó hasta Águeda, que, como si la esperara, lejos de asustarse, la miró dormida. Adivinó su piel quemada y la tristeza en sus ojos. Era Silvana. Lo dijo ella misma antes de desaparecer desde dentro o fuera del sueño en el que Águeda permanecía amarrada.

Silvana, junto a su hermana Maurizia, su hermano Filipo y sus padres, habitaron en otros tiempos estas tierras generosas tantas veces asoladas. Vivían humildemente en una de las casas diseminadas por la falda de la montaña, alejadas de la urbe. La huerta, los frutales y los viñedos, principalmente, les proporcionaban los medios suficientes para vivir sin carencias importantes. La hermana mayor, Maurizia, cortejada por Lorenzo, tenía aquella imagen que adquirían todas las muchachas a las que despertaba tímida la vida en el momento justo, sujetándolas bien al sitio del que no debían desmarcarse. Lorenzo, un par de años mayor, se desplazaba desde su finca, a cierta distancia, todas las tardes de verano, que se hacían más largas. Cuando el invierno acortaba los días, solo salía a ganar la distancia con acumulada ilusión en las mañanas de domingo, alegre, después de lavarse con agua fresca del pozo y vestirse con la ropa reservada. Lorenzo la rondaba mientras la muchacha hacía las faenas domésticas imprescindibles en el exterior de la casa, como dar de comer a las gallinas, que para esa labor nunca había domingos ni fiestas de guardar, en las que se afanaba con primor regocijada por la cómplice y atenta mirada de su futuro esposo. Él permanecía embelesado observándola, haciendo cucos a distancia. La seguía con la vista, agazapado tras los árboles al principio, apoyado en ellos más tarde. Solo habían cruzado miradas a distancia y un par de veces ella le rozó la mano al acercarle con picardía retozona el botijo para que se refrescara. La muchacha, de pelo negro como el azabache, pechos generosos y blanca sonrisa, le traía de cabeza desde que se la tropezara un día en la casa de unos parientes comunes. A Silvana, aquella rubita canija, alegre y con mucho desparpajo, le hacía mucha gracia lo ridículo de la situación cuando su hermana miraba de reojo mientras tendía las prendas de la colada. Maurizia no se desprendía de la tonta y perenne sonrisa dirigida indirectamente al muchacho, mientras él, a una distancia cada vez más corta, la miraba como un bobo. Hasta que un día lo sorprendió el padre al regresar de las faenas y con manifiesto regocijo le invitó a pasar a la casa, sin vergüenza. Aquella invitación era síntoma de aprobación al noviazgo. La madre, feliz porque al fin daba la cara el muchacho que todos sabían que la rondaba como si se tratara de un secreto a voces, le dedicó una amplia sonrisa preguntándole de inmediato por la familia, como mero gesto de cortesía. Silvana clavó en él una mirada mordaz poco amigable y una mueca de sonrisa burlona que no abandonó en ningún momento. Maurizia permaneció callada y recatada mientras los padres se encargaron de romper el hielo con una conversación más o menos fluida, donde los silencios resaltaban la persistente mirada inquisitiva de Silvana. Las fiestas del pueblo se aproximaban y ese acercamiento facilitaría las cosas.

—Lorenzo, llevarás al baile a Maurizia, ¿no? —dijo la madre distendida y visiblemente complacida por la feliz nueva familiar.

Lorenzo asintió con la cabeza dando muestras de una torpeza equívoca por respuesta. Se sentía muy incómodo y ridículo intimidado por una niña. Después quiso arreglarlo y rompió el silencio hablando del traje que le estaba haciendo el sastre en el pueblo. Al oír esto, la pequeña Silvana prorrumpió en una carcajada. Todos la miraron con desaprobación por la impertinencia y las licencias que se permitía la incorregible niña, sin más consecuencia. Lorenzo, que aún no se había familiarizado, y su condición de invitado no le daba asentamiento, se puso rojo sorprendiéndose a sí mismo de su rubor, de su gazmoñería, y no tardó en dar por concluida la visita. Agradeciendo la hospitalidad, salió hacia su casa sin más deferencia hacia la que ya podría denominarse su novia que una escueta despedida.

—Buenas noches —dijo fijando la mirada en el padre y lo repitió mirando a la madre—. Buenas noches, Maurizia —dijo esta vez fijando la mirada en su novia, dando por hecho que ningún otro miembro de la familia merecía su consideración—. Que descanses —dijo aliviado por haber cumplido y liberarse al fin de la tensión que le producía aquella mocosa insolente que no dejaba de mirarle descarada, a quien probablemente nunca le habían dado un cachete, pensó sin siquiera mirar a la chiquilla.

Tras marcharse Lorenzo, como si nada trascendente hubiera tenido lugar en la vida de Maurizia, todos fingieron recuperar la normalidad. Solo la madre la miró y dijo complacida que le gustaba el muchacho. La chica, rehuyendo la mirada con pudor, esbozó una tímida sonrisa de satisfacción y orgullo. También el padre apuntó que el muchacho ya era uno más en la familia, mirando satisfecho a su ruborizada hija y a su congratulada esposa, que, sonriendo, asintió mirando feliz a su hija mayor. Enseguida, tras aquellos momentos de regocijo, la madre cambió el gesto y recriminó la actitud de Silvana, que observaba con descaro a su hermana haciendo bromas sobre lo que pensaba del muchacho, que era un memo, dijo, sacando una disimulada sonrisa al padre y haciendo llorar a Maurizia.

—Venga, mujer, ya sabes cómo es esta desvergonzada. ¡Qué buen mozo te llevas, hija! —Fue cuanto dijo la madre en desagravio, mientras se disponía a amamantar al benjamín que a pesar de haber sobrepasado con creces la edad, aún chupaba de la teta cada noche como un vicio consentido, antes de dormirse.

Maurizia, inmersa en las emociones vividas, no obtuvo más protagonismo. Temblorosa, se levantó para retirar la mesa y no se hizo más comentario. Tan solo una fugaz mirada de satisfacción del padre se cruzó con la sonrisa cómplice de la madre, visiblemente felices porque la hija mayor se había ennoviado con un buen muchacho, trabajador y, además, hijo único que heredaría una hacienda próspera. Los días siguientes transcurrieron con la misma rutina. Maurizia, colaborando con su madre en todo, atendía las labores de la casa, los animales, a los hermanos pequeños; entre las dos sacaban producto a la huerta que cultivaban frente a la casa.

Silvana, muy poco femenina, apedreaba a los perros cuando se aproximaban alterando la tranquilidad de la caterva de gatos que medraba en los alrededores. Desde que salía el sol hasta que se ocultaba, devoraba los días como una salvaje —decía su madre—, jugando a cosas de muchachos. Empezaron juntos a ir a la escuela, recién instaurada a buena distancia, acompañados por su hermana mayor, que no había tenido esa oportunidad. Pronto fueron solos por aquel camino que se perdía entre los almendros y los viñedos hasta el valle, distrayéndose con los caprichos naturales del entorno. El camino de ida y de vuelta a la escuela fue para ambos una fuente de aprendizaje ilimitada en todos los aspectos. Observaban los saltamontes, las lagartijas y las abejas. Cualquier manifestación de vida podría distraerles de la finalidad principal, llegando tarde a menudo, sin que las advertencias de la maestra tuvieran efecto. Filipo adoraba a Silvana. Veía por sus ojos, y todo adquiría la importancia que ella le daba. Aun dentro de su particular burbuja y a pesar de sus despistes, Silvana supo mirar de otra manera el mundo desde esa escuela unitaria a la que empezaban a acudir algunos niños, de distintas edades, que habitaban la montaña. Aquella fotografía de Mussolini, del que no tenía referencias, presidiendo la escuela, la incitó a preguntas. Fue por entonces cuando Silvana tomó consciencia con perspectiva de lo apartados que estaban del mundo.

Lorenzo echaba de menos las rondas haciendo cucos por los alrededores expectante para ver la rotunda y turgente figura de Maurizia, que, coqueta y animosa, se ceñía el delantal para hacer notar su cintura y se recogía el pelo en un moño para que disfrutara de su blanca nuca reservada para él, dando muestras de una atrevida picardía que le volvía loco. A pesar de la comodidad y sosiego que suponía frecuentar la casa, añoraba el encanto de aquellas miradas furtivas en la distancia.

Había transcurrido un largo noviazgo donde todo sucedía de forma pausada y simple. Cumplían ilusionados con las tradiciones y ritos acostumbrados sin un mal desacuerdo ni enfado alguno que alterara la tranquilidad y buen ánimo, siguiendo la inercia de la vida. Ese año la cosecha fue ruinosa por el perjuicio de las lluvias a destiempo, los planes de boda se vinieron abajo posponiéndose para el siguiente, si la providencia así lo permitía y si no también, le dijo Lorenzo una noche a Maurizia, borracho de pasión y cansado de las limitaciones que le impedían satisfacer mínimamente sus ansias de joven enamorado. Ella, abnegada a los caprichos del azar, mantenía un propósito imposible de quebrantar: guardar su honra hasta el día que fuera su esposa.

Durante estos años Silvana se había convertido en una joven atractiva y resuelta que no se conformaba con seguir la trayectoria de su hermana esperando que un mozo la rondara y las circunstancias no se mostraran adversas para unirse a él y crear una familia, como era la lógica ambición de la virtuosa Maurizia. Silvana se llevaba cinco años con Filipo, su hermano pequeño, y fue su mejor amiga y compañera de juegos. Solo él la ataba a aquel lugar cuando el estertor de la vida con su opresión la hacía calmar sus ansias imprecisas. Siempre fueron como una isla entre los demás miembros de la familia. Su vínculo era un nido de complicidad en el seno familiar y fuera de él. Juntos habían aprendido a sacar partido a sus escasos medios para divertirse. Silvana le había enseñado a defenderse y a disfrutar de todo, aprendiendo juntos. El niño la admiraba y adquirió aquella tendencia suya a renegar de esa vida insulsa y previsible, haciéndose cómplice de su rebeldía. Silvana era su referente. Ella conseguía hacerle maravilloso cualquier momento por deprimido que este fuera. Todo estaba bien para Filipo si para Silvana lo estaba. Los límites de su reducido mundo en la desolada falda de la montaña compensaban las expectativas de Filipo si Silvana las animaba con su presencia. Ella le protegía y siempre disculpaba sus travesuras ante sus padres. Le arropaba y le contaba historias de monstruos, que transcurrían en el Gibellu (el volcán), antes de dormirse. Jugó con él como una igual, mezclándose con sus amigos cuando la situación se daba. La camaradería que había entre ellos fue excelente, y su cariño, inmenso. Ni para Filipo había nadie comparable, ni para Silvana existía otra persona a la que pudiera querer más.

Para poder casarse, Maurizia y Lorenzo, ante la imposibilidad de construirse la propia por el momento, se instalarían en la casa de los padres de este. Ellos habían convencido a la novia de que aquella era y sería para siempre su casa. La madre de Lorenzo, una mujer seca y dominante, no concebía que su hijo, su único hijo, aquel hijo tardío que nació cuando ya no lo esperaban, se alejara de ella, y siempre puso trabas cuando el padre quiso tomar iniciativas para que Lorenzo pudiera independizarse. Movido por la pasión, que no podría satisfacer mientras no estuvieran casados, Lorenzo claudicó decidiéndose así a seguir los consejos y presiones que recibía por todas partes.

El joven matrimonio tuvo su primer hijo, Adriano, en el seno de aquel hogar que rezumaba un sentimiento de frustración para Lorenzo. La llegada del pequeño, un niño que nació enclenque y al que costaba criar, no logró insuflar la ilusión esperada por Lorenzo, para el que cada acontecimiento, por feliz que fuera, siempre suponía un fracaso mientras permanecieran en aquella casa, de la que parecía que Maurizia no tenía prisa por salir. La vida empezó a torcerse y a crear ansiedades en Lorenzo, que, aun conformándose con lo que le dio la providencia, pues no renegaba de ello, hubiese preferido esperar un año más y construir su casa para establecer lejos de sus padres su propia familia junto a Maurizia: una mujer bonita, buena, dulce, de trato fácil. Después todo se fue complicando y la madre de Lorenzo había convencido a Maurizia con la premisa de que todo llegaría en su momento, que lo importante era crear una familia y dónde mejor que en su casa, la propia, la que sería un día, por derecho, su hogar y el de sus hijos. Unos meses después, murió el padre de Lorenzo y su madre les chantajeó emocionalmente para que no albergaran la idea de marcharse de aquella casa dejándola sola. Aunque Lorenzo no pensaba resignarse a sus pretensiones, la anciana supo camelarse a Maurizia, que no apoyó jamás la idea de su esposo, defendiendo los lógicos argumentos de su suegra ante Lorenzo. Fue Maurizia, como podía haber sido otra, la que había despertado en él ese ansia animal que alivió la monotonía y fomentó su delirio por progresar y ofrecerle un futuro en el que ambos construirían una familia. Todo había surgido con un orden natural, dejándose arrastrar por la vorágine de lo que voluntariamente deseaba más que ninguna otra cosa en el mundo. Pero pronto se sintió decepcionado con la mujer a la que le faltaba complicidad con sus propósitos, que no eran otros que disfrutar una vida feliz junto a ella. Su falta de arrojo y determinación para imponerse a su suegra, poniéndose siempre de su lado, fue el determinante para que Lorenzo no hallara más razón en esa unión que su hijo.

Una noche, tras una discusión, cada vez más frecuentes, provocadas la mayoría por la falta de intimidad con su mujer, Lorenzo, harto de los roces con su madre y los inconvenientes de una convivencia donde se sentía un monigote dominado, salió a respirar dando un paseo con andar ligero hacia ninguna parte. Los pasos le llevaron hasta los alrededores de la casa de sus suegros. Detenido, como varado en un pasado al que quiso volver para tener la oportunidad de hacer de otra manera las cosas, miró la luna clara y solitaria como él. Sacó su vieja petaca y lio con parsimonia un cigarrillo. Los recuerdos empezaron a revolotear entre aquella atmósfera que le traía el pasado. Con qué ilusión había recorrido aquel mismo camino años antes, para ver moverse por las inmediaciones a la mujer que le gustó desde el primer momento y con la que se casó, sin apenas conocerse, después de tanto mirarla y adorarla durante un largo noviazgo.

A unos metros detrás de él y amparada por el velo de la oscuridad, Silvana —a la que conoció siendo una niña rebelde y descarada, que más de una vez le hizo burla sacándole la lengua—, sentada en una piedra como acostumbraba a hacer después de cenar para escuchar los sonidos de la noche, observaba la luna. También a ella la ocupaban tribulaciones de otra índole. Silvana, arrepentida del desdén con que le había tratado siempre y que disimuló pronto para no herir a su hermana, reconoció que aquella inclinación, esa animadversión injustificada, se había transformado en respeto; en una extraña admiración hacia un hombre cabal que representaba todo lo que ella odiaba. Sorprendida, oculta entre la vegetación, permaneció callada, tratando de evitar que reparase en ella a esas horas que a él pudieran parecerle perniciosas. Pero, al detenerse, Silvana tuvo ocasión de observarle de arriba abajo. La oscuridad, la luna, la brisa animada por los grillos... Lorenzo sacó su mechero y se inclinó con el cigarrillo a un lado en los labios para encenderlo. A Silvana le resultó el gesto más varonil que había contemplado jamás. Mientras el aroma del tabaco la embriagaba, reparó en su perfecto perfil anguloso dibujado por la luz de la luna. El efecto de aquel brillo en sus ojos; el movimiento seductor cada vez que aspiraba una bocanada y exhalaba directo el humo cuajado en su pecho le otorgaba un aire inteligente y un atractivo que nunca antes le hubiese adjudicado. La noche, que modifica y embruja, la envenenó de arrepentimiento y de deseo. Un engranaje emocional se puso en marcha. La osadía más atrevida, en medio de la oscuridad, hizo admisible el uso de la libertad que solo ella se hubiera permitido igualmente a pleno sol y en medio de multitudes y de voces. Sin darse ocasión, las palabras brotaron sin permiso.

—Buenas noches, Lorenzo —dijo con voz tranquila y firme. Ninguna fuerza podría detenerla, cuando apenas unos minutos antes el universo se había interrumpido.

Lorenzo se giró pausado; sin alteración alguna, respiró profundo y la miró como si la hubiera adivinado; personificando en ella el milagro que esperaba aquella noche. Silvana se levantó, se acercó a él y, puesta de puntillas, movida por un impulso tan fresco como la brisa, le dio un beso rozándole los labios. Él permaneció inmóvil y forzó una expresión de serenidad que no sentía. Pasmado, mostró naturalidad ante aquel beso que trató de disfrazar de casto y fraternal, liberándola de responsabilidad por su licencioso gesto. La muchacha, tras el beso cargado de intención que él aparentó no sentir, pero sintió, le miró sin recato, sin pestañear, sin vergüenza. Sin que mediara una palabra, Silvana enfiló pausada hasta la casa sin volverse presumiendo como él la seguía con la mirada. Al desaparecer su cuñada, cuyo parentesco de repente sintió con extrañeza, no quiso admitir el desorden en su cabeza. Aquella muchacha libertina le destapó una pulsión desconocida, un palpitar quebrado que le descolocó del mundo. Sus pies flotaban por aquella senda que se tornó áspera invitándole al regreso gozoso y buscar la emoción salvaje del estremecimiento. La luz de la luna señaló el tejado de su casa y la inclinación de regresar sobre sus pasos se hizo más fuerte. Anheló buscar de nuevo aquellos ojos encendidos que la oscuridad enmarcó con lascivia. No quiso pensar, solo sentir aquel calor que le abrasó los labios, y disfrutar el regocijo que le llenó el alma de sensaciones nuevas.

Dos noches aguantó Lorenzo aquel ardor reprimido que trastocaba los espacios y le estremecía con cada pensamiento que le regresaba al delirio de aquel momento.

Aunque las emociones que guardaba enardecieran con aquel regusto, haciendo más llevadera a Lorenzo la situación familiar que apenas tenía ya importancia, fue a la tercera noche, tras dos de retorcerse en su cama, de soportar crepúsculos y amaneceres, de luchar contra sí mismo sin poder centrarse en sus labores; cuando parecía reventar la vida fuera de su alcance y no hubiera habido cerros ni insalvables tapias que impidieran buscar el aire que le faltaba para apaciguar aquella exaltación que cercenaba su sosiego; cuando ya no reprimió aquel deseo de volver y buscar de nuevo aquella maravillosa confusión que le trajeron la luna y las estrellas. Necesitaba la furia de aquel remolino que le arrebató la tristeza, hacía tres noches. Se encaminó enardecido y ligero hacia aquel punto que tantas veces había frecuentado con ilusión y ahora recorría con un desbocado sentimiento muy distinto. Al aproximarse, buscaba con anhelo la silueta leve de la muchacha agazapada en algún rincón entre la maleza donde a ella le gustaba respirar el silencio ruidoso de la nocturnidad. No quería que Silvana advirtiese que la buscaba, pero tampoco quiso retroceder ni pasar de largo al no encontrarla. Se paró, se subió el cuello de la chaqueta para aliviar a sus orejas del fresco vientecillo, mientras resolvía la impaciencia del que sin buscar, busca; del que sin esperar, espera.

De la sombra, y como traída por el viento, emergió Silvana con la mirada fija en los ojos de Lorenzo, que ya no mostraron disimulo ni distancia, en consonancia con la falta de recato en los de ella, atrevidos y francos. Con tanta pasión reprimida como él, Silvana fue directa hacia su boca y esta vez no tuvo que alzarse, fue él mismo quien la tomó por la cintura y la elevó hasta la suya, que palpitaba y ardía como una brasa.

Lo que pudiese, a los ojos de los demás, parecer una licencia deshonrosa y libertina, a Lorenzo le abrió una brecha en el corazón rompiéndole todos los esquemas de una vida que esperaba plácida y tranquila. Los ojos de Lorenzo se velaron, y este gesto despertó mucha ternura en la muchacha, que lo miró de otra manera.

Estos encuentros se repitieron muchas noches y muchas noches la pasión fue mutilada por un respeto hacia lo que había que respetar. Los días fueron transcurriendo sin normalidad y con alevosía. Se encontraban cada noche, incluso en invierno y bien cerrada la noche. Cuando llovía, Silvana se quedaba en la puerta bajo el techado contemplando las rabiosas ráfagas que parecían aunarse con su alma airada. Entonces esperaba, como hubo esperado siempre antes de aquel primer encuentro que le removió las entrañas; entonces pensaba, y no quería pensar; lloraba, y aunque quería llorar, no debía, y la vida se tiñó de distintos colores, el de las noches de lluvia y el de las noches al raso. Cuando el temporal se prolongaba, una inercia les hacía coincidir burlando las leyes del cielo y de la tierra. Esos momentos se hacían especiales bajo la lona que no resistía el golpeteo del agua, como ellos no resistían la injusticia que les obligaba a renunciar a esa necesidad alejada del capricho, y él volvía embarrado a casa sin dar cuentas y ella empapada regresaba a la suya y no hablaba con nadie.

Una de aquellas noches furtivas, Filipo, que no se había dormido, sigiloso y travieso, salió tras ella para gastarle una broma. Pero se truncó la sorpresa antes de sorprenderla con su guasón asalto. Silvana corría hacia los brazos de Lorenzo, su cuñado, el de ambos, que la esperaba en la oscuridad donde solo ella podría adivinarle. El chico, atónito, entendiendo lo que significaba el licencioso e irregular encuentro fogoso, regresó agitado al cobijo de la casa como si así, al no haber testigos que pudieran confirmar esos desmanes, pudiese anular las fechorías de su hermana. Ajena al terrible desencuentro de Filipo, Silvana besó las manos poderosas de Lorenzo y se las llevó a la cara para sentir el latir de la tierra desde las encallecidas y cansadas palmas, y llorar su felicidad en ellas. Lorenzo, que no estaba acostumbrado a estos gestos de ternura, con el alma encendida se agachó hasta la carita llorosa de Silvana y besó sus húmedos ojos, alejado de todo lo que atrás le ataba.

Filipo se mostraba huraño y desagradable con su hermana, que no entendía el brusco cambio en su actitud. No correspondía a los gestos cómplices que siempre les unieron. La miraba con recelo. Aquella persona angelical, su maravillosa hermana, se convertía en demonio por las noches. Esa confusión produjo un menoscabo en su apreciación sobre la calidad humana, que él tenía en muy alto concepto representado por su hermana, que siempre fue su paradigma de conducta, su alegría, sus alas.

Silvana, absorta en sus propias emociones, no dio mucho pábulo a las muestras de enojo del muchacho. Las rarezas de Filipo se atribuían a cosas de la edad. Aquel mismo día, durante la comida, cuando su madre volvió a hacer un comentario recurrente sobre si Silvana tenía algún mozo tras ella, Filipo, espontáneo e impetuoso, dijo que no, porque a ella le gustaba uno que no podía dar la cara. Su madre se quedó mirando al muchacho sin prestar atención a la tontería, y Silvana, como si no hubiese escuchado nada, dijo que no había ninguno interesado, que ella supiera. Su madre se levantó sin dar ninguna importancia al comentario del niño, que últimamente estaba atontado. Silvana cruzó la mirada con su hermano y vio dolor, rabia y decepción donde habría querido ver el natural cambio de la adolescencia que empezaba a distanciarles, y comprendió cuál era el motivo que le atenazaba el alma. El mundo se le había oscurecido al chico. Aquella decepción le abrió los ojos al desengaño, al desencanto, a la realidad de un mundo imperfecto. El vínculo entre ambos, tan sólido e incuestionable, se había desgarrado con aquella prueba que rompió en mil pedazos su ingenuidad.

Ya nunca volvió a ser lo mismo. Las distancias se hicieron insalvables abriendo una brecha dolorosa entre ambos. Filipo ya no volvería a sentirse su niño querido ni a considerarla su protectora, su asidero en el que apoyarse para desenvolverse con seguridad cada día. El resentimiento afloraba a menudo y la desconfianza le hacía cuestionarse si sería verdadera o falsa la condición de las personas que había a su alrededor.

Esa noche Silvana no salió a las sombras, se quedó escuchando los sollozos de Filipo que le llegaban como lanzas, ocupando su mente de dudas que nunca la hubieron detenido antes. El atribulado muchacho no quería hablarle ni escucharla; ni siquiera la miraba a la cara cuando se confrontaban. Filipo sollozó hasta quedar dormido por agotamiento. Le carcomía la certeza de que su hermana, lo que más quería en el mundo, la que resolvía grandes pequeños problemas, le hubiera fallado echando abajo todo aquel universo infantil, cuyas fronteras se establecían en función de las posibilidades que ella le ofrecía. No podía asimilar el hecho de que todo lo que ella representaba fuera mentira. El mundo se le había venido abajo y, por primera vez, la herida no podía curársela su hermana.

Silvana se acercó a la ventana. Aunque el viento zumbaba con rabia, Lorenzo permanecía plantado, descarado y desafiante, atentando contra todas las leyes de Dios y de los hombres. Como un pilar doliente anclado en una mentira enorme de la que solo podría salir hallando la verdad entre sus brazos. Con todo el dolor que le traía la noche vacía, Silvana no salió a su encuentro. Él permaneció estático y paciente mucho tiempo hasta que las piernas le dijeron que debía volver a casa. Silvana, desde ese lado equivocado tras los cristales, sintió como él forzaba los pasos y arrastraba la vida que iba dejando a cada mirada esperando el milagro, hasta que la distancia en el camino le obligó a perder de vista el resplandor de la ventana.

Lorenzo volvió a la noche siguiente y otra vez la ausencia ensanchaba el espacio. Deseó tener más coraje y aporrear la puerta hasta que aquella mujer valiente aplacara el ardor que le acometía por todo su cuerpo trémulo. A la tercera noche, Silvana, segura de que Filipo se había dormido, miró por la ventana buscando la otra orilla. La que le daba lo que su cuerpo estancado en las brumas de la infelicidad no podía dominar dejando desnuda su alma. Salió y le buscó en la oscuridad. Lorenzo, desde atrás, emergiendo de entre las sombras, la cogió del brazo con resolución masculina, la atrajo hacia sí despertando sensaciones cargadas de agitación. Las piernas flaquearon cuando él la estrechó contra su cuerpo enamorado, y aquella presión, a la altura de su vientre, se agitaba al son del latido de su corazón. Un fuego ancestral la estremeció y el deseo se convirtió en la verdad más absoluta, en una pasión indómita que ninguna fuerza podría arrebatarle. A él se le escapó una lágrima que brilló como un diamante despertando en ella la ternura. Él metió la mano debajo de su falda y ningún concepto humano hubiera podido parar aquella locura. La humedad de la vegetación, el relente cómplice que les recibió mullido y fresco, no disipó la inercia que había desatado la pasión contenida tanto tiempo.

El hermano dolido, al que la decepción le había llevado a descubrir un nuevo camino de paredes enraizadas por la crudeza de la vida, una vez que el tiempo había suavizado las aristas del tremebundo disgusto, aceptó, como un precepto natural, aquella pesadumbre transformada en un simple sinsabor que no le permitiría ser el mismo. Filipo se adaptó a los nuevos conceptos de convivencia, asimilando el momento de inflexión que le llevó a madurar de forma brusca, y admitió sin trauma los fundamentos paganos de la vida. Silvana dejó de torturarse por ello sin permitir que ninguna duda la privara de salir cada noche para encontrarse con Lorenzo, su cuñado, el hombre que la despertó, con su sencilla sabiduría, de su rebelde concepto de la vida. Sus momentos convertían sus cuerpos palpitantes en furiosas olas donde no cabían lamentos ni reproches, donde solo permitían entrada a la furia del amor que les traía la sangre emborrachando sus cuerpos. Algunas veces la madrugada le traía cargos que no compartía con Lorenzo, ni él, que seguramente los tendría, tampoco los compartía con ella. Pero esta percepción siempre se anulaba de inmediato amparándose en otras leyes más poderosas y más firmes que ella misma administraba.

Lorenzo salía por las noches sin cuestionarse la magnitud de las consecuencias, convencido, con toda la euforia de su certeza, de que su pecado, si lo había, no era suyo; sin remordimientos, que vendrían luego atropellando su conciencia. Descargaba su sentimiento de culpa sobre la sumisa esposa que acataba cuanta orden y manipulación obraba en sus vidas su autoritaria suegra, a la que respetaba tanto como temía. Volvía libre de culpa convencido de que una inercia traicionera había trastocado el orden de su vida en confusión, en despropósito; una trampa de la que Silvana le salvaba.

La noche no era muy clara, Lorenzo regresaba pletórico después de vivir los momentos que colmaban la más alta expectativa del amor. Desde lejos observó un resplandor improcedente a aquellas horas dentro de la casa que debía estar recogida, ajena a sus furtivas y asiduas salidas.

Escuchó lamentos retumbando en el silencio de la noche. Con perturbación y extrañeza, apretó de nuevo el paso convirtiéndolo en carrera. La puerta de la casa estaba abierta, de par en par. Los sollozos de su mujer y de su madre atronaban el espacio. Entre reproches y acusaciones que llegaban a él como vociferantes mensajes desde la bramante boca de su madre, vio a su esposa arrodillada junto a su propia cama donde reposaba desmadejado el niño. El pequeño Adriano se había puesto muy enfermo después de su injustificada y licenciosa ausencia. Maurizia lloraba junto al pequeño al que parecía írsele la vida de un momento a otro. Él juró, suplicando a la Virgen de la Consolata, en ese urgente y desesperado momento, que, si salvaba a su hijo, dejaría de salir cada noche. Y hasta se hizo el propósito de sacar de su corazón a Silvana, instalada en él llevando a su vida un maravilloso desasosiego al que no hubiera renunciado nunca. Tras una larga noche de rezos, reproches y paños fríos sobre la frente del pequeño intentando bajarle la fiebre, amaneció con esperanza. El niño abrió los ojos y pidió agua.

Silvana tiritaba aquella mañana cuajada de escarcha cuando salió a abrir la puerta. Había visto a su cuñado con el rostro desencajado a través de la ventana y adivinó que no eran buenas las nuevas que traía. Lorenzo, a la vuelta del pueblo de avisar al médico, se encaminó hacia la casa de sus suegros, esta vez de día y con el alma en dos mitades, para ponerles en antecedentes. En su intención estaba decirle a Silvana lo que solo pudo decirle con los ojos: que aquella locura terminaba. Ella cogió su mantón y, preocupada por la salud del pequeño y el dolor de los padres, le acompañó hasta su casa. También salió detrás de ella la Filipa, la perrita hija de la primera con el mismo nombre nacida tres días después que Filipo y que se convirtió en siamesa, prácticamente, del recién nacido. Al morir la madre tras el parto siguieron llamando Filipa a la cachorra. Durante el trayecto, el silencio se encargó de decir a cada uno lo que cada uno pensaba que debía decir al otro. Aquel silencio llenó la senda de cardos y cantos punzantes donde nos los hubo antes.

Lorenzo no volvió ninguna noche a la cita intempestiva y prohibida, y Silvana lo siguió esperando, pidiéndole a la luna que le arrancara unas lágrimas rebeldes para poder aliviar su rabia, cuando había luna; cuando no, pedía a la noche cerrada que la engullera y la arrastrara hasta la morada de Lorenzo para compartirlo con su hermana.

Los roles entre los hermanos habían cambiado. Filipo ya echaba una mano a su padre en las labores; enfrascado en los juegos con otros chicos de los alrededores, se defendía saliendo a flote de aquel atropello a su candor, que ya había superado. Aún algunas veces se quedaba mirando a su hermana con unos ojos turbios, censuradores, lastimeros, consiguiendo hacer sentir culpable a Silvana por haberle robado la inocencia tan temprano. Entonces, cuando acudían a su cabeza aquellas cavilaciones extrañas, salía corriendo, y la Filipa lo seguía con el rabo bajo al principio, muy alto y oscilante después. La carrera abría sus pulmones y olvidaba el disgusto jugando con su perra como si nada hubiera ocurrido; como si nada pudiese alterar su alegría, y la vida palpitase limpia y sencilla, como antes.

La perra, fiel, participó de la alegría de Filipo y sufrió con él sus congojas. Ese año, el último que lo hiciera, parió tres cachorritos. Como siempre, a Filipo solo le mostraron uno, el único que iban a conservar para que relevase a la perra el día que ya estuviera muy cansada. Adriano, que crecía débil, se encaprichó con el perro y no había forma de separarlo de él. El cachorro ya estaba destetado y, para congratular al pequeño, se lo ofrecieron sin tener en cuenta a Filipo, al que trataron de convencer con la prerrogativa de que la perra pariría otro más hermoso. No rechistó, se fue con su congoja bajo la sabina, donde de pequeño jugaba con su hermana y la Filipa, a llorar en soledad sin que acudiera Silvana a consolarlo.

Llegó el día en que, cansada de soportar la sinrazón, decidida a recuperar la pasión a la que por ley natural tenían derecho, Silvana, valiente, ante la pasividad de Lorenzo, se presentó en su casa para hablar claro con él delante de su mujer, su hermana. Atrevimiento y arrojo no le faltaba, como tampoco razones para saber que era un error condenarse los tres ante aquella trampa que les tendió el destino. Sabía por su hermana que el matrimonio, desde lo del niño, ya no compartía el lecho. También sabía que su hermana y esposa del hombre que amaba no lo echaba en falta porque un abismo les separaba desde hacía mucho tiempo.

Silvana entró en la casa con decisión. Sin preámbulos, sin tapujos ni prejuicios, empezó a exponer sus razones delante de Lorenzo y de su mujer, su propia hermana. Cuando andaban en el fragor de aquella plática dolorosa a la que Lorenzo no aportó sino su silencio acatador, y Maurizia, espantada, no se había manifestado en defensa de su matrimonio, apareció la bruja —como llamaba Silvana a la madre de Lorenzo y suegra de su hermana— asiendo al pequeño sobre su cadera, soportando el pataleo del pequeño con los brazos tendidos hacia su padre.

—Si te vas de esta casa, el niño se te muere y cargarás con ello toda tu puta vida, mal hijo, mal padre... ¡Semilla del diablo! —exclamó la vieja amenazante, con los ojos encendidos, como si echara culebras por la boca.

Mientras, el niño, desconcertado y aterrado ante la hostilidad y violencia que no había conocido, intentaba liberarse de unos brazos que lo apretaban con más fuerza. Lorenzo lo rescató, como de las mismas garras del diablo, del brazo enclavijado de su madre. Maurizia, solidaria con la suegra que apoyaba su causa, sollozaba a gritos invocando a la Madre Santísima y a todos los santos, y miraba con espanto a Lorenzo sin dar crédito a cuanto había expuesto su hermana.

—¡No sabes, hijo de satanás, lo que has hecho! Lo vas a pagar muy caro. ¡Si tu padre levantara la cabeza...! —proseguía la endiablada anciana como fuera de sí—. ¿Cómo te atreves a deshonrar así a tu mujer, a tu familia...? ¡Ojalá un rayo os parta, a ti y a tu puta!

Silvana ya no pudo contener aquel respeto inmerecido hacia la vieja y, extrañada por la actitud impasible de Lorenzo, se dirigió hacia ella y le propinó una bofetada dejándola muda y sentada sobre la mecedora.

Lorenzo, impasible, intentaba calmar al pequeño en el resguardo de su cuerpo, mientras miraba a Silvana implorando comprensión y auxilio. Silvana no pronunció ni una palabra más; ni un solo gesto alteró su entereza, amparada por la verdad de su razón. Había atravesado aquella puerta para enfrentarse a su propia hermana, con todo el atrevimiento, pero no suplicaría a Lorenzo. Eso jamás. Aunque se hundiera en el fango, aunque se le abrasaran las entrañas, no le forzaría nunca para que permaneciera a su lado. Dolida por la decepción, con el alma repleta de su razón baldía, se retiró con su fracaso y su derrota clavada en la garganta. Un agitado palpitar incontrolable en su corazón desbocado estremecía su escote como si el aleteo de una paloma forcejeara por salir de aquella blusa sudada por el azoro.

Silvana, ajena a la promesa que Lorenzo hizo la noche que se moría su hijo, no volvió jamás a aquella casa, ni tampoco Lorenzo volvió a la suya a pesar de los días turbios y las noches traicioneras.

Desde que murió su madre, Silvana pasaba mucho tiempo sola sin que el tiempo cicatrizara unas heridas que permanecían abiertas. Luchaba contra la soledad ocupada en los quehaceres, sin buscar otra vida ni espantar los recuerdos, que alimentaba amarrándolos a su alma con nostalgia y sin rencor.

Aporrearon la puerta con furia aquella fatídica madrugada de mediados de otoño. Su padre y su hermano acababan de salir con el burro cargado de hortalizas y no volverían hasta bien entrada la noche. Silvana salió sobresaltada por los gritos de la madre de Lorenzo, que lanzaba improperios ultrajándola, al otro lado de la puerta. Tras ella, la luna refulgía resaltando los ojos de Lorenzo, que arropaba a su temblorosa mujer, que no se atrevió a mirarla. Visiblemente cansados, resoplaban como si hubiesen llegado hasta allí a la carrera. Ella pensó que venían tras la anciana con la pretensión de atajar su intención descabellada, pero enseguida se dio cuenta de que se aunaban a su denuncia. Los tres la escrutaban expectantes, con una mirada diferente y la misma acusación, inducidos por la madre. Ella, ante el atropello y sin clara explicación, pensó en el niño sin comprender la actitud acusadora.

Lorenzo refirió con congoja el motivo que hasta allí les llevaba con todo el dolor y el arrebato. El pequeño Adriano había desaparecido. Lo habían buscado durante toda la noche sin hallar rastro. Entonces la madre de Lorenzo, la bruja, como la llamaba Silvana, interrumpiendo la explicación de su hijo, lanzó endemoniadas palabras a salivazos, a escasos centímetros de la sorprendida cara de Silvana. Ella no daba crédito a la actitud acusadora de su hermana y su cuñado sin considerarla parte dolorida por la tragedia, como así se consideraba, siendo una más en unirse a la desgracia que a todos afectaba.

La tarde pasada, cálida y amable, de finales de noviembre, Adriano había salido a jugar con su perro encaminándose hacia la montaña. Su madre, al disponerse para hacer la colada, lo había dejado al cuidado del padre. El sopor de la comida y el calorcillo del rayo de sol a través de la ventana, propició un sueño reparador que Lorenzo venía necesitando. Al despertar supuso que el niño estaría con la madre. El pequeño, distraído y motivado por los saltos del cachorro, había empezado a andar perdiéndose en la espesura del monte. Cuando le echaron de menos habían transcurrido más de tres horas y la tarde ya claudicaba.

La pérfida mujer, sin esperar a reacción tras la explicación de Lorenzo, atropelló a Silvana y se metió en la casa revolviéndolo todo mientras gritaba:

—¿Qué le has hecho? El niño te molestaba para conseguir lo que querías, mala puta. ¡Lorenzo, el pozo, el pozo...! ¡Hay que bajar al pozo!

Silvana comprendió el motivo de aquel acoso a su persona. Apenada, se dirigió a su hermana para mostrarle su pesar, después, airada y colérica, a Lorenzo, el hombre que aún amaba, pero seguramente no lo suficiente para superar aquella decepción tan grande.

—¡Cómo puedes...! ¿Cómo es posible que tan siquiera pudiera pasar por tu mente que yo pueda hacer daño a tu hijo...? ¡Es mi sangre! Y me duele mucho más que tu vileza —dijo dolorida, arrepintiéndose de inmediato; nunca le había considerado vil, solo cobarde; pero no rectificó. No había tiempo ni voluntad.

Con toda la furia que le insuflaba el dolor que le calaba el alma, se puso el abrigo encima del camisón y salió hacia el camino para buscar a Adriano por su cuenta. La penumbra que ocupaba desde hacía un tiempo su vida, no tenía lugar en aquel momento trágico donde su único afán era encontrar al pequeño.

Una tristeza, una amenaza callada envolvía el ambiente enrareciéndolo. La tarde anterior Silvana había reparado en que no quedaba ni una de las mariposas tardías que solían revolotear hasta los días buenos de noviembre, y pensó que iría a la mañana siguiente —esa fatídica mañana— a buscarlas por la falda de la montaña. Los pájaros se habían alejado en desbandadas; los animales huían sin orden ni concierto, saliendo de las madrigueras en estampida. Silvana dejó la senda y siguió andando acelerada monte arriba sorteando la vegetación, que parecía pasmada. No reparó en el ligero temblor ni en el silencio inquietante anulado por sus gritos llamando a Adriano. Las dos vertientes de su dolor acaparaban todos sus sentidos sin que el extraño silencio la inquietara.

Cuando Lorenzo, su madre y Maurizia, que no habían prestado atención al leve temblor, retomaban el camino para volver a rastrear el monte, dos familias marchaban recelosas por la posible erupción del volcán, prestas por ponerse a salvo por si acaso. Les aconsejaron que ellos hicieran lo mismo, ajenos a la tragedia que les ocupaba. La anciana, sin pensarlo dos veces, tomó el consejo como una invitación y se subió a uno de los carros anteponiendo su seguridad a la suerte de su familia, sin siquiera despedirse con una justificación, un lamento, o gesto alguno de aflicción, ávida por poner tierra de por medio. Los padres, sin valorar la opción en ningún momento, desolados, se apresuraron hacia la búsqueda, arrastrando su dolor.

Silvana pronto perdió los zapatos. Sin desfallecer, ganando terrero a la ladera, posaba ágiles sus pies sobre el terreno abrupto marcando con su sangre los bordes escarpados por cuyas grietas escapaban los vapores. El temblor de la tierra sacudía sus plantas desnudas y la obligaban a esquivar sin miedo las fisuras. Por ese lado de la falda de la montaña no se veía la cima. Los ruidos infernales que hacían crujir la tierra no hicieron desistir a Silvana, avivando su afán por encontrar a su sobrino. En algún punto del endiablado monte, aterrado, el pequeño se enfrentaba solo al infierno que empezaba a desatarse. Silvana forzaba las piernas empeñadas en ganar las dificultades que se presentaban. Los gritos, llamando a Adriano, se convirtieron en torpes alaridos desgarrados, apenas perceptibles más allá de la solapa de su abrigo. La tormenta cenicienta embriagó todo sin resquicio obligándola a respirar a bocanadas traidoras aquel sabor a humo y a tristeza que como puntas aceradas arañaban su garganta. Envuelta en la espantosa atmósfera siguió avanzando entre los árboles. Se esforzaba por llegar hasta el pequeño con la intención de asfixiarle entre sus brazos; con el calor de su cuerpo aliviaría su pavor. El ruido atronador le reventaba los oídos. Apurando un último esfuerzo, envuelta en la masa oscura que la ahogaba, alzó la cabeza para llegar con la vista donde los pies se negaban. Las grietas exhalaban gases asfixiantes anunciando la columna gaseosa que surgió como un gigante oscureciendo el horizonte. Un tufo con sabor a miedo embriagó la atmósfera y confundió la mañana. Arreció el viento. La ventisca, dando una tregua, arrastraba los vapores en dirección contraria. La inclinación de la furia hacia el mar daba un mínimo respiro. Varada en una grieta, cuando sus manos no podían oponer más resistencia, allí, en un alto de la loma, vio que el niño, siguiendo al perro, entraba en el hueco de una roca. Después la oscuridad densa lo anegó todo y las piedras caían como misiles. Absorbida por la inercia de aquella furia salvaje, pasó por su mente todo el peso de la conciencia despertada a destiempo, enfangándola de confusión. Un sentimiento vergonzoso oprimía su corazón desventurado, haciendo trizas la pureza de una pasión aferrada a una mentira. Abrasada y casi sin sentido se encomendó a la Virgen de la Consolata, reventaba en su interior un ruego como la más ferviente de las súplicas a las que no admitiría rechazo; una orden a la Virgen: que salvara al niño aun a costa de la salvación de su alma, por la que no pidió en ningún momento. Silvana desterró la resistencia; dejó de abrigar esperanza y se abandonó a la oscuridad, entre las ranuras de la tierra. Los cuerpos del pequeño Adriano y el cachorro, soterrados por la dañina masa de las cenizas, permanecieron milagrosamente indemnes al magma.

Filipo y su padre se salvaron de la perversidad de las lenguas que avanzaron lentas en su inercia destruyendo la ciudad con su flujo endemoniado, que vino a limpiar con el fuego las almas en pecado, según clamaba la pérfida anciana. Aquella mujer malévola, a la que Filipo había cuidado hasta el último de sus longevos y envenenados días, fomentó con su relato la leyenda mancillando la honra de toda la familia. Señaló como miserable asesina a Silvana, sin respetar a los muertos ni a los vivos. Nunca dejó de denigrarla, difamándola sin clemencia, con saña, manteniendo sus venenosas ofensas sin reparo alguno por el daño que hacía a Filipo y a su padre, sus benefactores. El padre pronto se dejó morir. La endiablada mujer, sin caridad ni agradecimiento hacia el muchacho, siguió con su repetitivo sainete inculcando en su mente todo aquel veneno vertido sin piedad sobre la memoria de su querida y, poco a poco, denostada hermana, hasta el último día.

Con detalles que ella misma había imaginado, aquella mujer relató a Filipo como Silvana había hecho desaparecer a Adriano para así liberar a Lorenzo del compromiso familiar y llevárselo con ella. Filipo no podía creer tal infamia, pero la perseverancia y poder de convicción le instó a atar cabos. Ni después de fallecer la vieja pudo descansar. Rememoró recuerdos que iban en la dirección del argumento de la vieja y que hubiera deseado no rescatar jamás de su memoria. Filipo vivió con ese dolor que condicionó su existencia privándole de una vida limpia. Al morir su padre había ocupado su puesto de trabajo y la vida se convirtió en una tortura de días desabridos donde miraba con recelo a todo el mundo. No pudo, jamás, confiar en nadie. Inconscientemente buscaba una supuesta maldad, un trasfondo, una personalidad oculta. Intuía en todas las personas unas culpas escondidas con las que vivían sin que ello les impidiera considerarse dignos. Creció sin fe en el ser humano y su vida se convirtió en un amargo devenir de adversidades.

XXII

La memoria de Silvana

La sombra ya tenía identidad. El espíritu de Silvana volvió a aparecer materializándose en forma de plácida alucinación. Águeda, al corriente de la historia, buscaría al anciano Filipo, rompería con su testimonio el oscuro recuerdo de Silvana propiciando el descanso de su alma, librándole de aquella carga que supeditó su vida.

En medio de aquella nebulosa improcedente para un día soleado, el espectro de Silvana le indicó, con un poder persuasivo fuera de cuestión, que cuando cumpliera con este compromiso regresara a su ciudad, allí se encontraría con un alma blanca, «salvadora de memorias», como ella, con la que viviría una vida plena, y que los sufrimientos ocultos se despejarían. Le dijo que eran muchas las personas de corazón blanco esparcidas por todo el mundo, restituyendo la dignidad a los que la muerte segó la ocasión. Añadió, desvaneciéndose después, que regresara un día para ultimar su cometido.

Águeda quiso preguntarle cómo sabría qué tendría que ultimar, pero tal como hubo aparecido, envuelta en el velo que ocultaba su rostro, desapareció dejándola confundida y sin opción. La clarividencia aparecería después, ahora primaba encontrar a Filipo y liberarle de su pesadumbre.

La dimensión que había tomado el compromiso, por la vía del cumplimiento al empeño de su abuela, culminó con otra finalidad, y nunca sabría quién llamó a quién.

No le resultó difícil averiguar dónde vivía solo y solitario Filipo; allí todos conocían la historia de los Macaluso. El niño de la historia se materializó ante Águeda como un anciano huraño y receloso. Águeda no se había dejado amilanar por los vecinos que le recomendaron volverse por donde había venido y olvidarse de aquel viejo agrio y desagradable. Aquella corriente disuasoria no hizo más que estimular su deseo de cumplir su cometido con más énfasis. Tenía los suficientes datos para que el chiflado, como así le consideraban los vecinos de la pequeña localidad, pudiera creerla.

La penúltima a la izquierda, le había indicado el señor que amablemente la acompañó hasta el principio de la calle, en aquella pequeña población donde todos conocían la historia de los Macaluso. Una fachada corriente, dos ventanas entornadas como si, queriendo dar muestras de estar habitada, marcaran una distancia perpetua hacia la existencia; hacia la perseverancia inclemente de la vida. La desolación que revelaba la madera descuidada de la puerta instó a Águeda a imaginar la soledad que habitaría al otro lado; le previno del dolor, de los silencios y vacíos que la ocupaban. Una sacudida la sacó de su recogimiento y la distrajo de sus cavilaciones, animándola a golpear con los nudillos dos veces la puerta. Sin hacerla esperar, la sombría ranura precedió a la mirada triste, que no hosca. Un olor a manzanas maduras y silencio la embriagó desde el escalón del umbral. Aunque con recelo, el anciano la recibió sin distancia. No la miró con extrañeza ni todo lo contrario. Aquel hombre de aspecto indefenso y faz insegura dejó que la pausa ocupara un espacio teñido de sensaciones fuertes que cogían desprevenida a Águeda. Como sumida en una atmósfera que prometía un paso atrás en el tiempo, atravesó el peldaño, algo turbada, predispuesta a encontrar un lugar ensombrecido por el rencor. Halló una quietud amable acorde al semblante apacible y dulzón del viejo. En sus ojos se cruzaban la serenidad y la curiosidad. El rostro ceñudo que ella esperaba encontrar nada tenía que ver con aquella expresión de bondad en la mirada. Sus ojos, entornados por el azote de la luz, no daban muestras de contrariedad ni desagrado; sí de sorpresa y confusión. Pasaron unos segundos inmóviles, con distinta medida para cada uno, que ella entendió como la pausa habitual en sus movimientos y reacciones, hasta que, como si esperara que fuese un error el que aquella muchacha llamara a su puerta, con una voz pueril que necesitó un carraspeo para aclarar la voz desacostumbrada a pronunciarse, preguntó qué deseaba.

Aunque aparentemente ausente, la escuchaba atento. La narración imposible de los hechos, que Águeda relató sin interrupción alguna por parte del anciano, no parecía despertar ni un ápice de estupefacción o asombro en el circunspecto rostro de un hombre transido por el ácido curso de la vida, cerrado a toda incursión que pudiera sacarle de aquel ensimismamiento mostrado con cierta mansedumbre. Águeda hizo una pausa incitando con su silencio a que saliera de él alguna manifestación, una confirmación ante la veracidad del relato, un amago de sentimiento aunque solo fuera de sorpresa. Filipo, que hasta ahora no había pronunciado una palabra ni se expresó con gesto alguno, bajó la vista como si acabara de ser consciente de la incursión que había hecho en su espacio la extraña desconocida que sabía todo de su familia y a la que no hizo preguntas. Con aparente dificultad o, simplemente, languidez —un hábito que perpetuó la costumbre de moverse lentamente para ocupar el tiempo—, se levantó, entreabrió un poco las dos hojas de la ventana abordándole un haz de luz, habitado por aceleradas partículas de polvo mucho tiempo comprimidas, que le hizo entornar los párpados. Se dirigió después hasta una alacena de la que sacó un objeto oscuro que Águeda no distinguió desde su silla al otro extremo de la estancia. Era una cartera. Una cartera vieja. La vieja cartera de su padre, el único objeto personal que había podido conservar tras la tragedia. La abrió despacio, acarició cada papel manido que guardaba como si lo descubriera por primera vez, hasta tropezarse con una fotografía. Tras darse unos minutos, de los que posiblemente no tuviera consciencia, giro la cabeza hacia Águeda, la miró como si la conociera desde siempre, como a una aparición milagrosa que le trajo el regocijo; la que logró apaciguar el resquemor encallecido con la noticia más hermosa que, aunque tarde, llegaba a tiempo; la que supo hablarle sin esperar a que respondiera a sus preguntas; la que logró calmar su corazón hundido con la verdad más verdadera. Volvió de nuevo a acariciar con la vista aquella estampa con una dulzura nueva desprovista de congoja. Águeda, enardecida, saboreaba con placidez el momento extraordinario; escrutaba la escena con la paciencia de la espera anunciada, consciente de haber encontrado mucho más de lo que fue a ofrecer. Filipo, acartonado y afable, transmitía una serenidad abnegada mientras limpiaba con paciencia sus ojos pitarrosos y volvía a mirar de nuevo la fotografía. Para Filipo el tiempo no era más que una sutil maniobra que entrelazaba los días y las noches, y todos sus movimientos eran meditados y lentos. Liberó un llanto callado con perezosas lágrimas atrasadas; volver a su pasado había trastocado su presente. Sin noción, sin que el transcurrir del tiempo le afectara; sin apartar la mirada de la fotografía, como si se despidiera para siempre, Filipo ganó los cinco pasos hasta la mesa donde Águeda, conmovida, seguía observando sus movimientos resignados. Antes de llegar a ella volvió sobre sus pasos y buscó sus gafas que hasta ahora no había necesitado. Se las puso y miró el rostro de la joven con afilada curiosidad que no había mostrado hasta el momento. Después se quitó las gafas con paciencia como si los movimientos no tuvieran que encontrar fin en aquel ceremonial traslado en el espacio. Las guardó cuidadosamente, con calma, con esmero; con un movimiento pausado que necesitó para extender el momento. Se sentó frente a ella y la miró de nuevo por espacio de unos segundos, sin decir nada, como si buscara en sus rasgos una confirmación de confianza que ya le hubo dado. De nuevo quiso, sin voluntad consciente y en silencio, agrandar el tiempo con un movimiento tan digno como majestuoso. Así lo percibió Águeda. Filipo extendió la foto con clara intención de entregarla para siempre. Ella alargó sus manos, las dos manos, y la recibió como una ofrenda. El hombre pareció sentir el alivio del que entrega, seguro, a buen recaudo su único legado. La fotografía, bien conservada a pesar del tiempo, tenía ese halo misterioso de los retratos antiguos anónimos que incitan a inventar lo que no se sabe y se adivina sin importar cuánto de verdad revelaría la imagen o delataría el olvido. Águeda miró la fotografía con un sentimiento de familiaridad. En el extremo izquierdo, un hombre enjuto con camisa clara arremangada y un gesto apenas perceptible por las sombras que producían sus rasgos afilados: el padre. A su lado, unos centímetros más alta, con vestido oscuro y un pañuelo en la cabeza, la madre sostenía en los brazos a Filipo, el más pequeño. En el otro extremo, con el pelo oscuro recogido, Maurizia, la hermana mayor, ya casadera, que, aun siendo muy joven, tenía un aspecto similar al de su madre, aunque con mejor talle y libre de aquellas medias tupidas por el luto. Delante de ella, con vestido claro y un gran lazo en la cabeza, la pequeña Silvana, cogida de la mano de su hermana, parecía el único elemento al que se pudiera adjudicar movimiento. Los inmensos ojos de Silvana destacaban en un rostro agudo inclinado hacia abajo y alzando la mirada, incisiva y ceñuda, apuntando su rebeldía hacia la cámara con actitud retadora. La misma niña que un día, convertida en mujer, por sentir el refugio del amor golpeteando con pasión su alma, sucumbiría, apasionada y valiente, soportando con dignidad las mordidas que le guardaba la vida. Águeda, mientras miraba la fotografía, no dejaba de observar la actitud sosegada del anciano que parecía haber encontrado la ocasión para darse una tregua y limpiarse de sí mismo. Filipo, aliviado del áspero trasiego en que se convirtió el curso de su vida condenándole a morir tan poco a poco, adoptó una postura más distendida. La herida más certera de todas, las razones que guardaba y por cobarde no pudo nunca desterrar, había sido aquella duda que condicionó su vida; aún más incisiva por la certeza de que jamás, de ser él el difamado, Silvana hubiera albergado duda alguna. La desidia emocional había acabado pronto con su padre, dejándole huérfano y condenado, perdido a la orilla de la vida.

Águeda alargó el brazo para devolvérsela. Sin quitar la vista de la fotografía, el anciano atajó el movimiento rechazando suavemente la mano en actitud clara de entregarla para siempre.

—Ya no podrá mirarla cuando le apetezca —dijo Águeda, al tiempo que replegaba emocionada el brazo, agradecida por la confianza que depositaba en ella—, ¿por qué no la conserva y la mira de vez en cuando? —insistió convencida de que sin aquella foto quedaría desubicado totalmente, sin ningún nexo que le uniera a los recuerdos, al mundo de su infancia.

—No tengo a quien dejarla —dijo, en un extraño lenguaje al que ya estaba acostumbrada—. Si no te la llevas, se perderá para siempre esta familia, como se perdió mi vida, que para qué diablos se salvó, condenándome a vivir lo que no fue vida —hablaba sereno, con la misma actitud templada con la que había permanecido todo el tiempo, sin dar muestras de alteración alguna.

La llegada de Águeda fue un prodigio que la vida, que tanto le quitó, le daba. Le había llevado paz, dijo Filipo, más o menos, con frases que, sin tener un claro sentido, ella entendió perfectamente.

Emocionada, Águeda fijó de nuevo la vista en aquella fotografía de bordes afestonados, como si fuese un documento revelador; una joya perdurable milagrosamente en el tiempo, salvada de una desaparición segura como lo fueron todos los enseres y recuerdos de la familia; como lo fue la propia estirpe; como era aquella vida vacía y sin sentido que se conservaba a pesar de la nula inclinación a ello. Le abrazó espontánea y notó la perplejidad y agitación que produjo en él aquel gesto al que no estaba acostumbrado.

Antes de que sucedieran muchas cosas, Águeda se había hecho planteamientos de permanencia en aquella ciudad tan diferente, llena de encanto. Ahora, después de lo acontecido, siguiendo la indicación del espectro de Silvana, rompió su compromiso con el hotel y regresó justo a tiempo de incorporarse a su nuevo empleo en otra ciudad nueva donde empezaría, sola, otra etapa. Había cumplido la promesa hecha a su abuela y satisfecho un excelso encargo. Se había despedido de Samuel, como si nada especial hubiera sucedido, sin hacerle partícipe de aquella historia, tal vez por pereza, por preservar de nueva expansión aquel pasaje. El muchacho, un poco perplejo y decepcionado porque su amistad no hubiera progresado, le deseó suerte y le pidió que le escribiera. Águeda le dio un abrazo y prometió escribirle, no sin cierta sensación de extrañeza. Su hermana se sintió aliviada porque hubiese recuperado la cordura y abandonara la descabellada idea de instalarse en Catania.

Recuperada la normalidad tras el regreso, Águeda empezó su nueva vida llena de novedades e ilusiones y pronto se instaló en la rutina, guardando para sí aquellas emociones sin olvidar que su misión quedaba inconclusa. El espectro de Silvana le había dejado suficientes datos para localizar la cueva donde se guarecieron Adriano y el perro, y eso no podía ser información baldía. Aunque apenas se hablaba ya de ello, aún prevalecía aquel halo de repulsa condenando su memoria, señalando a Filipo como el último vástago de la denostada familia. El hallazgo de los restos limpiaría la mancha antes de que el tiempo lo dejara fluctuando en la nebulosa de los sucesos macabros condenados al olvido. Tenía que volver para aliviar la deriva de los días vacíos de aquel hombre de ojos tristes y manos hueras. Volvería, a ser posible no muy tarde; buscaría los restos del pequeño y del perro en el hueco de la roca, en aquel montículo sobre la falda de la montaña que milagrosamente había indultado el magma. Limpiaría públicamente la dignidad de la familia

Macaluso, cuya leyenda negra aún circulaba como una sombra sobre Filipo manchando el nombre de una mujer cuyo único pecado fue enamorarse.

XXIII

Víctor y Águeda se encuentran

A través de sus clarividentes sueños, Víctor había conseguido liberar el alma en pena del tío José, que no hallaría reposo hasta que su familia tuviese conocimiento de su peripecia y voluntad acérrima por devolver el patrimonio y la honra, aunque solo consiguiera dejar de manera fútil su vida en el empeño. Casi lo tuvo en sus manos y la suerte desierta lo impidió. Los descendientes de Hilario, el patriarca, pudieron tener constancia de las desventuras de José intentando hacer fortuna con el único propósito de resarcirles del oprobio. Rosa, la madre, y su primo Julio, eufóricos y emocionados por la clarividente y magnífica facultad de Víctor, se propusieron buscar a los hijos del tío José, darles cuenta del infortunio de su padre y pedirles perdón por el desdén de la familia.

La misión de Víctor había concluido. Aquella historia lejana tan próxima abrió una brecha en su conciencia haciéndole ver de otra manera ciertas cosas. Pudo comprender las tentaciones de aquel hombre, las debilidades que trastornaron y condicionaron el curso descontrolado de su vida, y suavizar con su criterio la nefasta memoria. Recapacitó sobre las consecuencias irreparables cuando no existe habilidad para canalizar las circunstancias por falta de madurez y de experiencia. Sintió empatía por José, eximiéndole —como así defendió ante su madre y el primo de esta— de parte de sus culpas, que había pagado con creces. Consideró la tentación y el desacierto para sucumbir y dejarse arrastrar por las pasiones.

Su ideario era huir de la complicación, y reconoció su mérito para administrar la frialdad y romper con Laura, aunque aún la recordaba a menudo con cariño. Aún intentaba encontrar justificación a su conducta, con esa natural tendencia a suavizar o agravar con más ahínco comportamientos ajenos, eximiéndoles alegremente de la culpa o castigándoles en exceso sin la menor condescendencia. Qué difícil ser objetivo, reconocía mientras caminaba con la cabeza baja y las manos en los bolsillos, desplazando con patadas traviesas las piedrecillas que encontraba en el camino, saboreando aún los momentos buenos. Nunca tendría un mal sentimiento hacia ninguna de las mujeres que le habían dado alguna vez amor o cariño. Todos sus amigos estaban casados o en pareja y aunque aún salía alguna vez con ellos, la situación había cambiado considerablemente. Inmerso en una atmósfera en la que se sentía desubicado, su vida necesitaba un giro. Se apuntó a unos cursos de formación con buenas expectativas de trabajo y no tardaría en encontrar un buen empleo.

Aquella mañana de domingo, aburrida como todas en los últimos meses desde que dejó de frecuentar los almuerzos después del partido —porque ya no quedaban amigos sin pareja que los frecuentaran—, paseando con desgana sumido en sus sencillas tribulaciones, trataba de pasar el tiempo como si no valiera nada, como si tuviera que atropellarlo a lo tonto, de cualquier forma, para no tener que justificarse ante su madre si llegaba pronto a casa, que es lo que le apetecía, y se tomaba la cerveza tumbado en el sofá frente a la tele. Llegó hasta la plaza Mayor huyendo del sol que incendiaba de tedio la mañana, y la voluntad por soportarlo no era mucha. Allí estaba ella, como una majestuosa esfinge, sentada en el banco al sol y sombra. Víctor miró alrededor buscando al despistado acompañante que la habría dejado un momento sola. Águeda solía recrearse disfrutando la calidez del sol las mañanas de domingo, en aquella plaza de su nueva ciudad, donde no tardó en acomodarse. Una ramita, que después dejó caer como si la liberase, pendía de su mano izquierda mientras con la otra sostenía un helado que se derretía sobre el pico abierto y alerta de una paloma que bailoteaba haciendo equilibrios con sus patitas de alambre. Víctor la observó a distancia desde donde sus pasos prudentes le ordenaron. Absorto, disfrutaba de la imagen reprimiendo el deseo de aproximarse. Nada, absolutamente nada, salvo la gota que a cámara lenta se decidía, parecía moverse en aquel conjunto desmayado esculpido entre la gente. Hasta la paloma permaneció con la cabeza inclinada hacia atrás y su pico abierto esperando paciente el dulce regalo dominical. Todos los elementos congelados en la escena. Víctor, también paralizado, gozaba una sensación de placentera permanencia que le impedía moverse para no romper el encanto. Águeda mantenía la inmovilidad de su mano y conducía con destreza el destino lento de la gota. Como si un gozne le otorgara total independencia del tronco, giró la cabeza con un movimiento espontáneo, calculado; así era ella. Le miró directa con la sonrisa puesta, como si le hubiese adivinado. Víctor sintió un escalofrío. Ella le seguía mirando. Él quiso adjudicarse, exclusiva para él, la mirada simpática, segura, transparente. Aún miró hacia atrás para asegurarse de que era a él a quién miraba. La muchacha siguió inmóvil durante unos segundos. Víctor tampoco se atrevió a moverse ni a esbozar la sonrisa para corresponderle; hasta la respiración retuvo. Cuando fue insostenible la inmovilidad, ella, resuelta, como confirmación cómplice que le sacó del encantamiento, se decidió.

—¡Hola!

Sonó recia la voz descolocando a Víctor, que aún no se creía ser el objetivo de su atención. Libre de su encantamiento, se acercó decidido considerándose invitado. Instintivamente se agachó, anhelaba que ni el más mínimo movimiento rompiera la fascinación. La sangre subió y bajó mientras se paralizaba el tiempo frente a su cara ovalada, en la que unos ojos oscuros, cegados por el sol, dejaban todo el protagonismo a su boca de fresa. Su rodilla, despojada con gracia de la vaporosa falda, descubría una piel aceitunada y suave. Víctor sonrió defendiéndose de su propia actitud inadecuada, sin abandonar la postura.

—Vaya, qué suerte ha tenido esa paloma. Desde aquí todo es precioso —dijo casi susurrante, sin dejar de mirarla con expresión idólatra, que no intentó disimular porque no era necesario.

—¡Pero bueno...! ¿De dónde has salido? Desde hace por lo menos doscientos años, nadie me había mirado así.

Perteneciente ya al mundo de a pie, ella correspondió simpática con una sonrisa fresca alejando la magia, despertando en Víctor un ansia por acariciar y besar su cara de misterio, que el movimiento convirtió en carne y hueso.

Tras presentarse como Águeda, la chica siguió hablando sin abandonar su postura generosa, mientras su boca se batía en movimientos que Víctor, embobado, no perdía. La paloma se había alejado con su aleteo alegre sin parecer molesta por la intromisión perjudicial, a la que estaba acostumbrada. Libre de su compromiso, la muchacha irguió la espalda y dejó caer con desmayo una mano libre y lánguida. Víctor le adjudicó una prestancia de innato señorío y, solo cuando ella levantó la cabeza y dio un lametón al helado, entornando los ojos para soportar el rayo de luz directo, él salió de aquel adormecimiento cargado de sensualidad. El borde de su falda, con un ligero y descarado vuelo, se atrevía a insistir cuando ella lo frustraba a cada intento.

Se levantó resuelta y Víctor se desaturdía de golpe del hechizo sin poder parar el tiempo. Aunque sus hombros amplios habían dejado adivinar una talla importante, su estatura no encajaba con su rostro aniñado de extraña dulzura, donde ningún rasgo destacaba en aquella composición del equilibrio, y forjó en su mente la semejanza con una gacela. Su sencillo vestido, poco juvenil, le daba una imagen engañosa desmontando la primera impresión en la distancia. Todo aquel desenfado y candor desapareció dando paso a un semblante serio de mirada directa, profunda, que podría desarmar a cualquiera. Esa mirada no podía dejar indiferente a nadie, pensó él, mientras seguía invadiéndole poderosamente el deseo de besarla. Ella, no tan impasible como aparentaba a los evidentes deseos de Víctor, limpiaba sus manos manchadas de helado conservando esa aureola de serenidad que la envolvía. Cuando dejó de restregar los dedos en el pañuelo, le miró con su enigmática expresión de rostro dulcemente asilvestrado, como si hubiera brotado de nuevo la inocencia. Víctor no supo explicárselo a sí mismo, pero su voz le envolvía empeñada en enviarle de nuevo al agradable letargo. Despojado de su habitual pícara soltura, embriagado por la feliz atmósfera que creaba su presencia, solo sonrió empeñado en no quebrantar el encanto y que aquella extraña complacencia, donde se sentía arrullado, perdurara un poco más. Ella seguía sonriendo sin derrochar palabras que intuía innecesarias.

—Suelo venir algunos domingos por la mañana. Me gusta el ambiente que se crea cuando suenan las campanas; la quietud tras el eco, que no aleja a las palomas —dijo, obligada a poner palabras y sonido al encuentro, mientras él escuchaba como las paladeaba, seducido por su musicalidad y encanto—. Me transporta a no sé dónde —añadió, y esta vez sí dejó que él administrara el silencio.

Sin que él preguntara, Águeda le dijo que era portuguesa. De nuevo aquella voz potente, grave, pero cargada de sensualidad, producía en Víctor un efecto de segura templanza creando un clima del que se resistía a salir. Víctor seguía atraído por el misterio y el donaire que la distinguía; atrapado por su elegancia seductora. Le infundía superioridad y, al tiempo, confianza, cercanía.

Águeda se había presentado en la vida de Víctor como una ráfaga de aire fresco barriendo todas las insignificantes desazones que pudieran martillear en su mente.

—¿Dónde estabas todo este tiempo? —susurró Víctor al aire, sin mirarla.

Águeda solo le miró sin contestarle. Él ya no insistió y ella le miró ahora como no le había mirado antes.

Coincidieron al domingo siguiente en el mismo lugar, como de forma fortuita, pero muy calculada por Víctor.

También a Águeda aquel chico lanzado, escondido bajo una timidez equívoca, le gustó desde el primer momento. Ella pospuso la invitación para salir aquella misma tarde; le apetecía prolongar la magia de la incertidumbre de las mañanas de domingo; alargar la ilusión de los encuentros calculadamente casuales, mientras él interpretó falta de interés por su persona.

Al tercer domingo consecutivo, Víctor llegó apresurado, ávido por encontrarla. Ella no acudió esa mañana y él se reafirmó en la necesidad de su presencia. Durante la hora que permaneció esperando a que de un momento a otro apareciera, pasaron por su mente recuerdos de la última mujer que quiso: Laura. Había sido la mujer más importante de su vida y también una decepción tremenda. A veces quedaba lejos y otras aún su carcajada fresca atronaba el espacio cargándolo de deseo. Aquel alivio momentáneo al dejarla, demostrándose una ridícula hombría, aunque entonces no lo reconociera, se convirtió poco después en un razonable revulsivo: tal vez no supo estar a la altura de las circunstancias en las que posiblemente ella se viera inmersa y respondiera a los subterfugios de sus adversidades con una cínica coraza. En un momento de debilidad le había contado que adoraba a su madre, luchadora y entregada a su familia, cuyo único vicio y asueto era la novela de las cuatro a la que también tuvo que renunciar. Cambiando el rictus de su rostro, había confesado que sentía animadversión por su padre. Este, empleado de una empresa ferroviaria privada, a la primera ocasión, estando aún joven y fuerte y con tres hijos pequeños, aceptó la proposición de la empresa y con una ridícula pensión se jubiló, sin más miras ni ocupación que frecuentar los corrillos de los viejos y los desocupados, mientras su mujer tuvo que ponerse a limpiar en casas ajenas para poder llegar a todo. Solo pasado el tiempo comprendió Víctor los motivos que pudieran haberla llevado a esa inclinación de vapulear a los hombres. Él consideró que no estuvo a la altura; no trató de entender su anómala forma de comportarse. Todo eran elucubraciones que ya poco importaban. El recuerdo de Laura, que aún revoloteaba en su mente con toda la algarabía de un amor reciente, había dejado de tener relevancia desde que Águeda se cruzó en su vida. Desde que la conoció había desaparecido su natural inclinación a fijarse en las mujeres; su tendencia a la seducción que ya había perdido en su momento con Laura.

La esperó de pie, después sentado. Un sentimiento abrumador y primario le hizo reconocerse como un hombre poco interesante para una mujer como ella, obcecado por encontrar razones innecesarias. No debía hacerse ilusiones; un extraño sentimiento de incapacidad le recomendaba prudencia; necesitaba blindarse ante un posible rechazo.

Más temprano de lo habitual, al domingo siguiente Víctor ya estaba merodeando por la plaza de la ciudad en la que los derroteros de la vida los había juntado. El corazón le dio un salto al verla. El abrazo, sin permiso ni siquiera de sí mismo, sí fue avisado con la mirada y vio en la suya la licencia. Águeda, olvidada la cautela que había sido siempre su máxima, se dejó llevar y que fluyeran las cosas sin que su acérrimo control tuviera espacio. Haciendo gala de su sinceridad, mirándole incisiva pero con dulzura, fue directa.

—¡Vaya! Buenos días, Víctor —dijo resoplando, con satisfacción y un brillo alentador en los ojos—. ¿Qué tal estás? ¿Sabes?, el domingo pasado vinieron a casa mi hermana y mi cuñado con el niño a pasar el día. Te eché de menos —añadió, sorprendiendo a Víctor con su franqueza y su forma directa. Sin dejarle hablar, añadió—: A mí también me gustaría salir contigo. Sé que tú lo estás deseando.

—Sí, muchísimo —dijo Víctor, sin que la emoción le impidiera reaccionar de inmediato—. El domingo te busqué entre la gente y estuve esperando un buen rato —acertó a decir eufórico por el efecto de sus palabras—. ¿Sabes? Sentí un vacío grande al no encontrarte —confesó congratulado, animado por su franqueza—. Me encantaría compartir muchas cosas contigo. ¡Qué digo muchas cosas, la vida entera!

Víctor volvió a abrazarla. Esta vez animado con la potestad de su consentimiento. Respiró hondo impregnándose de su olor mientras el calor de su cuerpo le envolvía. Nunca había sentido aquella sensación de placidez junto a una chica. La consideraba una criatura increíble ante la que se sentía inferior, y disfrutaba su encanto con cierto tacto para que nunca se rompiera. Para Águeda era la primera vez. Aparte de Diego, aquel chico por el que se había sentido atraída de una manera pueril, sin más consecuencia que un recuerdo abstracto, jamás había sentido nada por ningún otro.

Le había enamorado su frescura mundana, su cara de niño descarado; su forma de tomar lo que deseaba sin opción a renuncia si de verdad le importaba; la facultad que le adivinó nada más verle, porque la llevaba escrita en la frente, y que no tardó en confesar a pesar de las reticencias, teniendo muy en cuenta el efecto ridículo que había causado en Laura. El interés con que le escuchó Águeda le dio alas para explayarse con toda la importancia. Ella no correspondió compartiendo su propia experiencia, que curiosamente era la misma, le coartaba el pudor. Admiraba aquel ímpetu, como un caudal que arrojaba a borbotones su simpatía a flor de piel;

y, además, que estaba muy bueno, como le había dicho a una compañera de trabajo.

Al contrario que Águeda, reservada y comedida para su intimidad, Víctor apenas esperó para relatarle la historia de su vida que prácticamente centró en el vívido sueño, con un protagonismo que aún fomentaba cuidando el relato, dejando ver toda la importancia que él mismo atribuía a la facultad de su persona. Águeda, a la que no sorprendió su experiencia, le escuchó con interés y sin hacer preguntas; mostró la sorpresa justa y el asombro convenientemente exagerado, como Víctor esperaba. Su condición de rescatador de sueños ella ya la había sospechado al conocerle, como si el espectro de Silvana la hubiera puesto en guardia el primer día que lo descubrió observándola entre la gente. Sin embargo, tardó mucho en confesar su propia experiencia tan semejante. Mantener aquel secreto sin sentirse traicionera ni desleal fue un pulso contra la franqueza de Víctor, que no para sí misma.

Los trasiegos apasionados de los amantes petrificados, sepultados tan distantes en aquellas tierras ásperas, volvían a menudo a la mente de Águeda retrotrayéndola a la vertiente lejana de esas vidas marcadas, donde las circunstancias se habían cebado con inquina cruel y descarnada vertiendo sobre ellos el fuego. En algún estrato de aquella capa que dejó la mortífera lengua candente que les envió «el que manda», como le había dicho el espectro de Silvana, permanecerían petrificados; heridos por la tormenta de sus pasiones que cortó el destino y se encargó de perpetuar el fuego.

Aquella experiencia cambió conceptos existenciales que indujeron a Águeda hacia respuestas que nunca necesitaron preguntas. Sería irremediablemente cuestión de tiempo que compartiera con Víctor lo que supo guardar para sí como una esencia cuajada de sensaciones y misterios. Por ahora, no. Le deseaba espontáneo, sin condicionamientos que alteraran su conducta natural. No quería un amigo confesor ni un complemento, ni establecer un nudo de confianza como nexo principal. Unirse a un alma gemela era lo último que deseaba. Le quería como amante; que el encanto de la reserva perdurara alimentando los oportunos silencios; necesitaba conservar su individualidad; era importante diferenciar el matiz. Amigos, amantes... Mezclar los conceptos destruiría el halo romántico, pensaba, inexperta y exaltada por la imperiosa percepción de haber hallado el amor. Las maravillosas sensaciones significaron una explosión rompedora que la hacían sentir bien, alejándola de aquel pilar de fundamentos que la subyugaron siempre.

Sin haber pedido permiso para desnudarla, ella descartó su propensión al rechazo, abandonándose a las emociones. Predispuesta a la intensidad del amor, se dejó llevar por las sensaciones a las que se creía vetada.

—Espera, espera. No soy virgen —dijo con urgencia, como si, de no ser así, le hubiera costado confesar—, aunque nunca estuve con nadie.

Víctor la miraba pletórico de candor.

—Qué me dices. Además, si me da igual. Eres la misma seas o no... eso que dices. Qué importa.

—No, de verdad —añadió Águeda, y Víctor, por primera vez, dudó de que usara ironía o franqueza—. A los once años jugando a danzar con mi amiga quise imitarla en un salto donde aterrizaba en el suelo con las piernas abiertas, que a ella le salía muy bien. Yo era bastante patosa, la verdad. No sé qué hice, pero de pronto estaba en el suelo, con las piernas abiertas en ángulo de ciento ochenta grados. Todavía recuerdo la sensación fría de las baldosas en los muslos, aunque duró un segundo, pasando a un calor, como que me ardían. No podía levantarme. Mi madre, que siempre estaba pendiente de cualquier tontería que me pasara, me llevó al médico y lo único que dijo es que era posible que se me hubiera roto el himen y que practicara otros juegos.

A Víctor le dio la risa. Ella se quedó seria, pero después, cuando él se disculpó por reírse, prorrumpió en una carcajada que resolvió el momento y confesó que también su hermana se había reído. Ese día no pasaron de unas caricias y muchos besos apasionados. Víctor sintió que eran los mejores besos, y no por ser los últimos. Se guardó el comentario.

Apenas había transcurrido un día cuando volvió a presentarse la pasión, esta vez sin cortapisas. A Águeda se le puso la piel de gallina al roce sensual de unas manos ávidas y expertas. Sus pezones abultados color bronce aumentaban y se ponían rugosos. Víctor supo y entendió la ingenuidad de su inexperiencia, que ahora parecía más la suya. Jamás había temblado rozando la piel de una mujer. Ella disfrutó la plenitud, donde la delicadeza también tuvo protagonismo, alejada de aquel recuerdo platónico, su único referente. Esta era su primera vez y no deseaba aguardar a otra ocasión ni a otra persona que la despertara al maravilloso mundo de las pasiones. Águeda lloró. No paró cuando él la acariciaba, enternecido. El clima daba motivos para sonreír o llorar y la inclinación por el llanto ganó en el aquel momento de alegría. Fuera, la gente seguía a sus asuntos; los árboles de la avenida no pararon de cimbrearse, ajenos y desentendidos, mientras Víctor la miraba con candor y ella seguía con su gimotear adolescente que frenó al sonarse la nariz. Nada era nuevo para Víctor, si acaso, aquella candidez extrema que colmó de extrañeza su ventaja. Nada era nuevo, pero todo fue distinto. Inmerso en aquella catarata de estremecimientos lejos de la corriente, convirtió también en su primera vez aquel momento.

No esperaron para unirse legalmente y la vida transcurrió con normalidad entre dos jóvenes que se amaban, instalados en una vida cómoda. Víctor, a años luz de la mente de su esposa, vivía feliz y complacido sin que apenas las felices circunstancias obraran cambios en su inmadura personalidad. Adoraba el temple firme de su mujer; sus ademanes, su forma de mirar mientras le hablaba; su belleza serena, distinta. El tiempo se paraba cercando los dominios de sus movimientos; paladeaba la felicidad sin dar resquicio a fisura alguna que pudiera enturbiarla. Ella era el tiempo, el oxígeno, la vida.

Una mañana perezosa de domingo, entre las sábanas calientes de recién casados donde la conversación encontraba un cauce alternativo, Águeda compartió con él las vicisitudes de la emotiva experiencia en Catania durante aquel viaje cuya razón inicial, como ya le había contado, fue cumplir la promesa hecha a su abuela. Esa misma tarde ampliaría detalles en presencia de su hermana aprovechando su visita, a la que tampoco había hecho partícipe de cómo los derroteros de la predestinación la habían conducido hasta romper el equívoco envenenado y esclarecer la verdad, liberando al anciano Filipo de aquel aullido amargo que condicionó su vida. Condujo con acierto la revelación de aquel pasaje, en el momento preciso. Compartió los detalles y sensaciones que le suscitara la maravillosa ciudad a la que deseaba volver muy pronto y ultimar el compromiso; esta vez, junto a él.

A Víctor le resultó difícil comprender cómo, habiéndole contado él mismo su experiencia extraordinariamente exacta, pudo mantener su reserva. Empezaba a dejar de sorprenderle el hecho de que Águeda le sorprendiera siempre. Inaccesible y reservada, aquella luz interior que parecía tan transparente era un dulce abismo; la inclinación a la distancia, que él jamás podría mantener, era la dimensión que les separaba y por lo que Víctor la admiraba soportando la contradicción. Águeda no habría podido, en su momento, esconderse detrás de una ristra de palabras sin traicionarse, aunque tampoco necesitaba administrar el silencio como reafirmación de su identidad. Cuando la extrañeza empujaba a Víctor a buscar razones, comprendía que aquella omisión, la primera, no contaba porque el motivo venía de atrás; entendía por qué ella se privaba de derramar palabras en contra del momento, para no precipitar lo que no se oculta y sí se aplaza. Águeda llenaba su vida y a él no le importaba reconocer aquella necesidad de la reserva como un dominio tal vez para afianzarse, acostumbrada a la introspección. Víctor aprendió a respetar su intimidad, sus silencios, a respetar la individualidad de los recovecos de su alma. Un movimiento, un gesto, una sonrisa despejaban la zozobra anulando cualquier desazón.

Aquel temple firme era vulnerable a insignificantes exposiciones que podían rozar los límites del pudor, como aquella tarde al tropezarse con su jefe. Este había aprovechado para felicitarla por su eficiencia, delante de su esposo, a lo que ella se mostró abrumada y parca. Esa misma mañana, su acertada gestión había salvado de la cancelación un pedido de mucha importancia para la empresa y el jefe no había tenido ocasión de agradecérselo personalmente. Después de despedirse, Águeda, casi disculpándose, un poco molesta por la evidencia a que había sido expuesta, dijo a Víctor que su jefe era un exagerado, restándose importancia sin falsa modestia, convencida; no compartía esa necesidad de alabar los previsibles resultados del trabajo bien hecho, considerándolo un deber, una obligación. Le preocupaba crear decepción ante expectativas para las que no pudiera estar a la altura.

—Ay, gacela, ¿por qué te empeñas en esconder lo maravillosa que eres? ¿Por qué ese pudor a reconocer tu valía? Es evidente ese potencial y qué menos que ser reconocido —le dijo Víctor, orgulloso, usando aquel apelativo cariñoso, mirando con admiración y cariño aquellos ojos como estrellas.

—¡Mi niño...! ¡No te burles! —correspondió Águeda con un arrumaco simulando figuradamente enojo con un mohín, feliz por tener a su lado aquel hombre franco capaz de restar importancia a situaciones difíciles y considerar complejo lo más sencillo.

—¡Qué despropósito! ¡Qué desperdicio haber vivido sin ti todos estos años! —añadió Víctor después de dar un resoplido mirando al cielo, feliz y desbordado de gratitud.

Águeda había llegado a su vida en el momento cuando acechaba la frustración y el desánimo, despertándole sentimientos y emociones distintas. Los extravíos momentáneos de Águeda, sus ausencias de las que no le hacía partícipe, eran un componente más de aquella atmósfera que le desarmaba y le envolvía y de la que no podía prescindir. A veces la tocaba, sentía su calor, su respiración, y todo volvía a estar afortunadamente en orden.

Cuando Víctor se tropezó con Águeda aún recurría al regocijo de las impresiones que le causaron los desconcertantes sueños, lo más excitante que hubo experimentado hasta entonces. Las sensaciones, casi palpables, de aquella revelación, le habían ocupado con mucha importancia en la época en que conoció a Laura, y esa magnífica experiencia le dio una seguridad casi altiva que se desinfló al descubrir que no se trataba de algo excepcional y que no era el único con esa facultad, le había dicho Águeda bajándole del pedestal, sin ser su propósito. «Estamos a la orilla de nuestras posibilidades, solo nosotros ponemos nuestros propios límites», argumentó, capaz de hacer de los momentos más tranquilos un torrente de pasión, y de la pasión más desbordante, momentos pletóricos de paz y de sosiego. Había llenado su vida con la luz resplandeciente de su presencia, pensaba Víctor mientras daba el biberón al niño, sonriendo por su propia cursilería.

Uno de los pasajes más dolorosos en la vida de Águeda fue la muerte simultánea de sus padres. No habían pasado ni dos meses de su última despedida, allá en su pequeño pueblo, cuando recibió la fatal noticia de su muerte debido a una intoxicación por mala combustión de una estufa de gas. No pensaba en los cuerpos muertos porque no los vio. No quiso verlos, ya no eran ellos; y no por aquello de recordarlos siempre como cuando estuvieron vivos. No había visto a la abuela muerta y no existió encogimiento en el corazón; nunca la recordó muerta. Sí había visto muerta a la madre de su amiga y no le gustaba imaginar su cuerpo en la claustrofóbica cápsula almacenada en el frío y escaso espacio que engrosaría el listado de lápidas del cementerio; paseo obligado donde la gente dejaba las mañanas puntuales, con sus comentarios lastimeros y oportunos, con respeto o sin él, hacia cada parcelita ilustrada con la foto que les incitaba a reparar y detenerse; aquellas fotos tan particulares, reproducciones de porcelana para muertos. El hijo por entonces crecía dentro, acuoso y feliz, acaso. La vida se cobraba dos por una.

Aún no se había vestido. Águeda andaba besuqueando al niño y dando instrucciones a la cuidadora. Víctor le apremiaba, los amigos les esperaban. Confiada y segura, con movimientos resueltos, aparentemente pausados, entró al dormitorio, dejó caer su bata y se puso sin el menor apremio el tubular vestido negro, sencillo y elegante, frente al espejo; había ganado unos kilos, sin que ello restase, en absoluto, ese aura de perfección a los atentos ojos de Víctor. Se recogió la espesa melena tan negra como el vestido y la retorció hábilmente a modo de moño sobre su nuca, que dejaba ver aquel mechón blanco heredado de la abuela. Miró a Víctor, que observaba embobado desde el quicio de la puerta desprovisto ya de prisas y simplezas, como si el mundo se hubiese parado ante lo que verdaderamente importa.

—Ya está. ¿A qué viene tanto apremio? —dijo resuelta y graciosa, extendiendo los brazos en cruz, compensándole con un abrazo y un beso espontáneo que él recibió con el mismo apasionamiento de aquellos primeros, cuando se repetía que estar cerca de ella era como vivir el doble. Ni de la intensidad de sus reflexiones sin dar muestra de la más mínima trascendencia ni de estos gestos sencillos podría prescindir Víctor.

Águeda mantenía otra reserva. Ni siquiera se trataba de un secreto o una omisión. Últimamente los sueños volvían a martillear y el silencio le traía mensajes imprecisos. Habían resurgido en Catania y los esquivó hasta que volvieron a acuciarla con la sensación de algo irresoluto en su pasado. Aquellas visiones sin identidad, hasta ser ella misma quien las identificara, no podía confiarlas; temía adulterarlas, contaminarlas con la frescura de comentarios y preguntas lógicas.

Víctor se dejaba envolver entre sus silencios claudicando ante el regocijo que le proporcionaba ser admitido en su misteriosa atmósfera, reprimiendo el ímpetu sediento por ganar su total confianza. Aunque él no pudiera sofocar el esporádico impulso de compartir todo con ella, ella era un alma libre; respetar su inhibición era la base para la pervivencia de su buena relación.

Águeda no tenía consciencia de la magnitud del aquel ogro que dormía en su interior. La zona oscura empezaba a manifestarse. Volvían a despertar, allá en el limbo de los secretos irracionales, aquellas sensaciones que surgían intermitentes alejándola de su férreo control cada vez más débil. La acuciaban las imágenes imprecisas, el jadeo convulsivo como un estertor que traía una realidad ignorada. La tónica de su defensa se había mantenido impoluta, con la misma naturalidad con que después se desenvolvería en la vida, sin que la oculta estela manifestara consecuencias. Entonces no lo entendió y ahora le hubo encontrado sentido al mensaje del espíritu de Silvana: le habló de congojas lejanas, del joven de corazón blanco. Se desperezaban las sensaciones aplazadas desde la noche antes de su primera comunión. Años después aparecieron de nuevo y solo lo asoció al recuerdo del recuerdo de aquella primera. Fue ahora, instalada en su vida, tranquila y feliz, cuando se tomó en serio el sueño reticente al que sí dio la importancia, intentando dilucidar si aquellas imágenes tuvieran su origen en alguna película de su infancia impermeable al miedo; en algún relato entre mayores de los que ella absorbía con interés y perspicacia, o, como temía, el pasado quisiera brotar y fuera un pasaje vivido oculto en su memoria.

XXIV

La realidad no se detiene

Había pasado el tiempo justo para no empañar la nueva etapa que cambiaría la vida de Víctor llevándole hacia lo que nunca, ni despierto ni dormido, podría imaginar tan a su alcance: la plenitud, la felicidad. La dimensión de su vívido sueño, concluido, se había disipado dando un convencional tono a su existencia, donde se instaló la normalidad con sólidos cimientos para la vida en común con la mujer que adoraba. No germinarían más fantasías que desplazaran la estabilidad de aquel momento. Nada de atrás tenía ya importancia, salvo un prófugo sentimiento de gratitud ante todas las circunstancias que le hicieron esperar paciente a que ella apareciera. Águeda había surgido en el momento preciso; sin pretenderlo, suscitaba en Víctor una dependencia casi enfermiza. Soy tuyo, le decía, como un romántico compromiso que esperaba celebrase. Pero ella no admitía propósitos futuros incontrolados lejos del alcance hasta de la voluntad más férrea. No podía concebir tamañas promesas tan crueles como un encierro voluntario que un día necesitara romper. No quería secundar esa necesidad imperiosa de prometer, de amarrarse a ofrecimientos presentes, pretendiendo darles una proyección futura que violara la voluntad, atando, limitando la libertad de las personas distintas que posiblemente fueran un día.

Águeda no se dejaba condicionar por convencionalismos instituidos bajo conceptos fundamentados tal vez con desacierto. No tenía en cuenta la reciprocidad a sus favores ni la desesperanzaba en ningún momento que no se produjera. Siempre rechazó, con pocos resquicios a consideración, las imperfectas leyes de los hombres. La responsabilidad y el civismo acorde con la corriente de la naturaleza eran su credo principal. Sabía conducirse perfectamente por la vida sin hacer daño y era el fundamento primordial más importante que sostenía sus principios.

Algunos preceptos nativos habían perdido intensidad y vigencia, y se dejaba arrastrar por el curso de la madurez arriesgando parte de su rebeldía, pero aún mantenía esa parcela íntima de individualismo como única arma que no dejaba contaminar por los cambios en su vida. Víctor, aun respetando su reserva, ávido por participar de su mundo, la interrumpía de su abstracción algunas veces.

—¡Ay, gacela! No te canses. ¡A saber qué pensamientos aturullan tu mente! Vamos a celebrar la vida y el amor.

Solía usar pocas veces el apelativo y ahora lo usaba como preámbulo a su intención de sacarla de su ostracismo. Ella le miraba complacida. Una sonrisa conciliadora, como una brisa que hiciera desaparecer todas las tribulaciones, acudía a su rostro congratulándola por tener a su lado un hombre sencillo capaz de vivir por y para ella. Todos aquellos galimatías que segundos antes habían conformado en su mente pesimismos se rompían alegremente creando a su alrededor un remolino de cariño que anulaba cualquier cavilación que distrajera de complacencia el momento.

Águeda ultimaba los preparativos. Al fin había puesto fecha para emprender el viaje pendiente a Catania, esta vez junto a su familia, con unas motivaciones muy distintas a aquel primero que organizó movida por la ilusión del compromiso con su abuela. Entonces fue pisar la tierra donde había nacido su antepasada, la primera Águeda en la estirpe, según defendió la abuela con vehemencia resignada al desdén. Solo la pequeña Águeda le prestó atención, hasta las últimas consecuencias. Tal vez la abuela murió abrigada por la satisfacción que le procuraba el firme propósito de su nieta, aunque el sentimiento flotara deambulando en la nebulosa de las incoherencias donde la tenía instalada la lasitud de su memoria dominada por el pasado. Murió en ausencia de Águeda, sin que esta pudiera confirmarle que no había olvidado la promesa que aún anidaría presente en su mente olvidadiza.

La perseverancia de la abuela fue el vehículo. El tiempo, que no siempre hace justicia, había sepultado con su velo implacable una verdad que ella destapó y, ahora, cuando en su vida se habían dado tantos cambios, preparaba un viaje distinto para que la historia transcendiera. Águeda se recreaba evocando las imágenes a las que la retrotraía la mente. Un movimiento mecánico la llevó hasta el cajón de los recuerdos. Al abrirlo se tropezó con las fotografías que le había mandado Samuel poco después de su regreso. Entre otras más llamativas por el entorno histórico, una, en la que aparecía agachada palpando aquellas rocas grisáceas que cubrían ilusiones y pecados, perpetuaba aquel instante que inmortalizó sin ella ser consciente. El recuerdo de Samuel le sacó una sonrisa y le recordó que tenía que contestar a su última carta, donde le decía con ironía que ya había casado a otra y que ya estaba acostumbrado a que las mujeres que le interesaban acabaran casándose con otros. Después de una pequeña pausa, abstraída en los agradables recuerdos de aquellos días, se arrepentía de no haber hecho partícipe a Samuel de su experiencia paralela con su amistad, y que después, por correspondencia, era complicado. Fue directa a la carpetita azul donde guardaba sus cosillas importantes. Mientras su mente iba a toda prisa, sus manos adoptaron un rictus pausado. Allí, indemne al perjuicio del tiempo y al olvido, envuelta en papel cebolla delicadamente doblado, como un tesoro, guardaba la fotografía de los Macaluso, que terminaban su humilde estirpe con Filipo, último descendiente de la denostada familia. Frágil, en un pardo blanco y negro desteñida solo por un canto venial y levemente agrietada por las orillas, como una ventana inanimada, aguardó escondida del mundo hasta que ella la alivió del letargo al que la condenaba el resentido anciano, Filipo, el pequeño que aparecía en brazos de su madre y al que apenas se podía distinguir un mohín de extrañeza; el hombre transido al que castigó la vida robándole la alegría siendo muy niño. Él mismo había confesado a Águeda, durante, tal vez, la única conversación grata que mantuvo en toda su vida de adulto, que jamás tras los tristes acontecimientos había disfrutado de momento alguno. Se había dejado arrastrar por aquella senda ingrata, la de su propia obstinación, al no aceptarse ni concebir la vida que le condenó a seguirla, contra su voluntad. Soñaba a menudo que era sepultado por el magma redentor que se llevó a su hermana; suponía alivio en aquella nada imposible y liberadora. Al despertar volvía a inundarle la amargura que significaba retomar la vida por aquel lado triste que le había tocado. El duro trabajo en la herrería, puesto que ocupó al morir su padre tan temprano, fue la única distracción que aliviaba aquel martirio persistente. Cómo le castigó la vida teniendo que convivir con aquella mujer, la madre de Lorenzo, su cuñado, cuyo único propósito, día a día, hora tras hora, no fue otro que maldecir a Silvana, el ser más maravilloso. Nunca hizo nada por defenderla ante aquella arpía, como su corazón le dictaba al principio y le obligó a callar después. La duda, que jamás su hermana hubiese albergado de haber sido él el difamado, ganó terreno fortaleciéndose para más cargo y culpa, agravando su tristeza. El valor y los redaños de su hermana él no los tuvo nunca. Aquel mancillamiento que Silvana jamás hubiera tolerado contra él, defendiendo la inocencia de su hermano contra todo y contra todos, marcó unas amargas directrices por las que se había dejado llevar, sin valor para mostrar arrojo al frente que le señalaba cada día.

Águeda le había mirado escrutando cada una de sus arrugas, adivinando un alma empapada de desidia transida de cobardía para defenderse de sí mismo. Sostuvo cada uno de sus lentos parpadeos; el escudriño velado a través del vidrio de sus cansadas pupilas. Solo el poso de apatía perduraba en su ánimo cansado. Remover las ascuas convertidas en cenizas distrajo al anciano de su mustio ambiente cargado de hastío. Las revelaciones de Águeda habían aliviado la hostilidad en la que las circunstancias le instalaron.

Águeda apartó la vista de la fotografía contaminada de amargura, y respiró hondo. Volvió a mirarla, esta vez preparada para afrontar el revés sombrío que le otorgaba la facultad de conocer el destino de aquellas personas desprevenidas; aquel desgarro que aguardaba sin piedad en los recodos de sus vidas. Sintió hasta el murmullo del viento de aquella mañana otoñal que adivinó por lo desnudo de las ramas del árbol asomando por un ángulo, y por el vestuario dispar de la familia: mientras el hombre vestía camisa clara arremangada, la hermana mayor, a simple vista la más engalanada, llevaba un vestido claro con estampado florido, de manga corta, abotonado hasta el último botón que unía una solapita lisa; la madre, a la que apenas se apreciaba el corte del vestido de manga larga sobre aquella silueta oscura, también llevaba tupidas medias oscuras guardando luto, seguramente. En cambio, los niños mostraban desnudos sus bracitos y sus piernas. Todos, con pose sobria, miraban como si fuese de obligado cumplimiento la solemnidad frente a la cámara, mientras en la atmósfera flotaba el devenir espeso que teñiría sus vidas de tragedia. Tras ellos, como un telón de fondo, la humilde fachada de la casa donde vivió alegrías e infortunios la familia. La ventana, de alféizar hondo y triste, libre de rejas, se aunaba al aspecto deprimido del resto de la fachada de piedra desnuda. Desde esa ventana que auguraba un fondo humilde, adivinaba Águeda asomada a la pequeña Silvana observando, burlona y cruel, a un Lorenzo enamorado que disfrutaba en la distancia de la vista que le proporcionaba el talle de Maurizia, su novia. La misma niña que se asomaría después buscando al mismo hombre al que suscitó el amor que les llevaría a la perdición.

Águeda seguía sumida en la ilusionante y firme idea de volver a aquel lugar; llegar hasta el punto preciso, remoto y escondido: la oquedad salvadora de la roca donde el pequeño Adriano, el sobrino querido de Silvana, hijo de su hermana y del hombre que la despertó al complicado mundo de las pasiones y al que nunca hubiera renunciado aun consciente del precio de la culpa; el niño indefenso que, guiado por el instinto del perro, se había refugiado huyendo de aquel infierno que no entendía; el niño por el que un día Lorenzo se resignó amedrentado y cobarde; el niño por el que Silvana dio su vida y entregó su alma, que nada le importaba. Preservados por la oscuridad y el olvido, los huesos del niño junto a los del perro permanecían solidificados e intactos bajo las cenizas esperando que ella los sacara de la penumbra y el silencio, para restituir la honra de aquella familia de leyenda oscura, dando la satisfacción pública a Filipo, asfixiado por la pesada losa del miedo a la vida a la que nunca pudo sobreponerse. Aquella carga le había condicionado amargando su existencia, que soportaba como un castigo; como una purga necesaria que expiaría las culpas.

Inmersa en el descalabro de la razón, Águeda se reconoció vulnerable y frágil. El orden natural que siempre había administrado ante las nocivas inclinaciones estaba fallando. Necesitaba recuperar la armonía. La tristeza sin causa, la apatía irracional, fue el toque de atención que ella misma supo advertir. ¿Qué le estaba pasando? ¿Por qué vacilaba a estas alturas? ¿Dónde buscar las preguntas oportunas? Por primera vez en su vida, arrastrada por aquellas sensaciones como ráfagas que la retrotraían a un oscuro pasaje, tuvo miedo. Una cara desconocida, oscura, alojada bajo el disfraz de su firmeza, resurgía tomando el control. Había finalizado la tregua. Las perniciosas sensaciones envenenaban los silencios que siempre la reconfortaron. Los sueños volvían con más frecuencia turbando la estabilidad. Se tambaleaba la clarividencia que siempre la sujetó a la realidad. Por primera vez sintió miedo, inseguridad. Necesitaba la influencia de Víctor para suavizar aquel juego oscuro que empezaba a descontrolar su equilibrio. Él sería el soporte, el asidero al que agarrarse.

Víctor, mientras tanto, ajeno a la vorágine que ocupaba la mente de su mujer, era feliz sabiéndola feliz a ella, ajeno a la dañina corriente que últimamente la envolvía. Instalado en su regocijo, satisfecho de la vida, le vino a la mente, sin razón alguna, o tal vez por mil razones, la primera y última vez que había visto a Laura desde su ruptura. Estaba muy cambiada, tenía un aire más maduro, pero no más elegante, aunque vestía con una sofisticación más pulida, más cuidada; su indumentaria se alejaba de aquella elegancia que sabía llevar siempre con frescura; pasaba al *sport* más juvenil y desenfadado con la misma seguridad y acierto. El pelo, más corto y más rubio, resaltaba unas aristas muy marcadas. Mucho más delgada, su figura se apartaba un poco de la mujer jovial, lozana, que recordaba con cierto cariño. Fue el día de la última salida antes de nacer el niño, en la sala de exposiciones donde se mostraba una colectiva de fotografías sobre deterioro medioambiental en la que participaba un conocido de Águeda. La sala, convenientemente iluminada, ni muy llena ni muy vacía, ofrecía un ambiente cálido que no procuraban aquellas fotografías de contenido social tan alarmante. Meses después, Víctor le había contado a Águeda lo que no le comentó en la sala.

—Águeda, ¿te acuerdas de la chica con la que salí antes de conocerte? Sí..., Laura. Iba colgada del brazo del comisario de la exposición donde exponía tu amigo el fotógrafo.

—Ah, sí. Pero no me acuerdo de su cara. Sí que reparé en ella; me chocó verla todo el tiempo colgada de él sin soltarse de su brazo. Me hubiera gustado saber que se trataba de la tal Laura, y que me la hubieras presentado —dijo con picardía, simulando dar una importancia a la falta de Víctor—. ¿Y qué?, ¿hablaste con ella?

—No. Bueno, sí. Estuve un rato observándola. Su actitud me dio un poco de grima. Se esforzaba por dar una imagen simpática, pero me pareció rígida, forzada, y hasta imaginé cierta inseguridad, cosa rara en ella. Me acerqué para saludarla y me miró, como extrañada, de arriba abajo con descaro, y dijo que la perdonase, pero que no me reconocía. El comisario, al que supuse su pareja, más que por la complicidad, que parecía no existir entre ellos, por el empeño que ella ponía en aparentarlo, hizo lo que pudo el hombre para restar incomodidad al momento. Ya ves... Sonreí, me disculpé y fui hasta el rincón donde charlabas con tu amigo el fotógrafo. Iba a contártelo, pero empezaste a tener molestias y nos marchamos rápidamente. Después, ya sabes, esa misma madrugada nació el niño. Sabes que yo esperaba una niña, otra Águeda en la saga. —Víctor dio un giro a propósito a la conversación, esbozó una sonrisa y la abrazó—. ¡Uf, cuántas emociones en una noche! —añadió mientras la sujetaba como si, satisfecho, quisiera reafirmarse en la veracidad del momento, tomando distancia con su última frase; como si se le hubiera escapado del pensamiento de donde nunca debió salir.

Se sintió molesto consigo mismo por estas divagaciones sorpresivas cuando nunca antes se había guardado de exteriorizar cualquier sensación o pensamiento. Su complicidad con ella nunca tuvo lugar a reserva hasta este día, en que el recuerdo de Laura vino a distraer innecesariamente su franqueza. Águeda le miró sin decir nada, solo le dedicó una sonrisa con todo el significado que Víctor no podía darle, en aquel momento crucial donde se tambaleaba su seguridad.

Una sonrisa suplicante detrás de la dulzura camuflaba la llamada que imploraba socorro; como un deseo de atar aquel sencillo momento y encadenarlo a los otros momentos sencillos que vendrían. Él no supo leer en sus ojos mientras ella luchaba por no claudicar a su enrevesada circunstancia, aún más aferrada al poder de aquella llaneza como un caudal de paz que le ofrecía Víctor.

—¡Vaya! ¿por qué no me lo habías contado hasta ahora? —apuntó con voz queda, aprendida al abrazo, en aquel momento de respiro a sus conflictos.

—Como te he dicho, me acerqué con la intención de contártelo, pero estabas hablando muy animada. Después salimos precipitadamente... Y ya no me acordé, hasta hoy. De todas formas, ¿cómo iba a presentártela después del desplante? —respondió reflejando en el rostro un efímero resentimiento que no supo controlar, despertando en Águeda ternura y necesidad de disfrutar de aquella vulnerabilidad tan transparente.

No fue tan simple aquel encuentro. Aquel desdén de Laura le causó confusión y alteró el recuerdo emborronándolo. Las pequeñas rencillas con el mundo estaban superadas desde que conoció a Águeda, sin embargo, después de habérselo contado acudió una sensación de extrañeza que pudo sacudirse sin esfuerzo. La abrazó y ahí quedó la incidencia, sin más comentario ni consecuencia.

Águeda flaqueaba en su dominio. Intentaba distraerse con aquel esfuerzo paralelo; soslayaba los quebrantos que entristecían momentos y desencajaban a capricho su vida, pero no podía luchar contra aquel sonido como un zurrir del viento que traía las imágenes esquivas. Sensaciones ancestrales hurgaban en la profundidad del pasado, acaso, regresándola a esa guarida oscura a donde la llevaban los sueños, últimamente, a menudo. Difícil evitar que trascendiera su crisis; la complicidad con Víctor lo hacía complicado. Él empezaba a acusar sus vacíos y sus distancias restándole importancia; la inquietud por el próximo viaje a Catania, el trabajo cotidiano. Le había costado tiempo comprender que no debía perturbar su intimidad con más preguntas.

Últimamente el sueño se repetía con frecuencia. Águeda supo percibir la relación de su cambio emocional con algún pasaje oscuro de su infancia, tal vez olvidado. Tenía ocho años la primera vez, que recordara: su madre le repetía que era el día más feliz de su vida, sin embargo ella despertó con la sensación de ser un día turbio y triste hasta que el sol borró los pesimismos. Había despertado agitada, lo recordaba muy bien porque fue el día de su primera comunión. La expresión de su madre cuando le dijo que sudaba como un pollo, al entrar a despertarla, le había hecho gracia. «Todo era confuso. El rostro, sin facciones, se adivinaba arrugado y sucio; movimientos irreales mezclados con la realidad imprecisa; el sonido exagerado del viento sin que apenas alterara más allá de un suave balanceo las sábanas». No podía atrapar las imágenes esquivas, pero las sensaciones sí tenían una clara connotación de culpabilidad, de eso no tenía duda, ahora, cuando la conciencia empezaba a mostrar una cara diferente, alejada de la inocuidad; cuando la debilidad ganaba espacio. Los sueños habían acudido en Catania, un par de veces, pero los recientes acontecimientos la distrajeron. En estos últimos meses el sueño se repetía con frecuencia. Las reticentes imágenes la acuciaban transformando en oscura la claridad que siempre disfrutó sin cuestionarse, acusando la incertidumbre que jamás se había mostrado. Con la facultad perdida, la vulnerabilidad se hacía patente. Había desaparecido el dominio que la impulsó a ir siempre por delante. Los excesos —ahora carencias—, la inseguridad, el miedo, prorrumpían como extraños elementos invasores. Los fantasmas no dejaban de deambular desde que volvieron los sueños surcando con sus ecos la entereza. Era apremiante averiguar la causa para hacer frente al turbador caos que trastocaba los cimientos de su control. Qué lejos quedaba aquella niña fuerte, aquella joven decidida, aquella amante esposa diligente y segura. Necesitaba poner fin al despropósito; soslayar los posibles hechos amparándose en la caducidad que propiciaba la distancia que pretendía pasar factura a destiempo. A bocanadas de impaciencia, buscaba a veces y esas veces chocaba con la perplejidad de su memoria. Había ocultado que tenía cita con un psicólogo, pero era un paso importante reconocer que necesitaba ayuda. Pedir cuentas al pasado, enfrentarse a la cuita enconada, era el paso, bien lo sabía, pero cuando el psicólogo le habló de memoria afectiva acudió el rechazo. Aun así fue a la consulta del psiquiatra. Le había hablado de amnesia traumática. La regresión a su infancia por medio de la hipnosis la extrapolaría a un campo que se negó a compartir. Obstinada, no admitía la incapacidad de solucionar sus asuntos, tan íntimos y personales, sin acudir a extraños, por muy profesionales que estos fueran, defendió con vehemencia ante el psicólogo que intentó convencerla de la conveniencia de usar la técnica, el arma profesional que facilitaba el trabajo, el recurso para llegar a su mente y poder ayudarla. Abandonó, instalada firmemente en su testarudez. Descender a los suburbios del olvido de esa forma fría era ceder y acomodarse a los subterfugios médicos. Se negó a admitir que sus traumas, si es que los hubiera, los tratara una persona con la que no había compartido nada en su vida. Estas necias reflexiones tenían lugar como una negación, un revulsivo por su torpeza al haber dejado a Víctor al margen. Desprovista de recursos y acorralada como nunca, debía buscar el origen; analizar la naturaleza abstracta o concreta de su repetitivo sueño por sí misma y ser capaz de detener la consecuencia.

Incómoda por sus contradicciones, se cuestionaba por qué había acudido al psicólogo antes de buscar en su entorno. Sin valorar si saldría indemne, quería encontrar el camino para resolver las tribulaciones que le procuraban los esporádicos sueños. No podía fingirse y olvidarlo. La confianza, a medias, tambaleaba la posibilidad de la clarividencia. Desnudarse significaba implicar a Víctor sacándole del sosiego al que ella se agarraba, el único bastión de su mermada entereza. Necesitaba ser capaz de analizar la naturaleza de esos sueños; destapar las razones y dominar el atropello para superar los efectos que iban ganando espacio.

El sol cegaba buscando hueco entre los movimientos traviesos de las sábanas, en pleno mediodía. Como pantallas translúcidas de pensamientos lentos, las telas se dejaron acariciar colgadas al sol, en la terraza. Embriagada de pretéritas sensaciones, Águeda las traspasó en zigzag simulando un avión, como solía hacer de pequeña. Alejada de presente, de ropas, de vello púbico, reducidos sus pechos, con otras ilusiones; era este momento un momento solitario. Las telas la embriagaban de complacencia y debilidad. La caricia; aquel olor a limpio transformado en olor a soledades despertaba inquietudes manchadas de pecado. Un pasaje oscuro abarcaba la atmósfera confusa; destapaba una percepción dormida. Despierta, las imágenes ofrecían la perspectiva que partía desde unos zapatitos de charol negro asomando en primer plano a la altura del hueco del empeine ligeramente hinchado por la presión del redondeado borde. Minúsculas gotitas rojas salpicaban los calcetines blancos que enfundaban los piececitos paralizados. Las sábanas habían perdido el brío, convertido en tímido balanceo, y la frescura impoluta de la primera hora de la mañana, como si el tiempo las hubiera envejecido dándoles un aspecto opaco. Las airadas sábanas, las del sueño, lentas en el movimiento, acartonadas, rozaban el suelo y tropezaban al vaivén con la silueta de un hombre postrado —escabroso objeto horizontal—, viejo, enjuto, siniestro, ensangrentado y muerto desde la cuenca encharcada de sangre hasta el pie izquierdo que también había claudicado al tembleque. Aquella sombra escurridiza de claros rasgos tétricos ya no escapaba, resistía a la quietud veraz de las imágenes inequívocas y ciertas. Los zapatitos: sus zapatos; aquel espacio: la trasera de su casa; el hombre tendido... El hombre tendido. ¿Por qué lo soñaba? ¿Por qué lo veía? Hilvanando recuerdos vinieron a su mente los ojos llorosos de la abuela; el murmullo inquietante incluso desde cierta distancia; la presión que ejercía su hermana tirando de su mano para evitar que entrara en la habitación donde el trasiego de la gente no paraba. Acudieron momentos remotos e inconexos: la señalaban sus padres con la mirada y sospechosa atención y cuchicheos; la llevaron a casa de sus primos, lo recordó porque a su padre se le saltó una lágrima al dejarla, y ella temió si se debía a que la dejaba para siempre, asociándolo con la trágica atmósfera que se vivía en su casa; la sensación de haberse hecho la ingenua por no acrecentarle el dolor a su padre; la feroz presión sobre la piedra que apretaba en su mano; los brazos fuertes de su padre alzándola detrás de los corrales, donde las sábanas secaban al sol y al viento; aquel tufillo a misterio, a posturas trascendentes de los mayores.

El disfraz de la conveniencia, esa facultad innata que la había protegido siempre, fallaba y traía con descaro las cuitas pendientes. El pasado, olvidando que el tiempo lo hacía caduco, le llegaba casi intacto.

A dos días del viaje a Catania, Águeda decidió buscar en su hermana un cabo desde donde tirar hasta encontrar las razones de su angustia, la causa de las manifestaciones tenebrosas. Desterraron los entuertos, los vacíos; deshicieron nudos generacionales enredados. Consciente de las desventajas derivadas del exceso, supo que había sido objeto de envidias por parte de sus hermanos, que tanto la quisieron. Se sucedieron las preguntas y para todas hubo respuesta hasta que tocó remover un terreno donde la fragilidad de su hermana se ponía de manifiesto. La dimensión de lo que permaneció callado tanto tiempo debía mantenerse intacta. Acorralada, su hermana se defendió con reticencias. La promesa de silencio fluctuaba menguando libertad a las respuestas.

—Llevo un tiempo con mucho desasosiego. Ya lo había soñado de pequeña y volvió una noche en Catania y lo distraje, pero volvió otra noche, y desde hace unos meses vuelve a menudo. Estoy preparando de nuevo el viaje y algo no me deja vivir tranquila acuciándome a toda hora, trayéndome a la mente imágenes atropelladas; una cara sin rostro, ensangrentada... Un hombre en el suelo... He ido a un psicólogo y no se lo he dicho a Víctor.

—Pero... ¿por qué?, ¿por qué ahora, Águeda? Ese resquemor lo habrá removido la historia de Catania que tanto tardaste en contarnos. Aún recuerdo la cara de Víctor... Creo que estás nerviosa por lo que puedas encontrar en este viaje.

—¡No! Sé que no tiene nada que ver. Esta... cosa... forma parte de mi vida desde mucho antes de la experiencia sobre la historia de los Macaluso. A Víctor no quiero complicarlo. No solemos hablar de las experiencias que tuvimos, él necesita normalidad después de todo aquello. No, no. Estaría pendiente de mí constantemente y no me apetece. Su estabilidad es el pilar de la mía.

—A mí también me vienen imágenes de la infancia y no todas son agradables. Intenta olvidarlo centrándote en tu familia, en tu próximo viaje. Sí. Mira..., ¡olvídate! Deja de darle más vueltas a la cabeza. Déjate llevar por el corazón. Disfruta de tu niño y tu marido, que es lo único de verdad importante, verás como pasa si no le das más vueltas —le replicó su hermana, que no podía incumplir la promesa que había hecho a sus padres, ahora fallecidos. No estaba preparada para aquel atropello. La había cogido por sorpresa y trataba de salir del paso, indemnes ambas. El tiempo había relajado aquel cargo que nunca la obligó a recurrir al silencio.

—No sé. Y anoche, desperté sudando. No sé, no sé. Las mismas imágenes, las mismas sensaciones... Le resté importancia para convencer a Víctor de que no pasaba nada. Me hago daño ocultándoselo, pero no me siento preparada. —Después de una pausa miró a su hermana a los ojos como si quisiera decirle que ahora iba en serio—. He tenido una sensación vívida con todos los elementos del sueño: sábanas, mis zapatos, un bulto en el suelo —no dijo que el bulto en el suelo era un hombre— detrás de los corrales... Un hombre, un hombre en el suelo —acabó diciendo. Esta vez, con ahínco.

—Eras muy pequeña cuando murió el tío detrás de los corrales, es posible que te venga ahora a la mente aquel pasaje.

Hace ya mucho de aquello. Eras muy pequeña y posiblemente quedó grabado en tu cabeza, y, si no te afectó entonces, es posible que salga ahora. No pienses más en ello. A todos nos costó olvidarlo, no lo traigas tú ahora al presente. Es fuerte y puede poner en estado de *shock* a un niño y traumatizarle después al pasar el tiempo. Por entonces no pareció que te hubiera afectado.

—Pero es muy extraño. Hace... —Águeda hizo una pausa, como si considerara la inconveniencia de seguir hablando. Estaba dispuesta a admitir cualquier cosa donde pudiera encontrar un resquicio de verdad en lugar de evasivas y silencio.

—Tú eras muy pequeña. El tío se cayó detrás de los corales, se golpeó la sien con una piedra puntiaguda —argumentó la hermana esquivando su mirada cuando ella le preguntó cómo murió y dónde estaba ella—. Eras muy pequeña —volvió a decir, seca y tajante, como dando un ultimátum, ávida por zanjar aquella conversación que la comprometía a desvelar lo que había jurado que jamás haría.

—Sí, pero dime —insistió Águeda, que no se daba por satisfecha—. No he cogido el coche y he hecho sesenta kilómetros para... ¿Hubo alguna investigación...? Me vienen a la mente imágenes como... algo oscuro. En Catania volví a soñarlo. Han vuelto a mi mente secuencias que había visto en otro sueño cuando era más pequeña. Desde hace un tiempo acuden más a menudo las imágenes; me está haciendo daño. Veo un hombre tirado en el suelo. Veo sangre y veo mis manos temblorosas y pequeñas, y veo en primer plano unos zapatitos... Unos zapatos de charol negro que recuerdo como míos...

Antes de terminar la frase, su hermana se aproximó haciéndola callar, atropellándola con su enérgico comentario.

—¡Águeda, tú lo viste! Lo viste allí, muerto. Eras muy pequeña... —Paró a tiempo de no extenderse en la confesión; supuso que era suficiente para calmar su curiosidad y encontrar la razón de sus pesadillas. Así se defendía, y la confusión de Águeda encontraba justificación sin que descubriera otros caminos.

—¡Vaya!, nunca me lo habíais contado.

Águeda no encontró alivio en la revelación. Todo verdad. Todo cierto. Se reafirmó, como si quisiera acelerar la respuesta de su hermana. La distancia con los hechos, con el tiempo, se rompía y acercaba la realidad oculta. La hermana la miró sin argumentos, con toda la carga de la culpabilidad escrita en la cara, hasta que Águeda, para tranquilizarla, se mostró satisfecha con las explicaciones y consejos que le había dado.

Dándose una tregua, aliviando del acoso a su hermana, Águeda se refugió en la ilusión del viaje. Un olvido elegante y comprensivo era la opción. Hablaron de los detalles sin que el propósito de las palabras consiguiera distraer la ocupación tozuda de su mente. Podía desvincularse de los daños, sin embargo, su hermana los llevaba sufriendo desde entonces. Fue capaz de retractarse de su empeño: «¿Cómo voy a rematar un mal, que puedo eliminar cuando conozca su identidad y comprenda que ya no existe, creando otro que sí existe y crece con mi obstinación?». Cuál era la mejor opción entre sonsacar una confesión que resolviera la evidencia de lo que sospechaba o fingir que quedaba satisfecha y no obligar a su hermana forzando su confesión, empujándola al terreno pantanoso. Optó por la tranquilidad postiza.

Hacía más de veinte años. Un mal presentimiento hizo acelerar el paso al padre al observar a distancia la irregularidad de las sábanas tendidas, como una premonición de que algo iba mal; al otro lado era muy posible que le esperara jugando su pequeña, como en otras ocasiones cuando la madre tendía la colada sobre el mediodía. La soledad, a esas horas donde solo las chicharras se atrevían, guardaría el secreto. La niña, estática, con la piedra puntiaguda y manchada de sangre aún en la mano, permanecía absorta con la mirada perdida cuando apareció su padre, ya demasiado tarde. El rostro ensangrentado del anciano miraba al vacío con un solo ojo rozando el suelo; el otro, cegado por el remanso grana y espeso. Roto, el padre arrancó la piedra que la niña aprisionaba en la mano, y levantó su cuerpo rígido que permanecía anclado al suelo. Superando los pasos, tortuosos y largos, con el cuerpo enclavijado en brazos, entró lívido hasta la cocina, donde se encontraban la madre y la hija mayor. El tío estaba muerto detrás de los corrales, dijo mientras dejaba a la niña en el suelo aún con la mirada extraviada. La madre se culpaba por el descuido que también se adjudicaba el padre. El ojo sin vida del finado miraba al infinito a ras de tierra; el otro, ahogado, pegajoso, se ocultaba bajo el charquito funesto. En sus labios, finos y pálidos, se dibujaba media sonrisa como una mueca boba y burlesca. El padre lo tapó con una de las sábanas, únicos testigos, barruntando conjeturas y culpándose por no haber llegado a tiempo. Colocó en el suelo la piedra a la altura de la herida, mientras un sonsonete retumbaba en su cabeza, «no he llegado a tiempo, no he llegado a tiempo», en medio del espacio teñido de consternación por la maraña de miedos que pudieran acuciar a su niña fuerte y desvalida. Las sábanas seguían agitadas por el viento mientras permanecía absorto en su incapacidad insoportable.

Ahí quedó el secreto, entre ellos y para siempre, haciendo cómplice a la hija mayor, ahora responsable de una carga que no quería soportar por más tiempo. Las súplicas de los padres a la Señora del Rosario de Fátima no hicieron sino retrasar unas consecuencias que afloraron a destiempo. «Pobre hermana mía, qué mal lo hicimos». Confiada en que no se daría nunca, la pretérita inseguridad le daba la razón que le habían prohibido. Se prometió a sí misma romper la promesa: que Águeda pudiera valorar con egoísmo la torpeza de sus padres; incluso incurrir en la tremenda blasfemia de romper un juramento siempre sería más leve que la dimensión de las consecuencias que traía la mentira. Cuando Águeda volviera de su viaje tendrían la conversación pendiente. Harían frente, juntas, a la aberración del silencio y la torpeza de la ignorante y precipitada decisión tomada en su momento. Se reafirmaba en su intención.

Águeda había descubierto en los ojos de su hermana la confusión, el pánico por el mutismo obligado que acuciaba con dos frentes. No quiso presionarla. Fue capaz de sostener la templanza ante la confirmación de sus sospechas. El empeño por preservar la actitud de sus padres convertía a su hermana en reo, estaba claro. Las sensaciones, con igual protagonismo después de la conversación trasegaban de la extrañeza al despropósito, de la incertidumbre a la seguridad. La urgencia por destapar los hechos pasó a un plano de calmosa conveniencia. El motivo, que venía a pedir cuentas, había perdido vigencia; la caducidad del olvido tomaba relevancia desbancando la incertidumbre y la necesidad de esclarecer. Águeda claudicaba en su imperioso empeño, atendiendo prioridades. Quedaba el recurso de la voluntad de asimilarlo, no podría sacudirse la memoria recién traída, sí gestionar un olvido superficial pero no absurdo. Existía, por encima de su urgencia, una razón tejida de compromiso inamovible.

Desde el regreso de Catania, la vida de Águeda había dado un giro importante en tiempo récord: trasladarse a otra ciudad, la inmediata incorporación a su nuevo empleo; conocer a Víctor casi al mismo tiempo, con el que se unió a los pocos meses; la inmediata llegada del bebé. No era la misma muchacha recatada e inexperta de hacía dos años. La sucesión de acontecimientos, todos buenos, impulsaron su vida con aquella sensación que debía denominarse felicidad y a la que quería aferrarse. Ahora, cuando los pilares de firmeza que siempre habían presidido su vida se tambaleaban, necesitaba descartar esa calma tramposa y conveniente, y confiarse a Víctor instalado lejos de todo lo que no convenía, satisfecho, convencido en la capacidad de Águeda para salir de lo que quiera que la atribulara.

—Hoy la luz huele a confesión, mi amor —le dijo mientras le abrazaba por detrás y le besaba el cuello—. Sé que algo te preocupa y a mí me preocupa, seguramente un poco más, por desconocer su dimensión. No te obligues, no te aferres al silencio. Te quiero mucho, gacela —este apelativo que al poco de conocerla guardaba para sí y pocas veces usaba—, ya sabes que soy muy simple. ¿Tienes algo que decirme?

—Que confíes en mí. Que te amo. Que no existen sombras entre nosotros.

Las sombras solo ella tendría que soportarlas hasta estar segura de haber derrotado su inestabilidad. Sabía despreocupar a Víctor, que había aprendido a ser paciente y reconocer los límites. No preguntó más, confiaba en ella. Lo que quiera que la ocupara era íntimo y en vías de solución. Solo le importaba que le amara y de eso no tenía duda.

Águeda le alentaba a seguir instalado en su verdad, intentando agarrarse a ella. A él, que nunca le importó no estar a su altura, empezaba a pesarle esa distancia. Le fallaba la fuerza de la sencillez para afrontar las fugas de la razón con forma de laberinto. Águeda le descubrió una mirada opaca; una turbación tan lejos de su transparencia, pero no podía en este momento confesar su angustia, no quería hacerle pasar por aquel túnel, siendo él un alma tan blanca. Tal como era le quería. Nada tenía más importancia que su amor, pensó mientras él leía para distraerse de su inclinación a ella.

Águeda se levantó temprano. En unas horas salían de viaje. En el aire flotaba la agradable sensación ante la expectativa de volver a aquellas tierras que aún guardaban secretos y misterios. Aparcada su inclinación hacia su asunto, se entregaba a la emoción de las cosas pendientes: encontrar con vida a Filipo; localizar los restos del perro y el niño dentro de la oquedad de la roca en la falda del volcán; disfrutar paseando relajadamente por la Via dei Crociferi, acudir al Teatro Bellini, comer una pasta *alla norma*... Compartir todo lo que había visto en su primer viaje y descubrir junto a él tantísimo como quedó pendiente. Recordar a Samuel, con su cámara en ristre, le sacó una sonrisa y pensó que sería bonito encontrarlo en la Piazza del Duomo donde le había hecho alguna foto —y también en los mercados o por alguna de aquellas calles cargadas de historia— que guardaba con cariño. Visualizó las fachadas de piedra volcánica imprimiendo un ceniciento carácter a las calles sembradas de arte y de historia. Al pensar en el cometido que lograría con ayuda de un experto en la montaña, acudió el romántico deseo de hurgar en las rocas de lava y buscar los cuerpos calcinados y encontrarlos.

A la orilla de cualquier incidencia que pudiera alterar sus días, Víctor no soñaba; los inocuos sueños se diluían inertes. Hacía ya mucho desde la última vez. Fue al principio de conocer a Águeda, que aparecía en el sueño como una deidad azul de inteligencia suprema donde no cabía la debilidad ni el desorden mental del soñador. Se desperezó feliz. En unas horas saldrían de viaje. Aún revoloteaba en su mente la placentera sensación de la noche pasada, de todas las noches, apretado a la cintura de Águeda, sin ser capaz de sentir miedo por tanta felicidad. Sus anhelos se habían cumplido sin haberlos proyectado, sin noción de que existieran. Instalado en la satisfacción más absoluta, no deseaba más de lo que ya tenía. Sí recordó el sueño. Una respiración delicada y poderosa le sacó una sonrisa bobalicona. Alargó el brazo para acariciar una piel como un pétalo aterciopelado y terso. Había soñado con su pequeño José, que dormía en su cuna junto a él.

Una sombra inundó el dormitorio y le hizo girarse hacia la ventana. Allí, pegado al cristal, el reguero de sangre corría fresco por aquel rostro que no le era ajeno.

Las repetidas apariciones no dejaron de sucederse creando confusión, desasosiego y conflicto. Empezó a tambalearse la armonía, y aquel viaje que hubiera podido resultar satisfactorio se vio empañado por el cambio de actitud de Víctor, incapaz de sobreponerse a la contrariedad que ocasionaba la aparición del espectro que, resuelto el compromiso, debió desaparecer con los sueños.

XXV

El corazón busca su sitio

Acababan de dejar el pueblo natal de Rosa, la madre de Víctor. Águeda esperaba tomar el tren hacia Madrid, su nueva residencia. José, el hijo de ambos, un escolar de nueve años, en plena época de exámenes, no le había acompañado. En aquel año importante donde el euro empezaba a circular como moneda única en casi toda Europa, Víctor se erigía en propietario de los terrenos «hasta donde alcanzaba la vista», como decía Hilario, su bisabuelo. La firma de Águeda fue otro aval necesario para obtener el préstamo. La hacienda de sus ancestros al fin volvía íntegra a la familia.

Tras el desencanto después de la felicidad, ambos habían separado sus caminos dándose un espacio de reflexión. No fueron los sueños los causantes; esos no volvieron, pero sí había aparecido el fantasma insatisfecho, a cada momento, trastocando con dura e incorregible tendencia al arrebato a Víctor, que no supo encajar el revés que alteró su estabilidad y su conducta hasta romper por completo la armonía, convirtiendo en un campo de hostilidad el día a día. Cuando se despidieron, hacía algunos años, él, apelando a las insensatas razones del corazón, había acertado a preguntarle qué les había pasado, con la ilusionante esperanza de que Águeda abandonara su intención de marcharse. Ella, que permanecía absorta en el infinito tratando de mantener la compostura, se había girado y, cambiando el gesto, contestó con una caricia amable que rompió a Víctor. Después de un silencio cargado de intención, le había dicho que todo había sido precioso hasta que les pasó factura su inmadurez, su inaptitud para hacer frente a sus conflictos —como había hecho ella—. Ahí dejó abierta la posibilidad, ahora que una esperanzadora perspectiva alejaba las sombras.

La lluvia no cesaba. Águeda se había vuelto hacia la ventana empañando los cristales con la proximidad de su aliento. No había mucho movimiento en la estación del tren. En estos años había adelgazado, y el pelo corto le marcaba los pómulos y el mentón. Víctor no podía disimular unas lágrimas que no pasaron desapercibidas a la camarera, que volvió sobre sus pasos. Águeda se giró y se abrazaron. La finca ya había vuelto a la familia, a él, el elegido. Su reconciliación solo era cuestión de tiempo.

AGRADECIMIENTOS

A mis hijos, siempre, por su apoyo incondicional y su cariño.

A Ricardo Perlines, que creyó en mí desde las primeras páginas; que me estimuló con su admiración, entusiasmo y dedicación, y no dejó de intentar calmar mi impaciencia.

A mis dos grandes amigas, referentes artísticos y grandes personas, Sol Pérez y María Jesús Soler, siempre generosas dispuestas a leer mis proyectos incipientes.

A Isabel Montes, mi editora, cuya profesionalidad y atención me hizo cuestionar algún enfoque.

www.ingramcontent.com/pod-product-compliance
Ingram Content Group UK Ltd.
Pitfield, Milton Keynes, MK11 3LW, UK
UKHW040023200726
13854UKWH00001B/317